“十二五”国家重点图书出版规划项目

中国工程院重大咨询项目
淮河流域环境与发展问题研究

淮河流域城镇化进程与环境问题研究

主　编　邵益生

副主编　张　全　龚道孝

中国水利水电出版社
www.waterpub.com.cn
·北京·

内　容　提　要

"淮河流域环境与发展问题研究"是中国工程院重大咨询项目，本书是在该项目的"淮河流域城镇化进程与环境问题"课题成果基础上完成的。全书从宏观层面把握淮河流域城镇化与环境之间的相互关系，研究城镇化的发展战略与对策，分为综合报告和6个专题报告。6个专题报告分别为：全国及流域四省城镇化相关规划分析、淮河流域人口和城镇化发展研究、淮河流域典型农业地区城镇化发展路径研究（以河南省周口市为例）、淮河流域典型农业地区城乡协调及新农村社区规划建设调研报告（以河南省周口市为例）、淮河流域安全隐患地区城镇化模式与对策研究及淮河流域城镇供水安全对策研究。

本书可供相关部委、流域管理机构及地方政府决策参考，也可供科研人员和高等院校相关专业师生参考使用。

图书在版编目（CIP）数据

淮河流域城镇化进程与环境问题研究 / 邵益生主编. -- 北京 : 中国水利水电出版社, 2019.5
中国工程院重大咨询项目 淮河流域环境与发展问题研究
ISBN 978-7-5170-7666-7

Ⅰ. ①淮… Ⅱ. ①邵… Ⅲ. ①淮河流域－城市化－研究 Ⅳ. ①F299.21

中国版本图书馆CIP数据核字(2019)第087733号

审图号：GS（2018）6876号

书　　名	中国工程院重大咨询项目　淮河流域环境与发展问题研究 **淮河流域城镇化进程与环境问题研究** HUAI HE LIUYU CHENGZHENHUA JINCHENG YU HUANJING WENTI YANJIU
作　　者	主编　邵益生　　副主编　张　全　龚道孝
出版发行	中国水利水电出版社 （北京市海淀区玉渊潭南路1号D座　100038） 网址：www.waterpub.com.cn E-mail：sales@waterpub.com.cn 电话：(010) 68367658（营销中心）
经　　售	北京科水图书销售中心（零售） 电话：(010) 88383994、63202643、68545874 全国各地新华书店和相关出版物销售网点
排　　版	中国水利水电出版社微机排版中心
印　　刷	北京印匠彩色印刷有限公司
规　　格	184mm×260mm　16开本　18印张　333千字
版　　次	2019年5月第1版　2019年5月第1次印刷
印　　数	001—600册
定　　价	**120.00**元

本书编写人员名单

BENSHUBIANXIERENYUANMINGDAN

主　　编：邵益生

副 主 编：张　全　龚道孝

顾　　问：周干峙　邹德慈

编写人员：汪　科　蒋艳灵　曹传新　张桂花
袁少军　刘广奇　荀春兵　蔡立力
靳东晓　许顺才　谭　静　王　璐
冯利芳　罗　赤　鹿　勤　王　纯
黄仪荣

前言

QIANYAN

目前，我国的城镇化水平已经超过50%，进入城镇化发展的关键时期。党的十八大明确提出坚持走中国特色新型工业化、信息化、城镇化、农业现代化道路，促进工业化、信息化、城镇化、农业现代化同步发展的要求。2014年的政府工作报告进一步提出城镇化是我国现代化建设的历史任务，与农业现代化相辅相成。要遵循城镇化的客观规律，积极稳妥地推进城镇化健康发展。

随着国家区域发展总体战略及“中部崛起”战略的实施，原来发展相对滞后的中部地区将会得到更多的政策支持，各地推动经济发展的积极性会更加高涨。淮河流域地区由此进入一段“追赶式”的城镇化发展时期。同时，这一地区的生态环境也将面临更大的压力。形势的发展迫切需要从宏观层面上把握该地区城镇化与环境之间的相互关系，研究城镇化的发展战略与对策，为促进“两型社会”建设和城镇化健康发展提供建议。

“淮河流域环境与发展问题研究”是中国工程院在“中国环境宏观战略研究”成果的基础上，选择中部地区的淮河流域为研究对象，深入研究其环境与发展问题而设立的项目。根据项目立项建议大纲要求，项目共设八个课题，本研究是其中第六课题，重点研究“淮河流域城镇化进程与环境问题”。

本课题2011年下半年启动，经过综合考察、文献研判、专题研讨等方法，就淮河流域城镇发展的特征与主要问题、新型城镇化内涵与模式、城镇发展布局、农村新型社区建设以及流域发展的主要支撑能力建设等多方面进行了探讨，形成课题成果。

本研究中的淮河流域涉及河南、安徽、山东、江苏4省35个地级市，面积27.67万km^2。从城镇研究角度，研究范围包含174个市县，其中28个地级市市辖区、26个县级市和120个县。

本书是“淮河流域环境与发展问题研究”第六课题“淮河流域城镇化进程与环境问题”的课题报告，全书分为综合报告和6个专题报告。6个专题报告分别为：全国及流域四省城镇化相关规划分析、淮河流域人口和城镇化发展研究、淮河流域典型农业地区城镇化发展路径研究（以河南省周口市为例）、淮河流域典型农业地区城乡协调及新农村社区规划建设调研报告（以河南省周口市为例）、淮河流域安全隐患地区城镇化模式与对策研究及淮河流域城镇供水安全对策研究。

本书基本观点形成于课题研究期间，2013年秋基本形成课题研究成果，书中提出的新型城镇化综合配套改革、城市新区和农村新社区建设等观点对国家新型城镇化的政策，尤其是典型农业地区的城镇化和新农村建设的政策具有一定启示和借鉴意义。为了客观反映研究期间作者的思考和认识水平，虽然国家和流域各省相继出台了很多城镇化的相关规划和政策，但本书中的主要观点、结论和建议未做调整。书中难免有不足之处，欢迎读者批评指正。

淮河流域城镇化进程与环境问题课题组

2016年3月

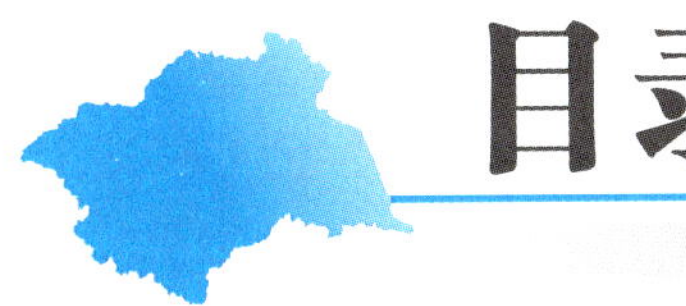

目录

MULU

前言

综合报告

专 题 报 告

综合报告

ZONGHEBAOGAO

一、淮河流域城镇发展历程与启示

（一）城镇发展的主要历史阶段

淮河流域是我国主要大江大河流域之一，在我国人口、经济、社会发展史中具有重要的地位。在长期的历史进程中，淮河流域有过辉煌时代，也历经衰落。基于社会经济的盛衰和城镇空间的调整，淮河社会经济和城镇发展大致可分为5个阶段。

第一阶段为先秦至两汉时期，流域农耕经济初步繁荣，城镇体系初现端倪。夏商开始，淮河流域的农耕地区由汝、颍地区为中心，不断向南扩展，至东汉时期淮河流域的经济发展水平已经赶上甚至超过黄河流域，流域城镇体系初步形成。主要以封国、郡县中心为主出现了一些地域性的政治和经济中心城市，如东汉时的陈（今淮阳县）、大梁（今开封市）、睢阳（今商丘市）、安阳（今曹县东）、薛（今滕州市东南）、彭城（今徐州市）等，以及如陶（今山东定陶）这样的商业城市和海曲（今日照市）和盐渎（今盐城市）等重要的盐业基地。

第二阶段为魏晋南北朝时期，流域社会经济曲折发展，城镇体系瓦解分裂。这一时期，因汉末的军阀混战和永嘉之乱后的南北角逐，流域社会经济遭受严重破坏，流域城镇体系总体上处于分裂状态。期间，曹魏、西晋、北魏等的屯田对流域经济的恢复和发展起到了一定作用。在历次战争后得以恢复和重建的城市，大多数为政治中心和军事重镇，如许昌（今许昌市东）、邺城（今临漳县西南）是曹魏时期的政治中心，彭城（今徐州市）、寿春（今寿县）、下邳（今睢宁县）等则是延续数朝的军事重镇。

第三阶段为隋唐北宋时期，流域农工商经济全面繁荣，城镇体系基本形成。这一时期，稳定的政治环境、不断完善的水利设施，特别是大运河的开通，促进了淮河农业、手工业、交通运输业和商业的繁荣。同时，城市也呈现高度繁荣局面，如淮浦（今涟水县）、扬州是重要的造船基地；徐州的利国监是重要的冶铁基地；宋代五大名窑，流域范围内就有汴京（今开封市，唐时称汴州）的官窑、钧州（今禹州市）的钧窑和汝阳的汝窑；扬州、汴州、宋州（今商丘市）、蔡州（今汝南县）、徐州、泗州（今泗县）、申州（今信阳市）是著名的纺织业中心；地处交通要冲的汴州及运河、淮河两岸的扬州、徐州、泗州、寿州（今寿县）、许昌等都是著名的商业都会。这一时期，流域内城市以大运河首尾的两大城市汴州、扬州为中心，形成了较为完整的城镇体系。

第四阶段为南宋至清中期，长期受黄河夺淮影响，社会经济和城镇衰落。

南宋建炎二年（1128年）黄河夺淮入黄海，直至清咸丰五年（1855年）黄河恢复北流入渤海，期间700余年，淮河流域水系受到较大破坏，水患增多，流域农业生产衰落。期间，虽有明朝初年实行的兴修水利、鼓励垦荒、开展屯田、减免租税，以及营建凤阳中都等复兴政策，流域在全国经济发展中的地位仍不免下降。元明清三代，京杭大运河两岸如扬州、淮安、济宁等重要节点城市的商贸、手工业仍较为发达，但淮河干流、支流两岸的城市则逐渐衰落了。

第五阶段为近代至今，流域社会经济逐步恢复，城镇体系发生重大调整。近代以来矿产开采和铁路、公路建设，特别是新中国成立后在大规模的水利设施建设、工业基地建设，使得淮河流域经济逐渐恢复。这一时期，新的工矿业城市出现，如平顶山、淮南、淮北、枣庄等煤炭基地城市，新的交通枢纽城市快速发展，如蚌埠、郑州、徐州、济宁、阜阳、连云港等铁路公路枢纽和港口城市。另外，1855年，黄河北徙在山东省夺大清河入海，大运河全线南北断航，导致了沿运河繁盛的扬州、淮安等城市逐渐衰落。

（二）城镇发展的主要影响因素

水利和水患是淮河流域农耕经济盛衰的决定性因素。淮河流域发展的主要转折点是南宋建炎二年的黄河夺淮入海。在此之前，淮河流域水热条件良好，水利设施不断完善，支撑了农耕经济的长期繁荣。早在春秋时期，流域内就兴建了芍陂、期思陂、雩娄等水利工程。两汉和隋唐出现了两次修建灌溉陂塘的高潮，形成了陂渠串联的水利灌溉网。北宋时期，引黄淤灌、治碱改土措施取得成效，并建成了苏北沿海捍海堰。在此之后，由于自然气候的变化，特别是淮河水系受到破坏、排水不畅，流域内自然灾害频繁，造成了流域经济的衰落。据历史文献统计，公元前252年至1948年的2200年中，淮河流域每百年平均发生水灾27次。黄河夺淮初期的12—13世纪每百年平均发生水灾35次，14—15世纪每百年平均发生水灾74次，从16世纪至新中国成立初期的450年中，每百年平均发生水灾94次，水灾日趋频繁。此外，从1400—1900年的500年中，流域内发生较大旱灾280次。洪涝旱灾的频次已超过三年两淹、两年一旱，灾害年占整个统计年的90%以上。

古代河运和近代交通是淮河流域城镇空间调整的决定性因素。淮河流域较早开始人工开挖运河，公元前486年挖通邗沟，公元前482年挖通鸿沟，沟通了长江至淮河以及淮河支流泗水经古济水至黄河的航运。加之淮河干、支流本身适合航运，淮河流域形成了四通八达的河运体系，催生了沿淮、特别是干支流交汇处城镇的发展。605年开凿洛阳到江苏清江（今淮安市）长约1000km的通济渠，610年开凿镇江至杭州长约400km的“江南运河”，同时对邗沟进行改造，使得洛阳与杭州之间全长1700多km河道可以直通船舶。大运河联系了富庶的江南地区和隋唐、北宋时期的京师地区，带动了两岸城市手工业和商贸业繁荣，催生了一批新兴城市，形成了以大运河两端扬州、开封为中心沿淮河、沿运河的流域城镇体系。元明清三代定都北京，流域的交通动脉为南北向京杭大运河，沿运河的扬州、淮安、济宁等城市继续维持繁荣局面，但流域的河南、安徽两省部分则逐渐被边缘化。清末漕运改经海道并最终停止、运河逐渐废弛，新兴的交通动脉则改为铁路和公路，沿运河的扬州、淮安等城市则逐渐边缘化，而连云港、蚌埠等陇海、津浦铁路沿线城市兴起。至此，以河运为依托的城镇格局被打破，流域型城镇体系逐渐丧失完整性、独立性。

区域经济发展决定了淮河流域在全国经济和城镇格局中的地位。隋唐之前，我国的经济中心在关中—河洛一带，农业经济则以麦、粟、麻为主，随着南方地区的开发，经济中心转移至长江中下游，农业经济则以水稻、蚕丝为主，到了近现代，工业取代农业成为经济的主体，沿海地区特别是长三角、珠三角地区成为全国的经济中心。与之相对应，淮河流域在全国经济和城镇格局中的地位也不断变化。夏商时期，紧邻河洛地区的汝颍地区得到最先开发，此后伴随着中原文化的南进，淮河流域由北向南逐步开发，直到两汉时期，淮北是素称发达的中原地区的重要组成部分，淮河流域在此期间可称为全国的“核心区域”。隋唐时期，我国形成关中—河洛地区和江南地区两大区域经济中心，因地处两大区域之间并有大运河沟通南北的交通之便，淮河流域成为全国重要的“枢纽性区域”。元明清时期，政治中心北移至北京，京杭大运河因沟通江南经济中心和北京政治中心而带动两岸城市繁荣，运河以西淮河流域的大部分地区则逐渐被边缘化。近代以来，外向型经济、工业经济成为经济发展的核心，长三角、珠三角地区的经济中心地位日益强化，淮河流域作为产粮大区，其经济地位不免下降，逐步沦为全国的“边缘性区域”。不过，京沪、陇海两大全国性交通动脉沿线的中心城市依然得以保持较强的区域地位。

（三）城镇发展历程回顾的启示

环境条件是淮河流域经济发展的基础。先秦两汉、隋唐北宋时期淮河流域的繁盛，首先在于淮河流域具有发展农业经济的良好环境，包括先天的水热条件和人工的水利工程。南宋黄河夺淮是淮河流域发展历程中最重大的“环境事件”，加之自然气候的变化，导致了流域内持续数百年的衰落。因此，加强水利设施建设，保护和改善生态环境，是发展流域经济的基础。

交通是构建淮河流域城镇空间格局的重要支撑。历史经验表明，因淮河干支流河运、大运河漕运以及铁路、公路交通体系的变迁，有的城市兴盛，有的城市衰落，城镇体系由以开封—扬州为中心，演变为以济宁—淮安—扬州为中心，再演变为流域自身中心城市地位下降，流域城镇体系独立性丧失，可见交通体系对淮河流域城镇空间格局的巨大作用。因此，在新的历史时期，促进流域城镇空间体系的完善，也需要从区域交通体系的构建着手。

全国视野是梳理淮河流域发展战略思路的关键。淮河流域随着全国经济发展阶段和经济中心格局的变迁，从农业主体区域演变为现代工业的滞后区域，从全国经济的核心区域演变为枢纽性区域，再演变为边缘性区域。因此，需要从全国经济发展的阶段性和经济中心-边缘区域的关系，来梳理淮河流域经济发展战略和空间调整的思路。

二、淮河流域城镇化特征与问题

（一）城镇概况

新中国成立后，淮河流域社会经济发展进入到一个新时代。淮河治理成为国家建设中的一项大事，新的交通体系得以构筑，一些工业基地得到建设。目前，淮河流域大城市主要有三种类型：一是工矿城市，如平顶山、淮南、淮北、徐州、枣庄、兖州等六大煤炭基地城市；二是铁路、海运枢纽城市，如郑州、连云港、蚌埠等；三是原有历史基础的城市和工业制造基地城市，如开封、扬州等。

改革开放以来，沿海地区逐步成为全国的发展重心，长三角、珠三角等地区成为工业化和城镇化发展的核心。在全国尺度上，淮河流域只是作为粮食生产基地，逐渐被边缘化。但这一时期，淮河流域的城镇体系仍取得了较大程度的发展。设市城市由1980年的21个增长到2010年的54个，增长了157%。城市人口（不含小城镇）由1980年的515.3万人，增长到2010年的3120.6万人，增长了505%。百万人口以上的特大城市从无到有，发展到6个，50万～100万人口的大城市由3个增长到15个，见表1。

表1　改革开放以来淮河流域设市城市人口规模分布

人口规模	1980年	1990年	2000年	2010年
200万人以上	—	—	—	郑州（1个）
100万～200万人	—	郑州（1个）	郑州（1个）	临沂、徐州、淮安、淮南、平顶山（5个）

续表

人口规模	1980年	1990年	2000年	2010年
50万～100万人	郑州、徐州、淮南（3个）	徐州、淮南、开封（3个）	徐州、淮南、枣庄、平顶山、开封、临沂、蚌埠（7个）	商丘、开封、枣庄、济宁、日照、菏泽、连云港、盐城、扬州、泰州、蚌埠、淮北、阜阳、六安、漯河（15个）
20万～50万人	开封、蚌埠、平顶山、淮北、扬州、连云港（6个）	蚌埠、平顶山、连云港、淮北、扬州、盐城、淮阴、许昌、济宁、枣庄、东台（11个）	连云港、淮北、扬州、济宁、信阳、淮阴、商丘、盐城、阜阳、漯河、六安、许昌、日照、宿州、菏泽、滕州、泰州、邹城、驻马店、周口（20个）	许昌、信阳、周口、驻马店、新郑、汝州、项城、禹州、永城、滕州、兖州、邹城、邳州、新沂、东台、宿迁、高邮、江都、如皋、宿州、亳州（21个）
10万～20万人	枣庄、清江（淮安）、济宁、信阳、许昌、泰州、阜阳、商丘、六安（9个）	宿迁、信阳、阜阳、商丘、兴化、菏泽、临沂、泰州、宿州、周口、六安、驻马店、滕州、漯河、淮安、亳州（16个）	宿迁、淮安、兴化、兖州、江都、高邮、新沂、亳州、天长、东台、明光、曲阜、姜堰、禹州、大丰、长葛、永城、邳州、舞钢、新密（20个）	荥阳、登封、新密、舞钢、长葛、曲阜、大丰、兴化、姜堰、明光、界首、天长（12个）
10万人以下	周口、漯河、驻马店（3个）	新沂、日照、禹州、曲阜、汝州、舞钢、界首（7个）	项城、汝州、新郑、荥阳、界首、登封（6个）	—
城市数量	21个	38个	54个	54个

（二）城镇化发展特征

1. 人口密度大，外出人口多且逐步上升

2010年11月1日，"第六次全国人口普查"（以下简称"六普"）淮河流域户籍人口18399万人，户籍人口密度681.5人/km²，是全国人口密度142.8人/km²的4.8倍，为我国各大流域人口密度之首，与长江中游地区及成渝地区相当。淮河流域常住人口16133万人，常住人口密度597.5人/km²。与"第五次全国人口普查"（以下简称"五普"）（2000年）相比，户籍人口密度

增加了 57.91 人/km²，常住人口密度减少了 5.20 人/km²。

从人口密度分布看，四省交界处是人口高密度区域，其中河南东部、安徽西北部连绵数县人口密度在 1000 人/km²以上，见图 1。

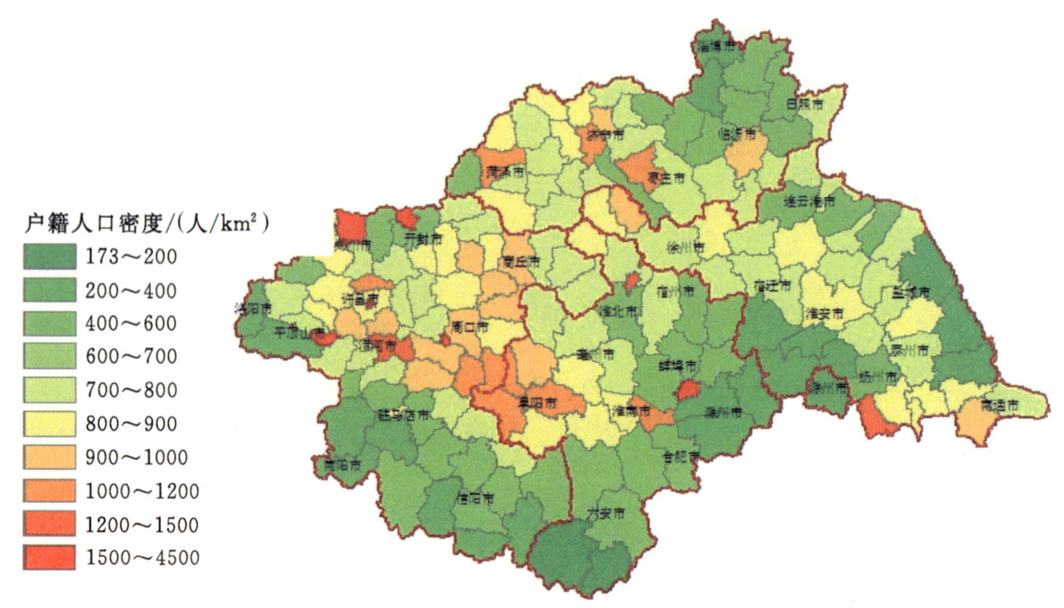

图 1　淮河流域 2010 年户籍人口密度

“六普”淮河流域净流出人口 2266 万人，净流出率（净流出人口/户籍人口）为 12%。“五普”流域净流出人口 572 万人，净流出率 3.3%。2000 年，流域涉及的 35 个地级市中，人口净流出的有 31 个，到 2010 年增长到 32 个；2000 年，流域所包含的 146 个县和县级市中人口净流出的有 129 个，到 2010 年增长到 145 个。总的来说，10 年来，淮河流域人口净流出率大幅度增加，人口净流出地区不断扩大。

河南省东南部、安徽中西部是净流出量、净流出率较大的区域。2010 年，固始县净流出 68.35 万人，净流出率达 40%；临泉县净流出 64.52 万人，净流出率 29%；颍上县净流出 50.43 万人，净流出率 30%；阜南县净流出 50.90 万人，净流出率 30%，见图 2。

2. 城镇化加速但水平较低，且区域发展不平衡

2010 年淮河流域城镇化率为 41.9%，比 2000 年的 26.3%提升了 15.6 个百分点，高于同期全国城镇化率提升幅度（13.6 个百分点），城镇化进入快速发展期。但城镇化率仍然低于全国平均水平（49.9%）8 个百分点，见图 3。

2010 年淮河流域内共 12 个地级市城镇化率低于 40%。其中，江苏省地级市城镇化率除宿迁市（48.3%）以外都在 50%以上，而河南省地级市城镇化

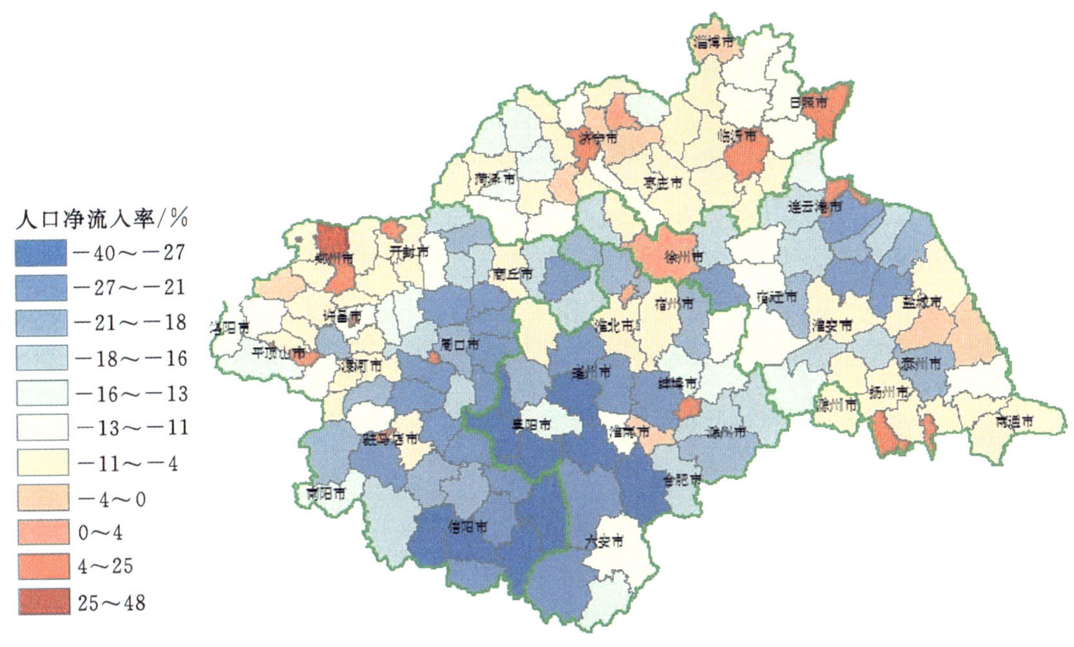

图 2　淮河流域人口净流入比例

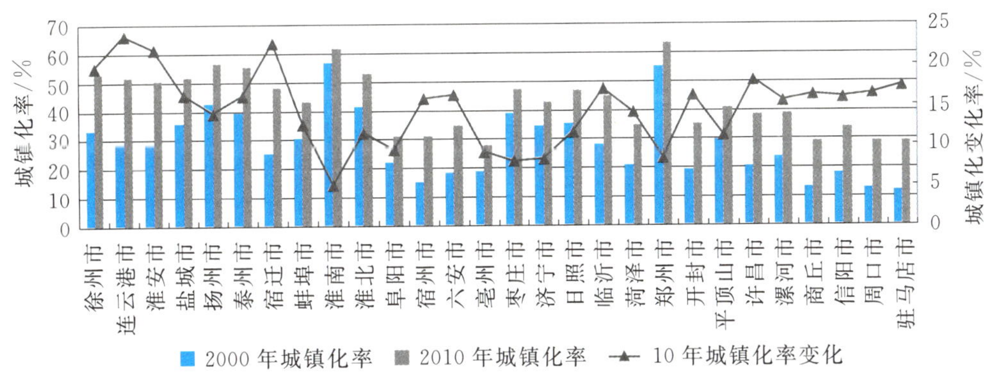

图 3　淮河流域城镇化率变化

率除郑州市（63.6%）、洛阳市（44%）、平顶山市（41.4%）以外都在 40%以下，流域内城镇化发展水平不平衡。其次，部分地区城镇化率严重滞后，有 9 个地级市的城镇化率低于 35%，它们分别是安徽省的阜阳市、宿州市、六安市、亳州市和河南省的南阳市、商丘市、信阳市、周口市、驻马店市，其中商丘市、周口市、驻马店市低于 30%。

3. 城镇密度较高但规模偏小，干流沿线城镇发育较差

2010 年，淮河流域内城市 54 个（其中地级市 28 个、县级市 26 个）、县城 120 个。城市和县城密度 6.32 个/万 km^2，高于全国水平（2.34 个/万

km²），与各省（自治区、直辖市）相比，列第六位，淮河流域城镇密度较高。

2010年，54个城市中，特大城市（100万人以上）有6个，包括郑州市、临沂市、徐州市、淮安市、淮南市、平顶山市，大城市（50万～100万人）有15个，中等城市（20万～50万人）有21个，小城市（20万人以下）有12个。与全国657个设市城市规模分布相比，淮河流域100万人口以上城市偏少，100万人口以上城市人口占城市人口的36.85%，低于全国水平（54.4%）；50万～100万人口城市相对较多，该层级城市人口占城市人口35.74%，高于全国水平（17.3%），见表2。

表2　淮河流域城市人口规模等级分布与全国比较（2010年）

城市人口规模/万人	淮河流域			全国		
	城区人口/万人	比重/%	比重累计/%	城区人口/万人	比重/%	比重累计/%
200以上	499.93	16.02	16.02	16674.64	42.20	42.20
100～200	649.93	20.83	36.85	4788.78	12.10	54.40
50～100	1115.37	35.74	72.59	6823.78	17.30	71.70
20～50	655.01	20.99	93.58	8045.70	20.40	92.10
20以下	200.38	6.42	100.00	3135.90	7.90	100.00
合计	3120.62	100.00		39468.80	100.00	

淮河干流两岸受水患影响、交通制约，城镇发育差。沿淮河干流两岸地级市中仅淮南市、淮安市2个100万人口以上城市，蚌埠市、阜阳市2个50万～100万人口城市，六安市、信阳市两个地级市市区人口在50万人以下，此外只有明光一个市区人口不足20万人的县级市。

（三）存在的主要问题

1. 远离发展重点，淮河流域成为经济发展洼地

改革开放以来，沿海地区特别是长三角、珠三角和环渤海地区发展成为全国经济发展和人口集聚的中心。这些地区，具有融入全球经济大循环的优势，已经形成了辐射带动能力强的中心城市、发达的交通网络、完善的产业体系和良好的创新环境。而淮河流域则演变成为劳动力输出、粮食输出地，自身缺乏工业化、城镇化的竞争优势，造成淮河流域成为全国东中部地区的经济洼地。

国家层面的空间规划，如全国主体功能区规划、全国城镇体系规划，都突出以长三角、珠三角和环渤海三大地区作为带动全国经济社会发展和城镇化的

龙头。全国主体功能区规划提出的第二梯度的重点开发区域有18个[1]，其中中原经济区、东陇海地区分别位于淮河流域的西北和东北角，而淮河干流地区则被边缘化了。从各省来看，河南省以中原城市群为发展重点区域，安徽省以皖江城市带承接产业转移示范区为发展重点区域点，江苏省则以苏南现代化建设示范区和江苏沿海地区为发展重点区域，山东省以山东半岛蓝色经济区、黄河三角洲高效生态经济区为发展重点区域。淮河流域，特别是淮河干流地区，在各省的发展规划中，也被边缘化了，见图4。

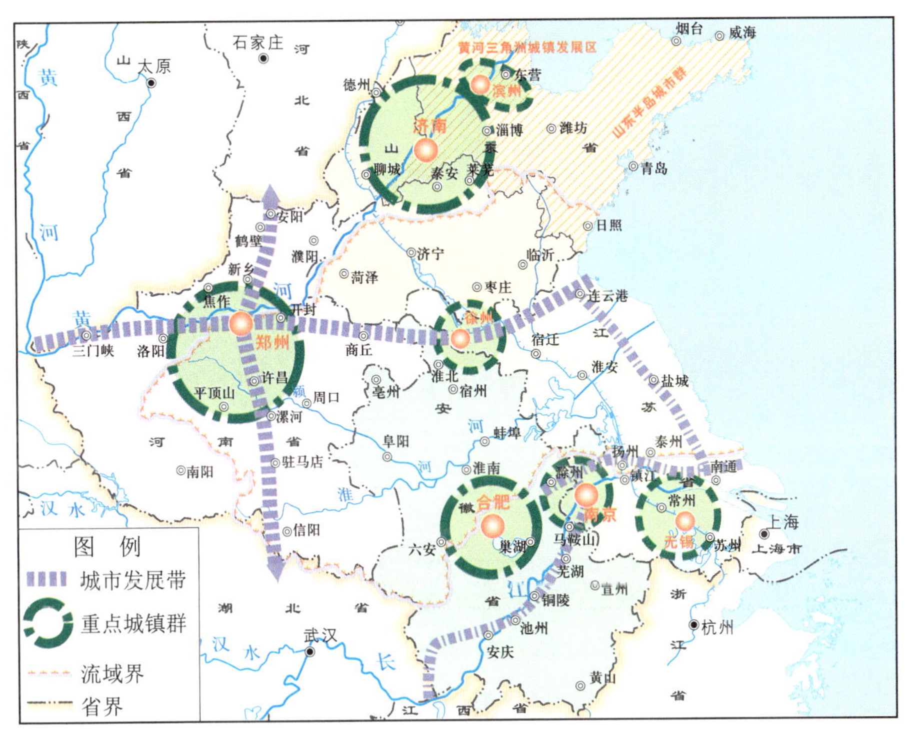

图4 淮河流域四省发展重点示意图

淮河流域经济发展相对滞后。2010年淮河流域人均GDP 2.18万元，为全国平均水平（2.99万元）的72.91%。与流域内各省经济水平相比，略低于山东省平均水平。各省淮河流域内区域的经济发展水平均低于全省平均水平。其中，安徽省流域内人均GDP最低（为1.14万元），江苏省流域内人均GDP最高（为3.15万元），见图5。河南、安徽、山东、江苏省内淮河流域人均GDP则分别为本省的91.28%、61.96%、58.47%、54.12%，见图6。

[1] 18个重点开发区域为：冀中南地区、太原城市群、呼包鄂榆地区、哈长地区、东陇海地区、江淮地区、海峡西岸经济区、中原经济区、长江中游地区、北部湾地区、成渝地区、黔中地区、滇中地区、藏中南地区、关中-天水地区、兰州-西宁地区、宁夏沿黄经济区、天山北坡地区。

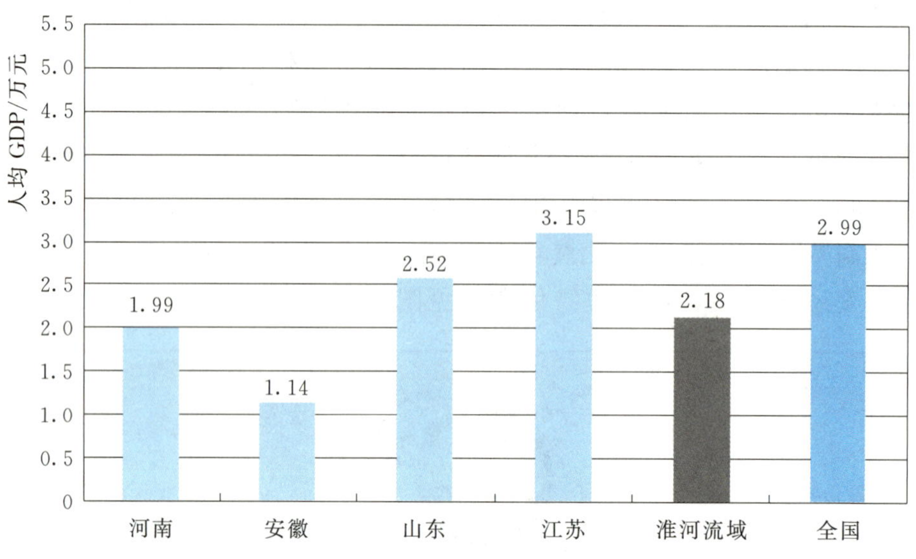

图 5　淮河流域人均 GDP 与全国及四省比较（2010 年）

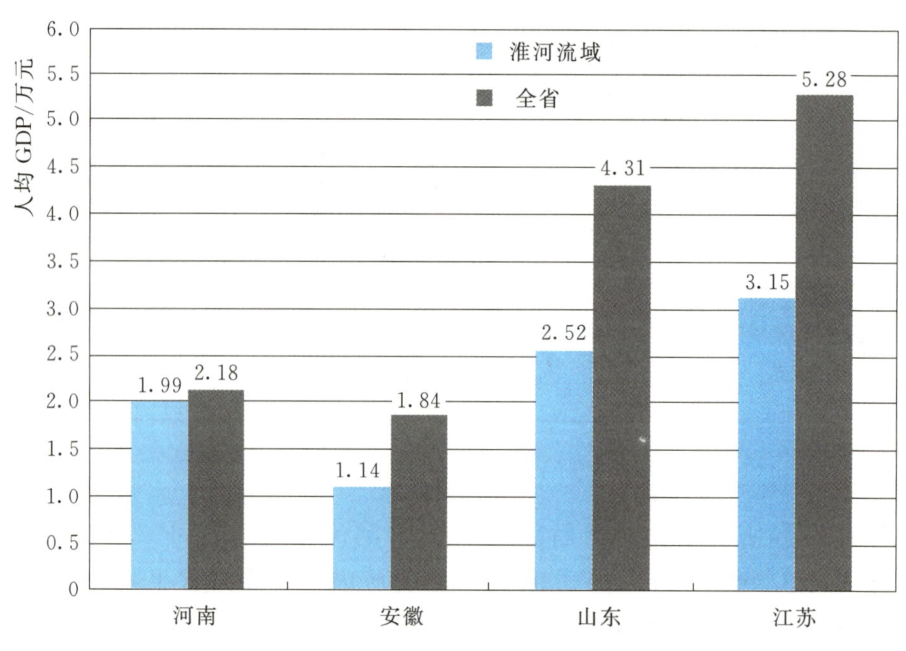

图 6　各省淮河流域人均 GDP 与各省比较（2010 年）

淮河中游地区成为发展洼地。从 2010 年各市区和县、县级市的人均 GDP、农民人均纯收入、城镇化水平来看，豫东皖北是一个明显的经济和城镇化洼地，见图 7。2010 年，无论市辖区还是县、县级市人均 GDP 普遍低于 15000 元，其中 19 个县在 10000 元以下，而同期全国的人均 GDP 已达 30000 元。流域内 21 个县、县级市农民人均纯收入在 4500 元以下，而同期全国农民人均纯收入为 5919 元。江苏省和山东省流域内各县、县级市农村居民人均纯收入总体高于安徽和河南两省，河南东部和安徽中西部县、县级市农村居民人均纯收入普遍低于5000元/人，见图8。

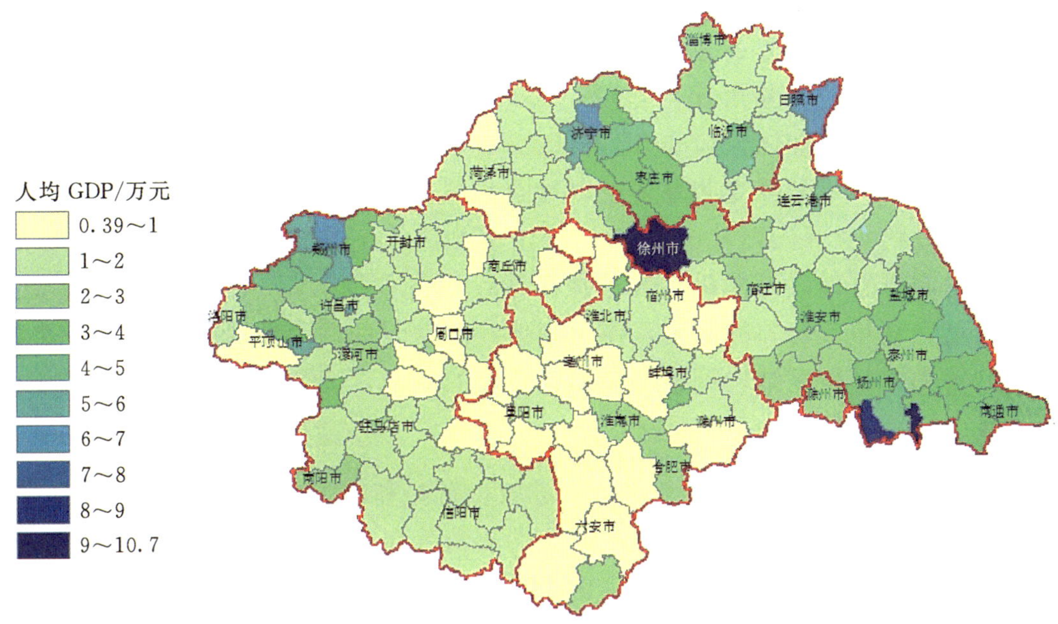

图7　2010年淮河流域人均GDP

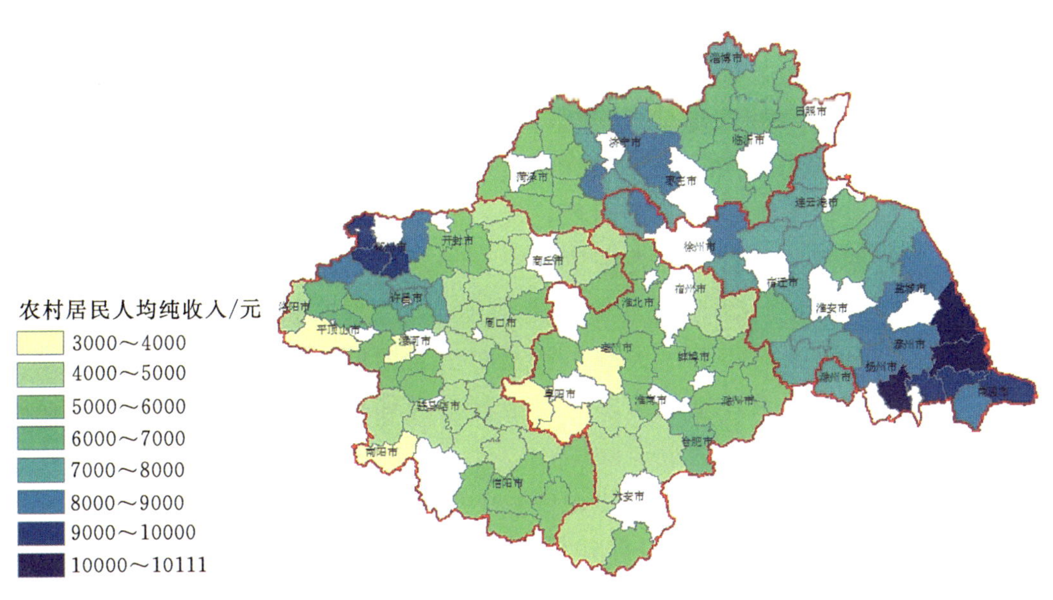

图8　2010年淮河流域农村居民人均纯收入

2. 青壮年劳动力流出严重，造成农村系列社会经济问题

淮河流域特别是皖西北、豫东南地区各县青壮年劳动力大量外出。2010

年，淮河流域146个县和县级市户籍人口为1.44亿人，常住人口为1.21亿人，净流出2300万人，净流出率达16.3%。其中，皖西北和豫东南地区大部分县的人口净流出率超过25%。而人口的大规模流出，主要以青壮年劳动力、特别是男劳动力外出务工为主。

青壮年劳动力大量外出，造成一系列社会、经济问题。一是老龄化水平高，流域148个县常住人口中65岁以上人口比重达到10.3%，高于全国平均水平（8.9%）；二是留守儿童多，以阜阳为例，根据其市政府的调查，全市共有留守儿童约70万人，其中留守学生46万余人；三是村庄的空心化，在皖西北农村的调研发现，许多村庄无论住房建设质量如何，都存在明显空置现象；四是大量青壮年劳动力的外出，使得当地经济发展的动力减弱，农业经营以老人和妇女为主，缺乏结构调整和规模化发展的动力，工业企业招工困难，当地难以吸引劳动密集型产业转移。

3. 城镇化推进存在误区，盲目推进城市新区和新型农村社区建设

近年来，淮河流域各地推进城镇化的热情普遍很高。但在对城镇化内涵的理解和城镇化推进方式上存在一定误区。一些地方在推进城镇化过程中过度推进土地开发，重城市规模扩张，轻城市质量提升；重经济总量增长，轻经济模式转变和环境保护；重硬件设施建设，轻社会建设和配套制度改革。这种粗放型的城镇化模式造成城市用地盲目扩张、资源浪费严重、能源利用效率低下、环境污染蔓延、公共服务和社会保障水平偏低。

一些地方打着“加快城镇化进程”的旗号，普遍设立城市新区，如某省17个地级市全部设立城市新区，并由省政府批复新区建设方案。城市发展盲目拉大城市框架，不断扩大城市面积，提出超越发展阶段的人口、城区面积等指标，存在竞相攀比和盲目开发现象，以至于一些新区建设千城一面，缺乏地域文化特征。同时，与新区规划面积形成明显反差的是新区人口数量相对偏小，集聚能力不足。城市新区大肆扩展及对土地增值收益的追求，不同程度地带来土地资源浪费严重，助长了多占耕地和不合理拆迁的行为。同时，新区投资规模巨大，加大了地方债务风险。

在推进农村新型社区的规划建设中，一些地方片面追求省域、市域“全覆盖”，这种大范围“一刀切”的拆并村庄、大规模建设集中居住区的方式存在隐忧。如某省试图将新型农村社区作为新型城镇化的战略基点和统筹城乡的切入点，将全省4.8万个行政村整合，规划形成1万个新型农村社区。新型社区建设在全省大范围、全覆盖地快速推进，所谓农村新型社区初步建成近300个、在建1400多个。农村新型社区的建设成绩主要表现为新型社区建设及住房改善上，生产发展这一更为核心的要素却没有得到充分的考虑和重视，农民

依旧得依赖进城打工维持生活。几百年形成的农村社会结构和乡村风貌受到很大程度的冲击，失地农民增多和一些地方后续社会保障跟不上，促进农民工在城市落户的制度仍未建立，农民的生活方式、生产方式和生态环境互不协调，城镇化和新农村建设的良性互动机制还远未建立。

4. 致贫因素多且覆盖面广，国家扶贫开发工作重点县成片连绵

淮河流域经济发展水平不高，国家扶贫开发重点县成片连绵。国家扶贫开发工作重点县有 32 个，其中河南省 19 个、安徽省 13 个，占两省贫困县的 64%，见表 3。国家确定大别山连片特困地区为全国 14 个扶贫攻坚主战场之一，大别山连片特困地区包括湖北、河南、安徽的 36 个县市，其中位于淮河流域的县有 23 个，淮河流域是其主体组成部分。按照 2300 元标准统计，大别山片区的贫困人口数量为 1443.5 万人，占全国贫困人口的 11.1%，占大别山片区户籍人口的 40%，是 14 个片区中贫困人口最多的片区之一。同时淮河流域内的鲁山、汝阳等县属于秦巴山集中连片特困地区，这也是一个扶贫攻坚重点区域。

表 3　国家扶贫开发工作重点县名单

省　份	数量/个	其中位于淮河流域数量/个	淮河流域扶贫开发重点县名称
安徽	19	13	颍东区、**临泉县**、**阜南县**、**颍上县**、砀山县、萧县、灵璧县、泗县、裕安区、**寿县**、**霍邱县**、**金寨县**、**利辛县**
河南	31	19	**兰考县**、**汝阳县**、**鲁山县**、桐柏县、**民权县**、睢县、**宁陵县**、虞城县、**光山县**、**新县**、**商城县**、**固始县**、**淮滨县**、**沈丘县**、**淮阳县**、上蔡县、平舆县、确山县、**新蔡县**

注　黑体字加粗为集中连片特殊困难地区范围内的国家扶贫开发工作重点县。

大别山连片特困地区城镇化水平偏低，县市的平均水平在 30%左右，部分县市如固始、阜南甚至不到 10%。县城驻地规模大多为 10 万～20 万人口的中小城市，对于人口基数大多为 100 万左右的人口大县而言，城镇化水平以及县城驻地的集聚度明显不足。除县城以外，纳入国家确定重点镇名单的其他小城镇非常少，小城镇的发展基础还非常薄弱。

大别山连片特困地区涉及大别山区和黄淮泛区两个自然地理单元，大别山区为水源涵养区域，黄淮泛区是传统的农业地区。水患频繁和疾病肆虐是造成大别山片区贫困的主要原因。同时，在卫生部公布的 51 个艾滋病综合防治中央重点建设示范区中，地处大别山片区的有安徽省的临泉县、阜南县、利辛县，河南省的新蔡县、柘城县、商水县、沈丘县等 7 县，见图 9。

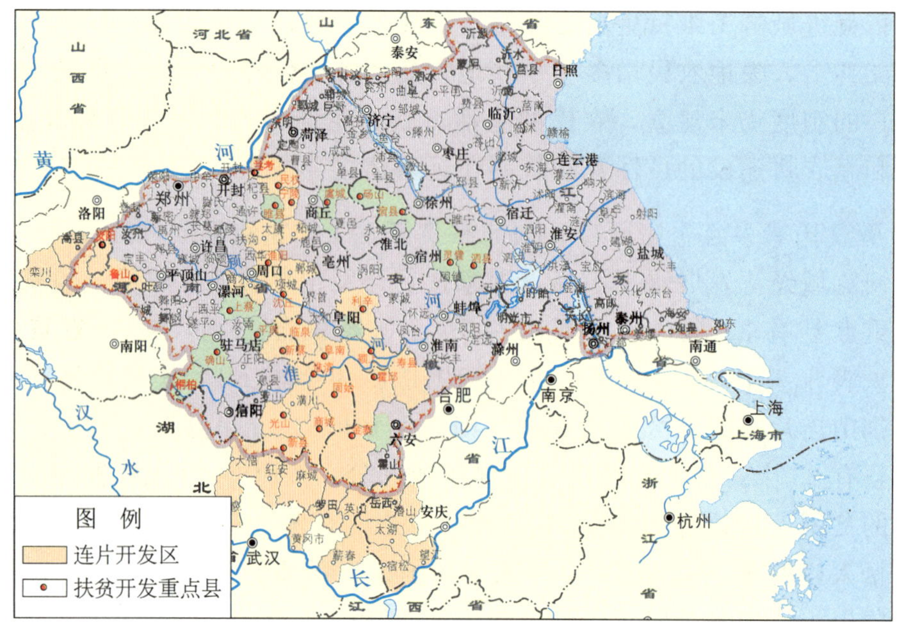

图 9　淮河流域集中连片特困地区及扶贫开发重点县

5. 行蓄洪区和采煤塌陷区对城镇发展构成重大安全隐患

(1) 淮河行蓄洪区。

由于淮河流域有着复杂的地理和气候条件，依靠干流加固堤防和修建大坝等工程技术手段难以从根本上解决防洪问题，行蓄洪区成为淮河防洪工程体系的重要组成部分。2006 年，沿淮河共有 27 处行蓄洪区，总面积近 4000km^2，其中耕地超过 2300km^2，区内人口 176 万人。若考虑下游洪泽湖周边的滞洪圩区，耕地超过 3300km^2，人口约 280 万人。淮河的行蓄洪区中，1950—2006 年，共启用 196 次，平均每个行蓄洪区被启用 7 次，个别行蓄洪区没有启用（汤渔湖和临北段均未被启用过）。

2010 年国家对淮河行滞洪区修订后调整为 21 个。行蓄洪区既要承担区内经济社会发展，又要承担淮河行蓄洪水，两种功能存在严重矛盾和冲突。图 10 为淮河干流行蓄洪区与城镇分布关系图。淮河干流行蓄洪区共涉及 2 市（地级市）、10 县（县级市）、39 乡镇。可以看出，目前仍有个别县城以及乡镇驻地位于淮河干流行蓄洪区范围内，城镇的空间发展与淮河行蓄洪存在矛盾。

(2) 采煤塌陷区。

淮河流域煤炭资源丰富，总储量达 700 亿 t，煤炭成为淮河流域最重要的产业之一。目前已建成淮南、淮北、平顶山、徐州、兖州、枣庄等国家大型煤炭生产基地，产煤量占全国产煤量的 1/8，见图 11。淮河流域典型地质环境问题是因煤炭开采引起的地面塌陷，淮河流域主要产煤城市均有不同程度的采煤

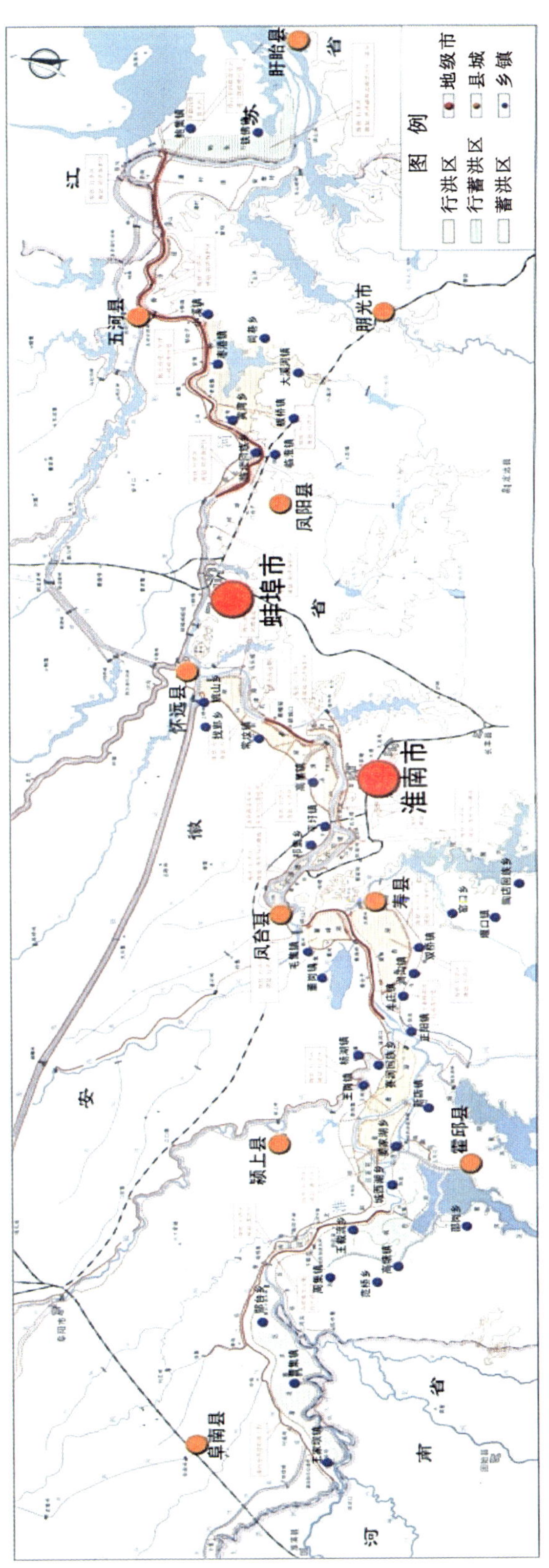

图 10　淮河干流行蓄洪区与城镇分布图

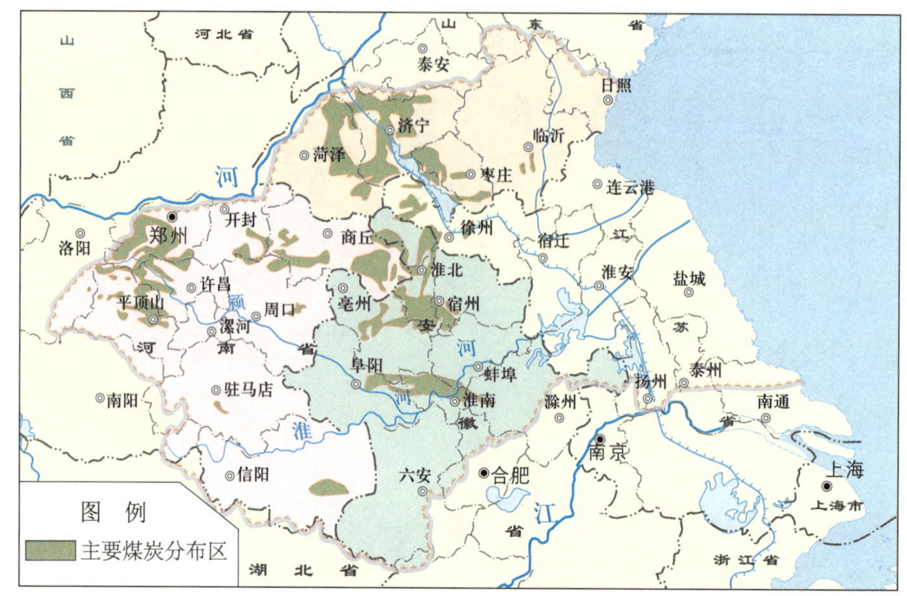

图 11　淮河流域煤炭资源分布示意图

沉陷区。这些采煤沉陷区部分位于城市内部或周边，且难以在短时间内进行治理并再利用，同时部分采煤沉陷区处于不稳定状态，存在潜在的威胁，成为城市发展的一个重要影响因素。

以淮南市为例，2010 年该市各矿区采煤沉陷面积已达 121km²，积水面积 59km²，蓄水容积 2.5 亿 m³。目前全市沉陷区面积以每年 12～17km² 的速度增加，预计 2020 年沉陷面积将达到 187km²，积水面积 113km²，蓄水容积可达 6.16 亿 m³；2030 年沉陷面积 275km²，积水面积 195km²，蓄水容积可达 13.48 亿 m³；最终，将形成沉陷面积 1041km²，蓄水容积 101 亿 m³。大面积形成且迅速增加的采煤沉陷区，不仅可能恶化矿区的生态环境，还将严重影响人居环境和居民的安居乐业。

据不完全统计，2003 年以前，采煤沉陷区涉及居民约 46644 户 13.4 万人。2004 年到 2009 年年底，涉及居民 40686 户约 15.4 万人。预计从 2010—2020 年，全市需搬迁约 38032 户（约 13.7 万人）。另据统计分析，受煤炭开采影响，2020 年后还需搬迁 346 个自然村，涉及 21 个乡镇约 5.1 万户 18.6 万人。

6. 城镇基础设施建设滞后，制约城镇化质量

淮河流域城镇基础设施建设普遍“欠账”较多，总量不足、标准偏低、区域差距大，制约淮河流域城镇化发展。2010 年淮河流域各市建成区供水普及率为 94.73%，而县城供水普及率仅 82.07%，各市建成区污水处理率为 85.4%，集中处理率仅为 77.08%，而县城污水处理率仅 76.9%，其中集中处

理率仅为73.73%，城市建成区排水管网密度为8.61km/km^2，县城的排水管网密度为7.28km/km^2，不及发达国家的1/2；淮河流域燃气普及率普遍低于全国平均水平，县城仅为64.83%，其中河南省县城仅为33.89%；淮河流域城市垃圾无害化处理率为81.62%，而县城仅为39.76%，垃圾无害化处理能力不足，导致垃圾占地严重，大量城镇处于垃圾包围之中。

淮河流域各省基础设施建设差距较大，江苏省建成区排水管网密度是河南省的2倍，而县城的燃气普及率近乎为河南省的3倍，区域差距也制约了全流域的环境改善和基础设施质量提升。

同时，淮河流域城镇基础设施建设的投融资渠道单一，价格机制不健全，过度依赖财政资金和土地出让金。基础设施投资中，供给性和地面可见的基础设施相对投入较多，而环境类和安全类基础设施，如排水防涝、污水处理、垃圾处理等设施投入明显不足，成为基础设施发展和城镇化质量提升的短板。

7. 城镇供水安全面临水源污染和突发污染事故的严峻挑战

（1）水体污染严重，水源水质堪忧。

随着淮河流域城镇化进程和经济发展速度的逐步加快，大量的工业废水进入淮河流域水体，使得淮河流域水环境中合成有机污染物负荷不断加重。淮河信阳、阜阳、淮南和蚌埠监测断面，2，4-二硝基苯、六氯苯、阿特拉津均严重超标，氯酚类污染物的浓度是长江清洁河段沉积物的100～1000倍，硝基苯、硝基甲苯异构体污染程度与第二松花江相当。淮河（江苏段）水体枯水期和丰水期共检测到33种半挥发性有机污染物（SVOC）和15种有机氯农药（OCPs），其中47种属于美国国家环保局规定的129种优先控制污染物（2002—2003年）。另外，淮河流域作为我国粮食的重要主产区，化肥使用量大，农业面源污染导致地表饮用水源水质下降，雨水期氨氮明显升高（原水氨氮高达2.53mg/L，砂滤出水氨氮高达1.62mg/L）。特别是夏季秸秆等农业废弃物腐烂产生大量腐殖质类天然有机质，造成水体季节性污染严重。

在淮河流域平原地区，埋深小于50m的地下水是城镇和农村及工业用水的主要水源。由于过度开发利用，淮河流域地下水已受不同程度的污染，农村饮用水安全受到威胁。根据相关调查，埋深小于20m的地下水重度污染区占26.5%，中度污染区占33.8%，轻度污染区占17.6%，总污染区域达到78%；埋深20～50m的地下水，重度污染区占13.8%，中度污染区占51.7%，轻度污染区占34.3%，几乎所有的区域均被污染。污染物超标组分主要为硝酸盐氮、亚硝酸盐氮、氨氮等。

（2）突发污染事故频发，安全供水任务艰巨。

淮河流域是我国污染较早污染较重的流域。改革开放初期至1994年为重度污染阶段，经过“九五”“十五”“十一五”的综合整治，淮河流域的水环境状况得到了一定的改善，但近些年流域内又多次发生突发性重大水污染事故，如2009年3月盐城饮用水源对氯苯酚污染事件，2009年8月邳州砷污染事件，2010年4月淮河航道盱城段中石化输油管道泄漏事件，污染事故频发严重威胁到流域内城市居民生活用水安全，给工农业生产造成了巨大的损失。

淮河流域水源水质偏低，污染事故频发，水厂供水能力不足对城镇供水安全形成了巨大挑战。全国城镇供水水质普查结果显示，淮河流域县城以上317个城镇公共供水厂中原水水质超标的水厂共158个，占调查水厂总数的50%，供水能力750.96万m^3/d，占总供水能力的52.46%。其中，各水厂水源主要超标指标江苏省为浑浊度、COD_{Mn}和氨氮；山东省为硫酸盐、硝酸盐和总硬度；河南省为氟化物、硝酸盐和氯化物；安徽省为浑浊度和氟化物。

8. 缺乏便捷的对外通道，严重制约淮河干流两岸地区发展

淮河流域现有4条铁路交通动脉，其中，京沪、京九、京广3条南北向铁路从流域的东、中、西部穿过，陇海一条东西向铁路从流域的北部穿过。流域内主要城市都有南北向铁路依托，但干流两岸地区城市间缺乏东西向铁路依托，造成该地区货物到达东部沿海港口城市交通不便，制约了该地区经济的开放度。

根据全国中长期铁路网规划，淮河流域内主要新增铁路线仍为南北向，包括江苏沿海连云港—盐城线、江苏中部淮安—扬州—镇江线、河南安徽境内商丘—阜阳—淮南—合肥线，此外，西安—信阳—六安—合肥线从流域西南侧穿过，干流两岸的阜阳市、淮南、蚌埠等城市仍缺乏通往东部港口城市的铁路。

公路方面，淮河流域干流两岸地区较为薄弱，流域内地级市间高速公路线路不畅，如阜阳市至周边的区域中心城市徐州、合肥不得不绕道较远距离；高速公路网密度不足，县城缺乏近便的高速公路，更有一些县域如阜南县、淮滨县等不通高速公路。同时，省级间高速公路缺乏协调。总之，现有交通运输结构对淮河流域，尤其是中游地区和干流地区的工业化、城镇化的支撑作用较小。

三、淮河流域城镇化发展目标与战略

（一）城镇发展形势分析

1. 全国城镇化态势

未来一段时间，我国仍将处于积极稳妥推进城镇化的关键时期，并不断提

升城镇化的质量，实现质量与速度并重的城镇化。综合现有研究成果，城镇空间的区域及层级态势呈现如下特点。

(1) 中西部地区城镇化加速发展，区域间城镇化差距趋于缩小。

经济发展对内需的依赖日益加强，中西部成为我国释放内需的重要潜力地区。随着西部大开发、促进中部地区崛起等区域发展政策的相继实施，中西部经济产业加快发展，在工业化推动下，中西部地区城镇化发展进入加速发展时期。同时，受交通运输成本提升、内需市场扩大以及传统地域文化认同等因素影响，省内农民工增速超过出省农民工增速，农民工在流动上更趋向于本省以内将成为中西部城镇化的重要因素，中西部地区随着工业化、农业现代化的快速发展，城镇化将进入持续快速发展时期，并推动中国东中西部城镇化发展水平差距缩小。

(2)(特)大城市、中小城镇“两端集聚”态势明显。

特大城市和大城市持续保持高度集聚能力。截至2010年，我国57座城区人口百万以上的特大城市集中了1.66亿人，占城镇人口的27%。同时，上海、北京、天津、重庆、广州、深圳、成都、武汉等千万规模以上的“巨型城市”也相继出现。这些巨型城市借助在规模经济、商业服务、公共服务、基础设施等方面的优势，已经进入循环累积增长的阶段，就业岗位数量及收入的吸引力大，将拉动人口进一步集聚。

以县城为代表的小城市伴随着工业化空间传导和内源化消费增长，对城镇人口的集聚能力不断加强。据统计，20万人口以下的小城市与城镇集聚了51%的城镇人口，2006—2009年三年间，20万人口以下的小城市与城镇集聚的城镇人口增长了2200万人，成为城镇规模体系中人口集聚量最大的层级。县城等重点城镇在教育、住房等城市型服务方面具有较大优势，相对大城市有着较低的迁移和生活成本，已经成为农村人口就近迁移实现城镇化发展的重要载体。

总体来看，未来我国特大城市仍有一定的发展空间，一段时间内仍将是城镇人口集聚的重点。同时，小城市和重点小城镇将成为引导城镇人口集聚的重要新载体，教育、医疗、商业等生活消费需求将引导农村人口向县城集聚，使得县域中心城镇成为承载农村人口城镇化和统筹城乡发展的重要节点。

(3) 城镇群成为支撑我国相对均衡发展的战略支点。

在国家经济结构调整和生产要素重组过程中，高端职能、战略产业和重大企业向珠三角、长三角、京津冀3大核心城镇群集聚的态势越来越突出。核心职能、要素集聚以及区域化推动下，3大核心城镇群成为引领国家发展和区域一体化的龙头。

以成渝、长江中游为龙头的一批区域性城镇群正在崛起，成为支撑国家产业空间重组，促进区域均衡发展的重要支撑。其中，长江中游、成渝城镇群是我国中西部人口最为集中的地区，其直接辐射带动的人口均达到1.5亿人以上，是我国当前人口红利最为显著的地区。

（4）县域中心城市成为带动乡村地区城镇化发展的重要节点。

在工业化推动和本土化消费带动下，县级单元经济活力明显增强，经济产业发展加速，其对人口的吸引与集聚能力快速提升，成为支撑城镇群发展提升、带动中西部地区工业化、带动乡村地区城镇化发展的重要节点。县级单元经济活力的增强，为乡村人口提供了就近就业机会，为降低人口大规模流动风险、推进城镇化健康发展提供了保障。同时，农民进城购房、教育和医疗等因素在推动人口向县城集聚过程中作用明显。

整体上看，随着县域产业的进一步发展和县域中心城镇基础设施和公共服务设施水平的提升，人口集聚能力会不断增强，县域中心城市在推动我国城镇化健康发展方面将起到更加重要的作用，成为我国城镇化空间优化的重要节点。

2. 淮河流域发展的国家要求

淮河流域是我国洪涝灾害频发区、地方疾病多发区，也是人口密度较大而经济发展水平较低地区。淮河流域的治理和建设是国家推动区域协调战略部署的重要组成部分。

淮河流域是国家重要的农产品主产区，承担着为保障国家粮食安全和优质农产品供应的重任。淮河流域现有耕地面积1333万hm^2，粮食产量约占全国粮食产量的30%，商品粮率约25%，淮河流域在我国农业生产中已占有举足轻重的地位。《全国主体功能区规划》确定了东北平原、黄淮海平原、长江流域、汾渭平原、河套灌区、华南和甘肃新疆等7个农产品主产区，淮河流域是黄淮海平原农产品主产区的重要部分，承担着建设优质专用小麦、优质棉花、专用玉米、大豆和畜产品产业带的重任。因此，保护耕地、治理淮河和加强水利设施建设、强化流域优质农产品生产基地职能，是国家对淮河流域发展的重要要求。

淮河流域是全国主要的人口密集地区，承担着促进全国1/9人口全面实现小康社会的重任。淮河流域目前经济发展水平还比较低，2010人均GDP为2.39万元/人，是全国平均水平（2.99万元/人）的79.93%；人民收入水平也比较低，146个县和县级市中有75个县和县级市农民人均纯收入低于全国平均水平（5919元/人），28个地级城市中有24个城市的城镇居民人均可支配收入低于全国平均水平（19109元/人）。到2020年，我国要全面建成小康社会，国内生产总值和城乡居民人均收入比 2010 年翻一番。因此，淮河流域要加快经济发展、提高城乡居民收入，缩小与全国平均水平的差距，与全国同步实现小康社会，任务艰巨。

3. 涉及淮河流域的国家规划

近年来，国家较为密集地批复了一批区域发展规划或政策意见，其中与淮河流域密切相关（涉及四省）的规划（意见）包括《促进中部地区崛起规划》《长江三角洲地区区域规划》《国务院关于支持河南省加快建设中原经济区的指导意见》《皖江城市带承接产业转移示范区规划》《江苏沿海地区发展规划》《山东半岛蓝色经济区发展规划》《黄河三角洲高效生态经济区发展规划》，见图 12。

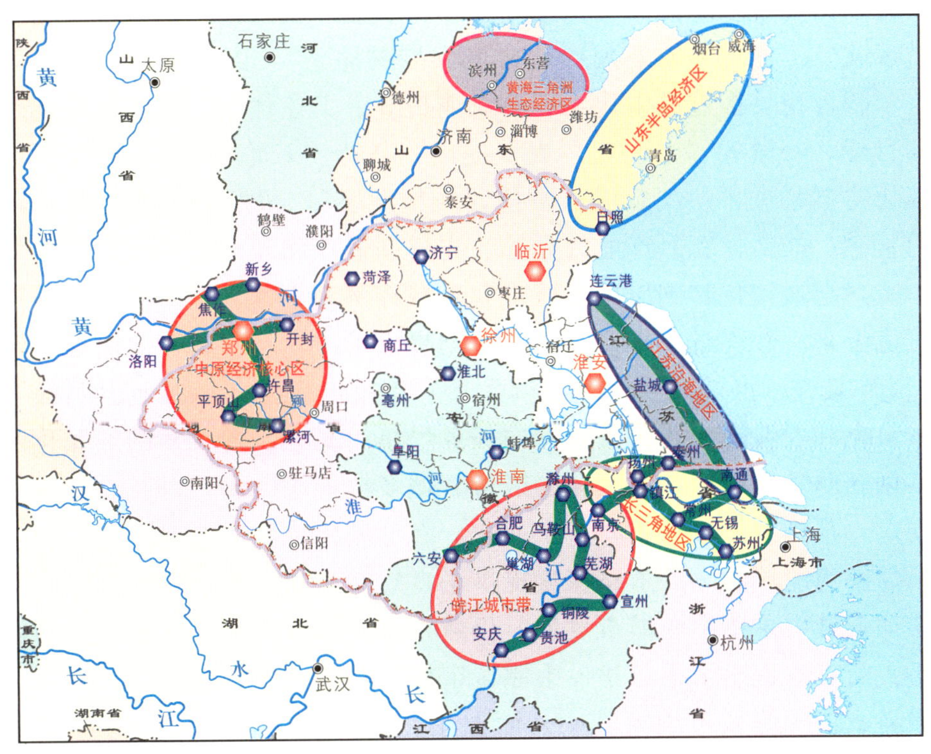

图 12　国家已批复涉及淮河四省的相关规划或意见空间示意图

在这些规划或意见中，针对淮河流域相关地区的发展都提出了发展定位，为确定流域发展的总体定位提供了基础。但是从国家已经批准实施的涉及淮河流域的相关规划或政策意见来看，淮河流域的区域经济格局已经基本划定为中原经济区相关部分、江苏沿海地区相关部分、山东半岛蓝色经济区南翼等。但是所有现行政策基本不涉及淮河流域的核心地域，对解决整个淮河流域的环境与发展问题带动有限。

4. 淮河流域发展的地方诉求

治理洪涝灾害，保障供水安全、治理地面塌陷等，是促进地方社会经济发展的前提。受历史条件和特定地理因素等的影响，淮河流域是我国旱涝灾害最为频繁的区域之一。进入21世纪以来，淮河流域旱涝灾害呈增多趋势，特别是2003年和2007年发生的全流域大洪水造成了严重的损失。淮河流域大中城市呈现出普遍性水质性缺水问题，水污染还影响到南水北调东线工程的输水安全。淮河流域采煤带来的塌陷问题严重，对人民生命财产造成较大威胁。解决淮河流域当前所面临的问题、保障当地人民生命财产安全，是促进这一地区社会经济持续发展的前提。

促进新型工业化、城镇化和农业现代化，是地方政府推动社会经济发展的内在动力。河南省政府提出"探索不以牺牲农业和粮食、生态和环境为代价的新型城镇化、工业化和农业现代化协调发展的路子"。山东省"十二五"规划也提出了积极稳妥推进城镇化，以及农业提升、工业优化、服务业跨越发展的思路和目标。安徽省"十二五"规划提出，坚持"双轮驱动"，即推动工业化和城镇化协调共进、互动发展，坚持"转型发展"，即把经济增长转到以现代农业为基础、战略性新兴产业为先导、先进制造业和现代服务业为支撑的发展轨道上来，把城镇化转到以中心城市和县域经济为支撑、统筹城乡区域协调发展的轨道上来。江苏省"十二五"规划则提出了"创新驱动、加快经济转型升级""统筹兼顾、推进城乡区域协调发展"等重点任务，事实上也明确了工业化、城镇化和农业现代化协调发展的任务。总的来说，各省强调工业化的结构转型、创新驱动等内涵，城镇化的区域、城乡统筹等内涵，以及农业现代化的发展要求，都是在积极探索新型工业化、新型城镇化和农业现代化协调发展的思路，为淮河流域的发展道路探索提供了良好的基础。

推动流域内主要中心城市发展，仍然是地方政府谋求区域竞争力的重要空间策略。河南省提出了重点建设中原城市群，将淮河流域的开封、许昌、平顶山、漯河、济源等城市纳入其中，而豫东、豫南城镇发展地区则重点建设周口、商丘、驻马店、信阳等中心城市。山东省的发展重点是山东半岛蓝色经济区、黄河三角洲高效生态经济区两大由国务院批复区域规划的地区，此外，山东省政府还制定《鲁南经济带发展规划》，要推进以日照、临沂为主体的临港经济区，以济宁、枣庄为主体的运河经济区，以菏泽为主体的京新沿路菏泽经济区3个重点区域发展，加快其中心城市的发展。安徽省的发展重点是皖江城市带和合肥省会经济圈，淮河流域的发展则以沿淮城镇群为空间组织，重点建设蚌埠、阜阳两大区域中心城市。江苏省的发展重点则是苏南地区和沿海地区两大国务院批复区域规划的地区，淮河流域的发展则以淮安、徐州两个区域中心城市为龙头。总的来说，淮河流域涉及的4个省的重点发展区域并不在淮河流域（仅中原城市群涉及部分淮河流域城市），对淮河流域核心地区发展的支持有限，但各省开始注重加快本省淮河流域的战略开发，推动淮河流域主要中心城市发展仍是四省发展的重要策略。

5. 淮河流域城镇化发展基本态势

淮河流域仍将处于持续快速城镇化发展阶段。淮河流域城镇化率由2000年的26.0%提升到2010年的41.9%，年均提升1.6个百分点，高于全国同期提升幅度（年均1.4个百分点）。初步预计，2020年淮河流域人均GDP将超过5万元，城镇化率达到55%左右，流域城镇人口总量近1亿人，比2010年新增约3000万人，每年新增约300万人。2030年淮河流域人均GDP将达到8万～10万元，城镇化率将达到65%左右，城镇人口总量约1.2亿人，比2020年新增约2000万人，每年新增约200万人。

城镇化面临转型发展的新要求。淮河流域的城镇化应强调以人为核心的城镇化，要求以服务人、发展人为核心推进制度创新。面对资源环境约束进一步强化、城镇低碳生态发展的要求更加紧迫的形势，必须形成人口、经济、社会、生态、资源、环境相互协调的城镇化，增强城镇化发展的科学性和可持续能力。要按照中央要求，坚持走中国特色新型工业化、信息化、城镇化、农业现代化道路，促进工业化、信息化、城镇化、农业现代化同步发展。

（二）城镇化发展目标

探索在不牺牲农业和粮食、生态和环境的前提下，以新型城镇化引领城乡协调发展，构建“四化”同步发展平台，努力形成生态宜居、民生安全和共同富裕的城乡发展新格局，全面建成小康社会和国家生态文明综合示范区。

目标包括以下内涵。

（1）保障国家粮食安全、农业持续发展。城镇化的发展不以减少耕地、减少粮食产出为代价，同时要促进农业的持续发展，实现农业现代化。

（2）构建资源节约、环境友好型社会。要节约资源、能源，减少环境污染、修复生态，强化对自然资源、历史人文资源及城乡生态环境的保护力度，加强空间开发管制。

（3）建设安全宜居城镇。特别关注威胁人民生产生活的洪涝灾害、采煤塌陷等问题，保障人居安全，结合淮河治理及流域内公共安全问题的解决，统筹考虑行蓄洪区、低洼地及采煤沉陷区的人口与发展问题，把城镇供水安全、环境安全及综合防灾放在突出位置，努力建设生态宜居城镇。

（4）实现共同富裕。逐步缩小淮河流域与所在省份经济社会发展的差距，实现淮河流域的扶贫攻坚地区基本公共服务主要领域指标达到全国平均水平。

（三）新型城镇化战略

淮河流域的新型城镇化道路要在城镇化过程中解决城乡良性互动和协调发展问题，解决农业和粮食安全问题，解决生态和环境问题，解决公共安全问题，走一条以新型城镇化引领城乡协调发展，“四化”同步、城乡统筹、多级集聚，生态文明的新型城镇化道路。

具体战略包括以下几点。

（1）“四化”同步。促进城镇化与农业现代化协调发展，城镇化与工业化良性互动，城镇化与信息化融合，把产业尤其是农基产业作为城镇发展的基础，把城镇作为产业发展的载体，以产兴城、以城促产、产城融合、协调推进，形成产业集聚与城镇发展相互依托的发展格局。

（2）城乡统筹。城镇化与新农村建设良性互动，发挥县城及集镇城乡互动的纽带作用，引导公共设施和服务向农村延伸，城乡要素合理流动和优化配置。

（3）多级集聚。充分发挥中心城市辐射带动作用，发挥县（市）域城镇承接转移的关键作用，把县域经济和县域中心城镇发展作为淮河流域城镇化发展的战略重点，着力提升城镇功能，增强发展活力。

（4）生态文明。坚持把生态文明建设作为重大战略贯穿到城镇化发展的各个方面和全过程。在城市规划和建设中，要积极倡导“集约、智能、绿色、低碳”的新型城镇化发展模式。

（四）人口和城镇化水平预测

1. 户籍人口预测

（1）户籍人口增长历史分析。

20年来，淮河流域所涉四省户籍人口增长率保持较低水平，并呈现总体的缓慢降低趋势。1990—2000年间，河南、山东、安徽、江苏四省的户籍人口年增长率分别为0.93％、0.64％、1.04％、0.58％，而2000—2010年间，四省的增长率分别为0.96％、0.61％、0.84％、0.55％，大部分年份增长率低于1％，处于较低增长水平，且除河南外其余三省增长率呈降低趋势。

与四省相比，淮河流域户籍人口增长率略高，但也处于较低水平，并呈降低趋势。1990—2000年间，淮河流域户籍人口增长率为1.14％，比四省各自增长率略高，而2000—2010年间，流域的增长率降低为0.92％，低于河南省增长率而高于其他三省。从淮河流域内部看，2000—2010年间户籍人口增速与各省部分发展水平成反比，经济较为发达的江苏省部分增长率最低(0.58%)，经济较为滞后的安徽省部分增长率最高（1.18%）。这显示出淮河流域户籍人口增长以自然增长为主要动力，而自然增长率随经济发展水平的提升而降低的基本特征，见表4。

表4　淮河流域户籍人口增速与四省比较　%

地　区		1990—2000年增速	2000—2010年增速	增速降低幅度
河南省		0.93	0.96	0.03
山东省		0.64	0.61	−0.03
江苏省		1.04	0.84	−0.20
安徽省		0.58	0.55	−0.03
淮河流域		1.14	0.92	−0.22
其中	河南部分	—	1.05	
	山东部分	—	0.81	
	江苏部分	—	0.58	
	安徽部分	—	1.18	

(2) 户籍人口增长趋势判断。

可以判断，未来流域内户籍人口仍将保持较低增速，并与过去10年相比增速有所降低，即增速将低于0.92%。主要依据为：①我国户籍政策将保持一定的稳定性，且户籍政策发生变化使得户籍人口迁移率发生突变的可能性较低，因为以农民为主的迁移人口不愿意放弃其承包耕地和宅基地等而迁移户口；②我国计划生育政策总体上会保持稳定，不太可能大幅放宽而使得出生率大幅增长的情况，而随着淮河流域经济发展水平的提高，人口自然增长率会有所降低；③淮河流域在我国经济和城镇化发展格局中，处于相对边缘地位，即便部分地区和城市户籍人口会呈现净迁入情况，但总体上户籍人口会呈现净迁出趋势不会改变。

其次可以判断，未来两个10年，每10年淮河流域户籍人口增速降幅将为0.2～0.4个百分点。主要依据为：淮河流域的户籍人口增长主要由自然增长推动，其增长趋势符合一般的自然增长规律。过去两个10年，我国人口增长率从1990—2000年间的年均1.07%下降到2000—2010年间的0.57%，下降了0.4个百分点，而同期淮河流域户籍人口增长率仅下降了0.22个百分点。考虑到淮河流域人口自然增长的阶段性总体滞后于全国约10～20年水平，未来10年，淮河流域人口自然增长率的下降，应快于淮河流域自身过去两个10年的下降速度，而接近于全国过去两个10年的下降速度。

综合以上判断，确定2010—2020年、2020—2030年间，淮河流域户籍人口增长率降幅为0.3个百分点。因此，预测2020年淮河流域户籍人口为1.95亿人，2030年为2.01亿人。

2. 常住人口预测

(1) 人口净流出历史分析。

2000—2010年，淮河流域户籍持续增长和常年外出人口不断增加两者相抵消，流域常住人口总量保持相对稳定，由2000年的16232万人减少为2010年的16134万人，仅减少了98万人。而人口净流出率则由2000年的3.4%大幅扩大到2010年的12.3%，净流出量由2000年的569万人扩大到2010年的2266万人（表5、表6）。

表5　2000年淮河流域人口净流出情况

地　区		常住人口/万人	户籍人口/万人	净流出量/万人	净流出率/%
淮河流域		16232	16801	569	3.4
其中	河南部分	5351	5633	281	5.0
	山东部分	3283	3351	68	2.0
	江苏部分	4158	4176	18	0.4
	安徽部分	3439	3641	202	5.5

表6　2010年淮河流域人口净流出情况

地　区		常住人口/万人	户籍人口/万人	净流出量/万人	净流出率/%
淮河流域		16134	18399	2266	12.3
其中	河南部分	5471	6250	779	12.5
	山东部分	3376	3631	255	7.0
	江苏部分	3936	4425	490	11.1
	安徽部分	3351	4093	742	18.1

(2) 人口净流出趋势判断。

可以判断，未来两个10年，淮河流域仍将是人口净流出区域。主要依据是，未来两个10年，正是中国城镇化快速发展和人口空间变化的阶段，发达地区以先发和集聚优势，成为人口净流入地区，而淮河流域由于整体经济发展水平不高、在全国区域经济格局中处于相对边缘地位，其仍将是人口净流出地区。

其次判断，未来两个10年流域内经济发展速度相对较快，就业岗位总量和工资水平实现较大幅度增长，将留住流域内的大部分新增劳动力，并吸引外流人口回流。初步假设人口回流使得2020年流域人口净流出率将由2010年的12.3%降低至10%，2030年进一步下降到8%。因此，本次研究对淮河流域常住人口的预测方案为，2020年常住人口1.76亿人，2030年常住人口1.85亿人。

3. 城镇化率预测

（1）城镇化率增长历史分析。

2010年淮河流域城镇化率41.9%，比四省平均水平（47.8%）滞后近6个百分点，比全国平均水平（49.9%）滞后8个百分点。这说明，淮河流域是城镇化相对滞后区域。

从2000—2010年间城镇化率增幅看，淮河流域10年内城镇化率提高了15.9个百分点，比全国增幅（13.7个百分点）略高2个百分点，比四省增幅（15.1个百分点）略高0.8个百分点。这说明作为后发展地区，城镇化率增速加快，体现出城镇化发展刚跨过30%进入高速城镇化发展期的一般发展规律，见表7。

表7　淮河流域与各省城镇化率增长情况　%

地区		2000年城镇化率	2010年城镇化率	10年增幅
淮河流域		**26.0**	**41.9**	**15.9**
其中	河南部分	20.8	37.8	17.1
	山东部分	29.3	42.3	13.0
	江苏部分	32.2	52.3	20.0
	安徽部分	23.5	36.2	12.6
四省合计		**32.7**	**47.8**	**15.1**
其中	河南省	23.4	38.5	15.1
	山东省	38.2	49.7	11.6
	江苏省	42.3	60.2	18.0
	安徽省	26.7	43.0	16.3

（2）城镇化率增长趋势分析。

根据一般规律，淮河流域正处于城镇化高速发展时期。可以判断未来10年，淮河流域城镇化率年均增幅应在1.3个百分点左右。主要根据为：①过去10年，淮河流域、四省、全国，都处于城镇化高速发展时期，城镇化率年均增幅分别为1.59个百分点、1.51个百分点、1.37个百分点；该3个层次区域的城镇化率2000年起点分别为26.0%、32.7%、36.2%，总体上体现出起点越高增幅越小的基本规律；淮河流域2010年城镇化率已达到41.9%，起点高于2000年3个区域，因此可以较笼统的判断，淮河流域未来10年城镇化率年均增幅应略低于1.37个百分点（全国与之可比的阶段为2004—2011年，全国城镇化率2004年为41.8%，2011年为51.3%，年均增幅1.36个百分点）；②过去10年，全国GDP年增长率达到10.6%，未来10年全国经济增长将转入增速略低的高速增长期，一定程度上会拉低城镇化率增速；在经济增长总趋势下，淮河流域的城镇化率增速应略低于过去10年。

基于以上分析，预测2020年淮河流域城镇化率将比2010年提升13个百分点左右，达到55%左右。2020—2030年，随着城镇化高峰期过去，城镇化率年均增幅将减缓，初步判断年增幅达到0.8%～1.0%，则2030年城镇化率达到63%～65%。

综合常住人口预测和城镇率预测，2020年淮河流域常住人口为1.76亿人，其中城镇人口0.97亿人；2030年常住人口1.85亿人，其中城镇人口约1.17亿～1.20亿人。

四、淮河流域城镇发展对策措施

（一）改革试点，探索农业地区城镇化道路

1. 设立全国新型城镇化综合配套改革试验区

淮河流域是我国重要的粮食生产区域，也是我国主要的人口密集区，人口密度是全国平均人口密度的4.7倍，同长江中游地区相当，是未来主要的人口红利区。农业人口比重大，人地矛盾突出。外出人口比重大，据统计，仅周口、阜阳两市常年外出人口500万人，占总人口的1/4，人口完全城镇化任务艰巨。河南是中国的缩影，豫东皖北地区是缩影中的缩影，是复杂的特殊困难比较集中的地区，是有地域代表性的典型农业地区。

同时，淮河流域大量流动人口就业地与家庭长期分离的“候鸟式”迁徙式城镇化带来了大量的社会问题，不可持续。随着中部地区崛起等区域发展政策的相继实施，淮河流域发展加速，吸引力显著提升。调查显示，淮河流域农民工近域就业的态势显著增强，外出流动人口在选择更趋向于本省本县以内。

劳动力的回流和本地城镇化的快速发展，使得淮河流域的城镇化面临前所未有的机遇，也面临前所未有与挑战，城镇化的模式与城乡形态都处于探索阶段，现有城镇化模式和推进方式存在居多误区，为了总结经验、纠正偏差、少走弯路，需要设立新型城镇化的综合改革试验区进行先行先试，尝试以新型城镇化为主要内容的改革试点，有利于破解中国在城镇化过程中长期存在的体制

机制矛盾，探索中国特色的城镇化道路。

凡是新的尝试都需要先行试点，而设立“综合配套改革试验区”是我全国近 20 年来的通行做法，是国家支持发展的有效办法。截至 2011 年 12 月，国务院已经批准了 11 个国家级综合配套改革试验区，内容涵盖新区发展、统筹城乡、两型社会、新型工业化、资源型经济转型、国际贸易等领域，新型城镇化领域问题复杂，影响深远，而至今还没有设立改革试验区，所以有必要选择典型地区做出综合改革试点。

从淮河流域设立综合改革试验区的空间选择看，可供选择的区域有：①全淮河流域，但针对全域设试验区可能性较小，一是流域内已经有很多政策区，二是淮河流域不是独立城镇体系，以流域为单元研究城镇化意义不大，三是面积过大，难以突出重点，试点成本大；②东陇海沿线地区或淮海经济区，属于地方积极推动的区域，有一定基础，但不是全国典型农业区，城镇化改革试验意义有限；③豫东皖北区域，是淮河流域，乃至全国最典型的农业地区，面临问题突出，改革试点意义较大。

因此，研究建议国家在淮河流域豫东皖北地区（如周口、阜阳等地区）设立全国新型城镇化综合配套改革试验区，探索新型城镇化内涵、模式和路径。以改革创新为动力，破解制约城镇化科学发展的体制机制障碍，探索以农业转移人口市民化为主要任务，统筹城乡发展的中国特色城镇化道路。探索以县域为基本单元的城镇化、新农村建设制度创新模式。

2. 改革试点及国家支持领域

淮河流域（周口、阜阳等地区）全国新型城镇化综合配套改革试验区主要改革试点及国家支持领域包括以下几点：

（1）农村土地管理制度改革试点，建立城乡统一的土地市场，改革和完善土地征用制度，确保农民在土地增值中的收益权。

（2）探索加快新型工业化、信息化、新型城镇化和农业现代化“四化”同步、协调推进、同步发展。

（3）探索有利于人口稳定迁移的体制机制，制定农村人口市民化政策措施。

（4）探索新型农村社区建设模式，在城乡地位、管理体制、农村发展的持久机制等方面寻求突破。

（5）建立承接产业转移示范区，引导生产要素合理流动与优化配置，充分发挥比较优势，壮大产业规模，加快发展步伐。

（6）支持教育、卫生等公共服务设施发展，推进基本公共服务均等化，强化对农业现代化的服务支撑。

(7) 推进体制机制创新，积极进行以县域为基本单元的城镇化、新农村和制度创新试点，推动公共资源配置向县域适当倾斜。

(8) 支持全面提升县域中心城市市政公用基础设施水平，市政基础设施按照城乡统筹的要求进行建设，缩小与大中城市的差距。

(9) 支持淮河流域扶贫攻坚地区全面发展，基本实现基本公共服务主要领域指标达到全国平均水平。

(二) 着力发展节点城市，提升城镇服务功能

淮河流域的城镇发展，在充分发挥区域中心城市辐射带动作用同时，要更加突出节点城市承接转移的关键节点作用，作为“不完全城镇化”的破题之举。节点城市是在区域发展轴带上的地区性中心城镇，包括主要的地级市、县级市、县城及重点镇。在财政、投资、产业、农业、人口、环境、土地等政策方面向节点适当倾斜，提高节点城市的就业容纳能力和综合承载能力，提高其经济发展能力、基础设施和公共服务水平。节点城市的发展应依托区域发展条件促进产业集聚，有序承接产业转移，提高产业核心竞争力，通过完善城市功能，提升辐射能力。同时节点城市也是农业社会化服务体系中心，成为农业科技、金融服务、农产品综合交易的平台。

增强县域中心城市和中心镇的发展活力。县域中心城镇是集聚经济和人口的重要节点，也是淮河流域推进工业化、城镇化的国土空间，是承接发达地区的经济辐射、统筹持续发展地区，是落实城乡统筹发展的重要着力点。在这一地区，宜着力提升城镇功能，促进工业向园区集聚，人口向城镇集中。增强县城发展活力，支持有条件的县城逐步发展为中等城市，支持基础较好的重点镇逐步发展成为小城市，强化对周边农村的生产生活服务功能。推动基础设施和公共服务向农村延伸。有序推进农村人口向城镇转移，把符合条件的农业转移人口逐步转成城镇居民，享有平等权益。推动城乡之间公共资源均衡分配和生产要素自由流动。

(三) 整合流域空间，构筑淮海城镇群和沿淮城镇发展带

大力培育淮海城镇群。中部地区是未来 10～20 年城镇化的重点区域。长江中游城镇群及成渝城镇群将成为继珠三角、长三角、京津冀 3 大城镇群之后的国家核心城镇群，同样具有典型中部特点的淮海城镇密集区，人口密度和人口红利与成渝地区和长江中游基本相当，凭借巨大的人力资源优势、综合交通运输条件，在新一轮国家政策扶持下，有可能形成国家区域重点的城镇群，见图 13。

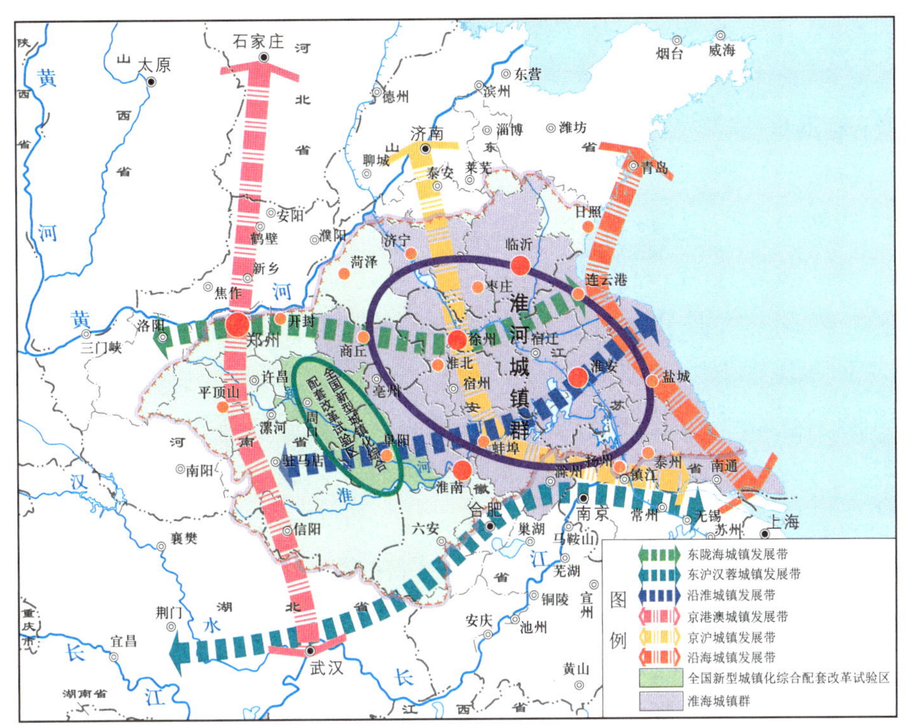

图 13　淮河流域城镇空间战略格局示意图

淮海城镇群主要城市包括徐州市、连云港市、宿迁市、淮安市、盐城市、蚌埠市、淮南市、淮北市、宿州市、阜阳市、亳州市、商丘市、周口市、济宁市、枣庄市、临沂市等。通过积极培育战略性新兴产业，加快发展现代服务业和文化、教育和科技事业，构筑高效便捷的交通运输网络，构建全国性的物流中心等城市等措施，把淮海城镇群提升为我国中部地区重要的重点城镇群，带动区域发展。

在淮海城镇群中重点构筑沿淮城镇化发展带。淮河流域中游地区和干流地区是经济和城镇发展的洼地，近年淮河干流的淮安、蚌埠等地发展迅速，可能成为淮河流域新的增长极，为支撑中游地区和干流地区的强势崛起，有必要实施国家助力的城镇化。强化沿淮干线区域中心城市的综合实力，承接长江三角洲等我国经济发达地区的经济辐射，增强引领区域发展的核心带动作用。

（四）关注城乡安全，探索安全隐患地区适宜的城镇化模式

淮河流域属气候的过渡性、不稳定地区，洪涝旱灾频繁，生态环境脆弱，流域内安全问题错综复杂、解决难度大。淮河流域的安全隐患地区主要包括行蓄洪区和采煤沉陷区两类。淮河流域面临的安全与防灾问题的解决，是城镇化的重要推动力之一，对于这些地区的城镇化，对于安全隐患问题的解决成为重

要的主导因素。对于这种外在动力为主的城镇化，应采用适宜的模式和不同的策略。

1. 行蓄洪区

淮河流域的行蓄洪区一方面有效保障了淮河洪涝灾害发生的可能，同时也与其内的城镇发展形成制约关系。行蓄洪区既承担了淮河行洪滞洪的功能，也是城镇发展的重要区域，行蓄洪区的这种双功能定位存在着严重的矛盾和冲突，这种矛盾和冲突是我国在特定发展阶段的产物，短期内难以完全消除，需要通过多面协调逐步予以缓解。

提升防洪标准，调整行蓄洪区数量和面积。对启用标准低、运用频繁、居住人口较少的行洪区通过堤防退建和疏浚河道等措施还原为河道，将部分行洪区合并改为蓄洪区或防洪保护区，尽可能减少淮河干流行蓄洪区的数量，或者压缩行蓄洪区的面积，并提高行蓄洪区启用标准。另外，提高淮河干流及主要水系的防洪标准，也是减少行蓄洪区数量和压缩行蓄洪区面积的方式。

城镇空间发展尽可能规避行蓄洪区。城镇的发展，尤其是城镇建设用地的选择，要尽可能规避行蓄洪区，通过土地利用规划或者城市总体规划等，进行城镇建设用地、产业类型、城镇结构等的调整，保证河道行蓄洪水对城镇生产、生活的影响降到最小，从而提高城镇安全。

妥善安置并逐步搬迁超标人口。居住在淮河行蓄洪区和淮河干流滩区设计洪水位以下以及行蓄洪区庄台上超过安置容量人口，要按照“政府主导、群众自愿、统一规划、分步实施”的原则，逐步将其搬迁至安全地区。

2. 采煤沉陷区

淮河流域面临的采煤沉陷问题的解决，是城镇化的外在推动力之一，要采用适宜的模式，按照采煤沉陷区及区内村镇现状情况的差异，采用不同的城镇化策略。

集中式搬迁模式。对于衰退型矿井区和兴盛型矿井区，采煤引起的地面沉陷使其处于不稳定状态，沉陷区范围难以准确划定，且采煤可能引起沉陷区的居民难以就近安置，宜采用集中式搬迁。

在城镇规划若干个安置点，对未来一段时间内可能发生沉陷地区的居民进行集中搬迁。由“小、近、散”到“大集中”。按照搬迁点的不同，尊重民意，形式多样化的选择，如毗邻矿区大门、拓展乡村集镇、依托政务中心、再建安置新区等。政府提供部分配套资金，注意户籍转换、社会保障和土地集约利用等问题，重点加强公共服务设施的配套完善。淮南市采煤塌陷区众多，2009年以来，全市共投入搬迁资金33.8亿元，建立沉陷区搬迁居民安置点46个，涉及居民 17.8 万人，现已逐步搬迁入住。类似的这种方式值得其他城市借鉴。

发展式安置模式。按照城乡一体化、新型城镇化的要求，通过市场运作、投资代建等方式，建设宜业、宜商、宜居、宜学新型社区。在解决人民居住问题的同时，配套建设农民创业园、劳动密集型工业园。如淮南市针对采煤沉陷区的居民安置，规划新建了凤凰湖工业园、潘一东矿安置点平圩工业园，并强化技能培训。从 2010 年开始，3 年内投入 6000 万元，对沉陷区所有失地农民开展培训。完善就业机制。按照“企业培训，政府补贴，劳务派遣，择地就业”的方法，给农民提供一次就业机会。

采煤沉陷区（煤炭采空区）开发式治理应该走综合开发、发展生态产业、建立立体经济的路子。借鉴国内外先进案例，有生态农业、生态工业园区和生态旅游等发展模式。

（五）尊重农民意愿，因地制宜地稳妥推进新型农村社区建设

1. 新型农村社区典型调查

为了解新型农村社区建设情况，课题组采用深入访谈、座谈会以及问卷调查等社会调查的方法，对河南省周口市新型农村社区建设情况进行了典型调查和评估，以探讨河南新型农村社区建设情况。问卷调查结合周口实际情况，在市域 8 县 2 市进行问卷抽样，确定调查样本 1340 份，涉及农村居民、城镇居民及外出务工人员。

在调查中，对于目前许多地方都在按统一规划集中建房，计划将分散居住的农民集中居住在一起的做法进行民意调查，有 75.0%的农村家庭表示赞成。而问及是否赞成将其所在的自然村与周边一个或其他几个自然村集中居住时，赞成的比例降为 64.8%，而在是否赞成将其所在的行政村与周边其他的一个或者几个行政村合并为一个大的行政村时，赞成的比例随之降至 57.6%。

在对农村居民的集中居住的地点选择进行调查发现，集中居住的地点主要以在本村为主，占 61.3%。这与农村居民对在行政村内集中的赞成比例正好吻合，这就意味着农村居民对集中居住的赞成主要是以村内集中为主。

对不同行政村之间的集中，或者说行政村的合并，在民意调查中，赞成的农村居民超过五成。在具体操作过程中，村民的归属感、村庄原有的债务、村庄行政机构的设置及收入以及村庄土地等诸多问题都会形成不同的障碍。

其他调查显示，农村居民认为集中居住的规模要有所限制，对于农村地区的集中居住的规模，47.9%的人认为需要限制，平均为 587 户。在农村地区，集中居住区的规模应该适度，人口规模可以以可以支撑一所小学或者幼儿园为标准，不应该规模过大，造成诸多问题。没钱盖房和干农活不方便是农村居民

对集中居住的最大担心。对现在诸多新型农村社区的上楼运动，有50%的农村居民表示愿意上楼，有30%以上的表示不愿意。买不起楼房和怕生活不习惯是农村居民对上楼的最大担忧。

2. 完善新型农村社区建设的建议

根据调查，对新型农村社区建设提出如下建议：①农村居民有改善居住条件的强烈愿望是新型农村社区建设的基础，防止农民"被迫城镇化"；②以集中居住为特征的土地集约使用是必然要求，也符合民意，但要考虑集中居住的规模和农民生产生活的便利，以及原有社会结构的影响；③新型农村社区建设的资金问题或成最大障碍，应多渠道筹集新型社区建设资金；④新型农村社区建设应稳步推进，要充分尊重农村居民意愿；⑤产业与住房配套方能实现农村社区的新型化，城郊和镇区可首先推进新型社区建设；⑥土地流转具有较大潜力，可以适度推进，充分考虑土地流转过程中农民的利益，防止城市过度占有土地指标；⑦重点发展农民专业合作社，发展集体经济。

（六）提升基础设施建设水平，提高城镇综合承载能力

1. 完善区域交通基础设施

（1）打造支撑淮海城镇集群崛起的沿淮综合运输通道。

从城镇发展角度，重要交通走廊成为提升沿线区域、沿线中心城市的交通区位优势，推动这些地区成为我国城镇化和工业化发展的重要承载区域。淮河流域中游地区和干流地区远离国家交通发展主轴，中游地区和干流地区成为经济和城镇发展的洼地，为支撑中游地区和干流地区的强势崛起，有必要实施国家助力的城镇化，在交通领域支持淮河中游地区和干流地区的崛起，着力壮大阜阳、蚌埠、淮安等沿淮中心城市，促进豫东、皖北、苏北城镇发展。

强化沿淮综合运输通道建设，发挥苏北地区东西向联系的交通通道功能，拓展沿海港口群辐射范围。加快发展铁路和港口集疏运设施，形成一条新的由中西部地区通往沿海（如盐城港口）的运输通道。研究沿淮干线铁路、高速公路及淮河内河航运，形成淮河中部地区与沿海港口"无缝衔接"的内河水运，铁路、公路陆运，港口海运一体化综合交通运输系统。

沿淮干线铁路应沿淮河干流建设，重点带动淮河干流城镇发展，经过主要控制点有驻马店、阜阳、蚌埠、淮安、盐城等城市，选择盐城港出海。沿淮高速公路选线也基本沿淮河干流，带动蚌埠、淮安等城镇发展，见图14。

（2）建立淮河四省交通发展区域合作机制。

逐步实现淮河流域交通发展从省域到区域、流域的统筹协调，强调区域开放性，共建四省综合交通运输区域合作机制。发挥各省交通运输的比较优势，

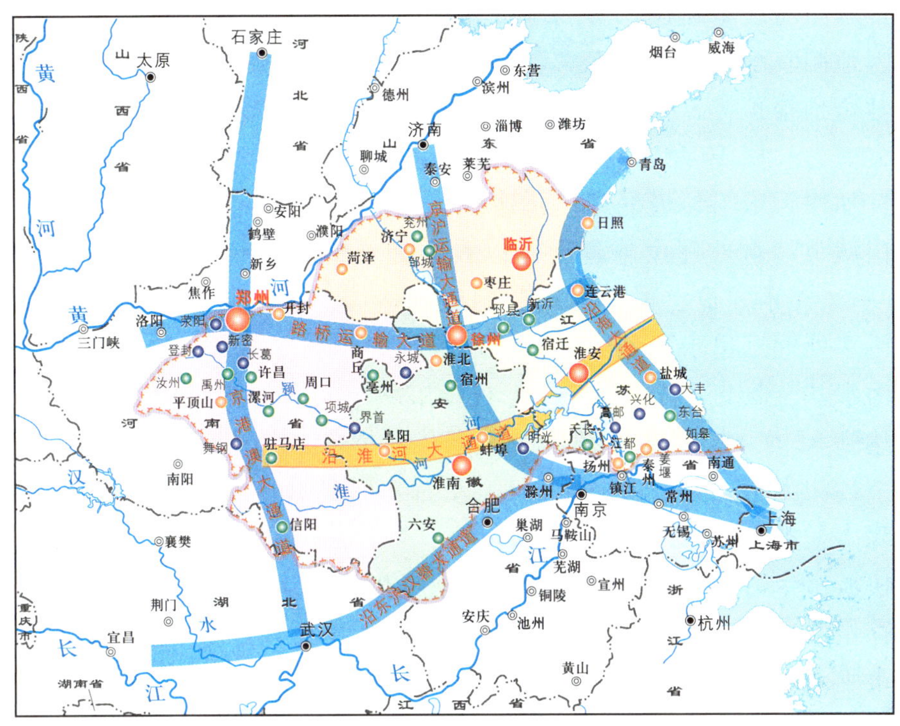

图 14　淮河流域综合交通运输通道规划设想示意图

打破行政区划界限，全方位开展合作交流，推进淮河流域综合交通运输体系建设，着力降低中部地区运输物流成本。在基础设施建设、重大关联项目、重点领域、信息技术等方面协调对接，加快省际高速通道“断头路”建设、省际路网规划衔接、省际间不停车收费系统、信息互通共享平台等方面，提高交通运输效率。

2. 加大城镇基础设施建设与改造

（1）加大城镇地下管网建设和改造力度。

坚持城镇建设先地下、后地上的原则，优先保障城镇供水、污水、雨水、燃气、通信等各类地下管网的建设和改造。优先改造材质落后、漏损严重、影响安全的老旧管网，确保管网漏损率控制在国家标准以内。管网事故率显著降低；开展城市地下综合管廊试点，郑州、徐州等大中城市全面启动地下综合管廊试点工程；中小城市因地制宜建设一批综合管廊项目。新建道路、城市新区和各类园区地下管网宜按照综合管廊模式进行开发建设。

加快城镇供水设施改造与建设，积极推进城乡统筹区域供水，稳步提高公共供水普及率和水质目标；加强饮用水水源建设与保护，合理利用水资源，限期关闭城市公共供水管网覆盖范围内的自备水井，切实保障城市供水安全。在全面普查、摸清现状基础上，编制城市排水防涝设施规划。加快雨污分流管网改造与排水防涝设施建设，解决城市积水内涝问题。积极推行低影响开发建设模式，因地制宜配套建设雨水滞渗、收集利用等削峰调蓄设施。完善城市防洪设施，健全预报预警、指挥调度、应急抢险等措施，全面提高城市排水防涝、防洪减灾能力，用10年左右时间建成较完善的城市排水防涝、防洪工程体系。

（2）加快污水与垃圾处理设施建设。

加快城市污水处理设施建设。以设施建设和运行保障为主线，加快形成“厂网并举、泥水并重、再生利用”的建设格局。优先升级改造落后设施，确保城市污水处理厂出水达到国家新的环保排放要求。郑州、徐州等重点城市城区实现污水“全收集、全处理”，所有设市城市实现污水集中处理，城市污水处理率达到85%。按照“无害化、资源化”要求，加强污泥处理处置设施建设，城市污泥无害化处置率达到70%左右，保障城市水安全、修复城市水生态，消除劣Ⅴ类水体，改善城市水环境。

加快城市生活垃圾处理设施建设。建设生活垃圾分类示范城市（区）和生活垃圾存量治理示范项目。加大处理设施建设力度，提升生活垃圾处理能力。提高城市生活垃圾处理减量化、资源化和无害化水平。郑州、徐州等重点城市生活垃圾全部实现无害化处理，设市城市生活垃圾无害化处理率达到90%左右，县城垃圾无害化处理率75%以上。确保垃圾处理设施规范运行，防止二次污染，摆脱“垃圾围城”困境。

3. 保障城镇供水安全

（1）提高水质监测能力，完善应急预警机制。

加强水环境的保护，保障供水安全，需提高淮河流域城镇水质监测、检测能力。通过水质监测预警，从而有效应对突发性事件。在日常检测方面，淮河流域城镇要按照《全国城镇供水设施与改造与建设“十二五”规划及2020年远景目标》要求，提高区域内供水水质检测能力，完善应急预警机制。

在应急能力建设方面，市县政府应建立针对淮河水污染高峰及水质突发事件的快速反应机制和水质污染事故应急管理体系，根据不同污染等级划分确定各应急方案。完善应急供水相关设施，配备必要的应急物资；供水企业配备必要的应急监测设备，储备应急物质，建立应急抢险队伍；水厂应配备针对本地区水源特征污染物的药剂、计量装置和设备等。

（2）开展多水源优化调度，提高净水技术水平。

针对淮河突发的水污染高峰事件，运用以规避水污染高峰为目标的多水源优化调度方法，开展季节性重污染河流水源城市多水源供水优化调度。一方面保障水源供给可靠和水厂间的供水调配，按照不同水源地水质规律性变化，提出动态的水源优化配置方案，实现流域内优水优用及多水源综合调配；另一方面应加强应急联络和调度管道建设，以在突发性供水事故时降低管网水的水质风险，确保遇突发水污染事故时居民用水能得到优先保障。

针对淮河阶段性、季节性重污染水质的特点，综合运用原水优化取水与原水渗渠/岸滤强化自然强化处理技术、适合季节性重污染河流水源水处理的混凝技术、沉淀-气浮联用技术和传统滤池改造技术，以及高效节能节地型的氧化-生物过滤组合及高效膜深度处理等技术，对占地面积不足、运行成本受限、出厂水水质不能达标的老水厂进行升级改造，增强供水系统的整体性、适配性、扩展性和应急能力。

五、主要结论与建议

（一）主要结论

（1）从淮河流域城镇发展历程看，环境条件是淮河流域城镇发展的基础，加强水利设施建设，保护和改善生态环境是城镇发展的重要前提，古代水运和近代交通在淮河流域城镇空间格局形成中起到了巨大作用。在新的历史时期，需要有全国的战略视野，从完善区域交通设施着手，促进流域城镇空间体系的调整。

（2）淮河流域是我国重要的粮食生产区域，也是我国主要的人口密集区，人口密度是全国平均人口密度的4.7倍，同长江中游地区相当。其城镇化特征主要表现在人口密度大、外出人口多且逐步上升；城镇化加速但水平较低，且区域发展不平衡；城镇密度较高但规模偏小，干流沿线城镇发育较差；经济发展相对滞后，淮河中游地区成为发展洼地。

（3）淮河流域由于远离全国、各省发展重点，流域经济社会发展水平相对滞后，成为经济洼地和边缘地区。淮河流域发展主要制约因素包括致贫因素多且覆盖面广；青壮年劳动力流出严重，造成农村一系列社会经济等问题；各类安全隐患对城镇发展影响较大；城镇供水安全面临挑战；缺乏便捷的对外通道，制约淮河干流两岸地区发展。

（4）淮河流域的国家要求主要体现在国家粮食安全和农业基地建设、全国1/9人口全面实现小康社会两大任务上。而治理洪涝灾害，解决安全供水、地面塌陷等紧迫性问题，是促进地方经济社会发展的前提。促进新型工业化、城镇化和农业现代化，是地方政府推动社会经济发展的内在动力。

（5）探索淮河流域的新型城镇化内涵、模式与途径，对解决中国的三农问题，对于中国农业地区的城镇化道路探索具有典型意义。从淮河流域城镇化发展态势看，淮河流域仍将处于持续快速城镇化发展阶段，同时城镇化面临转型发展的新要求。

（6）淮河流域城镇化总体目标是探索在不牺牲农业和粮食、生态和环境的前提下，以新型城镇化引领城乡协调发展，构建“四化”同步发展平台，努力形成生态宜居、民生安全和共同富裕的城乡发展新格局，全面建成小康社会和国家生态文明综合示范区。

（7）淮河流域的新型城镇化道路要在城镇化过程中解决城乡良性互动和协调发展问题，解决农业和粮食安全问题，解决生态和环境问题，解决公共安全问题，走一条以新型城镇化引领城乡协调发展，“四化”同步、城乡统筹、多级集聚，生态文明的新型城镇化道路。

（8）淮河流域的城镇发展，在充分发挥区域中心城市辐射带动作用同时，更要突出节点城市承接转移的关键节点作用，作为“不完全城镇化”的破题之举，在财政、投资、产业、农业、人口、环境、土地等政策方面向节点城市适当倾斜，提高节点城市的就业容纳能力和综合承载能力，提高其经济发展能力、基础设施和公共服务水平。

（9）淮河流域在新一轮“城镇化热潮”中存在一定的盲目性，一些地区在城市新区的规划建设中，有脱离实际、过度扩张、片面追求速度的倾向。一些地区在新型农村社区的规划中，追求全省域、全市域“全覆盖”，过于理想化。应在充分尊重农村居民意愿的前提下，通过改革试验积极稳妥推进，探索有利于农民生产生活便利、长效持久的建设模式。

（10）淮河流域的城镇化要结合淮河治理及流域内公共安全问题的解决，统筹考虑行蓄洪区、低洼地及采煤沉陷区的人口与发展问题，把安全隐患治理作为城镇化的重要推力，实现安全的城镇化。淮河流域行蓄洪与采煤塌陷是区内数百万居民的严重安全隐患，应采取以集中式搬迁为主的、外力推动下的就近城镇化。重点扶持基础设施、公共服务设施和再就业型产业的建设，引导人口迁移和集中安置，并对采煤塌陷区进行以再利用为主的综合整治。

（11）淮河流域城镇化要把加强基础设施建设作为提升城镇化质量、提高城镇综合承载能力、保障城镇运行安全、改善城镇人居环境的重要条件，围绕城镇化重点领域，全面促进城镇基础设施水平全面提升。

（二）政策建议

1. 设立综合配套改革试验区，探索农业地区城镇化道路

建议国家在淮河流域豫东皖北地区（如周口、阜阳）设立全国新型城镇化综合配套改革试验区，探索典型农业地区新型城镇化的内涵、模式和实现路

径。以改革创新为动力，破解制约城镇化科学发展的体制机制障碍，探索以农业转移人口市民化为主要任务，引导人口合理有序迁移，优化城镇布局，提升城镇功能，创新城镇管理，彰显城市文化，统筹城乡发展的中国特色城镇化道路。

2. 加快淮海城镇群发展，完善城镇布局，优化基础设施

建议国家将淮海城镇群作为区域重点城镇群纳入全国城镇化发展规划，积极培育战略性新兴产业，加快发展现代服务业和文化、教育和科技事业等措施，把淮河城镇集群提升我国中部地区重要的重点城镇群，带动区域发展。

建议规划建设沿淮干线铁路，以重点带动淮河干流城镇发展，经过主要控制点有驻马店、阜阳、蚌埠、淮安、盐城等城市，选择盐城港出海。沿淮高速公路选线也应基本沿淮河干流，带动蚌埠、淮安等城镇发展。

3. 支持解决流域安全问题的城镇化，探索安全城镇化模式

建议在政策层面上，对采煤塌陷区及行蓄洪区内居民的搬迁安置给予资金扶持，从国家、省、市以及企业等多渠道加强资金扶持力度；对于安置区内的农民创业园、劳动密集型工业园给予一定的税收优惠或减免政策；采取多种方式鼓励居民的技能培训和再就业，以民生为重，实现可持续发展。

建议在管理层面上，要因地制宜、有步骤地逐步推进安全隐患地区的城镇化工作，以规划为龙头，从用地布置、产业类型、基础设施建设、公共设施配套等方面综合考虑，通过新型宜居社区建设，强化社区文化构建，逐步引导居民走向健康的新生活。

建议在工程技术层面上，一方面通过防洪设施建设，提高淮河行洪标准，压缩行蓄洪区面积；另一方面采用先进工程技术，保证重要基础设施、公共服务设施、居民安置区的安全性，对采煤塌陷区进行生态化、多样化的综合治理，进一步挖掘采煤沉陷区的生态价值、产业价值、经济价值等。

专题报告

ZHUANTIBAOGAO

报告一

全国及流域四省城镇化相关规划分析

一、相关规划概况

分析全国以及淮河流域所涉及四省的城镇化相关规划，是制定淮河流域城镇化发展战略和空间布局的重要支撑。一方面，可以吸取相关规划中的科学分析和判断；另一方面，相关规划的分析是基于全国和各省而不是流域的视角，针对淮河流域城镇化发展研究和规划的不足，可进一步完善淮河流域城镇化发展战略，为空间发展引导思路。

从全国层面看，城镇化相关的空间规划主要有全国城镇体系规划、全国主体功能区规划。全国城镇体系规划由建设部组织编制，于2006年形成了《全国城镇体系规划（2006—2020）》（经“城市规划部际联席会议”审议通过，但未获国务院正式批准，规划成果于2010年由商务印书馆出版）；全国主体功能区规划由国家发改委组织编制，于2010年形成正式文本《全国主体功能区规划》并由国务院下发实施。此外，中国工程院于2012—2013年开展了“中国新型城镇化道路研究”咨询课题，其专题二“中国城镇化发展的空间规划和合理布局研究”（以下简称“中国城镇化空间研究”）重点针对城镇化的空间布局进行了研究和规划，这是除全国城镇体系和主体功能区规划以外，对全国城镇化空间进行的最重要研究之一。这3个规划和研究，对我国城镇化发展的目标、战略和空间总体格局进行了研究和规划，也从全国视角对淮河流域城镇化发展提出了相关对策。本专题研究将重点分析以上3个规划所提出的全国城镇化空间格局中淮河流域的地位以及这3个规划对淮河流域发展所提出的要求和设想，为淮河流域城镇化发展目标和空间战略提供参考。

从流域涉及各省来看，河南、山东、江苏、安徽分别编制了省域城镇体系规划或省域城镇化发展规划。其中，河南省编制了《河南省城镇体系规划（2011—2020年）》，该规划于2012年7月获国务院同意、住房城乡建设部批复；2010 年，山东省编制了《山东省“十二五”城镇体系建设规划（2011—2015 年）》；江苏省编制了《江苏省城镇体系规划（2012—2030 年）》，该规划于 2012 年分别通过住房城乡建设部组织的专家技术审查和省人大常委会审议；安徽省编制了《安徽省城镇体系规划（2012—2030 年）》，该规划于 2012 年通过了安徽省城乡规划委员会的审查。以上 4 个规划，对各省城镇化发展的基础、目标、战略、空间布局和支撑体系作出了详细规划。本专题研究，将重点分析以上 4 个规划文本所提出的城镇化发展目标和战略、城镇体系空间布局以及交通支撑体系，以利于在“淮河流域城镇化发展研究”中取长补短、相互协调，提高本次研究的战略高度和实际可操作性。

二、全国规划分析

（一）淮河流域在全国城镇化空间中的地位

全国城镇体系规划、全国主体功能区规划、中国城镇化空间研究都提出了全国城镇化发展的空间结构和总体布局，基本内容如下。

（1）全国城镇体系规划（2006 年）。全国城镇体系规划提出以城镇群为核心，以促进区域协作的主要城镇联系通道为骨架，以重要的中心城市为节点，形成“多元、多极、网络化”的城镇空间格局。“多元”是指不同资源条件、不同发展阶段、不同发展机制和不同类型的区域，要因地制宜制定城镇空间组织方式和发展模式。“多极”是指依托不同类型、不同层次的城镇群和中心城市，带动不同区域发展，落实国家区域协调发展总体战略。“网络化”是指依托交通通道，形成中心城市之间、城镇之间、城乡之间紧密联系、优势互补、要素自由流动的格局。该规划还提出，全国构建以京津冀、长三角、珠三角、成渝 4 大城镇群为引领，以沿海辽中南、山东半岛、海峡西岸、北部湾 4 个城镇群，沿边哈大齐、滇中、乌鲁木齐 3 个城镇群，以及太原、中原、武汉、皖江、长株潭、环鄱阳湖、关中等城镇群为支撑的全国城镇群空间布局。

（2）全国主体功能区规划（2010 年）。全国主体功能区规划提出，构建“两横三纵”为主体的城市化战略格局。构建以陆桥通道（指东起连云港、西至阿拉山口的运输大通道）、沿长江通道为两条横轴，以沿海、京哈京广、包昆通道为 3 条纵轴，以国家优化开发和重点开发的城市化地区为主要支撑，以轴线上其他城市化地区为重要组成的城市化战略格局。推进环渤海、长江三角洲、珠江三角洲地区的优化开发，形成 3 个特大城市群；推进哈长、江淮、海峡西岸、中原、长江中游、北部湾、成渝、关中—天水等地区的重点开发，形成若干新的大城市群和区域性的城市群。

（3）中国城镇化空间研究（2013 年）。中国城镇化空间研究提出的城镇化空间总体布局包括 4 个层次：①构建“5611”城镇群格局（珠三角、长三角、京津冀、成渝、长江中游 5 大核心城镇群，海峡西岸、海南、天山北坡、哈长、滇中、藏中南 6 个战略支点城镇群，山东半岛、辽中南、中原、关中—天水、北部湾、黔中、太原、呼包鄂榆、宁夏沿黄、兰州—西宁、淮海 11 个区域支撑城镇群），优化国土开发，引领我国城镇化空间合理布局，优化提升；②构建多类型的区域振兴扶贫空间格局，制定多渠道、差异化的区域振兴扶贫政策，因地制宜选择城镇化空间发展路径，重点之一是走集中发展的城镇化道路，提高区域服务供给能力，实现集中连片特困地区的可持续发展；③构建区域中心城市和周边地区一体化发展的都市区发展空间，形成地方层面的核心增长极，提高各地区参与全球化发展和引领地方经济崛起的能力；④以县级城区为核心推进自下而上城镇化发展，创新县域城乡空间体系。重点是，对于城镇群、都市区范围内的县城，鼓励其积极促进经济发展与人口集聚，参与区域产业分工，分担区域职能。对于城镇群、都市区范围之外的县城，强化特色培育与公共服务均等化建设，统筹城乡发展。

从以上 3 个规划可以看出，淮河流域处于全国引领性城镇群的外围地区，流域核心地区也缺乏重要城镇群，总体而言流域处于全国城镇化空间特别是以城镇群为主体的城镇化空间的相对边缘地位。

同时，比较以上 3 个规划，淮河流域在全国城镇化空间中的地位又稍有不同，近年编制的规划中淮河流域的地位获得提升。其中，在全国城镇体系规划中，淮河流域涉及区域只有中原城镇群成为全国第二梯度的城镇群（第一梯度为京津冀、长三角、珠三角、成渝 4 大城镇群），而流域其他部分未被列入城镇群范畴；在全国主体功能区规划中，淮河流域涉及的中原城镇群同样被列为全国第二梯度城镇群（第一梯度为环渤海、长三角、珠三角 3 个特大城镇群），而流域涉及的东陇海地区被列为全国主要城镇化地区；在中国城镇化空间研究中，除中原城镇群之外，淮河流域范围内的淮海城镇群被列为全国 11 个区域支撑城镇群之一。可以看出，2006 年、2010 年、2013 年相继编制的 3 个规划中，淮河流域在全国城镇化空间中地位日益凸显，流域内全国性重点城镇群或城市化地区从 1 个增加到 2 个，且在中国城镇化空间研究中，淮河流域的核心地区淮海城镇群被列为全国性城镇群。

此外，在中国城镇化空间研究中提出，全国城镇化发展要构建区域振兴扶贫空间格局，因地制宜选择城镇化空间发展路径。而淮河流域涉及的豫东南、皖西南地区正是全国 14 片集中连片贫困地区之一，这体现出淮河流域贫困地区创新城镇化发展模式的重要性。在该研究中，也提出以县级城区为核心推进自下而上城镇化发展，创新县域城乡空间体系，这为新形势下推进淮河流域以县城为核心的城镇化发展思路提出了重要的政策建议。

（二）全国规划对淮河流域发展的各项要求

全国城镇体系规划、全国主体功能区规划、中国城镇化空间研究还对淮河流域各方面发展提出了思路和建议。主要内容如下：

（1）全国城镇体系规划。①在重点地区城镇发展指引中，提出跨省级界线城镇发展协调地区，要在产业和城镇发展、资源开发利用、生态环境保护、基础设施建设方面需要进行省际协作的地区，要健全协作管理机制，加强沟通与协调；其中苏鲁皖豫交界地区（该地理范围与淮河流域相近）应加强地区内城镇的产业协作，建立跨境规划协作机制，加强空间发展的协调，重点加强欧亚大陆桥出境港口建设方面的协作；②城市发展指引中，确定5个国家中心城市、31个区域中心城市，其中淮河流域内郑州为区域中心城市；规划还提出对矿业和其他资源开采业为主导的工业城市，要推动产业类型多元化，提升城市服务功能，积极加强矿区的生态恢复和环境建设，其中淮河流域内资源型城市有淮北、淮南、枣庄、兖州、邹城、平顶山、汝南、登封等8个；③在综合交通系统规划中，规划确定淮河流域内的郑州为全国12个一级交通枢纽城市之一；规划提出华北、华东等地区的综合交通支撑系统，其中淮河流域涉及京广线、京沪线2条纵向主交通走廊，陇海线、沪汉蓉2条横向主交通走廊，以及京九线、合肥—西安线2条十字交叉的次交通走廊；④在生态保护规划中，将淮河中下游洪水调蓄生态功能区、苏北海滨湿地生物多样性保护生态功能区列入全国43个生态系统保育区、恢复区和重建区中，要求加强河湖水系治理和湿地资源保护。

（2）全国主体功能区规划。①规划提出，构建“七区二十三带”为主体的农业战略格局，其中黄淮海平原（淮河流域占其主体）为7大农产品主产区之一，要建设优质专用小麦、优质棉花、专用玉米、大豆和畜产品产业带；②规划提出，构建“两屏三带”为主体的生态安全战略格局，其中淮河上游的大别山水体保持生态功能区要加强水土保持和水源涵养功能，实施生态移民，降低人口密度，恢复植被；③在国家层面重点开发区域发展指引中，将中原经济区列为全国18个重点开发区域之一，该区域发展重点是，完善城市群一体化发展机制，构建以郑州为中心，以郑汴（郑州、开封）一体化区域为核心层，以“半小时经济圈”城市为紧密层，以“一小时交通圈”城市为辐射层的“一极两圈三层”的空间开发格局，强化郑州先进制造、科技教育、商贸物流和金融服务功能，重点建设郑汴新区，推进郑汴一体化，建设区域性经济中心和全国重要的交通枢纽；提升洛阳区域副中心的地位，重点建设洛阳新区。

（3）中国城镇化空间研究。①在城镇化空间分类指引中，针对一般农业地区（一般农业地区是指具备较好的农业生产条件，以商品粮、棉大规模集中生产为主的农业发展地区。这类地区是保障农产品供给安全的重要区域，如三大粮食主产区、九大商品粮基地等；淮河流域大部分地区为一般农业地区）提出，在不牺牲农业稳定、粮食安全和生态环境质量的前提下，积极推进一般农业地区的城镇化，适度推进农村居民点合并，引导人口向县城和小城镇集聚。要优化县城人居环境，完善小城镇公共服务和居住功能，完善农村基础设施和公共服务设施的建设，加强县城和小城镇非农产业发展，充分发挥农业的生态、休闲功能；②针对贫困地区（贫困地区指国家14个连片特殊困难地区和国家级贫困县，共计932个需要国家进行重点帮扶的县市。淮河流域涉及的豫东、皖西多县被列入集中连片贫困地区和国家级贫困县）提出，改善地方居民生存发展水平和能力是这类地区推进城镇化的第一要务。要进一步加强县城和小城镇的规划、建设、公共服务水平，提高住房、教育、医疗等公共服务水平，吸引广大农民进城、外出务工人员返乡创业和就业，逐步提高城镇化发展的质量。坚持自愿原则，对生存条件恶劣的贫困地区分类分批实行易地扶贫搬迁。

总的来看，以上3个规划针对淮河流域发展提出的要求和设想主要有：苏、鲁、皖、豫交界地区跨省协调发展，保护黄淮海平原农产品主产区，大力发展以郑州为中心的城镇群，推进豫东南皖西南贫困地区发展，优化县域人居环境，推进以县城为核心、以城乡公共服务均等化为基础的城镇化发展，以及保护淮河中下游、苏北以及大别山等生态功能区等。这些要求和设想应在本次淮河流域城镇化发展研究中予以落实。而从3个规划中也可以看出，淮河流域的综合交通枢纽和网络不健全的问题。仅郑州是全国12个一级交通枢纽城市之一，缺乏二级交通枢纽城市（全国规划20个二级交通枢纽城市）；淮河流域涉及的京广线、京沪线两条纵向主交通走廊以及陇海线、沪汉蓉两条横向主交通走廊都从流域的相对边缘位置穿过，流域的核心地区缺乏主要交通走廊。这一问题需要在本次研究中予以重点解决。

三、四省规划分析

（一）四省城镇化发展目标分析

四省城镇体系规划（以下简称“四省规划”）都提出了城镇化发展目标，主要包括人口、经济、社会、生态、城镇体系、基础设施、乡村发展等方面。

其中人口、城镇化率目标情况见表1～表4。

表1 河南省城镇化率目标

年 份	城镇化率/%	常住人口/万人	城镇人口/万人
现状年2010	38.8	9403	3649
目标年2020	55	10000	5500

表2 山东省城镇化率目标

年 份	城镇化率/%	常住人口/万人	城镇人口/万人
现状年2009	48.3	9470	4574
目标年2015	55	9640	5300
目标年2020	60	9800	5900

表3 江苏省城镇化率目标

年 份	城镇化率/%	常住人口/万人	城镇人口/万人
现状年2011	61.9	7899	4889
目标年2015	67	8200	5490
目标年2020	72	8500	6120
目标年2030	80	9000	7200

表4 安徽省城镇化率目标

年 份	城镇化率/%	常住人口/万人	城镇人口/万人
现状年2010	43	5950	2559
目标年2015	51	6300	3200
目标年2020	58	6700	3900
目标年2030	70	7300	5100

计算四省城镇人口和常住人口目标可得，四省2020年城镇人口21420万人、常住人口35000万人，四省城镇化率为61.2%。比较四省2020年城镇化率目标，江苏城镇化率将高于四省城镇化率11个百分点，山东与四省城镇化率相近，河南、安徽则低于四省城镇化率6个、3个百分点（表5）。

表5 四省2020年城镇人口和城镇化率目标

省 份	城镇化率/%	常住人口/万人	城镇人口/万人
河南	55	10000	5500
山东	60	9800	5900

续表

省　份	城镇化率/%	常住人口/万人	城镇人口/万人
江苏	72	8500	6120
安徽	58	6700	3900
四省合计	61.2	35000	21420

计算四省城镇化率目标年均增幅可得，河南、山东、江苏、安徽现状年至目标年2020年城镇化率年均增幅分别为1.6个、1.1个、1.1个、1.5个百分点，都超过1个百分点，属于较快速度。其中河南、安徽两个城镇化率相对滞后的省份提出的增速目标快于江苏、山东。此外，江苏、安徽提出了2030年城镇化率目标，两省2020—2030年城镇化率年均增幅分别为0.8个、1.2个百分点，比现状年至2020年间的增幅降低，但也保持一定的增速，其中江苏的增速目标低于安徽（表6）。

表6　四省城镇化率目标年均增幅

省　份	现状年至2020年年均增幅	2020—2030年年均增幅
河南	1.6个百分点	—
山东	1.1个百分点	—
江苏	1.1个百分点	0.8个百分点
安徽	1.5个百分点	1.2个百分点
四省简单平均	1.33个百分点	—

淮河流域2010年城镇化率为41.9%，距离四省2020年城镇化率目标61.2%有19.3个百分点的差距。如淮河流域城镇化率年均增幅与四省简单平均水平一致，则淮河流域2020年城镇化率将达到55.2%，届时淮河流域城镇化率与四省平均水平有6个百分点的差距。因此淮河流域城镇化发展空间巨大、任务巨大。

（二）四省城镇化发展战略分析

四省规划提出了城镇化发展战略，主要涉及战略思想、空间发展、资源环境、城乡统筹等方面。四省的城镇化发展战略主要内容如下：

（1）河南。河南城镇化总的战略思想（2012年）是“坚持走不以牺牲农业和粮食、生态和环境为代价，城乡统筹、城乡一体、产城互动、节约集约、生态宜居、和谐发展的新型城镇化道路，发挥城市群辐射带动作用，构建大中小城市、小城镇、新型农村社区协调发展、互促共进的发展格局，促进农业转移人口市民化，着力提高城镇化质量，引领新型城镇化、新型工业化和农业现代化‘三化’协调科学发展”。四条具体战略是“中原城市群覆盖省域空间”“实施中心城市带动战略”“提升城镇化质量”“增强城镇综合承载能力”。

（2）山东。山东城镇化总的指导思想（2010年）是“……深入贯彻落实科学发展观，对接国家战略需要与地方诉求，加快发展方式转变，坚持走新型城镇化道路，统筹全省产业结构升级和城镇化的关系，通过土地、基础设施和公共服务设施的供给调节，建立健全完善的体制机制保障，促进形成总体布局不断优化、等级规模相互衔接、错位发展和特色明显的城镇体系，带动农村地区生产生活条件的改善，协调区域关系，缩小城乡差距，提升全省整体竞争力，推动经济社会又好又快发展”。六条战略方针分别为“坚持非均衡式发展与区域协调并重”“坚持差异化发展与均等化布局并重”“坚持加快城镇化与新农村建设并重”“坚持加快对外开放与抵御风险并重”“坚持资源集约利用与生态环境保护并重”“坚持着眼长远与突出近期指导并重”。

（3）江苏。江苏（2012年）提出坚持“协调推进城市化，区域发展差别化，建设模式集约化，城乡发展一体化”的新型城市化道路。

（4）安徽。安徽（2012年）实施集聚发展、统筹发展、分区发展的城镇化发展战略。集聚发展，是指提高空间利用效率，引导经济、人口的相对集中布局，交通、资源、能源和生态环境的集约化发展；统筹发展，包括统筹区域发展、统筹城乡发展、统筹人口与经济布局、统筹城镇空间布局；分区发展，指充分尊重不同地区资源禀赋、发展条件和发展潜力，充分遵循各片区特点和发展规律，实现全省分区差别化城镇化路径，包括空间集聚形态的分区差别化、产业发展类型的分区差别引导、文化的分区特色发展。

总的来看，四省城镇化战略都突出了区域、城乡的统筹协调性和资源、环境的节约集约。城镇化空间思路方面，四省都较为一致地明确了相对非均衡化、区域差异化思路，强调中心城市的带动、重点地区的优先发展、不同地区的差异化发展模式等。城乡发展思路方面，四省都较为一致地凸显乡村发展在城镇化的作用，河南凸显了新型农村社区在城镇化中的地位，山东强调城镇化与新农村建设并重，江苏的目标是实现城乡一体化，安徽则强调城乡统筹发展。

四省城镇化发展战略为淮河流域走新型城镇化道路界定了基本的内涵，包括区域协调、城乡统筹、资源节约和环境保护等。同时，四省城镇化发展战略强调中心城市带动、集聚发展、差异化发展，也为淮河流域城镇化空间发展提出了基本思路。

（三）四省城镇空间结构规划分析

四省规划都提出了省域城镇空间结构规划，一般包括城镇空间发展思路和以“点、线、面”为主要描述方式的空间结构。四省城镇空间结构规划主要内容如下。

（1）河南。河南省城镇空间发展战略是“向心集聚、圈层组织、轴带发展、节点提升”。向心集聚，即构建郑汴都市区；圈层组织，即构建“两圈三层”空间结构；轴带发展，即壮大城镇-产业复合轴带；节点提升，即促进县城和县级市内涵式发展。全省城镇空间结构是“一极、两圈、三层、两带、四轴”。“一极”指构建郑汴都市区，使之成为全省经济社会发展的核心增长极；“两圈”，其中内圈指郑汴都市区的半小时时空圈，外圈指郑汴都市区的一小时时空圈；“三层”是指中原城市群的核心层、紧密层、辐射层，核心层指郑汴都市区，紧密层包括洛阳、新乡、焦作、许昌、平顶山、漯河、济源等省辖市，辐射层包括豫北区、豫西豫西南区和黄淮的城市。“两带”是指京广发展带、陇海发展带；“四轴”是以郑汴都市区为中心向外辐射的4条发展轴，均为城镇-产业复合发展轴。

（2）山东。山东省构建“一群、一圈、一区、一带”的城镇空间总体格局，“一群”是以青岛为龙头、青岛和济南为双中心的山东半岛城市群；“一圈”是以济南为中心的济南都市圈；“一区”是以东营、滨州为中心的黄河三角洲高效生态经济区；“一带”是以日照为对外开放平台，以临沂、济宁为中心的鲁南经济带。

山东省规划依托大运量综合运输通道，根据“点轴”式非均衡发展原理，构建“三横三纵”城镇发展轴线。“三横”包括德州—滨州—东营—潍北—烟台—威海北部横向发展轴、聊城—胶济沿线中部横向发展轴、日（照）菏（泽）沿线南部横向发展轴；“三纵”包括沿海轴线、京沪轴线和京九轴线。山东省规划引导重点地区城镇组群式发展，重点建设济淄泰莱、烟威、青潍日、东滨、济兖邹曲嘉五大城镇组群。

（3）江苏。江苏省以沿江、沿海和沿东陇海地区为城镇重点集聚空间，苏北水乡湿地地区、苏南丘陵山地地区为城镇点状发展空间，全省形成“紧凑城市、开敞区域”的空间格局。规划建设“一带两轴，三圈一极”的“紧凑型”城镇空间结构。即沿江城市带，沿海城镇轴和沿东陇海城镇轴；南京都市圈、徐州都市圈、苏锡常都市圈和淮安增长极。

（4）安徽。安徽省形成近期“一圈、一带、一群、五区”、远期“两圈、一群、两带、五区”的城镇空间结构。表现为以经济圈地区为主的重点城镇集聚空间，以城市带地区为主的连绵式城镇集聚空间，以城市群地区为主的点状城镇集聚空间。近期城镇空间结构中，“一圈”为合肥经济圈，“一带”为沿江城市带，“一群”为沿淮城市群，“五区”为皖北片区、皖中片区、沿江片区、皖西片区和皖南片区。远期城镇空间结构中，“两圈”为合肥经济圈和芜马经济圈，实现合肥、芜湖两个中心城市率先发展，并带动其他地区发展。“一群”为沿淮城市群，培育县城快速发展，实现以点带面、多极并举的城镇空间格局，带动皖北崛起。“两带”为沿江城市带和淮合芜宣城市带，以加快中心城市发展为主，是全省城镇化拓展的重要空间。“五区”为皖北片区、皖中片区、沿江片区、皖西片区和皖南片区。

总体而言，四省城镇空间结构规划都突出强调了以省会和主要中心城市为核心的都市圈（或经济圈、城镇组群），以及沿江和沿主要交通廊道的城镇发展带的核心作用。因此，未来的城镇人口和产业，将主要向这些都市圈和城镇带集聚，形成更为集聚的空间形态。

四省城镇空间结构的核心地区和主要地带都偏离淮河流域。山东的四大发展空间中，位于淮河流域内的鲁南经济带的重要性最低；江苏的 3 条发展轴带中，位于淮河流域内的沿海城镇轴和沿东陇海城镇轴重要性远低于沿江城市带，而三大都市圈中，只有相对地位较低的徐州都市圈位于淮河流域内；安徽的核心发展轴带沿江发展带、核心发展圈合肥经济圈都不在淮河流域内，只有相对地位较低的沿淮城市群位于淮河流域内；而河南的发展重心郑汴都市区虽然在淮河流域发展内，但位置偏于淮河流域的西北角，远离淮河流域的人口和经济重心。淮河流域不是四省城镇化发展的核心地区和主要地带，随着以核心都市圈和城镇发展带空间战略的实施，淮河流域的人口将发生一定规模的跨地区转移。

同时，四省城镇空间结构规划中提出的淮河流域主要城镇组群，如济宁城镇组团、徐州都市圈、淮安增长极、沿淮城市群，将在淮河流域内部城镇化空间组织中发挥核心作用。

（四）四省城镇等级体系规划分析

四省中都制定了省域城镇等级体系规划，包括城镇规模体系、职能体系，明确了各级城镇的发展规模和职能定位。四省规划关于城镇体系的主要内容如下。

（1）河南。河南省提出构筑大中小城市等级序列完整、层次结构分明的城镇体系规模结构。积极引导中心城市人口、产业集聚和经济规模扩张。加强县城、县级市建设，把县城、县级市发展成为 30 万人左右的中等城市，支持有条件的县城向大城市发展，使之成为县域经济的重要支撑。加快小城镇发展，支持基础条件较好的县域中心镇发展成为10万人以上的小城市。河南省2020年城镇人口规模等级结构见表7。

表7 河南省2020年城镇人口规模等级结构

人口规模/万人	数量/个	城镇名称
800～1000	1	郑汴都市区
300以上	1	洛阳
100～200	7	平顶山、安阳、新乡、焦作、南阳、商丘、信阳
50～100	8	濮阳、鹤壁、三门峡、济源、周口、驻马店、许昌、漯河
30～50	37	巩义、新郑、登封、新密、新安、伊川、尉氏、汝州、武钢、林州、滑县、辉县、长垣、卫辉、沁阳、禹州、灵宝、永城、民权、虞城、夏邑、临颍、邓州、新野、镇平、唐河、项城、淮阳、沈丘、太康、鹿邑、郸城、新蔡、汝南、西平、固始、潢川
10～30	64	回郭、栾川、嵩县、汝阳、洛宁、宜阳、孟津、兰考、杞县、通许、开封县、鲁山、郏县、汤阴、内黄、水冶镇、白璧镇、获嘉、原阳、封丘、延津、小冀、温县、修武、武陟、博爱、孟州、襄城、鄢陵、义马、渑池、卢氏、柘城、睢县、宁陵、淇县、浚县、清丰、范县、南乐、台前、舞阳、内乡、南召、方城、社旗、桐柏、淅川、西峡、穰东、官庄、云阳、扶沟、西华、上蔡、平舆、泌阳、正阳、罗山、息县、商城、淮滨、新县、光山
2～5	308	略
2以下	略	略

河南省提出构建五级城镇职能等级结构，包括国家区域性中心城市、地区性中心城市、县域中心城市、建制镇、新型农村社区，具体五级城镇名单见表8。

表8 河南省2020年城镇职能等级结构

职能等级		数量/个	城镇名称
国家区域性中心城市	中心		郑汴都市区
	副中心		洛阳
地区性中心城市		15	新乡、焦作、许昌、漯河、平顶山、安阳、三门峡、南阳、周口、商丘、信阳、驻马店、鹤壁、濮阳、济源

续表

职能等级		数量/个	城镇名称
县域中心城市		101	
建制镇	中心镇	308	
	一般镇	900 左右	
新型农村社区			

（2）山东。山东省规划提出，2020 年城区人口超过 100 万人的城市 12 个，50 万～100 万人的城市 23 个，20 万～50 万人的中等城市 30 个，小城市 43 个；3 万人以上的小城镇 150 个（表 9）。

表 9　山东省 2020 年城镇规模等级结构

人口规模/万人	城镇个数/个	城镇名称
100 以上	12	济南、青岛、潍坊、淄博、临沂、烟台、枣庄、济宁、东营、日照、泰安、威海
50～100	23	德州、菏泽、滨州、聊城、莱芜、滕州、即墨、胶州、胶南、新泰、寿光、邹城、章丘、龙口、平度、兖州、曲阜、乳山、莱州、青州、邹平、安丘、高密
20～50	30	诸城、荣成、文登、临清、莱西、莱阳、临邑、临朐、昌乐、沂水、海阳、肥城、费县、平邑、郓城、郯城、巨野、乐陵、高唐、招远、蓬莱、齐河、莒县、禹城、嘉祥、茌平、沂南、广饶、莒南、栖霞
20 以下	43	陵县、苍山、商河、东明、单县、曹县、汶上、五莲、昌邑、庆云、蒙阴、阳谷、梁山、平原、微山、博兴、东平、沂源、泗水、夏津、宁津、鄄城、桓台、定陶、惠民、临沭、冠县、金乡、武城、宁阳、东阿、成武、莘县、济阳、鱼台、阳信、无棣、利津、平阴、沾化、高青、垦利、长岛

山东省规划提出，根据城镇服务范围和规模等级，按照 4 个层次组织全省城镇体系，即省域中心城市、区域性中心城市、中小城市和小城镇，它们分别是全省城镇体系结构中的重要节点。省域中心城市包括济南、青岛两个副省级城市，区域性中心城市包括其他设区城市，中小城市主要是县（市）域中心城市，小城镇包括各建制镇（表 10）。

表 10　　山东省 2020 年城镇职能等级结构

职能等级	城镇个数/个	城镇名称
省域中心城市	2	济南、青岛
区域性中心城市	15	淄博、枣庄、东营、烟台、潍坊、济宁、泰安、威海、日照、莱芜、临沂、德州、聊城、滨州、菏泽
县域中心城市	94	各县城、县级市市区
小城镇	略	各建制镇

（3）江苏。江苏省规划提出，至 2020 年，全省形成 15 个特大城市，5 个大城市，39 个中等城市，2 个小城市，620 个镇构成的等级规模体系，见表 11。

表 11　　江苏省 2020 年城镇规模等级结构

人口规模/万人	城镇数量/个	城镇名称
400 以上	2	南京、苏州
400～200	5	无锡、徐州、常州、南通、昆山
200～100	8	连云港、淮安、盐城、扬州、镇江、泰州、江阴、常熟
100～50	5	宿迁、宜兴、张家港、太仓、邳州
50～20	39	溧水、高淳、丰县、沛县、睢宁、新沂、溧阳、金坛、海安、如东、启东、如皋、海门、赣榆、东海、灌云、灌南、涟水、洪泽、盱眙、响水、滨海、阜宁、射阳、建湖、东台、大丰、宝应、仪征、高邮、丹阳、句容、兴化、靖江、泰兴、姜堰、沭阳、泗阳、泗洪
20 以下	2	金湖、扬中
	620	略

江苏省规划，未提出城镇职能等级结构，而是对城市（组群）提出功能引导方向（表 12），并在建制镇中择优培育 92 个重点中心镇、重点培育 100 个左右的特色镇。

表 12　　江苏省 2020 年城镇职能引导方向

城市（组群）	发展定位
南京	国家主要的科教基地、综合性产业基地、交通枢纽和历史文化名城，长三角地区重要科技创新中心、现代服务中心，南京都市圈核心城市
无锡	国家高新技术产业基地、先进制造业基地和风景旅游城市，长三角区域中心城市，苏锡常都市圈核心城市，现代化湖滨花园城市

续表

城市（组群）	发展定位
徐州	全国重要的综合性交通枢纽，长三角区域中心城市，淮海经济区商贸物流中心，徐州都市圈核心城市
常州	国家高新技术产业基地、创新创智型城市和文化旅游名城，长三角重要的中心城市，苏锡常都市圈核心城市
苏州	国家高新技术产业基地、创新型城市和风景旅游城市，长三角区域中心城市，苏锡常都市圈核心城市
南通	国家历史文化名城，江海交汇的现代化国际港口城市，长三角北翼的经济中心和门户城市
连云港—赣榆	我国沿海中部沟通东西、连接南北的区域性中心城市，现代化的港口工业城市和海滨旅游城市，区域性国际物流枢纽
淮安	国家历史文化名城和生态旅游城市，长三角北部地区交通枢纽和先进制造业基地，苏北重要中心城市
盐城—大丰	东北亚特色物流转运基地、长三角新兴的工商业城市、沿海湿地生态旅游城市
扬州	国家历史文化名城，长三角旅游休闲与生态宜居城市
镇江	国家历史文化名城，长三角重要的港口、风景旅游城市
泰州—姜堰	中国医药名城和长三角先进制造业基地，滨江生态旅游城市
宿迁	以轻型工业为主导、现代旅游休闲服务业为特色的生态园林城市
江阴	长江下游滨江新兴中心城市、历史文化名城
宜兴	著名陶都、国家历史文化名城、长三角生态旅游城市、苏浙皖三省交界地区重要的工贸城市
常熟	国家历史文化名城，山水生态城市与文化旅游城市，长三角先进制造业基地和商贸中心
昆山—太仓	国际知名的先进产业基地，上海国际航运中心集装箱干线港的重要组成部分，重要的旅游休闲基地
阜宁—滨海	沿海新兴工贸城市和港口城市、沿海城镇轴（连云港和盐城之间）的次级中心
东台	沿海现代化工商业城市、沿海城镇轴（盐城和南通之间）的次级中心
丹阳	沪宁线上新兴的地区中心城市，重要的商品流通中心和新兴的先进制造业基地

（4）安徽。安徽省规划提出，规划 2020 城镇人口规模 200 万人以上城市 1 个，100 万～200 万人城市 7 个，50 万～100 万人的大城市 6 个，20 万～50 万人的中等城市 43 个，小城市 20 个，以及 500 个左右建制镇（表 13）。

表 13　　安徽省 2020 年城镇规模等级结构

人口规模/万人		城镇数量/个	城镇名称
城市	合计	22	
	200 以上	1	合肥市
	100～200	7	芜湖市、蚌埠市、淮南市、淮北市、阜阳市、安庆市、马鞍山市
	50～100	6	滁州市、亳州市、六安市、铜陵市、宿州市、宣城市
	20～50	8	黄山市、巢湖市、池州市、界首市、天长市、明光市、桐城市、宁国市
县城	合计	55	
	20～50	35	肥东、肥西、濉溪、涡阳、颍上、利辛、蒙城、太和、阜南、舒城、芜湖县、砀山、庐江、无为、萧县、凤阳、定远、全椒、来安、霍邱、灵璧、怀远、广德、凤台、和县、泗县、繁昌、南陵、固镇、临泉、寿县、怀宁、当涂、金寨、五河
	10～20	15	宿松、枞阳、望江、潜山、太湖、泾县、长丰、东至、青阳、岳西、歙县、含山、霍山、休宁、郎溪
	5～10	5	绩溪、祁门、石台、旌德、黟县
建制镇	合计	500	
	5 以上	11	长丰县双墩镇、肥东县撮镇镇、芜湖县方村镇、天长市秦栏镇、来安县汊河镇、叶集发展改革试验区、宁国市港口镇、郎溪县十字镇、桐城市新渡镇、当涂县博望镇、无为县高沟镇
	5 以下	490	

安徽省规划提出区域性特大城市、区域性中心城市、地区性中心城市、特别政策区、县域中心城市五级城镇职能体系（表 14）。其中特别政策区主要是指江北集中区和江南集中区，是安徽省为国家实现中部崛起战略的重要产业承接地，是皖江城市带承接产业转移的先行先试区，是安徽改革创新与对外开放的先导区。县域中心城市是县（县级市）域层面引导人口和产业集聚的重要载体，分为两类，一类共 47 个，重点打造人口规模 20 万～50 万人的现代化、职能综合的中等城市。二类共 14 个，重点建设人口规模 20 万人以下的配套设施完善和富有特色的宜居小城市。

表 14　　安徽省 2020 年城镇职能等级结构

职能等级		城镇个数/个	城镇名称
区域性特大城市	一类	1	合肥市
	二类	1	芜湖市
区域性中心城市		4	安庆市、蚌埠市、阜阳市、黄山市
地区性中心城市		10	六安市、池州市、铜陵市、马鞍山市、宣城市、滁州市、淮南市、淮北市、宿州市、亳州市
特别政策区		2	江北集中区、江南集中区
县域中心城市	一类	47	巢湖市、界首市、天长市、明光市、桐城市、宁国市
			肥东、肥西、濉溪、涡阳、颍上、利辛、蒙城、太和、阜南、舒城、芜湖县、砀山、庐江、无为、萧县、凤阳、定远、全椒、来安、霍邱、灵璧、怀远、广德、凤台、和县、泗县、繁昌、南陵、固镇、临泉、寿县、怀宁、当涂、金寨、五河、枞阳、望江、潜山、宿松、歙县、泾县
	二类	14	太湖、长丰、东至、青阳、岳西、含山、霍山、休宁、郎溪、绩溪、祁门、石台、旌德、黟县

综合四省规划的城镇规模等级体系规划，2020 年城镇规模等级体系见表 15。其中位于淮河流域内的 500 万人口以上城市只有 1 个，即郑汴都市区；200 万～500 万人口城市只有 1 个，即徐州；100 万～200 万人口城市 16 个，包括平顶山、商丘、信阳、临沂、枣庄、济宁、日照、连云港、淮安、盐城、扬州、泰州、蚌埠、淮南、淮北、阜阳；50 万～100 万人口城市 10 个，包括周口、驻马店、许昌、漯河、滕州、宿迁、邳州、亳州、六安、宿州。四省规划 2020 年大城市（50 万人口以上）数量为 86 个，其中位于淮河流域内的 28 个，占比不到 1/3，规划大城市数量较少。50 万人口以上的城市中，淮河流域 100 万～200 万人口规模等级城市的数量占四省的 1/2，数量相对较多；其他 500 万人以上、200 万～500 万人、50 万～100 万人 3 个等级城市的数量明显偏少。因此，以四省规划看，淮河流域内大城市数量不足将是一个长期存在的问题。

表 15　　四省 2020 年城镇规模等级结构

人口规模/万人	城镇个数/个	城镇名称
500 以上	4（淮河流域 1）	**郑汴都市区**、济南、青岛、南京
200～500	8（淮河流域 1）	洛阳、苏州、无锡、**徐州**、常州、南通、昆山、合肥

续表

人口规模/万人	城镇个数/个	城镇名称
100～200	32（淮河流域 16）	**平顶山**、安阳、新乡、焦作、南阳、**商丘**、**信阳**；潍坊、淄博、**临沂**、烟台、**枣庄**、**济宁**、东营、**日照**、泰安、威海；**连云港**、**淮安**、**盐城**、**扬州**、镇江、**泰州**、江阴、常熟；芜湖、**蚌埠**、**淮南**、**淮北**、**阜阳**、安庆、马鞍山
50～100	42（淮河流域 10）	濮阳、鹤壁、三门峡、济源、**周口**、**驻马店**、**许昌**、**漯河**；德州、菏泽、滨州、聊城、莱芜、**滕州**、即墨、胶州、胶南、新泰、寿光、邹城、章丘、龙口、平度、兖州、曲阜、乳山、莱州、青州、邹平、安丘、高密；**宿迁**、宜兴、张家港、太仓、**邳州**；滁州、**亳州**、**六安**、铜陵、**宿州**、宣城
20～50	162	略
20 以下	略	略

注　1. 四省城镇规模等级中 200 万人以上城市划分不一致，济南、青岛、南京、苏州等城市所属等级据其规划人口重新划入本表等级；此外河南省未划分 20 万～50 万人等级，本表该级城镇只包括 30 万～50 万人等级的 37 个，不包括 10 万～30 万人等级的部分城镇。

2. 表中粗体城市为淮河流域内城市。

综合四省规划的城镇职能等级体系规划（表 16），四省的省域中心城市有 9 个，包括郑汴都市区、洛阳、济南、青岛、南京、苏州、徐州、合肥、芜湖，其中位于淮河流域内的只有 2 个，即郑汴都市区和徐州；河南、山东、安徽三省的地区性中心城市 44 个，其中位于淮河流域内的 18 个。由此可见，淮河流域内的中心城市偏少，特别是省域中心城市偏少。同时，四省规划也明确了郑汴都市区和徐州在淮河流域中的中心城市地位，需要在淮河流域规划中予以强化。

表 16　四省 2020 年主要中心城市

规模等级	城镇个数/个	城镇名称
省域中心城市	9（淮河流域 2）	**郑汴都市区**、洛阳、济南、青岛、南京、苏州、**徐州**、合肥、芜湖
地区性中心城市（不含江苏省）	44（淮河流域 18）	新乡、焦作、**许昌**、**漯河**、**平顶山**、**安阳**、三门峡、南阳、**周口**、**商丘**、**信阳**、**驻马店**、鹤壁、濮阳、济源；淄博、**枣庄**、东营、烟台、潍坊、**济宁**、泰安、威海、**日照**、莱芜、**临沂**、德州、聊城、滨州、菏泽；安庆、**蚌埠**、**阜阳**、黄山、**六安**、池州、铜陵、马鞍山、宣城、滁州、**淮南**、**淮北**、**宿州**、**亳州**

注　1. 四省规划关于城镇职能体系的提法不同，本表在四省规划基础上汇总主要的中心城市，并分别界定为省域中心城市、地区性中心城市，其中地区性中心城市未包括江苏省城市。

2. 表中粗体城市为淮河流域内城市。

（五）四省交通体系规划分析

四省规划制定了支撑城镇化发展的综合交通规划，主要内容如下：

（1）河南。河南省铁路规划主要内容为，构建以郑州为中心、以客运专线为骨架、城际轨道交通为支撑的“半小时交通圈”和“一小时交通圈”。高速公路规划主要内容为：以打通跨省及区间通道、拓宽改造国道主干线为重点，建设以高速公路网和一级公路网为骨架的高密度、网络化的便捷公路运输体系，实现中原城市群紧密层区域各中心城市间公路2小时内达到，郑州到全省各中心城市2.5小时到达、到各县城中心3.5小时到达。交通枢纽规划主要内容为，构建郑州现代综合交通枢纽体系，提升改造洛阳、新乡、漯河、平顶山、商丘、南阳、信阳、三门峡、周口、安阳等10个区域性综合交通枢纽。

（2）山东。山东省城镇化“十二五”规划缺少综合交通规划内容。参考山东省国民经济和社会发展“十二五”规划、山东省高速公路网中长期规划，归纳出山东省综合交通规划相关内容。铁路方面，围绕山东半岛蓝色经济区和省会城市群经济圈建设，加快构建城际轨道交通系统，利用和建设石济客专、青荣城际、济南至泰安等城际铁路，规划建设以济南、青岛为中心连接周边城市，以及周边城市间相连接的城际铁路网络，实现区域内主要城市间1～1.5小时通达，济南至青岛2小时通达。公路方面，完善提升“五纵、四横、一环、八连”高速公路网。“五纵”，分别为烟台—汾水、东营—临沂、辛集—红花埠、德州—泰安—张山子、德州—聊城—菏泽—商丘；“四横”，分别为威海—德州、青岛—油坊、青岛—馆陶、日照—东明；“一环”为青岛—威海—烟台—东营—德州—聊城—菏泽—枣庄—日照—青岛；“八连”，分别为蓬莱—栖霞、青岛—龙口、荣城—潍坊、潍坊—日照、乐陵—济南—莱芜、济南—聊城、济宁—徐州、济南—菏泽—商丘。

（3）江苏。江苏全省规划“四横、四纵”的综合交通走廊。其中“四横”是沪宁走廊、沿江走廊、东陇海走廊和徐宿淮盐走廊，“四纵”是沿海走廊、宁杭走廊、宁连走廊和中轴走廊。沿江走廊根据交通和城镇发展关系分为南沿江和北沿江走廊。全省重点打造南京、徐州、连云港3个综合枢纽城市，视通州湾港口开发进展情况，适时将南通打造为综合枢纽城市。强化无锡航空和内河航运枢纽、淮安铁路枢纽、南通海安铁路枢纽在全省综合交通体系构建中的功能。全省规划建设“两纵、三横、三环”的省级区域风景路系统构架，即沿海区域风景路、沿京杭运河区域风景路、沿长江区域风景路、沿古黄河区域风景路、沿新洋港河区域风景路、环太湖区域风景路、环洪泽湖区域风景路、环里下河地区区域风景路，推进全省旅游通道建设、生态绿地保护和生态网络体系建设。

（4）安徽。安徽全省规划三级综合交通枢纽城市。一级枢纽为合肥、芜湖，是安徽省对外交通的门户城市；二级枢纽为蚌埠、阜阳、安庆、黄山、池州，形成省内各城镇群之间的交通转换节点，三级枢纽为其他省辖市，服务于周边中小城镇。全省重点建设安徽中心城市与长三角中心城市之间的快速交通系统，形成沿江、东部、北部、西部4个交通走廊。沿江走廊，由沪渝高速、沪陕高速、北沿江高速、宁安城际、池九城际、沪汉蓉高铁等构成，形成安徽省内高速交通最为密集的交通走廊。东部走廊，由京沪高速、京福高速、京福高铁、商杭高铁等构成，成为安徽对接南北、融入东部地区的关键交通走廊。北部走廊，由徐兰高铁、徐淮宿城际、连霍高速、宁洛高速、泗许高速等构成，成为皖北地区对接江苏、联动河南的中重要交通走廊。西部走廊，由济广高速、济祈高速、合安城际等构成，成为皖西地区沟通南北的重要交通走廊。

综合而言，四省都强化了高速铁路、城际铁路以及高速公路网规划，远期将形成以主要中心城市为中心的网络化交通体系。从四省铁路规划来看，高速铁路规划主要联通现有中心城市，并沿现有主要交通廊道布局，因此中心城市和发展轴带的发展优势将进一步强化，这将促进四省规划城镇空间结构的形成。从四省高速公路规划来看，重点弥补了欠发达地区的高速公路路网不完善的问题，如鲁西南地区、皖北地区、苏北地区，有利于欠发达地区经济和城镇化发展。

对于淮河流域而言，四省规划的综合交通体系，首先，将促进流域与周边主要城市群、中心城市的联系，促进流域的对外开放，进而支撑流域经济和城镇化加快发展。其次，流域内交通体系的完善，将促进流域内一体化发展并进而支撑流域内中心城市的崛起。

相对不足的是，四省综合交通规划没有将淮河流域作为相对完整的单元进行规划。一方面是四省围绕自身主要交通枢纽城市如郑州、济南、南京、合肥等布局交通网络，淮河流域成为交通网络的外围辐射区域，淮河流域内部腹地缺乏重要的交通枢纽城市，不利于淮河流域内部腹地-中心城市协同发展。另一方面对于淮河流域发展最大的空间不协调，即淮河干流地区发展滞后缺乏明确的交通应对策略，淮河干流地区缺乏顺畅的出海通道，干流地区城市间缺乏顺畅的交通联系。因此，这要求淮河流域城镇化发展规划要强调流域内部枢纽性城市的培育和以之为中心的交通网络建设，要求完善淮河干流两岸地区对外通道和城市间交通网的建设。

（六）四省规划对淮河流域城镇化研究的启示

通过对四省规划对于城镇化发展目标与战略、城镇空间规划、综合交通规划的分析，可以得出以下结论，便于淮河流域城镇化研究借鉴。

（1）淮河流域现状城镇化率与四省发展目标还存在较大差距，这既表明淮河流域城镇化发展潜力巨大，也表明其任务艰巨。

（2）四省规划提出了新型城镇化发展战略，内涵涉及区域协调、城乡统筹、资源节约和环境保护等内容，对淮河流域新型城镇化道路的设计具有借鉴意义。同时，四省规划也提出地区差异化发展、大中小城市和小城镇协调发展等战略，对淮河流域探索自身发展模式提出了要求。

（3）四省城镇空间结构规划突显了以核心都市圈和发展轴带为主体的空间组织，要求淮河流域城镇化发展空间结构与之相协调。但四省空间结构规划中，淮河流域处于相对边缘地位，缺乏核心发展城市和城市组群，本次研究要研究建构流域内部中心城市-外围腹地互相促进的城市组群体系。

（4）四省城镇等级体系规划突出了流域内郑州、徐州两大省域中心城市的地位，要求淮河流域城镇化发展空间要着重围绕这两个城市。同时，四省规划也体现出流域内部区域性性中心城市缺乏、大城市数量不足问题，要求本次研究着力培育这一类城市，发挥其集聚和带动作用。

（5）四省综合交通规划，特别是高速铁路和城际铁路规划强化了主要中心城市和发展轴带的交通体系，将支撑四省核心都市圈和主要发展轴带的形成，淮河流域腹地人口一定程度的向外转移成为不可避免的趋势。同时，高速公路网的完善将促进欠发达地区的发展，促进其城镇化加快发展，有利于淮河流域内部人口的集聚。相对不足的是，四省规划对流域内部的综合交通枢纽和淮河干流地区对外通道重视不足，需要本次研究提出建议。

参考文献

[1] 住房和城乡建设部城乡规划司，中国城市规划设计研究院. 全国城镇体系规划（2006—2020年）[M]. 北京：商务印书馆，2010.

[2] 徐匡迪. 中国特色新型城镇化发展战略研究 [M]. 北京：中国建筑工业出版社，2013.

报告二

淮河流域人口和城镇化发展研究

一、人口与城镇化发展历史

（一）淮河流域基本情况

淮河流域地处我国东部，介于长江和黄河两流域之间，流域面积 27.5 万 km^2。流域西起伏牛山，东临黄海，南以大别山、江淮丘陵、通扬运河及如泰运河南堤与长江分界，北以黄河南堤和沂蒙山与黄河流域毗邻。流域地跨河南、安徽、江苏、山东及湖北五省（本次研究不含流域涉及的湖北范围，以下“淮河流域”皆为流域的河南、安徽、江苏、山东四省范围）。

2010 年❶，淮河流域户籍人口 1.84 亿人，其中非农户籍人口 0.35 亿人，非农人口比重为 19.2%。流域常住人口 1.61 亿人，其中城镇人口 0.68 亿人，城镇化率 41.9%。

2010 年❷，淮河流域地区生产总值 40168.8 亿元，其中第一产业 5653.0 亿元、第二产业 20758.0 亿元、第三产业 13757.8 亿元，三次产业结构为 14.1∶51.7∶34.2。以户籍人口计，人均地区生产总值为 2.2 万元，以常住人口计，人均地区生产总值为 2.5 万元。

（二）人口与城镇化发展历程

淮河流域在历史上有过辉煌时代，也经历过衰落。淮河流域的开发历史悠久，在古代是我国重要的农业区，为中国古代文明发展曾做出过巨大贡献，并形成了众多发达的古代都会。南宋建炎二年（1128 年）黄河夺淮入黄海，直

---

❶ 本专题涉及第六次人口普查数据，时点皆为 2010 年 11 月 1 日，文中简化为 2010 年。非人口普查数据，时点皆为当年年末。

❷ 本专题涉及经济数据，皆为年度数据。

至清咸丰五年（1855 年）黄河回复北流入渤海，期间 700 余年，淮河流域水系受到较大破坏，水患增多，淮河流域农业生产衰落，一度繁华的都市也随之衰落。近代以来，淮河流域的公路、铁路和水运交通改善，煤炭等自然资源得以开发，流域经济和城镇发展有所复兴。新中国成立后，全国性的交通网络、工业布局展开，淮河流域成为全国相对均衡发展的区域体系中的一部分而得到发展，新兴城市也逐渐成长。改革开放以后，沿海地区成为全国发展特别是工业化城镇化发展的前沿地带，淮河流域成为劳动力流出区域和粮食主产区，工业化城镇化则相对滞后。时至今日，在全国总体区域格局下，淮河流域仍是一个相对落后的区域，同时全国区域协调发展战略的实施和区域经济格局客观演变的影响下，淮河流域进入了工业化和城镇化发展的新阶段，加快发展、协调发展的前景正在展开。

1. 先秦至北宋：灌溉和水运带来的开发和繁荣

先秦时期是淮河流域初步开发的时期，夏、商、西周时期，淮河流域是众多部族、方国和封国密集分布的地区。汝颍地区是夏代流域经济最发达的地区。商文化的南渐及其和东夷乃至南方越文化的交汇促成了流域经济的进一步发展。春秋时期，芍陂、期思、雩娄等水利工程的兴建促进了流域农业生产和社会的发展。战国时期，鸿沟、邗沟的开凿沟通了黄淮和江淮漕运，也促进了一些城市的繁荣，郑（今河南新郑县）、陶（今山东定陶县）、睢阳（今商丘县）、陈（今河南淮阳县）、寿春（今安徽寿县）、彭城（今徐州市）以及大梁（今开封市）是战国时期流域著名的商业都会。

两汉时期，铁农具和牛耕得到推广，灌溉工程广泛兴建，淮河流域的农业经济出现了繁荣局面，同时手工业、盐业、商业得打发展。这一时期，琅琊郡海曲县（今山东日照市）、临淮郡的盐渎（今江苏盐城市）是重要的盐业基地，襄邑（今河南睢县）是著名的丝织业中心，鲁县（今山东曲阜市）、邹县（今山东邹县）、睢阳县（今河南商丘县南）、阳翟县（今河南禹州市）、陈县（今河南淮阳县）、寿春县（今安徽寿县）是流域著名的商业都会。汉代淮河流域人口密集，据估计西汉末年流域人口大约有 1448 万人，几乎为全国总人口数的 1/3（王鑫义《淮河流域经济开发史》）。此外，两汉时期，流域发展水平存在明显的不平衡，淮北是素称发达的中原地区的重要组成部分，淮南则落后于淮北。

在魏晋南北朝时期，淮河流域经济经历了一个迂回曲折的历程。曹魏和西晋时期，统治者重视修治和利用黄淮和江淮间的草庐，促成了流域漕运的繁荣局面。永嘉之乱后，淮河流域成为南北角逐的疆场，淮河流域社会经济遭到严重破坏。

隋唐时期则是古代淮河流域发展的一个辉煌时代。水利灌溉发达，农业生产进一步发展，造船、纺织、制盐、陶瓷、矿物开采与冶铸等手工业竞相发展。此间，淮浦、扬州是造船基地，扬州、汴州、宋州、蔡州、徐州、泗州、申州是著名的纺织业中心。交通航运发达，大运河贯穿流域大地，再加上淮河干支流河道及陆路交通路线的开发和利用，使淮河流域成为全国最发达的交通枢纽地区。运河沿线的汴州、宋州、宿州、泗州、楚州、扬州等城市，淮西的颍州、陈州、许州、汝州、蔡州，汴水以东的兖州、曲阜、徐州、忻州，淮北的亳州和淮南的寿州、濠州、申州等城市，都是这一时期的商贸和手工业都市。

北宋是继唐朝以后流域经济的又一个繁荣时代。流域的水利灌溉事业取得巨大成就，引黄淤灌、治碱改土措施很有成效，苏北沿海捍海堰工程建成。淮南路的茶叶生产蓬勃发展。淮河流域的陶瓷业更是发达，宋代五大名窑，流域范围内就有汴京的官窑、钧州的钧窑和汝阳的汝窑三座。徐州的利国监是北宋重要的冶铁基地，汴京、亳州、寿州、光州、泗州、濠州是纺织业中心。地处交通要冲的汴京是北宋最大的商业都会，流域著名的商业城市还有扬州、徐州、泗州、寿州、许昌等。

2. 南宋至清：黄河夺淮后的流域的衰落和徘徊

宋金对峙时期，由于战争的破坏和黄河夺淮的影响，流域经济一度衰落。蒙古贵族攻占淮河流域将良田改为牧场，又使流域经济遭受破坏。直到忽必烈建立元朝后，实行重农政策，流域经济才有所恢复。

明朝初年，为了振兴淮河流域这块龙兴之地，统治者除了实行兴修水利、鼓励垦荒、开展屯田、减免租税等复兴经济的政策外，还实行了向流域地区移民垦荒，洪武之世“永不起科”，及营建凤阳中都城的特殊政策，促进了流域经济的恢复和发展。

元明清时期，淮河流域随着国家整个社会进入停滞状态，局部地区如两淮的屯田、盐业以及漕运虽然带来了扬州、济宁等城市的发展，但是由于黄河长期泛淮所带来的一系列影响，淮河流域的经济亦日趋衰退。

3. 近代：新式交通体系带来的恢复和重构

近代以来，以机械为动力的新式交通和以邮政、电报、电话为标志的近代通信业开始兴起，交通运输业经历一场前所未有的巨大变革，淮河流域交通面貌也发生了较大的变化。轮运业兴起，打破了淮河流域长期以来以木帆船为主要水上运输工具的传统运输格局，并随之产生了一批港埠。这一时期轮运的航线以蚌埠和苏北地区较为密集，其中，南通至盐城线为一条南北向的重要航线，该航线主要承运苏北垦区的农副产品及生活日用品。主要的港埠城市有连云港、蚌埠、盐城、清江浦、扬州等。连云港原先是一个仅有几十户居民的滨海渔村，1925年陇海铁路分段修至新浦东边的大浦，大浦紧邻洪河口，于是在临洪河口建筑木质码头三座，1933—1936年陇海铁路管理局建设了一号、二号码头，在1936年至1937年上半年的一年半时间内连云港的货物吞吐量达60.4万t，逐渐成为沟通海陆内河的一大中转港。蚌埠港则位于淮河中游南岸，1912年津浦铁路贯通，在铁路的吸引下，蚌埠逐渐成为皖北重镇及农产品集散和工业品推销的商业城市。为开发淮南煤矿而兴起的淮南港，沟通平（京）汉、津浦两路的信阳港，淠河、颍河与淮河交汇处的正阳关，大运河、运盐河与淮河交叉点的淮阴港，以及为盐运服务的燕尾港、陈家港、杨集港等沿海小型港口，在这一时期也获得了不同程度的发展。

民国时期，淮河流域公路从无到有，突破省界，彼此相连，基本形成了以主要城市为中心向外辐射的公路网络。同时民族工商业的发展，也促进了物资集散和流通服务业的发展。1914年，淮扬护军使调集军队修筑了从清江浦古驿道—新安镇的军用道路，宽4m，这是淮河流域最早修筑的汽车路。随后，该路向北延伸至海州。同时，商办汽车公司也自筹资金修筑道路，1926年修成清江浦—宝应、清江浦—泗阳众兴镇、清江浦—涟水、清江浦—沭阳钱家集的4条汽车路。此外，华洋义赈会也修筑了一些汽车路。1927年以后，淮河流域四省各自成立了建设厅，管辖公路建设和交通运输，并由此大大推进了流域公路建设，以及四省公路的贯通。特别是1932年11月召开的苏、浙、皖、赣、鄂、湘、豫七省公路会议，议定了11条七省联络公路干线。以此为契机淮河流域公路建设进入黄金发展时期。至1936年年底路经淮河流域的已开通干支路线长达6422.95km，形成以济宁、临沂、徐州、扬州、蚌埠、阜阳、郑州、开封等主要成为为中小的向外辐射的放射状公路，流域中心城市因此而发展壮大。

4. 当代：淮河治理、改革开放带来的发展

新中国成立后，淮河流域社会经济发展进入到一个新时代。淮河治理成为国家建设中的一项大事，新的交通体系得以构筑，一些工业基地得到建设。得到较大发展的城市主要有三大类：一是六大煤炭基地，包括平顶山、淮南、淮北、徐州、枣庄、兖州；二是铁路、海运枢纽城市，包括郑州、连云港、蚌埠；三是原有历史基础的城市和工业制造基地城市，如开封、扬州等。

改革开放以来，全国的发展重心向沿海地区转移，长三角、珠三角等地区成为工业化和城镇化发展的核心。在全国尺度上，淮河流域只是作为粮食生产基地和水患、水污染等问题治理区域，逐渐边缘化。但这一时期，淮河流域的

城镇体系仍取得了较大程度的发展。设市城市由1980年的21个增长到2010年的54个，增长了157%。城市人口（不含小城镇）由1980年的515.3万人，增长到2010年的3120.6万人，增长了505%。百万人口以上的特大城市从无到有，发展到6个，50万～100万人口的大城市由3个增长到15个，见表1。

表1 改革开放以来淮河流域设市城市规模分布

人口规模/万人	1980年	1990年	2000年	2010年
200以上	—	—	—	郑州（1个）
100～200	—	郑州（1个）	郑州（1个）	临沂、徐州、淮安、淮南、平顶山（5个）
50～100	郑州、徐州、淮南（3个）	徐州、淮南、开封（3个）	徐州、淮南、枣庄、平顶山、开封、临沂、蚌埠（7个）	商丘、开封、枣庄、济宁、日照、菏泽、连云港、盐城、扬州、泰州、蚌埠、淮北、阜阳、六安、漯河（15个）
20～50	开封、蚌埠、平顶山、淮北、扬州、连云港（6个）	蚌埠、平顶山、连云港、淮北、扬州、盐城、淮阴、许昌、济宁、枣庄、东台（11个）	连云港、淮北、扬州、济宁、信阳、淮阴、商丘、盐城、阜阳、漯河、六安、许昌、日照、宿州、菏泽、滕州、泰州、邹城、驻马店、周口（20个）	许昌、信阳、周口、驻马店、新郑、汝州、项城、禹州、永城、滕州、兖州、邹城、邳州、新沂、东台、宿迁、高邮、江都、如皋、宿州、亳州（21个）
10～20	枣庄、清江（淮安）、济宁、信阳、许昌、泰州、阜阳、商丘、六安（9个）	宿迁、信阳、阜阳、商丘、兴化、菏泽、临沂、泰州、宿州、周口、六安、驻马店、滕州、漯河、淮安、亳州（16个）	宿迁、淮安、兴化、兖州、江都、高邮、新沂、亳州、天长、东台、明光、曲阜、姜堰、禹州、大丰、长葛、永城、邳州、舞钢、新密（20个）	荥阳、登封、新密、舞钢、长葛、曲阜、大丰、兴化、姜堰、明光、界首、天长（12个）
10以下	周口、漯河、驻马店（3个）	新沂、日照、禹州、曲阜、汝州、舞钢、界首（7个）	项城、汝州、新郑、荥阳、界首、登封（6个）	—
城市数量	21个	38个	54个	54个

（三）影响人口与城镇化盛衰的因素

水利和水患，是淮河流域农耕经济盛衰的决定性因素。淮河流域发展的主要转折点，是南宋建炎二年（1128 年）的黄河夺淮入海。在此之前，淮河流域水热条件良好，水利设施不断完善，支撑了农耕经济的长期繁荣。早在春秋时期，流域内就兴建了芍陂、期思陂、雩娄等水利工程。两汉和隋唐，出现了两次修建灌溉陂塘的高潮，形成了陂渠串联的水利灌溉网。北宋时期，引黄淤灌、治碱改土措施取得成效，并建成了苏北沿海捍海堰。在此之后，由于自然气候的变化，特别是淮河水系受到破坏、排水不畅，流域内自然灾害频繁，造成了流域经济的衰落。据历史文献统计，公元前 252—1948 年的 2200 年中，淮河流域每百年平均发生水灾 27 次。1194 年黄河夺淮初期的 12—13 世纪每百年平均水灾 35 次，14—15 世纪每百年水灾 74 次，从 16 世纪至新中国初期的 450 年中，每百年平均发生水灾 94 次，水灾日趋频繁。此外，从 1400—1900 年的 500 年中，流域内发生较大旱灾 280 次。洪涝旱灾的频次已超过三年两淹、两年一旱，灾害年占整个统计年的 90%以上。

古代河运和近代交通是淮河流域城镇空间调整的决定性因素。淮河流域较早的开始人工开挖运河，公元前 486 年挖通邗沟，公元前 482 年挖通鸿沟，沟通了长江至淮河，以及淮河支流泗水经古济水至黄河的航运。加之淮河干、支流本身适合航运，淮河流域形成了四通八达的河运体系，催生了沿淮、特别是干支流交汇处城镇的发展。605 年开凿洛阳到江苏清江（今淮安市）长约 1000km 的通济渠，610 年开凿镇江至杭州长约 400km 的“江南运河”，同时对邗沟进行改造，使得洛阳与杭州之间全长 1700 多 km 河道可以直通船舶。大运河联系了富庶的江南地区和隋唐、北宋时期的京师地区，带动了两岸城市手工业和商贸业繁荣，催生了一批新兴城市，形成了以大运河两端扬州、开封为中心沿淮河、沿运河的流域城镇体系。元明清三代定都北京，流域的交通动脉为南北向京杭大运河，沿运河的扬州、淮安、济宁等城市继续维持繁荣局面，但流域的河南、安徽两省部分则逐渐被边缘化。清末漕运改经海道并最终停止，运河逐渐废弛，新兴的交通动脉则改为铁路和公路，沿运河的扬州、淮安等城市则逐渐边缘化，而连云港、蚌埠等陇海、津浦铁路沿线城市兴起。至此，依托河运的城镇格局被打破，流域型城镇体系逐渐丧失完整性、独立性。

区域经济发展决定了淮河流域在全国经济和城镇格局中的地位。隋唐之前，我国的经济中心在关中—河洛一带，农业经济则以麦、粟、麻为主，随着南方地区的开发，经济中心转移至长江中下游，农业经济则以水稻、蚕丝为主，到了近现代，工业取代农业成为经济的主体，沿海地区特别是长三角、珠三角地区成为全国的经济中心。与之相对应，淮河流域在全国经济和城镇格局中的地位也不断变化。夏商时期，紧邻河洛地区的汝颍地区得到最先开发，此后伴随着中原文化的南进，淮河流域由北向南逐步开发，直到两汉时期，淮北是素称发达的中原地区的重要组成部分，淮河流域在此期间可称为全国的“核心区域”。隋唐时期，我国形成关中-河洛地区和江南地区两大区域经济中心，因此地处两大区域之间并有大运河沟通南北的交通之便，淮河流域成为全国重要的“枢纽性区域”。元明清时期，政治中心北移至北京，京杭大运河因沟通江南经济中心和北京政治中心而带动两岸城市繁荣，运河以西淮河流域的大部分地区则逐渐被边缘化。近代以来，外向型经济、工业经济成为经济发展的核心，长三角、珠三角地区的经济中心地位日益强化，淮河流域作为产粮大区，其经济地位不免下降，淮河流域在此期间逐步沦为全国的“边缘性区域”。不过，京沪、陇海两大全国性交通动脉沿线的中心城市依然得以保持较强的区域地位。

二、人口与城镇化发展现状

（一）人口发展特征

2010年，淮河流域户籍人口1.84亿人，常住人口1.61亿人。户籍人口中，非农人口0.35亿人，非农人口占比19.2%。常住人口中，城镇人口0.68亿人，城镇化率为41.9%。

2010年与2000年[1]相比，流域户籍人口由1.68亿人增长到1.84亿人，10年增幅9.6%，年平均增速0.92%；常住人口由1.63亿人减少为1.61亿人，10年增幅−0.51%，年平均增速−0.05%；城镇人口则由0.42亿人增长到0.68亿人，城镇化水平由26.0%提升到41.9%，年均增幅1.6个百分点（图1）。

1. 总体人口密度大

2010年淮河流域常住人口密度597.54人/km^2，是全国人口密度（142.8人/km^2）的4.18倍；户籍人口密度681.46人/km^2，是全国人口密度（142.8人/km^2）的4.77倍，为我国各大流域人口密度之首，与长江中游地区及成渝地区相当。与2000年相比，户籍人口密度增加了57.91人/km^2，常住人口密度减少了5.20人/km^2。

---

[1] 2000年人口数据，来自《中国2000年人口普查分县资料》分县（区）加和，统计时点为第五次人口普查时点，即2000年11月1日。

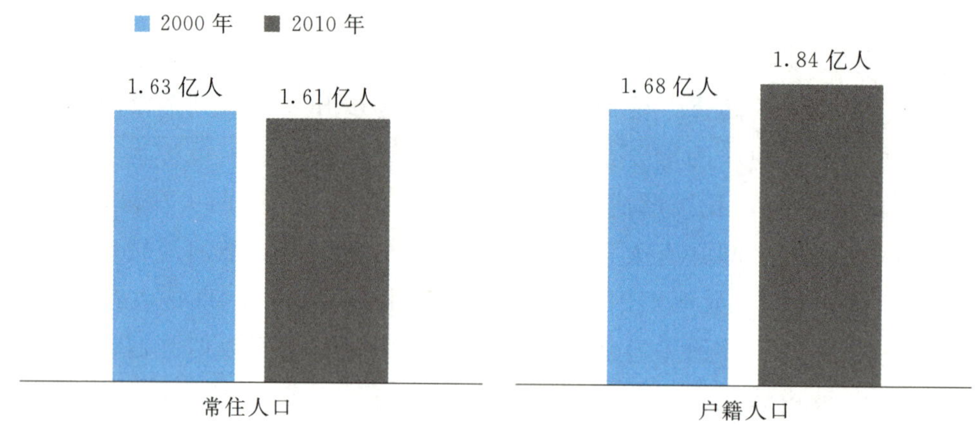

图 1 淮河流域常住人口、户籍人口增长图

从流域内部来看，以河南中东部地区郑州、许昌、开封、商丘人口密度最高，河南西南部和安徽六安、滁州一带地区相对较低。豫东南、鲁西南地区户籍人口大部分地级市户籍人口密度超过 1000 人/km^2，而淮河干流南岸地区户籍人口密度普遍在 500 人/km^2以下（“综合报告”图 1）。

2. 外出人口比重大

2010 年，淮河流域常住人口比户籍人口少 2266 万人，即人口净流出 2266 万人，净流出人口占总人口的 12%。四省流域内地区流出率均高于本省总流出率，其中，安徽省净流出占比最高为 18.13%，同期安徽省全省人口净流出占比 13.29%；其次是河南省，淮河流域地区净流出占比为 12.46%，同期全省人口净流出占比 9.89%；江苏、山东淮河流域地区人口净流出分别占 11.07%、7.03%，但两省全省呈现出人口净流入，分别为 4.93%和 0.33%（图 2）。相比于 2000 年人口净流出 572 万人、净流出率 3%，10 年来淮河流域外出人口大幅增长。由于人口的大量外出，淮河流域在户籍人口 10 年平均增速（0.92%）远高于全国同期水平（0.57%）的情况下，常住人口则反向呈现小幅减少的趋势。

2000 年，流域涉及的 35 个地级市中，人口净流入的城市有 7 个，分别是徐州、连云港、宿迁、合肥、淮南、淄博、郑州；包含的 146 个县和县级市有 129 个净流出。其中，流出比 20%以上的分别是固始县 33.30 万人、商城县 12.33 万人、罗山县 11.82 万人。到 2010 年，流域涉及的 35 个地级市中，人口净流入的城市仅有 3 个，分别是合肥市、淄博市和郑州市。河南省东南部、安徽中西部是净流出量、净流出率较大的区域。146 个县和县级市有 144 个净流出。其中固始县 68.35 万人，流出率达 40%；阜南县 50.90 万人，流出率 30%；临泉县 64.52 万人，流出率 29%（“综合报告”图 2）。

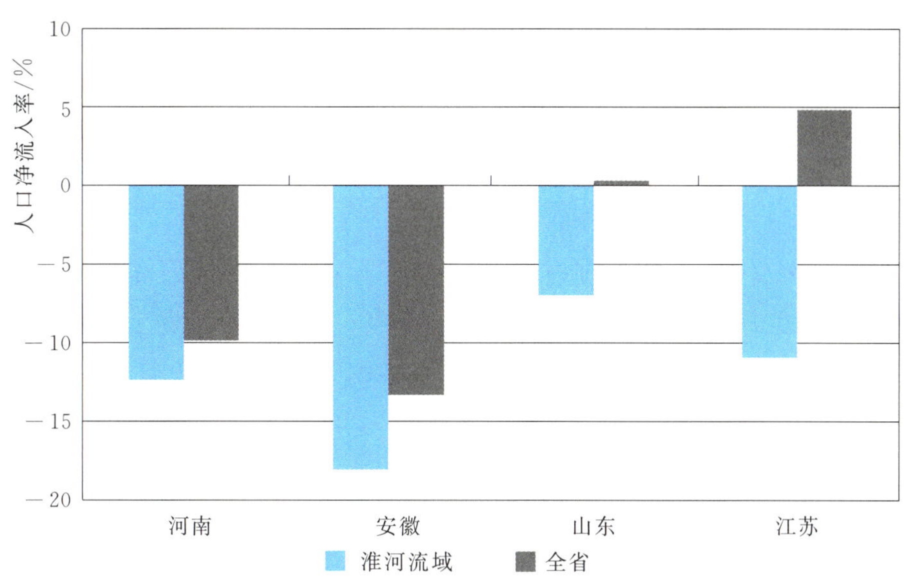

图 2 2010 年淮河流域四省人口净流入与全省对比

3. 少年儿童比重高

2000 年淮河流域常住人口中 14 岁以下人口比重为 24.9%，高于全国平均水平（22.89%）。至 2010 年常住人口中 14 岁以下人口比重为 18.9%（下降 6 个百分点），高于全国平均水平（16.6%），虽然 10 年间该比重稳定下降，但仍显示出相对于全国较高的生育率，以及少年儿童外出比重较少（图 3）。

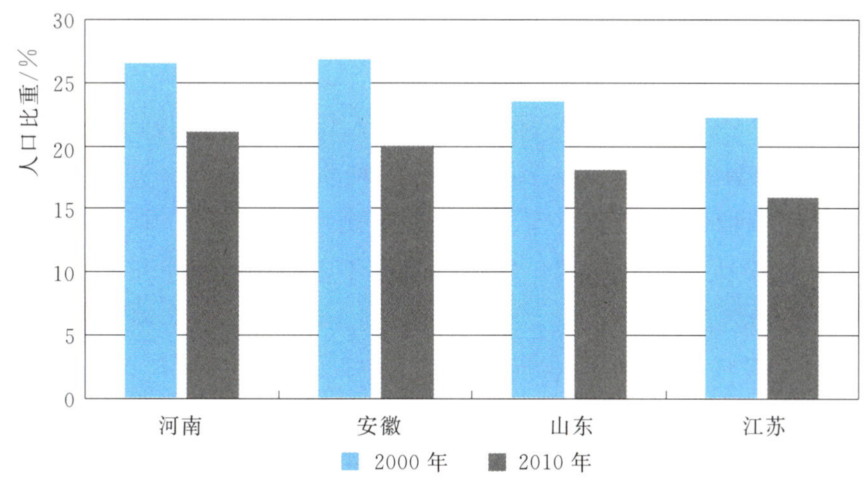

图 3 淮河流域四省 14 岁以下人口比重

流域内四省 2010 年 14 岁以下人口比重从高至低分别是河南、安徽、山东、江苏；总体上经济发展水平越高，14 岁以下人口比重越低，说明生育率与经济发展水平有明显的负相关关系。

4. 老年人比重较高

淮河流域地区65岁及以上老年人口比重由2000年的7.75%（全国平均水平6.96%）上升至2010年9.9%（全国平均水平8.87%）。65岁及以上老年人口2010年达到1598.09万人，显示出青壮年劳动力的大量外出，提升了老龄化水平。

流域内四省中，2010年江苏省65岁上老年人口比例最高，达11.60%，10年增长比例也最高，增长了3.22个百分点；河南省65岁上老年人口比例为8.69%，在流域四省中占比最低，也低于全国平均水平（图4）。

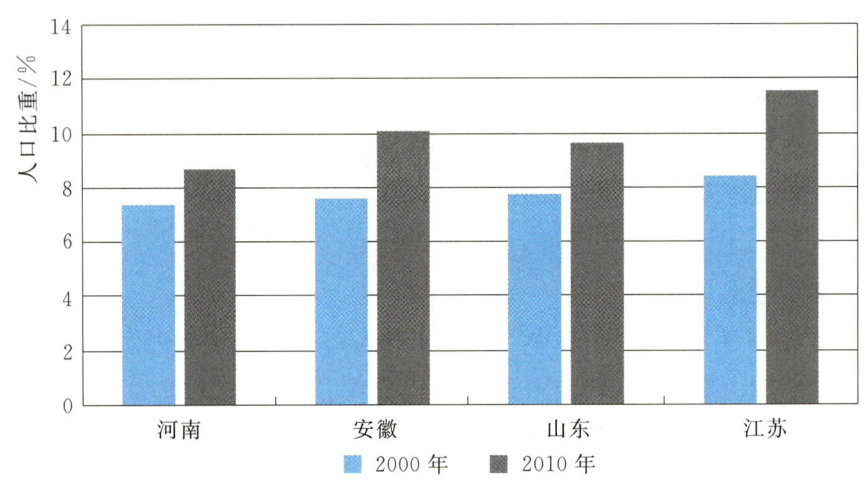

图4　淮河流域四省65岁以上人口比重

5. 人口受教育程度较低

2000—2010年10年间，15岁以上常住人口中文盲人口由1353万人降低至980万人，文盲率为7.5%，高于全国平均水平（4.08%）。从受教育程度上看，10年间流域内人口素质有了较大的提高，每10万人中具有大学文化程度的人数由2187人增长到5954人，但相比于全国水平（8930人）淮河流域人口受教育程度仍普遍较低。

2010年，流域内安徽省淮河地区文盲率最高为10.70%，其次是山东8.01%、河南6.36%和江苏5.85%。每10万人中具有大学文化程度的人数江苏省最多为6733人，最少为安徽4373人，河南、山东分别为6595人和5664人（图5）。

6. 人口性别比失调

2000年、2010年常住人口中0岁人口性别比分别为124和123.5，1～14岁人口的性别比均在120以上，远超正常水平（一般为102～107）。根据一般

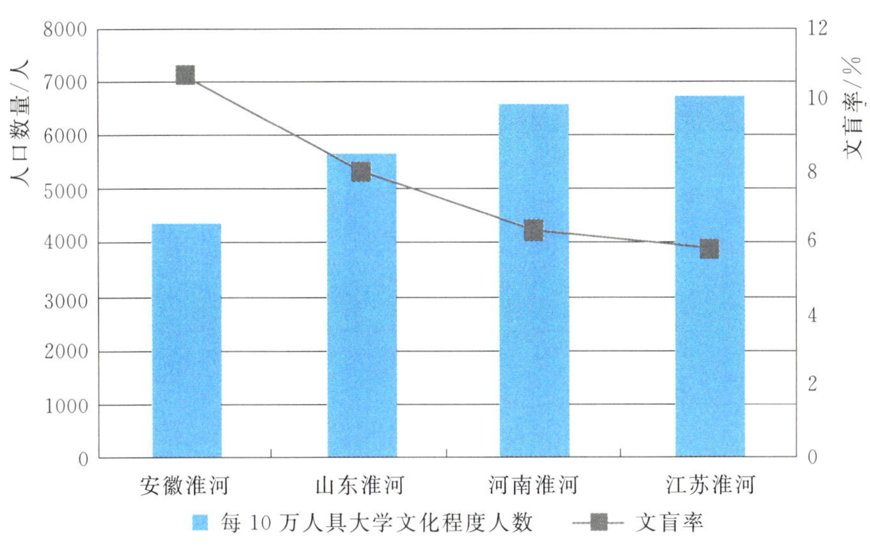

图 5 六普淮河流域四省受教育程度

的估计，该情况由不正常的出生性别选择有关。与2000年相比，2010年常住人口中20～49岁年龄段人口的性别比则小于100，显示出近年来流域地区成年男子外出务工比重较高（图6、图7）。

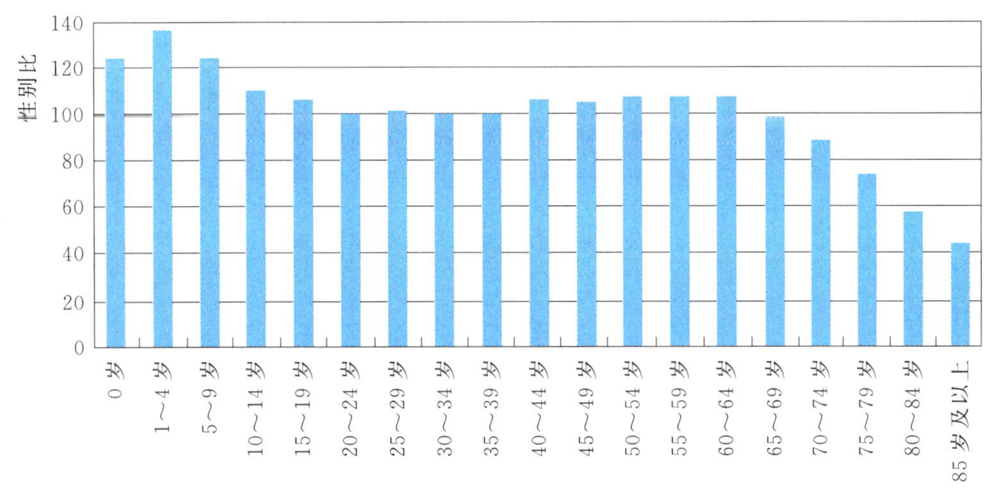

图 6 五普常住人口各年龄段人口性别比

流域内四省中，安徽和山东0～14岁各年龄阶段儿童性别比均超过120，安徽0～4岁、山东1～4岁儿童、河南5～9岁儿童性别比甚至超过了130，严重偏离正常值范围。0～19岁年龄层中，四省淮河流域男女性别比例均高于同省平均水平，显示出流域地区重男轻女的思想更为严重（图8～图10）。

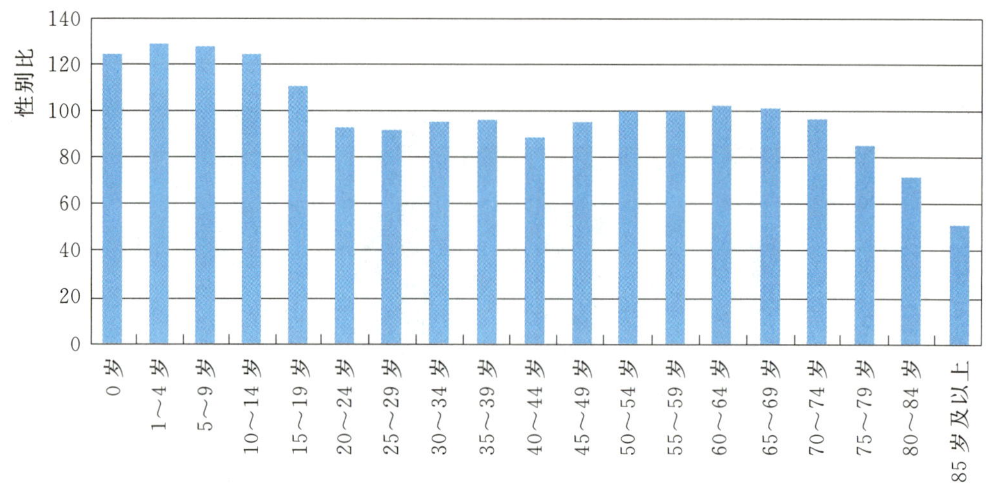

图7 六普常住人口各年龄段人口性别比

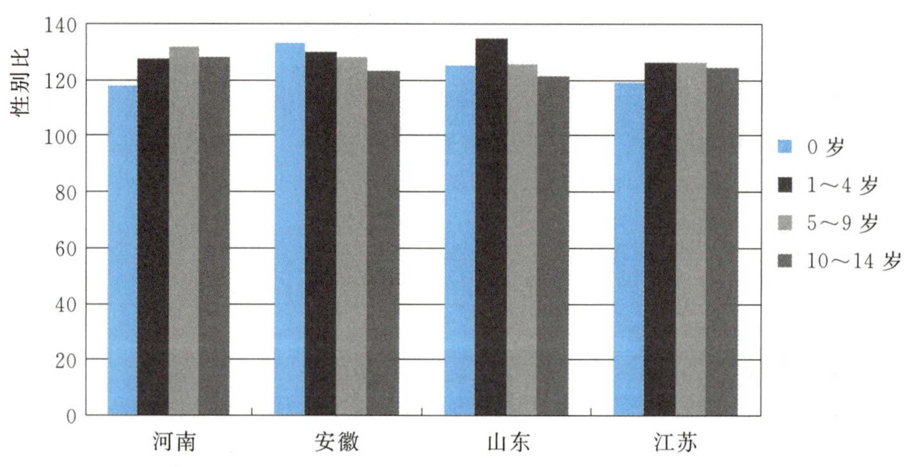

图8 六普淮河流域四省0～14岁儿童性别比

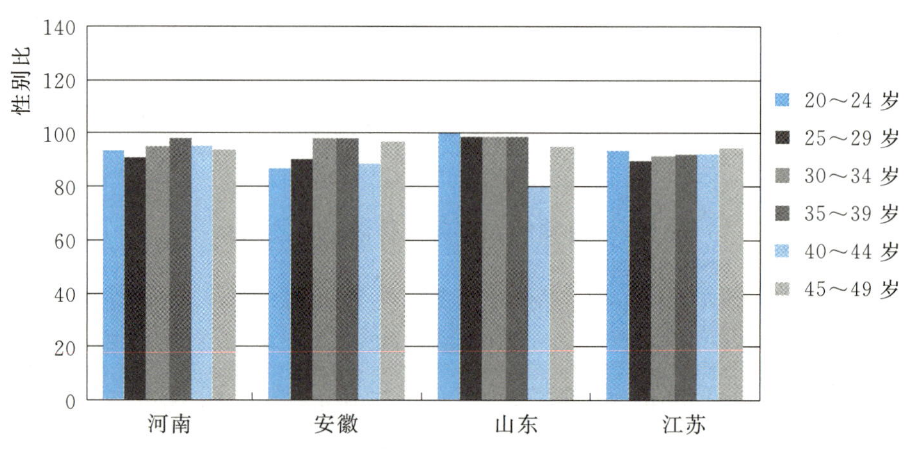

图9 六普淮河流域四省20～49岁人口性别比

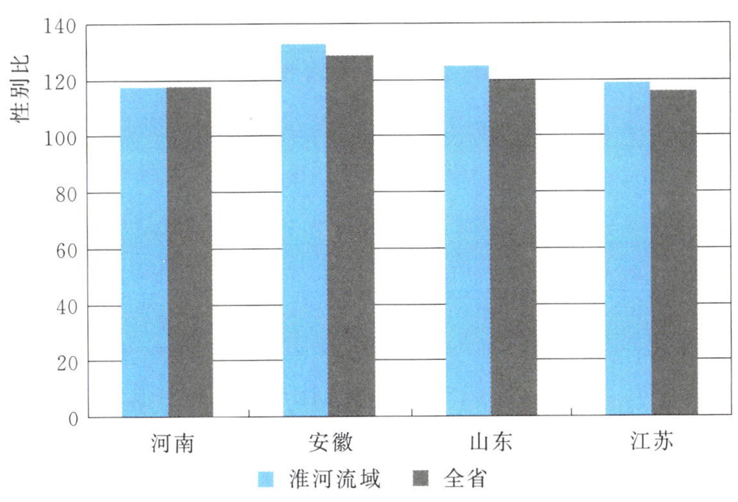

图 10　六普淮河流域四省性别比

7. 二、三产就业比重低

根据第六次人口普查长表数据（10%抽样），淮河流域 2010 年各行业从业人员 883.7 万人，其中农林牧渔业从业人员 516.0 万人，工业和建筑业从业人员 180.4 万人（其中，工业从业人员 124.8 万人，建筑业从业人员 55.6 万人），服务业从业人员 187.1 万人，三次产业从业人员结构为 58.4∶20.4∶21.2。总体上农业从业人员比重高，二、三产业从业人员比重过低。

（二）城镇化发展特征

1. 城镇化率较低，发展速度快

2010 年淮河流域城镇化率为 41.9%，比 2000 年的 26.0%提升了 15.9 个百分点，高于同期全国城镇化率提升幅度（13.5 个百分点），城镇化进入快速发展期。但城镇化率仍然低于全国平均水平（49.9%）8 个百分点。

四省流域内城市化率均低于各省综合水平，其中，江苏和山东流域内城市化率超过 40%，流域内各地区除安徽省外，江苏、山东和河南与全省综合水平差距都在缩小（表 2）。

表 2　淮河四省城市化率比较

省　份	城市化率/%			
	2000 年		2010 年	
	淮河	全省	淮河	全省
江苏	32.22	42.25	52.25	60.22
山东	29.35	38.15	42.30	49.71

续表

省份	城市化率/%			
	2000 年		2010 年	
	淮河	全省	淮河	全省
安徽	23.54	26.62	36.18	42.99
河南	21.54	23.44	37.83	38.52

2010 年淮河流域内共 12 个地级市城镇化率低于 40%。流域内城镇化发展水平不平衡。其中，江苏省地级市中城镇化率除宿迁市（48.3%）以外都在 50%以上，而河南省地级市城镇化率除郑州市（63.6%）、洛阳市（44%）、平顶山市（41.4%）以外都在 40%以下。其次，部分地区城镇化率严重滞后，有 9 个地级市的城镇化率低于 35%，它们分别是安徽省的阜阳市、宿州市、六安市、亳州市，河南省的南阳市、商丘市、信阳市、周口市、驻马店市。其中，商丘市、周口市、驻马店市低于 30%（图 11）。

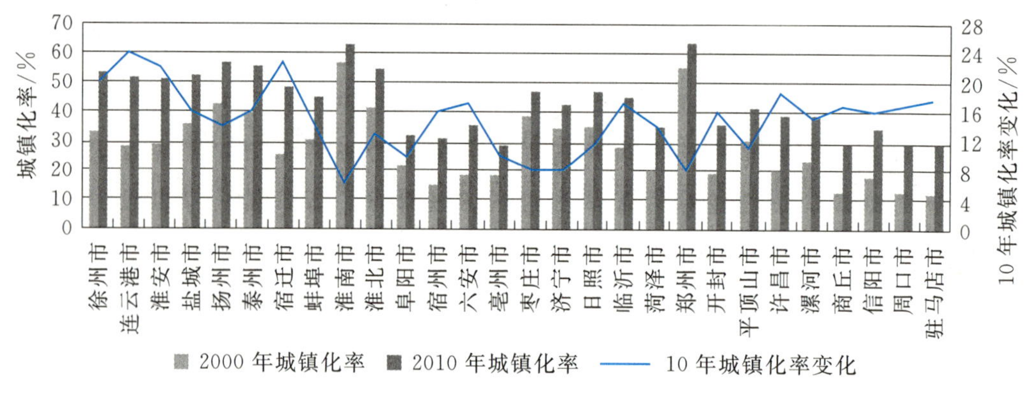

图 11　淮河流域城镇化率变化率

2. 城镇密度大，大城市数量少

2010 年，淮河流域内有城市 54 个（其中地级市 28 个、县级市 26 个）、县城 120 个。城市和县城密度 6.32 个/万 km^2，高于全国水平（2.34 个/万 km^2），与各省、自治区相比，列第六位，淮河流域城镇密度较高。

2010 年，54 个城市中，特大城市有（100 万人以上）6 个，包括郑州、临沂、徐州、淮安、淮南、平顶山，大城市（50 万～100 万人）有 15 个，中等城市（20 万～50 万人）有 21 个，小城市（20 万人以下）有 12 个。与全国 657 个设市城市规模分布相比，淮河流域 100 万人以上城市偏少，100 万人口以上城市人口占城市人口 36.85%，低于全国水平（54.4%）；50 万～100 万人口城市相对较多，该层级城市人口占城市人口 35.74%，高于全国水平

(17.3%)，见表3。

表3　淮河流域城市人口规模等级分布与全国比较（2010年）

人口规模/万人	淮河流域			全国		
	城区人口/万人	比重/%	比重累计/%	城区人口/万人	比重/%	比重累计/%
200以上	499.93	16.02	16.02	16674.64	42.2	42.2
100～200	649.93	20.83	36.85	4788.78	12.1	54.4
50～100	1115.37	35.74	72.59	6823.78	17.3	71.7
20～50	655.01	20.99	93.58	8045.70	20.4	92.1
20以下	200.38	6.42	100.00	3135.90	7.9	100.0
合计	3120.62	100.00		39468.8	100.0	

3. 淮河干流两岸城镇发育不足

淮河干流两岸受水患影响、交通制约，城镇发育差。沿淮河干流两岸地级市中仅淮南、淮安2个100万人口以上城市，蚌埠、阜阳2个50万～100万人口城市，六安、信阳2个地级市市区人口在50万人以下，此外只有明光一个市区人口不足20万的县级市。

4. 流域城镇不成独立体系

流域内未形成较独立的城镇体系，其中流域西北部、即河南省境内，以郑州为中心，形成中原城市群，相对独立。流域其他部分城镇，则围绕流域外主要中心城市形成体系，如流域东南部城镇以流域外的上海、南京为中心，流域中部城镇以流域外的合肥为中心，流域东北部城镇则主要以流域外的济南、青岛为中心。由于缺乏独立的城镇体系，各级城镇间缺乏中心带动-外围支撑的互动效果，对城镇化的发展形成了一定的制约。

（三）影响人口和城镇化发展的因素

1. 自然地理奠定基本人口和城镇分布格局

淮河流域的大部分地区地势较为平坦，可耕种土地面积大，只有流域西南部大别山地区、东北部沂蒙山区，可耕种土地面积小。可耕种土地分布，决定了粮食产出水平，因而奠定了流域大部分地区人口密度高而西南部和东北部山区人口密度相对较低的格局。此外，大部分地区耕地连片广布，也奠定了村庄平均规模大、较为均衡的广泛分布的空间特征，进而支撑了作为乡村地区中心地的小城镇、县城的广泛分布。

另外，数百年来，淮河干流两岸、特别是南岸地区水患较多，造成了该地区人口密度相对较低，城镇发育不足。

2. 改革开放以来经济地理格局变化是人口外出和结构性问题的主因

改革开放以来，在出口导向、劳动力密集型产业为主的发展模式带动下，长三角、珠三角成为全国的工商业经济中心，人口密集而工商业发展不足的淮河流域大部分地区人口向沿海地区转移，其中以青壮年劳动力转移为主。这造成了淮河流域总体外出人口比重大、少年儿童和老年人比重高等人口特征和问题。

几十年来，淮河流域的铁路和公路投资相对不足，特别是流域干流地区缺乏东西向的铁路干线，干流地区的高速公路密度较低，对地区的产业和城镇发展造成制约。这也是流域干流地区人口大量外出、城镇发育不足特别是大城市发育不足的重要原因。

3. 以高行政级别城市为中心的发展模式制约流域内中小城市和小城镇发展

我国的城镇发展政策具有高度的行政指向性，省会城市、副省级城市等高行政级别城市具有获得各种资源的优势。流域涉及的4个省份，只有河南的省会郑州位于流域内，其他三省发展重心济南、青岛、南京、合肥等城市，均不在流域内，相对而言流域内的主要大城市获得的资源不足。而流域内数量多、分布广的县级城镇和小城镇，更难以获得发展资源，造成县级城镇和小城镇普遍的发育不足。

三、人口与城镇化发展趋势

（一）人口规模和城镇化率预测

1. 人口规模预测

（1）户籍人口预测。

1）户籍人口增长历史分析。

近20年来，淮河流域所涉四省户籍人口增长率保持较低水平，并呈现总体的缓慢降低趋势。1990—2000年间，河南、山东、安徽、江苏四省的户籍人口年增长率分别为0.93%、0.64%、1.04%、0.58%，而2000—2010年间，四省的增长率分别为0.96%、0.61%、0.84%、0.55%，大部分年份增长率低于1%，处于较低增长水平，且除河南外其余三省增长率呈降低趋势（表4）。

表 4　　四省户籍人口历年增长情况

年份	河南省		山东省		安徽省		江苏省	
	户籍人口/万人	增长率/%	户籍人口/万人	增长率/%	户籍人口/万人	增长率/%	户籍人口/万人	增长率/%
1990	8649		8424		5661		6672	
1991	8763	1.31	8534	1.30	5744	1.46	6734	0.93
1992	8861	1.11	8580	0.54	5817	1.26	6767	0.50
1993	8946	0.95	8620	0.47	5870	0.91	6801	0.49
1994	9027	0.90	8653	0.38	5938	1.15	6831	0.45
1995	9100	0.81	8701	0.55	6000	1.04	6868	0.54
1996	9172	0.79	8747	0.53	6054	0.90	6908	0.58
1997	9243	0.77	8810	0.72	6109	0.90	6948	0.58
1998	9315	0.78	8872	0.70	6152	0.70	6983	0.50
1999	9387	0.77	8922	0.56	6205	0.86	7009	0.37
2000	9488	1.07	8975	0.59	6278	1.17	7069	0.86
2001	9555	0.70	9024	0.54	6325	0.75	7097	0.39
2002	9613	0.61	9069	0.50	6369	0.69	7127	0.43
2003	9667	0.56	9108	0.43	6410	0.64	7164	0.51
2004	9717	0.52	9163	0.60	6461	0.79	7206	0.59
2005	9768	0.52	9212	0.53	6516	0.85	7253	0.65
2006	9820	0.53	9282	0.76	6593	1.17	7318	0.89
2007	9869	0.50	9346	0.69	6676	1.25	7354	0.50
2008	9918	0.50	9392	0.49	6741	0.97	7389	0.47
2009	9967	0.49	9449	0.61	6795	0.80	7419	0.41
2010	10437	4.61	9536	0.92	6827	0.47	7467	0.64

注　2010 年河南省户籍人口数异常增长，可能原因是通过六普，一次性统计了以往漏登记的户籍人口。

与四省相比，淮河流域户籍人口增长率略高，但也处于较低水平，并呈降低趋势。1990—2000 年间，淮河流域户籍人口增长率为 1.14%，比四省各自增长率略高；而 2000—2010 年间，流域的增长率降低为 0.92%，低于河南增长率而高于其他三省。

淮河流域内部看，2000—2010 年间户籍人口增速与各省部分发展水平成反比，经济较为发达的江苏省部分增长率最低（0.58%），经济较为滞后的安徽省部分增长率最高（1.18%）。这显示出淮河流域户籍人口增长以自然增长为主要动力，而自然增长率随经济发展水平的提升而降低的基本特征（表5）。

表5　淮河流域户籍人口增速与四省比较

地区		1990—2000年增速/%	2000—2010年增速/%	增速变化/个百分点
河南省		0.93	0.96	0.03
山东省		0.64	0.61	−0.03
江苏省		1.04	0.84	−0.20
安徽省		0.58	0.55	−0.03
淮河流域		1.14	0.92	−0.22
其中	河南部分	—	1.05	
	山东部分	—	0.81	
	江苏部分	—	0.58	
	安徽部分	—	1.18	

2）户籍人口增长趋势判断。

可以判断，未来流域内户籍人口仍将保持较低增速，并与过去10年相比增速有所降低，即增速将低于0.92%。主要依据为：①我国户籍政策将保持一定的稳定性，且户籍政策发生变化使得户籍人口迁移率发生突变的可能性较低，因为以农民为主的迁移人口不愿意放弃其承包耕地和宅基地等而迁移户口；②我国计划生育政策总体上会保持稳定，不太可能大幅放宽而使得出生率大幅增长的情况，而随着淮河流域经济发展水平的提高，人口自然增长率会有所降低；③淮河流域在我国经济和城镇化发展格局中，处于相对边缘地位，即便部分地区和城市户籍人口会呈现净迁入情况，但总体上户籍人口会呈现净迁出趋势不会改变。

其次可以判断，未来两个10年，每10年淮河流域户籍人口增速降幅将0.2～0.4个百分点。主要依据为：淮河流域的户籍人口增长主要由自然增长推动，其增长趋势符合一般的自然增长规律。过去两个10年，我国人口增长率从1990—2000年间的年均1.07%下降到2000—2010年间的0.57%，下降了0.5个百分点，而同期淮河流域户籍人口增长率仅下降了0.22个百分点。考虑到淮河流域人口自然增长的阶段性总体滞后于全国10～20年水平，未来10年，淮河流域人口自然增长率的下降，应快于淮河流域自身过去两个10年的下降速度，而接近于全国过去两个10年的下降速度。

3）户籍人口预测。

综合以上判断，2010—2020年、2020—2030年间，淮河流域户籍人口增长率降幅将处于0.2～0.4个百分点之间。采用公式为

预测年人口＝基期年人口×（1＋年均增速）(预测年－基期年)

预测2020年淮河流域户籍人口将达到1.93亿～1.97亿人，2030年将达到1.95亿～2.07亿人（表6）。

表6　淮河流域户籍人口预测

年　份	低速方案		中速方案		高速方案	
	10年间增速/%	年末户籍人口/亿人	10年间增速/%	年末户籍人口/亿人	10年间增速/%	年末户籍人口/亿人
2010	0.92	1.84	0.92	1.84	0.92	1.84
2020	0.50	1.93	0.60	1.95	0.70	1.97
2030	0.10	1.95	0.30	2.01	0.50	2.07

本次研究，倾向于认为未来两个10年淮河流域户籍人口增长率的降幅处于中等水平，即每10年下降0.3个百分点。因此，对淮河流域户籍人口的预测建议方案为，2020年户籍人口1.95亿人，2030年户籍人口2.01亿人。

（2）常住人口预测。

1）人口净流出历史分析。2000—2010年，淮河流域户籍持续增长和常年外出人口不断增加两者相抵消，流域常住人口总量保持相对稳定，由2000年的16232万人减少为2010年的16134万人，仅减少了98万人。而人口净流出率则由2000年的3.39%大幅扩大到2010年的12.31%，净流出量由2000年的569万人，扩大到2010年的2265万人。从流域内部看，四省部分净流出人口总量和净流出率都发生较大幅度提升（表7、表8）。

表7　2000年淮河流域和四省人口净流出情况

地　区		常住人口/万人	户籍人口/万人	净流出量/万人	净流出率/%
淮河流域		16232	16801	569	3.4
其中	河南部分	5351	5633	281	5.0
	山东部分	3283	3351	68	2.0
	江苏部分	4158	4176	18	0.4
	安徽部分	3439	3641	202	5.5

表 8　　2010 年淮河流域和四省人口净流出情况

地　区		常住人口/万人	户籍人口/万人	净流出量/万人	净流出率/%
淮河流域		16134	18399	2266	12.3
其中	河南部分	5471	6250	779	12.5
	山东部分	3376	3631	255	7.0
	江苏部分	3936	4425	490	11.1
	安徽部分	3351	4093	742	18.1

2）人口净流出趋势判断。可以判断，未来两个 10 年，淮河流域仍将是人口净流出区域。主要依据是：未来两个 10 年，正是中国城镇化快速发展和人口空间变化的阶段，发达地区以先发和集聚优势，成为人口净流入地区，而淮河流域由于整体经济发展水平不高、在全国区域经济格局中处于相对边缘地位，其仍将是人口净流出地区。

而未来两个 10 年，淮河流域户籍人口净流出情况则可能存在两种情景，即人口回流显著和不显著两种情景。

情景一，新增劳动力依然保持现有趋势外流，而外流人口回流不明显。在这种情况下，人口净流出率升高。但考虑到新增劳动力数量已趋于减少（全国人口年龄结构决定的普遍趋势），人口净流出率升高速度会减缓。因此，假设 2020 年、2030 年淮河流域净流出率达到 15.0%、18.0%。

情景二，如果流域内经济发展加速，就业岗位总量和工资水平实现较大幅度增长，将留住流域内的大部分新增劳动力，并吸引外流人口回流。目前，这种情况对常住人口变化的影响程度仍难以估算。假设人口回流使得 2020 年流域人口净流出率将由 2010 年的 12.3%降低至 10.0%，2030 年进一步下降到 8.0%。

3）常住人口增长预测。基于以上人口净流出率的判断和户籍人口预测方案，采用公式

$$常住人口=户籍人口-户籍人口\times人口净流出率$$

预测 2020 年淮河流域常住人口的最低方案为 1.66 亿人，最高方案为 1.76 亿人。2030 年流域常住人口的最低方案为 1.65 亿人，最高方案为 1.85 亿人（表 9）。

本次研究倾向于认为随着淮河流域的经济发展，新增劳动力留在本地工作的可能性增加，而常年外出从事普通体力劳动的人口将有一定程度的回流，即出现情景二的情况。因此，本次研究对淮河流域常住人口的预测建议方案为 2020 年常住人口 1.76 亿人，2030 年常住人口 1.85 亿人。

表 9　　基于户籍人口较低预测方案的常住人口预测

年 份	户籍人口/亿人	情景一		情景二	
		净流出率/%	常住人口/亿人	净流出率/%	常住人口/亿人
2010	1.84	12.3	1.61	12.3	1.61
2020	1.95	15.0	1.66	10.0	1.76
2030	2.01	18.0	1.65	8.0	1.85

2. 城镇化率预测

（1）城镇化率增长历史分析。

2010 年淮河流域城镇化率 41.9%，比四省平均水平（47.8%）滞后近 6 个百分点，比全国平均水平（49.9%）滞后 8 个百分点。这说明，淮河流域是城镇化相对滞后区域。

从 2000—2010 年间城镇化率增幅看，淮河流域 10 年内城镇化率提高了 15.9 个百分点，比全国增幅（13.7 个百分点）略高 2 个百分点，比四省增幅（15.1 个百分点）略高 0.8 个百分点。这说明作为后发展地区，城镇化率增速加快，体现出城镇化发展刚跨过 30%进入高速城镇化发展期的一般发展规律。

从淮河流域内部看，2010 年城镇化率从高至低依次江苏部分、山东部分、河南部分、安徽部分，这与该四部分经济发展水平排序较为一致。流域四省部分 2000—2010 年间城镇化率增幅依次为江苏部分、河南部分、山东部分、安徽部分，这与该四部分 10 年增长速度排序相对一致（表 10）。

表 10　　淮河流域与各省城镇化率增长情况

地 区		2000 年城镇化率/%	2010 年城镇化率/%	10 年增幅/个百分点
淮河流域		**26.0**	**41.9**	**15.9**
其中	河南部分	20.8	37.8	17.1
	山东部分	29.3	42.3	13.0
	江苏部分	32.2	52.3	20.0
	安徽部分	23.5	36.2	12.6
四省合计		**32.7**	**47.8**	**15.1**
其中	河南省	23.4	38.5	15.1
	山东省	38.2	49.7	11.6
	江苏省	42.3	60.2	18.0
	安徽省	26.7	43.0	16.3

（2）城镇化率增长趋势分析。

根据一般规律，淮河流域正处于城镇化高速发展时期。可以判断未来10淮河流域城镇化率年均增幅应在1.3个百分点左右。主要根据为：①过去10淮河流域、四省、全国，都处于城镇化高速发展时期，城镇化率年均增幅分别为1.59个百分点、1.51个百分点、1.37个百分点；该3个层次区域的城镇化率2000年起点分别为26.0%、32.7%、36.2%，总体上体现出起点越高增幅越小的基本规律。淮河流域2010年城镇化率已达到41.9%，起点高于2000年3个区域，因此可以较笼统的判断，淮河流域未来10年城镇化率年均增幅应略低于1.37个百分点（全国与之可比的阶段为2004—2011年，全国城镇化率2004年为41.8%，2011年为51.3%，年均增幅1.36个百分点）；②过去10年，全国GDP年增长率达到10.6%，未来10年全国经济增长将转入增速略低的高速增长期，一定程度上会拉低城镇化率增速。在经济增长总趋势下，淮河流域的城镇化率增速应略低于过去10年。

未来10年淮河流域城镇化率年均增幅1.3个百分点左右的判断，与流域所涉及四省的城镇体系规划预测目标较为吻合。流域所涉及四省提出的城镇化目标见表11，2010—2020年四省城镇化率目标年均增幅为1.34%。虽然四省城镇人口主要向流域外部的中心城市集聚，但考虑到淮河流域是城镇化率较低地区，可以判断淮河流域将与四省城镇化率增速相对同步。

表11　四省城镇体系规划提出的城镇化率目标　%

省　份	2020年城镇化率	基期年至2020年城镇化率年均增幅
河南	55	1.6
山东	60	1.1
江苏	72	1.1
安徽	58	1.5
四省合计	61.2	1.34

注　1. 四省规划基期年不同，其中河南、安徽为2010年，山东为2009年，江苏为2011年。
2. 四省合计2020年城镇化率是根据四省规划城镇人口、常住人口计算得到，四省合计基期年至2020年城镇化率年均增幅是基于四省2010年城镇化率为47.8%计算得到。

（3）城镇化率预测。

基于以上分析，预测2020年淮河流域城镇化率将比2010年提升13个百分点左右，达到55%左右。2020—2030年，随着城镇化高峰期过去，城镇化率年均增幅将减缓，初步判断年增幅达到0.8～1.0个百分点，则2030年城镇化率达到63%～65%。

综合常住人口预测和城镇率预测，2020年淮河流域常住人口为1.76亿人，其中城镇人口0.97亿人；2030年常住人口1.85亿人，其中城镇人口约1.17亿～1.20亿人。

3. 市县人口预测

（1）市县人口历史增速分析。

2000—2010年，淮河流域内28个地级市市辖区常住人口、城镇人口普遍出现了较快增长（仅信阳市辖区常住人口、平顶山和周口市辖区城镇人口出现了一定减少），28市辖区常住人口年增速1.76%、城镇人口年增速2.76%。排除掉一些由于统计口径、区划调整产生的异常增长或减少情况（连云港、宿迁、周口、驻马店），24市辖区常住人口年增速1.45%、城镇人口年增速2.66%。

具体到流域内各省的市辖区、各市市辖区，常住人口增速、城镇人口增速差别较大。排除掉一些由于统计口径、区划调整产生的异常增长或减少情况，常住人口年增速较快的市辖区有徐州（1.59%）、泰州（3.98%）、淮南（2.08%）、淮北（4.15%）、济宁（1.68%）、临沂（1.74%）、郑州（5.09%）、许昌（2.92%）；城镇人口年增速较快的市辖区有淮安（6.10%）、淮北（3.05%）、宿州（4.86%）、六安（6.39%）、亳州（4.78%）、日照（3.63%）、郑州（3.93%）、漯河（4.09%）、商丘（3.06%）。综合以上典型城市，2%～4%为市辖区常住人口较快年增速，3%～5%为市辖区城镇人口较快年增速（表12）。

表12　　2000—2010年淮河流域地级市市辖区人口情况

地级市市辖区	省　份	2010年		2000年		2000—2010年	
		常住人口/万人	城镇人口/万人	常住人口/万人	城镇人口/万人	常住人口年增速/%	城镇人口年增速/%
徐州市辖区	江苏	197	174	168	139	1.59	2.22
连云港市辖区	江苏	105	90	69	58	4.33	4.52
淮安市辖区	江苏	264	152	259	84	0.16	6.10
盐城市辖区	江苏	162	114	153	93	0.52	1.99
扬州市辖区	江苏	139	108	126	87	1.03	2.22
泰州市辖区	江苏	59	51	40	40	3.98	2.38
宿迁市辖区	江苏	80	45	24	24	12.53	6.22
蚌埠市辖区	安徽	97	79	81	70	1.86	1.31
淮南市辖区	安徽	167	124	136	106	2.08	1.55
淮北市辖区	安徽	111	85	74	63	4.15	3.05

续表

地级市市辖区	省　份	2010 年		2000 年		2000—2010 年	
		常住人口/万人	城镇人口/万人	常住人口/万人	城镇人口/万人	常住人口年增速/%	城镇人口年增速/%
阜阳市辖区	安徽	177	78	172	74	0.29	0.50
宿州市辖区	安徽	165	74	160	46	0.29	4.86
六安市辖区	安徽	164	66	156	36	0.53	6.39
亳州市辖区	安徽	141	47	135	30	0.42	4.78
枣庄市辖区	山东	213	98	200	88	0.63	1.06
济宁市辖区	山东	124	94	105	88	1.68	0.62
日照市辖区	山东	132	90	115	63	1.41	3.63
临沂市辖区	山东	230	152	194	119	1.74	2.53
菏泽市辖区	山东	135	56	128	53	0.51	0.64
郑州市辖区	河南	425	368	259	250	5.09	3.93
开封市辖区	河南	90	73	80	58	1.19	2.29
平顶山市辖区	河南	103	86	90	87	1.39	−0.19
许昌市辖区	河南	50	47	37	37	2.92	2.25
漯河市辖区	河南	129	58	113	39	1.36	4.09
商丘市辖区	河南	154	62	143	46	0.73	3.06
信阳市辖区	河南	123	63	126	49	−0.21	2.55
周口市辖区	河南	51	31	32	32	4.55	−0.49
驻马店市辖区	河南	72	45	34	27	7.88	5.03
28 市辖区合计		4058	2608	3409	1987	1.76	2.76

注　1. 平顶山、周口市辖区 2000—2010 年间城镇人口减少，数据异常，可能源于统计口径的变化影响。

2. 连云港市辖区、宿迁市辖区、周口市辖区、驻马店市辖区等 2000—2010 年间常住人口增速过快，数据异常，可能源于市辖区区划调整、面积扩大。

2000—2010 年间，淮河流域内 148 县和县级市中有 40 个常住人口出现了增长，其余 108 个常住人口减少，年增速处于−2%～1%（宿豫县、泗阳县、确山县由于区划调整，常住人口增速小于−2%，不计为最小值；临颍县区划调整，常住人口年增速大于 1%，新郑市常住人口年增速为 2.21%属于个案，不计为最大值），148 县和县级市常住人口总和年均增速−0.6%。

2000—2010 年间，148 县和县级市城镇人口年均增速 6.2%。其中 122 个县城镇人口年均增速 6.9%，而 26 个县级市城镇人口年均增速 4.1%。与前述市辖区城镇人口年增速比较，大致的规律是县城镇人口增速快于县级市、县级市快于市辖区，这一方面是由于县城镇人口基数小于县级市、县级市小于市辖区，另一方面也可看出县域城镇化快速发展的势头。

（2）市县人口未来增速判断和预测。

结合上文对未来城镇化趋势的判断、过去10年市县人口增速基本情况的分析，特别是跨区域外出人口回流将主要回流至本地区中心城市，因此预测2010—2020年间，市辖区常住人口总和年增速2%以上，城镇人口总和年增速3%以上。根据城市发展潜力的不同，市辖区常住人口年增速划分为五档，分别为1%、1.5%、2%（中位增速）、2.5%、3%（较快增速），市辖区城镇人口年增速划分为五档，分别为2%、2.5%、3%（中位增速）、3.5%、4%（较快增速）。基于各城市的区位、当前人口净流出率和增长率、增长潜力的判断，分档赋予2010—2020年间人口增速（其中少数城市地位重要、预期常住人口增速较快，可酌量将增速提升0.5～1个百分点），得出2020年各地级市辖区常住人口、城镇人口。考虑到远期常住人口增速和城镇化速度皆放缓，2020—2030年间各地级市辖区常住人口、城镇人口增速在2010—2020年增速基础上酌量降低0.5个百分点（部分城市2010—2020年间增速较快，因而2020—2030年间增速酌量降低1个百分点以上）。预测2020年、2030年流域内各地级市辖区常住人口、城镇人口见表13、表14。

表13　淮河流域地级市辖区常住人口预测

地　名	省　份	2010年常住人口/万人	2010—2020年增速/%	2020年常住人口/万人	2020—2030年增速/%	2030年常住人口/万人
徐州市辖区	江苏	197	4.0	291	3.0	391
连云港市辖区	江苏	105	3.5	148	2.5	190
淮安市辖区	江苏	264	2.0	321	1.5	373
盐城市辖区	江苏	162	2.0	197	1.5	229
扬州市辖区	江苏	139	2.0	170	1.5	197
泰州市辖区	江苏	59	2.5	76	2.0	93
宿迁市辖区	江苏	80	1.5	92	1.0	102
蚌埠市辖区	安徽	97	2.5	125	2.0	152
淮南市辖区	安徽	167	2.0	203	1.5	236
淮北市辖区	安徽	111	3.0	150	2.5	192
阜阳市辖区	安徽	177	1.5	205	1.0	227
宿州市辖区	安徽	165	1.5	191	1.0	211

续表

地　名	省　份	2010年常住人口/万人	2010—2020年增速/%	2020年常住人口/万人	2020—2030年增速/%	2030年常住人口/万人
六安市辖区	安徽	164	1.5	191	1.0	211
亳州市辖区	安徽	141	1.5	164	1.0	181
枣庄市辖区	山东	213	2.0	259	1.5	301
济宁市辖区	山东	124	3.0	167	2.5	213
日照市辖区	山东	132	2.5	169	2.0	206
临沂市辖区	山东	230	3.0	310	2.5	396
菏泽市辖区	山东	135	1.5	156	1.0	173
郑州市辖区	河南	425	4.5	661	3.0	888
开封市辖区	河南	90	3.0	120	2.5	154
平顶山市辖区	河南	103	2.0	126	1.5	146
许昌市辖区	河南	50	2.0	61	1.5	70
漯河市辖区	河南	129	2.5	166	1.5	192
商丘市辖区	河南	154	2.5	197	1.5	228
信阳市辖区	河南	123	2.5	157	1.5	183
周口市辖区	河南	51	2.5	65	1.5	75
驻马店市辖区	河南	72	3.0	97	1.5	113
28市辖区合计		4058	2.58	5234	1.91	6322

表14　淮河流域地级市辖区城镇人口预测

地　名	省　份	2010年城镇人口/万人	2010—2020年增速/%	2020年城镇人口/万人	2020—2030年增速/%	2030年城镇人口/万人
徐州市辖区	江苏	174	4.5	269	3.0	362
连云港市辖区	江苏	90	3.5	127	2.5	162
淮安市辖区	江苏	152	3.0	205	2.0	250
盐城市辖区	江苏	114	3.0	153	2.0	186
扬州市辖区	江苏	108	3.0	145	2.0	177
泰州市辖区	江苏	51	3.5	72	2.5	92
宿迁市辖区	江苏	45	2.5	57	1.5	66
蚌埠市辖区	安徽	79	3.5	112	2.5	143
淮南市辖区	安徽	124	3.0	166	2.0	203
淮北市辖区	安徽	85	3.0	115	2.0	140

续表

地　名	省　份	2010年城镇人口/万人	2010—2020年增速/%	2020年城镇人口/万人	2020—2030年增速/%	2030年城镇人口/万人
阜阳市辖区	安徽	78	2.5	100	1.5	116
宿州市辖区	安徽	74	2.5	95	1.5	110
六安市辖区	安徽	66	2.5	85	1.5	98
亳州市辖区	安徽	47	2.5	61	1.5	70
枣庄市辖区	山东	98	3.0	132	2.0	161
济宁市辖区	山东	94	4.0	139	2.5	178
日照市辖区	山东	90	3.5	127	2.5	163
临沂市辖区	山东	152	4.0	225	2.5	288
菏泽市辖区	山东	56	2.5	72	1.5	83
郑州市辖区	河南	368	4.5	571	3.0	767
开封市辖区	河南	73	4.0	107	3.0	144
平顶山市辖区	河南	86	3.0	115	2.0	140
许昌市辖区	河南	47	3.0	63	2.0	76
漯河市辖区	河南	58	3.0	77	2.0	94
商丘市辖区	河南	62	3.5	87	2.5	112
信阳市辖区	河南	63	2.5	80	1.5	93
周口市辖区	河南	31	3.0	41	2.0	51
驻马店市辖区	河南	45	3.0	60	2.0	73
28市辖区合计		2608	3.44	3659	2.32	4600

结合上文分析，并考虑到人口回流趋势，预测2010—2020年间县和县级市常住人口总和年均增速为0%左右。各县常住人口增速划分为五档，分别为－1%、－0.5%、0（中位增速）、0.5%、1%。基于各县人口历史增速和当前人口净流出情况，分别赋予2010—2020年、2020—2030年间年增速值，预测2020年、2030年流域内各县和县级市常住人口见表15。根据县和县级市城镇人口年增速历史分析，并基于城镇化总体速度降低、县域城镇人口基数增大等因素考虑，判断2010—2020年间县和县级市城镇人口增速4%左右，2020—2030年间下降到2%左右，因此两个阶段县和县级市城镇人口增速各划分为五档，分别为3%、3.5%、4%、4.5%、5%，以及1%、1.5%、2%、2.5%、3%。在分析县和县级市城镇人口基数、历史增速和城镇化潜力的基础上，对各县和县级市城镇人口增速分档赋值，预测2020年、2030年流域内县

和县级市城镇人口见表 15。

表 15　　淮河流域 148 个县和县级市常住人口预测

地　名	省　份	2010 年常住人口/万人	2010—2020 年均增速/%	2020 年常住人口/万人	2020—2030 年均增速/%	2030 年常住人口/万人
丰县	江苏	96	0.0	96	0.0	96
沛县	江苏	114	0.0	114	0.0	114
铜山县	江苏	109	1.0	120	1.0	133
睢宁县	江苏	104	−0.5	99	−0.5	94
新沂市	江苏	92	0.5	97	0.5	102
邳州市	江苏	146	0.5	153	0.5	161
海安县	江苏	87	0.5	91	0.5	96
如东县	江苏	100	0.5	105	0.5	110
如皋市	江苏	127	0.5	133	0.5	140
赣榆县	江苏	95	0.0	95	0.0	95
东海县	江苏	95	0.0	95	0.0	95
灌云县	江苏	82	0.0	82	0.0	82
灌南县	江苏	62	−0.5	59	−0.5	56
涟水县	江苏	86	0.0	86	0.0	86
洪泽县	江苏	33	−0.5	31	−0.5	30
盱眙县	江苏	66	0.0	66	0.0	66
金湖县	江苏	32	0.0	32	0.0	32
响水县	江苏	51	0.0	51	0.0	51
滨海县	江苏	96	0.0	96	0.0	96
阜宁县	江苏	84	−1.0	76	−1.0	69
射阳县	江苏	90	−0.5	85	−0.5	81
建湖县	江苏	74	0.0	74	0.0	74
东台市	江苏	99	−0.5	94	−0.5	90
大丰市	江苏	71	0.0	71	0.0	71
宝应县	江苏	75	−0.5	72	−0.5	68
高邮市	江苏	74	0.0	74	0.0	74
江都市	江苏	101	0.5	106	0.5	111
兴化市	江苏	125	−0.5	119	−0.5	113
姜堰市	江苏	73	−0.5	69	−0.5	66

续表

地　名	省　份	2010年常住人口/万人	2010—2020年均增速/%	2020年常住人口/万人	2020—2030年均增速/%	2030年常住人口/万人
宿豫县	江苏	64	−0.5	61	−0.5	58
沭阳县	江苏	154	−0.5	147	−0.5	139
泗阳县	江苏	83	−1.0	75	−1.0	68
泗洪县	江苏	91	−0.5	86	−0.5	82
长丰县	安徽	67	−1.0	61	−1.0	55
怀远县	安徽	103	−1.5	88	−1.5	76
五河县	安徽	62	0.5	65	0.5	69
固镇县	安徽	54	0.0	54	0.0	54
凤台县	安徽	67	0.5	70	0.5	74
濉溪县	安徽	100	−0.5	95	−0.5	91
定远县	安徽	78	0.5	82	0.5	86
凤阳县	安徽	64	0.0	64	0.0	64
天长市	安徽	60	1.0	67	1.0	74
明光市	安徽	53	0.0	53	0.0	53
临泉县	安徽	154	−0.5	147	−0.5	140
太和县	安徽	136	0.0	136	0.0	136
阜南县	安徽	117	−0.5	111	−0.5	106
颍上县	安徽	120	−0.5	114	−0.5	108
界首市	安徽	56	−0.5	53	−0.5	51
砀山县	安徽	80	0.0	80	0.0	80
萧县	安徽	113	−0.5	108	−0.5	102
灵璧县	安徽	98	−0.5	93	−0.5	88
泗县	安徽	80	0.0	80	0.0	80
寿县	安徽	101	−1.0	91	−1.0	82
霍邱县	安徽	138	−1.0	125	−1.0	113
金寨县	安徽	51	−1.0	47	−1.0	42
霍山县	安徽	32	0.5	33	0.5	35
涡阳县	安徽	121	−0.5	115	−0.5	110
蒙城县	安徽	106	−0.5	101	−0.5	96
利辛县	安徽	117	−1.0	106	−1.0	95

续表

地　名	省　份	2010 年常住人口/万人	2010—2020 年均增速/%	2020 年常住人口/万人	2020—2030 年均增速/%	2030 年常住人口/万人
沂源县	山东	55	0.5	58	0.5	61
滕州市	山东	160	0.5	169	0.5	177
微山县	山东	63	0.0	63	0.0	63
鱼台县	山东	44	0.5	46	0.5	48
金乡县	山东	63	0.5	66	0.5	69
嘉祥县	山东	82	1.0	90	1.0	100
汶上县	山东	68	0.0	68	0.0	68
泗水县	山东	54	0.0	54	0.0	54
梁山县	山东	73	1.0	81	1.0	89
曲阜市	山东	64	1.5	74	1.5	86
兖州市	山东	62	1.0	68	1.0	75
邹城市	山东	112	1.0	123	1.0	136
宁阳县	山东	75	0.0	75	0.0	75
莒县	山东	100	0.0	100	0.0	100
沂南县	山东	82	0.0	82	0.0	82
郯城县	山东	94	0.0	94	0.0	94
沂水县	山东	100	0.0	100	0.0	100
苍山县	山东	116	0.5	122	0.5	128
费县	山东	92	0.5	97	0.5	102
平邑县	山东	90	−0.5	86	−0.5	81
莒南县	山东	89	−0.5	84	−0.5	80
蒙阴县	山东	49	−0.5	47	−0.5	44
临沭县	山东	62	0.5	65	0.5	68
曹县	山东	137	0.5	144	0.5	151
单县	山东	106	0.5	112	0.5	117
成武县	山东	61	0.5	64	0.5	68
巨野县	山东	86	0.0	86	0.0	86
郓城县	山东	104	0.0	104	0.0	104
鄄城县	山东	72	0.0	72	0.0	72
定陶县	山东	57	0.0	57	0.0	57

续表

地　名	省　份	2010 年常住人口/万人	2010—2020 年均增速/%	2020 年常住人口/万人	2020—2030 年均增速/%	2030 年常住人口/万人
东明县	山东	71	0.5	75	0.5	79
中牟县	河南	73	1.5	84	1.5	98
荥阳市	河南	61	1.0	68	1.0	75
新密市	河南	80	1.0	88	1.0	97
新郑市	河南	76	1.5	88	1.5	102
登封市	河南	67	1.0	74	1.0	82
杞县	河南	96	0.0	96	0.0	96
通许县	河南	57	0.5	60	0.5	63
尉氏县	河南	88	1.0	97	1.0	107
开封县	河南	70	1.0	77	1.0	85
兰考县	河南	68	0.0	68	0.0	68
汝阳县	河南	41	0.5	43	0.5	45
宝丰县	河南	49	1.0	54	1.0	60
叶县	河南	78	0.0	78	0.0	78
鲁山县	河南	79	0.5	83	0.5	87
郏县	河南	57	1.0	63	1.0	70
舞钢市	河南	31	1.5	36	1.5	42
汝州市	河南	93	1.0	103	1.0	113
许昌县	河南	77	1.0	85	1.0	94
鄢陵县	河南	55	0.0	55	0.0	55
襄城县	河南	67	0.0	67	0.0	67
禹州市	河南	113	1.0	125	1.0	138
长葛市	河南	69	1.0	76	1.0	84
舞阳县	河南	54	1.0	59	1.0	66
临颍县	河南	71	1.0	79	1.0	87
桐柏县	河南	39	0.0	39	0.0	39
民权县	河南	70	−0.5	67	−0.5	64
睢县	河南	71	0.0	71	0.0	71
宁陵县	河南	52	0.0	52	0.0	52
柘城县	河南	78	−0.5	74	−0.5	70
虞城县	河南	95	0.0	95	0.0	95

续表

地　名	省　份	2010年常住人口/万人	2010—2020年均增速/%	2020年常住人口/万人	2020—2030年均增速/%	2030年常住人口/万人
夏邑县	河南	92	−0.5	87	−0.5	83
永城市	河南	124	0.0	124	0.0	124
罗山县	河南	50	−0.5	48	−0.5	46
光山县	河南	59	−0.5	56	−0.5	53
新县	河南	28	0.5	29	0.5	30
商城县	河南	50	−0.5	47	−0.5	45
固始县	河南	102	−0.5	97	−0.5	93
潢川县	河南	63	0.0	63	0.0	63
淮滨县	河南	57	0.5	60	0.5	63
息县	河南	79	0.5	83	0.5	88
扶沟县	河南	63	0.0	63	0.0	63
西华县	河南	79	0.0	79	0.0	79
商水县	河南	94	−0.5	89	−0.5	85
沈丘县	河南	98	−0.5	94	−0.5	89
郸城县	河南	100	−0.5	95	−0.5	91
淮阳县	河南	109	−0.5	104	−0.5	99
太康县	河南	110	−0.5	105	−0.5	100
鹿邑县	河南	91	−1.0	82	−1.0	74
项城市	河南	100	0.0	100	0.0	100
西平县	河南	70	0.0	70	0.0	70
上蔡县	河南	108	0.0	108	0.0	108
平舆县	河南	75	−0.5	71	−0.5	68
正阳县	河南	65	0.0	65	0.0	65
确山县	河南	41	−0.5	39	−0.5	37
泌阳县	河南	81	0.0	81	0.0	81
汝南县	河南	77	0.0	77	0.0	77
遂平县	河南	49	0.0	49	0.0	49
新蔡县	河南	85	0.0	85	0.0	85
148县和县级市合计		12075	0.05	12132	0.08	12232

注　市辖区和县、县级市常住人口预测数之和2020年、2030年分别为1.74亿人、1.86亿人，与流域常住人口预测数2020年、2030年分别为1.76亿人、1.85亿人，略有出入。

表 16　　淮河流域 148 个县和县级市城镇人口预测

地　名	省　份	2010 年城镇人口/万人	2010—2020 年均增速/%	2020 年城镇人口/万人	2020—2030 年均增速/%	2030 年城镇人口/万人
丰县	江苏	39	4.0	58	2.0	71
沛县	江苏	50	3.5	70	1.5	81
铜山县	江苏	48	4.0	71	2.0	87
睢宁县	江苏	43	4.0	63	2.0	77
新沂市	江苏	40	3.0	54	1.0	60
邳州市	江苏	63	3.5	89	1.5	103
海安县	江苏	42	4.0	63	2.0	77
如东县	江苏	48	4.0	71	2.0	86
如皋市	江苏	61	4.0	91	2.0	111
赣榆县	江苏	41	4.0	61	2.0	75
东海县	江苏	40	4.0	59	2.0	72
灌云县	江苏	32	3.5	45	1.5	52
灌南县	江苏	24	4.5	38	2.5	48
涟水县	江苏	34	4.5	52	2.5	67
洪泽县	江苏	15	3.0	20	1.0	22
盱眙县	江苏	29	3.0	39	1.0	43
金湖县	江苏	14	3.0	19	1.0	21
响水县	江苏	23	3.5	32	1.5	37
滨海县	江苏	42	3.5	59	1.5	68
阜宁县	江苏	38	3.0	51	1.0	56
射阳县	江苏	42	3.0	57	1.0	63
建湖县	江苏	36	3.0	48	1.0	53
东台市	江苏	49	3.0	66	1.0	73
大丰市	江苏	35	3.0	47	1.0	52
宝应县	江苏	33	3.0	45	1.0	50
高邮市	江苏	34	3.5	48	1.5	56
江都市	江苏	51	3.0	68	1.0	75
兴化市	江苏	58	3.0	77	1.0	85
姜堰市	江苏	38	3.0	51	1.0	56
宿豫县	江苏	34	4.0	50	2.0	61

续表

地　名	省　份	2010 年城镇人口/万人	2010—2020 年均增速/%	2020 年城镇人口/万人	2020—2030 年均增速/%	2030 年城镇人口/万人
沭阳县	江苏	73	4.0	108	2.0	132
泗阳县	江苏	39	3.5	55	1.5	64
泗洪县	江苏	38	3.5	53	1.5	62
长丰县	安徽	19	4.5	29	2.5	37
怀远县	安徽	25	4.0	37	2.0	45
五河县	安徽	19	4.5	30	2.5	39
固镇县	安徽	13	3.0	18	1.0	20
凤台县	安徽	20	4.5	32	2.5	40
濉溪县	安徽	26	4.0	39	2.0	48
定远县	安徽	21	4.5	33	2.5	43
凤阳县	安徽	18	3.5	25	1.5	30
天长市	安徽	32	4.0	48	2.0	59
明光市	安徽	20	3.0	27	1.0	30
临泉县	安徽	31	3.5	43	1.5	50
太和县	安徽	46	3.5	65	1.5	76
阜南县	安徽	27	4.0	40	2.0	48
颍上县	安徽	36	4.0	53	2.0	65
界首市	安徽	21	3.0	29	1.0	32
砀山县	安徽	29	4.5	45	2.5	57
萧县	安徽	25	3.5	35	1.5	40
灵璧县	安徽	25	4.5	38	2.5	49
泗县	安徽	15	3.5	21	1.5	24
寿县	安徽	35	3.0	47	1.0	52
霍邱县	安徽	30	3.0	40	1.0	44
金寨县	安徽	16	4.5	25	2.5	31
霍山县	安徽	19	4.5	29	2.5	37
涡阳县	安徽	32	3.0	43	1.0	47
蒙城县	安徽	27	3.5	38	1.5	45
利辛县	安徽	29	3.0	39	1.0	43
沂源县	山东	21	4.0	32	2.0	39

续表

地　名	省　份	2010 年城镇人口/万人	2010—2020 年均增速/%	2020 年城镇人口/万人	2020—2030 年均增速/%	2030 年城镇人口/万人
滕州市	山东	78	3.5	111	1.5	128
微山县	山东	24	4.0	36	2.0	44
鱼台县	山东	12	3.5	17	1.5	19
金乡县	山东	21	4.0	31	2.0	38
嘉祥县	山东	18	3.5	25	1.5	29
汶上县	山东	21	3.5	29	1.5	34
泗水县	山东	16	3.5	23	1.5	27
梁山县	山东	21	4.5	33	2.5	42
曲阜市	山东	30	3.0	41	1.0	45
兖州市	山东	39	3.0	52	1.0	58
邹城市	山东	51	3.0	69	1.0	76
宁阳县	山东	25	3.5	36	1.5	41
莒县	山东	25	3.0	34	1.0	37
沂南县	山东	36	4.5	56	2.5	72
郯城县	山东	36	4.0	53	2.0	65
沂水县	山东	42	4.5	65	2.5	84
苍山县	山东	36	4.0	54	2.0	66
费县	山东	39	4.5	60	2.5	77
平邑县	山东	32	3.0	43	1.0	48
莒南县	山东	32	3.5	45	1.5	52
蒙阴县	山东	18	3.0	25	1.0	27
临沭县	山东	28	4.0	41	2.0	50
曹县	山东	43	3.5	61	1.5	71
单县	山东	38	4.5	58	2.5	75
成武县	山东	21	4.0	31	2.0	37
巨野县	山东	32	5.0	52	2.5	67
郓城县	山东	38	5.0	62	2.5	79
鄄城县	山东	22	4.5	35	2.5	44
定陶县	山东	17	3.0	22	1.0	25
东明县	山东	24	3.5	33	1.5	39

续表

地　名	省　份	2010 年城镇人口/万人	2010—2020 年均增速/%	2020 年城镇人口/万人	2020—2030 年均增速/%	2030 年城镇人口/万人
中牟县	河南	18	3.5	25	1.5	29
荥阳市	河南	27	3.5	38	1.5	44
新密市	河南	36	3.5	51	1.5	59
新郑市	河南	34	3.0	45	1.0	50
登封市	河南	29	4.0	43	2.0	53
杞县	河南	24	5.0	39	2.5	49
通许县	河南	14	5.0	23	2.5	29
尉氏县	河南	22	5.0	35	2.5	45
开封县	河南	17	5.0	27	2.5	35
兰考县	河南	17	4.5	26	2.5	34
汝阳县	河南	9	4.0	14	2.0	17
宝丰县	河南	15	4.0	22	2.0	27
叶县	河南	20	5.0	33	2.5	43
鲁山县	河南	20	4.0	29	2.0	35
郏县	河南	17	4.0	25	2.0	31
舞钢市	河南	15	3.0	20	1.0	22
汝州市	河南	30	4.0	44	2.0	54
许昌县	河南	21	5.0	34	2.5	43
鄢陵县	河南	15	5.0	24	2.5	31
襄城县	河南	18	5.0	29	2.5	37
禹州市	河南	37	4.0	55	2.0	67
长葛市	河南	28	3.5	40	1.5	46
舞阳县	河南	17	5.0	28	2.5	36
临颍县	河南	25	4.5	38	2.5	49
桐柏县	河南	13	3.5	19	1.5	22
民权县	河南	17	5.0	27	2.5	35
睢县	河南	18	4.5	28	2.5	36
宁陵县	河南	12	4.5	18	2.5	23
柘城县	河南	19	5.0	31	2.5	39
虞城县	河南	24	5.0	39	2.5	50

续表

地　名	省　份	2010年城镇人口/万人	2010—2020年均增速/%	2020年城镇人口/万人	2020—2030年均增速/%	2030年城镇人口/万人
夏邑县	河南	24	5.0	39	2.5	50
永城市	河南	41	4.5	64	2.5	82
罗山县	河南	15	3.5	21	1.5	25
光山县	河南	16	4.0	24	2.0	29
新县	河南	10	4.0	15	2.0	18
商城县	河南	14	5.0	22	2.5	28
固始县	河南	29	4.0	43	2.0	53
潢川县	河南	24	4.0	36	2.0	44
淮滨县	河南	16	4.0	23	2.0	29
息县	河南	22	5.0	36	2.5	46
扶沟县	河南	17	5.0	28	2.5	35
西华县	河南	21	4.5	33	2.5	42
商水县	河南	23	5.0	37	2.5	47
沈丘县	河南	26	4.0	39	2.0	47
郸城县	河南	27	5.0	44	2.5	56
淮阳县	河南	29	4.5	46	2.5	58
太康县	河南	28	5.0	46	2.5	58
鹿邑县	河南	26	5.0	43	2.5	55
项城市	河南	36	4.0	53	2.0	64
西平县	河南	18	4.5	28	2.5	36
上蔡县	河南	28	5.0	46	2.5	58
平舆县	河南	21	4.5	32	2.5	41
正阳县	河南	14	4.0	20	2.0	25
确山县	河南	12	4.0	18	2.0	22
泌阳县	河南	22	5.0	37	2.5	47
汝南县	河南	20	4.5	31	2.5	40
遂平县	河南	15	4.5	23	2.5	29
新蔡县	河南	19	5.0	30	2.5	39
148县和县级市合计		4159	3.90	6098	1.86	7337

注　市辖区和县、县级市城镇人口预测数之和2020年、2030年分别为0.98亿人、1.19亿人，与流域常住人口预测数2020年、2030年分别为0.97亿人、1.17亿人，略有出入。

（二）城镇化空间发展趋势

1. 总体空间格局

（1）全国层面的淮河流域发展。

从全国经济地理格局发展趋势以及各省空间发展规划，可以判断淮河流域在未来10年、20年内仍将是全国城镇化发展的相对边缘区域。根据全国主体功能区规划、全国城镇体系规划，淮河流域仍处于周边主要城镇化地区或城镇群的交接地带（或称为边缘地带），淮河流域周边4个方向分别为长三角城镇群、山东半岛城镇群、中原城镇群、武汉城镇群。其中中原城镇群的大部分位于流域内，其他3个城镇群的主体均不在流域内。其次，两大全国性规划共同明确的重点发展地区江淮地区，也不在于淮河流域内。

同时，全国经济地理的格局正从东中西差距拉大的非均衡格局，走向差距不断缩小的相对均衡格局。一方面是后发展地区基础设施与发达地区的差距逐渐缩小，国家支持的投资和企业自发的产业转移，给后发展地区带来了机遇，经济增速超越东部沿海地区；另一方面随着全国性人口红利的缩小，青壮年劳动力外出打工的势头减弱，外出劳动力回乡和新增劳动力就近就业趋势增强，使得后发展地区的人口净流出率降低、本地城镇化动力增强。

基于以上判断，淮河流域在未来一段时间内仍将是人口净流出地区，城镇体系仍将依附于周边主要城镇群，但是人口净流出率将减小，将逐步从人口跨区域向沿海中心城市集聚转向就近向本地各级城镇集聚。

（2）流域内部空间发展态势。

流域内部城镇化空间发展态势，主要取决于内部交通体系和产业空间的变化，以及国家对区域经济的干预。从内部交通体系看，京沪、陇海、京广仍将是交通主动脉，以此为带动的走廊地带仍是流域城镇化的主体地区，同时新的交通动脉如江苏沿海线、淮河干流（沿淮河干流的铁路正策划中）、南京—合肥—武汉线（位于流域的南部边缘，新开通高速铁路）将形成新的但相对次要的城镇化走廊地带（“综合报告”图14）。

国家对区域经济的干预，一方面是对于主要中心城市和城镇群的支持，另一方面是对落后地区的帮扶。当前及今后一段时期内，国家将着力支持纳入国家战略的中原城市群、江苏沿海地区等的发展，并将扶持大别山集中连片贫困地区（包括皖西南、豫东十余县）发展。在国家政策支持下，流域内主要中心城市如郑州、主要发展带如江苏沿海地区地位凸显，而流域西南部地区将尽力缩小与流域其他地区的差距。

（3）流域城镇化空间格局构建。

基于以上对于流域内部空间格局影响因素的判断，构建流域以6条发展走廊为主体的城镇化空间格局。6条发展走廊分别为：东陇海城镇发展带、沿淮城镇发展带、沿江城镇发展带、沿海城镇发展带、京沪城镇发展带、京港澳城镇发展带（“综合报告”图13）。

2. 各级城镇发展格局

（1）主要中心城市发展。

在现有经济规律和发展体制下，中心城市仍是拉动城镇化发展的主体。淮河流域内，主要中心城市有两类：一是省级层面的中心城市，如作为省会的郑州，以及鲁西南中心城市济宁、临沂，苏北中心城市徐州、连云港，皖中中心城市淮南；二是作为具有交通、产业等优势的地区性中心城市，如盐城、蚌埠、商丘、信阳等。未来10年、20年，这些城市将成为跨地区的人口和产业集聚中心，成为带动区域发展的增长极。

（2）县级城镇和小城镇发展。

淮河流域大部分县域人口多、密度高，在人口大量跨地区外出的同时，县域人口存量多，本地城镇化需求大。随着农民收入水平提高和公共服务需求增强，乡村向县城集聚的态势增强，县城作为县域城镇化的中心地位增强，这已成为大部分县域发展的普遍态势。

除县城之外，一般农业地区的小城镇发展动力不足，特别是平原地区，随着机动化加强，县城在县域的中心性加强而小城镇在乡镇域的中心性减弱。

在一般小城镇发展动力不足的大趋势下，具有产业集群的小城镇正脱颖而出。根植性强的产业集群，在带动农村人口就业和收入提高，并保持产业的持续竞争力方面具有优势，这些小城镇将实现产业和人口集聚的综合效益，成为城镇化的重要亮点。

（3）流域城镇等级体系构建。

基于以上各级城市发展趋势分析，构建五级城镇体系。第一级是区域性中心城市，包括郑州、徐州、济宁、蚌埠、临沂、淮安等，以这些城市为中心，构建都市区，推进区域人口和产业集聚。第二级是地区性中心城市，包括除第一级城市以外的主要的地级中心城市，以集聚周边人口为主。第三级是县级中心城市，包括所有县级市市区、县城，成为县域城镇化的中心。第四级是特色小城镇，具有特色产业基础，集聚人口达数万，辐射范围超越本乡镇域，可以形成自我集聚发展能力。第五级是一般小城镇，承担本乡镇域的公共服务职能，人口集聚能力和产业相对较弱。

四、人口与城镇化发展对策

（一）优化人口分布和结构

促进本地产业发展，吸引部分跨区域转移劳动力回流，减缓留守儿童、老龄化、劳动力不足等问题。

加强职业培训和创业支持，促进劳动力向非农产业转移（目前，流域内从业人口中农业从业人口仍占58.4%）。

促进人口向流域内中心城市转移，特别是就近向县级城市转移，以实现劳动力及其家庭的完整城镇化。

（二）优化城镇空间发展布局

加强城镇化发展主要廊道的基础设施建设，重点建设淮海干流铁路和高速公路通道，形成流域内6条城镇化发展轴带。

支持流域内郑州、徐州等中心城市发展，并以之为核心形成中原城市群和淮海城市群，进而优化中心带动-外围支持的区域发展空间结构。

破解不利于县城（县级市城区和一般县城）发展的制度障碍，鼓励以县域为单元进行综合配套改革创新，实现县域户籍、就业、社会保障、公共服务等一体化，支撑县城成为县域城镇化的核心载体。

参考文献

[1] 王鑫义．淮河流域经济开发史［M］．合肥：黄山书社，2001.

[2] 吴春梅，张崇旺，朱正业，等．近代淮河流域经济开发史［M］．北京：科学出版社，2012.

[3] 王鑫义．魏晋南北朝时期淮河流域的商业和城市［J］．史学月刊，2001（5）：111-115.

[4] 周怀宇．论隋唐五代淮河流域城市的发展［J］．安徽大学学报（哲学社会科学版），2001，25（3）：37-43.

[5] 卢勇．明清时期淮河水患与生态、社会关系研究［D］．南京农业大学博士论文，2008.

[6] 周德春．清代淮河流域交通路线的布局与变迁［D］．复旦大学硕士论文，2011.

报告三

淮河流域典型农业地区城镇化发展路径研究（以河南省周口市为例）

一、绪论

（一）研究缘起和目的

我国正处于城镇化的快速发展时期，同时也是矛盾凸显的时期。国家在“十二五”规划中明确提出积极稳妥推进城镇化，不断提升城镇化的质量和水平，这表明我国的城镇化建设正向质量与速度并重的新阶段迈进。在这一过程中，我们不得不正视的一个问题就是我国地域发展的差异性，其中包括资源禀赋的差异、发展阶段的差异和发展路径的差异等。特别是中部地区淮河流域，由于区位相对边缘，这些地区很难受到长三角城市群和长江中游城市群等经济发达地区的辐射带动，是未来小康社会建设的重点和难点。

“淮河流域环境与发展问题研究”是中国工程院继在“中国环境宏观战略研究”成果的基础上，选择中部地区的淮河流域为研究对象，深入研究其环境与发展问题而设立的项目。根据项目立项建议大纲要求，项目共设 8 个课题组，其中，第六课题重点研究“淮河流域城镇化进程与环境问题”。本报告以河南省周口市为例，研究城镇化进程中不同主体对于城镇化的路径影响，为第六课题“淮河流域城镇化进程与环境问题”做案例支撑。

（二）研究对象和研究价值

周口市位于河南省东南部，是河南省的人口大市、农业大市和经济弱市。2010 年周口市户籍人口为 1230 万人，是我国为数不多的千万人口城市之一。2010 年全市粮食总产 144.7 亿斤（7.235 万 t），是全国重要的大型商品粮、优质棉生产基地，有豫东粮仓之美誉。但是周口也是河南省省辖市当中经济排名较后的城市，2010 年人均地区生产总值 10649 元，在河南省各市排名最后。

周口市下辖1区9县中有5个县属于国家扶贫开发纲要确定的大别山集中连片特困地区。这5个县分别是商水县、沈丘县、郸城县、淮阳县、太康县，其人口和面积占全市的60%左右。

周口的研究价值不仅仅在于其符合淮河流域欠发达地区的特征，而是因其近些年又出现了一些新动向、新变化。这些新的因素和传统的因素相叠加和碰撞，使周口更具研究价值。这些新因素主要涵盖产业、人口和政策三个方面。其中，一个重要的新因素是产业转移。2012年河南省产业集聚区利用省外资金2400亿元左右，比2009年翻了一番。日本东芝、美国杜邦等67个世界500强企业和中国铝业股份有限公司、中国电力建设集团等128个国内500强企业落户产业集聚区。除此之外，人口的流动也出现了新的动向，作为传统人口流出大市的周口，近些年也出现了少量的人口回流。这和国家统计局在2012年全国农民工监测调查报告中发布的情况吻合[1]，东中西部农民工收入趋同。中西部地区的农民工在东部地区务工生活开支较大、收入结余少，因此在中西部就业机会增加的情况下，农民工更倾向选择就近就业，这也是当前农民工流动格局变化的一个主要原因。第三个非常重要的新因素来自于政策层面。河南省在2007年以来一直致力于推进新型城镇化道路，以新型城镇化引领“三化”协调发展的理念在《河南省国民经济和社会发展第十二个五年规划纲要》《国务院关于支持河南省加快建设中原经济区的指导意见》等重要文件中均有体现。为此，河南省还出台了包括加快产业集聚区发展、城市新区和城市组团建设、农村新社区建设、城乡基础设施建设、解决进城务工人员随迁子女义务教育以及农民进城落户等一系列推进新型城镇化的政策。这些政策是由省级政府出台，由市县级政府主要落实的，周口也不例外。

周口的这种变化和复杂性不仅仅是其个性特点，它能折射出淮河流域典型农业地区的一些普遍性，研究也希望通过周口来以小见大，认识和寻找淮河流域典型农业地区城镇化的特征和路径。

（三）研究思路、方法和框架

1. 研究思路

不同领域的专家分别从人口学、地理学、社会学、经济学等角度对城镇化予以了阐述。如城镇化被有的专家阐述为“由以农业为主的传统乡村社会向以工业和服务业为主的现代城市社会逐渐转变的历史过程”。经济学家称“城市化

---

[1] 国家统计局，2012年全国农民工监测调查报告。

是指从以人口稀疏并相对均匀遍布空间、劳动强度强大且个人分散为特征的农村经济，转变为具有基本对立特征的城市经济的变化过程”。无论是哪种阐述，大家都认可城镇化带来的一系列变化，具体包括人口职业的转变、产业结构的转变、土地及地域空间的变化等，其中核心是人的生产生活方式的变化。导致变化的内在原因是几种力量的作用，这些力量来自于推动城镇化的若干利益主体。张庭伟、张兵等学者对于政府、企业和居民在城市发展中的作用已经形成一些明确的理论认识，包括政府、企业和居民是推动城市发展的主体，政府、企业和居民在维护其自身特定利益的同时共同推动了城市的发展❶等。但目前将该理论运用于案例分析的并不多。本研究试图从农民、非农产业、政府三类不同利益主体对于城镇化影响的角度，来认识和挖掘周口的城镇化路径。

2. 研究方法

（1）利益主体的分析方法。

城镇化的过程简单看来是城乡利益的调整，但究其背后是城乡各个利益群体互动的结果，不同的利益群体对各自利益的追求之于城镇化才是一种根本的动力。用利益分析的思路来研究城镇化的动力机制，更能接近研究对象的现实和本质，因为“利益是不会撒谎的❷”。

基于这些认识，我们研究城镇化的动力机制，是从城镇化过程中利益群体的分类以及各利益群体对城镇化作用的分析着手，揭示其中规律性的内容，同时特别关注各利益群体之间的互动对资源空间格局调整的影响（图 1）。

（2）调查方法。

研究于 2012 年 9 月至 2013 年 6 月在周口市分别进行了 4 次实地调研，为期 20 天。调查方法主要是访谈，同时运用文献方法作补充。访谈的对象主要包括 3 类。第一类是农民、本地正式企业务工的人员以及从事非正规就业的人员，访谈人数共计 51 位。第二类是企业，包括富士康、鸿闽鞋业、周口大用集团等外来植入型企业，宋河粮液、莲花味精、辅仁药业等本土内生型企业，以及一些从事商贸的个体工商户。第三类是政府，主要是国家发展和改革委员会、财政部、国家土地管理局、住房和城乡建设部、教育部等重要部门和设在政府机构里的一些行业协会。为了了解周口市的发展背景和城镇化过程中省市县三级政府出台的一些具体政策，论文还收集了市、县年鉴、地方规划，以及

❶ 张庭伟．1990 年代中国城市空间结构的变化及其动力机制．城市规划，2001（7）；张兵．城市规划实效论．北京：中国人民大学出版社，1998：56－57.

❷ 乔冠华．争民主的浪潮．北京：中国发展出版社，1995：83.

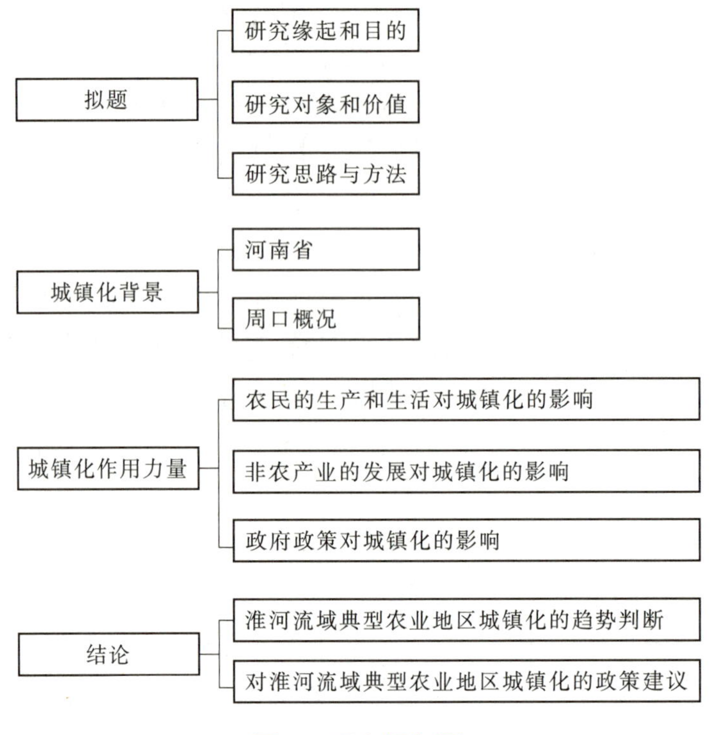

图 1　研究框架图

推动新型城镇化的土地政策、户籍政策、空间政策等大量文献资料，总之希望在实地调研的基础上加深对地方的认识。

二、周口市域城镇化的背景

（一）周口市域城镇化的背景

周口位于河南省东南部豫东平原上。全市下辖 1 区 9 县，总面积 1.19 万 km^2，2012 年年末总人口 1125 万人，居河南省第二位。周口市历史悠久，是中华民族根祖文化、农耕文化和龙文化的重要发祥地。

1. 农业大市、经济弱市和收入穷市

周口是一个农业大市，是全国重要的大型商品粮、优质棉生产基地，有豫东粮仓之美誉。2010 年全市粮食总产 723.5 亿 kg，每年为国家提供商品粮 30 多亿 kg，相当于每个周口人为国家贡献 300kg 商品粮。全市除川汇区外的 9 个县市中有 8 个县市被评为全国粮食生产先进县市。可以说，周口市为维护国家粮食安全做出了巨大的贡献。

但从综合经济实力看，周口在河南省处于较为落后的水平。人均地区生产

总值 10649 元，在河南省各市排名最后。从近 10 年发展趋势看，周口在河南省的经济地位呈现逐年下降的趋势（图 2）。

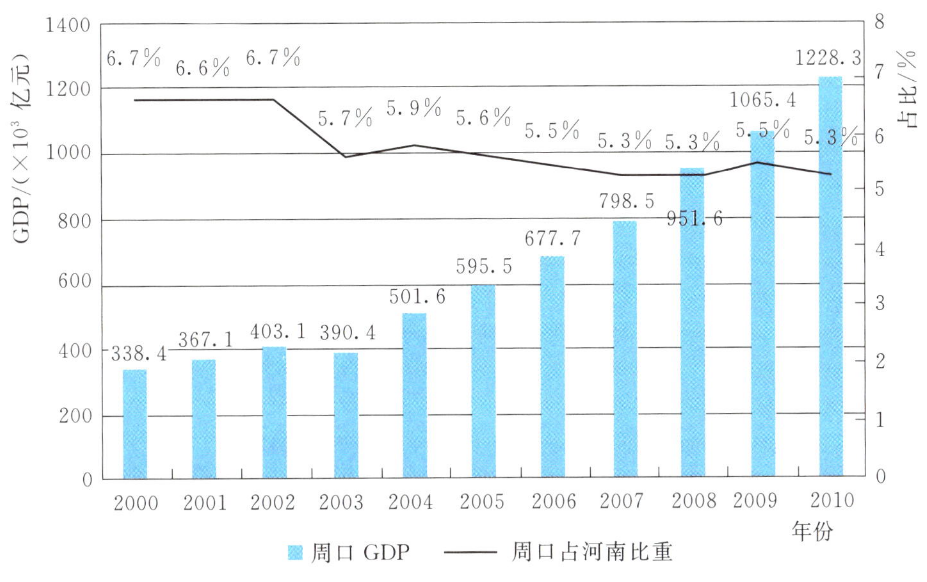

图 2　周口地区生产总值在河南省的地位

周口也是收入穷县，2012 年全市财政总收入完成 81 亿元，与财政支出 324.9 亿元相比有巨大差距。不仅财政穷，城乡居民的收入状况也不理想。2012 年周口城镇居民人均可支配收入 16502.96 元，农民人均纯收入 6199.4 元。均远远落后于同年的全国平均水平[1]和河南省平均水平，被纳入人别山特困连片地区。

2. 人口大市和劳务输出大市

作为中国为数不多的千万人口大市，周口市劳动力资源丰富，具有发展劳动密集型产业的人力资源优势。周口市每 100 名劳动年龄人口需要负担 45 名被供养年龄人口，其中老年抚养系数较低为 11.9%，而少年儿童抚养系数较高为 33.1%（全省最高）（图 3），这意味着适龄劳动人口比重将会大幅提升，潜藏着巨大的人口红利。

周口市户籍人口突破千万，但六普数据显示，周口市常住人口只有 895.3 万，这就意味着有大量的人口长期外出务工。周口市人力资源劳动部门反映，全市实际每年输出劳动力 300 万人左右，以省外特别是东部沿海地区为主。

---

[1] 2012 年全国城镇居民人均总收入 26959 元，农村居民人均纯收入 7917 元。河南省城镇居民人均总收入 20442.6 元，农村居民人均纯收入 7525 元。

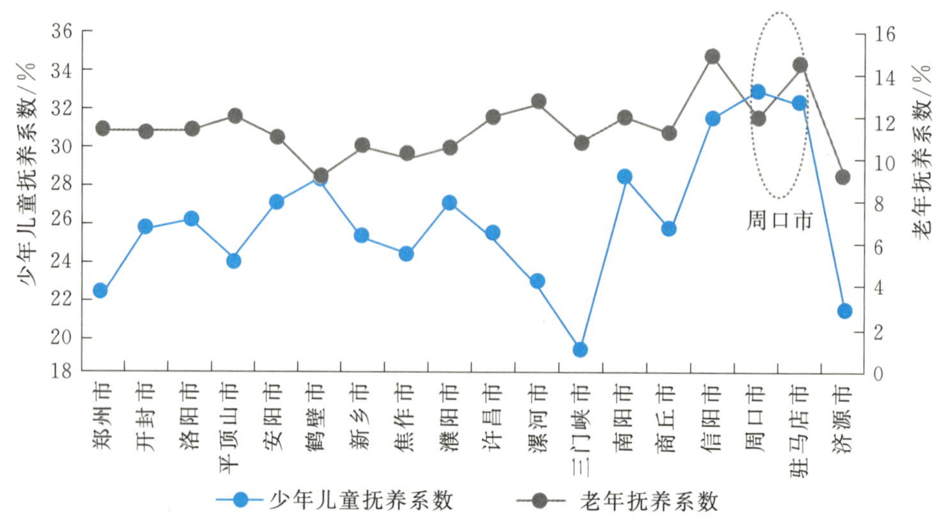

图 3 河南省地级市的少年儿童和老年抚养系数比较

3. 工业化初期服务业发展滞后

周口市是一个农业大市，工业发展基础薄弱。经过 20 年的发展，初步实现了从农业经济进入工业化的初期阶段。2000 年以前农业经济占据主导，第一产业比重占到近 40%。2000—2005 年第一产业比重逐年下降，第二产业比重加快上升。2005 年实现第二产业比重首次超过第一产业比重，达到 40%。2005 年以来伴随着东部地区产业向中西部的转移，周口市的工业化进一步加速，到 2010 年第二产业比重占到 45.4%，第二、三产业比重达到 70.2%（图 4）。涉农的劳动密集型产业占据主导地位。食品、纺织、医药化工三大支柱产业共完

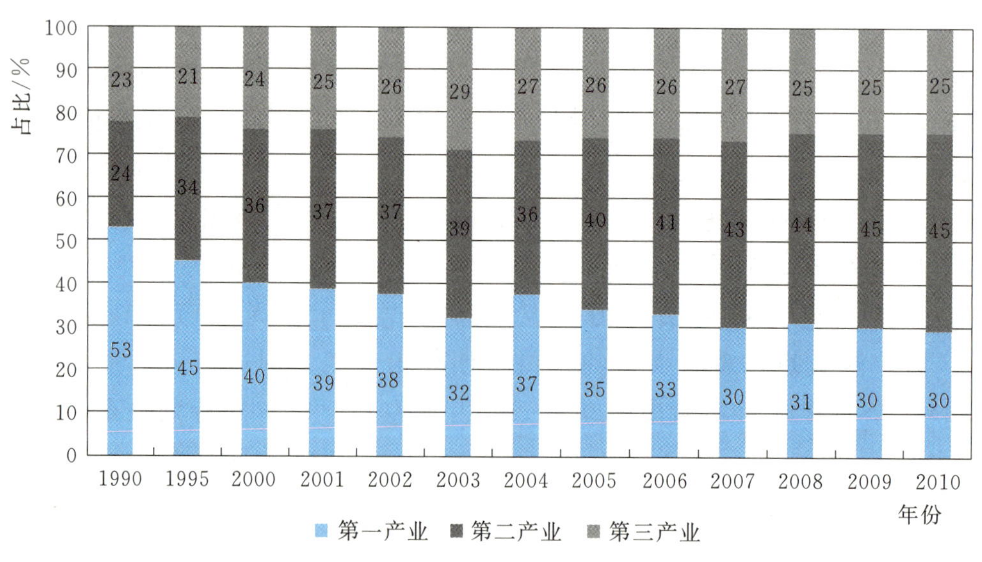

图 4 周口市三次产业结构演变

成工业增加值239亿元，占周口市全市规模以上工业增加值的比重为65.7%（图5）。

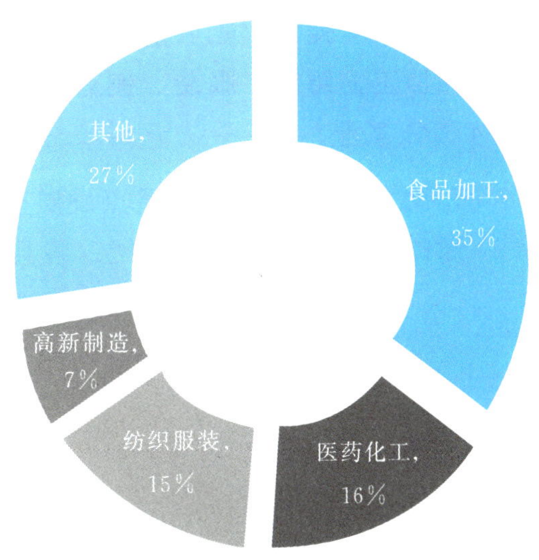

图5　周口市工业内部结构

周口市服务业总量小、比重低。2010年周口市三产的比重仅为24.8%（图6），低于全省5个百分点，低于全国16个百分点，服务业发展水平在全省处于中下游。三产中又以传统服务业占据主导，交通运输、仓储和邮政业、批发和零售业、住宿和餐饮业、房地产业等传统行业增加值所占比重为41.1%，现代服务业的发展存在明显的不足。

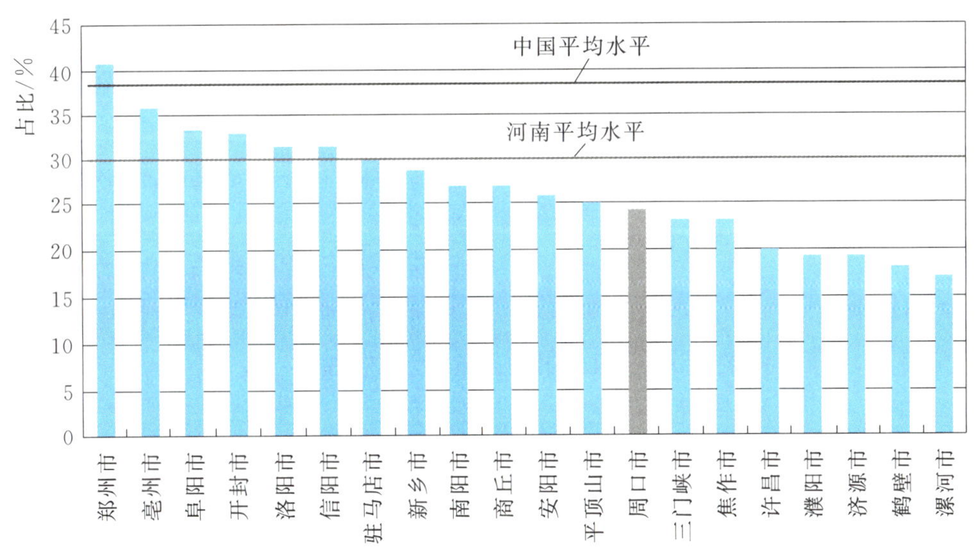

图6　河南省地级市服务业比重比较

4. 外来产业驱动本地城镇化和工业化

承接产业转移逐渐成为周口本地城镇化和工业化的主要动力之一。2012年周口承接产业转移项目262个，项目数量全省第一。合同引进省外资金758.6亿元，累计到位省外资金549亿元，合同履约率和省外资金到位率均处于全省前列。

产业集聚区是承接产业转移的主要载体。周口市产业集聚区先后承接产业转移项目647个，雨润集团、晋煤集团等国内知名企业和益海粮油、富士康集团等世界500强企业先后落户周口。目前产业集聚区入驻企业近700家，以农产品深加工、纺织、服装、制鞋、电子、医药等劳动密集型企业为主，吸纳22.4万人就业。

5. 市县经济和城乡居民点发展呈现低水平均衡

周口市域呈现均质化发展。各县市经济发展规模相当，发展增速差异性也相对较小，并且这一趋势仍然在延续和强化。2010年中心城区川汇区GDP占全市GDP的比重仅为9%，9个县市的GDP比重分布在8%～15%的区间里（图7）。

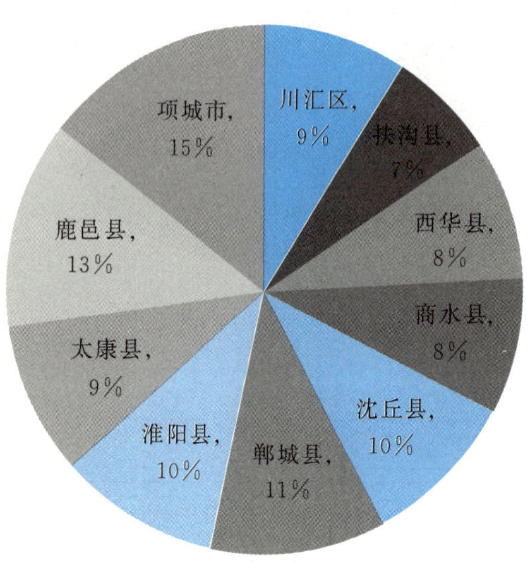

图7　2010年周口各县市GDP占市域比例变化比较图

就各级城乡居民点的发育程度而言，中心城市和县城发育明显不足，千万人口的周口中心城市仅有不到50万人的现状，周口下辖百万人口的县市中县城人口不到20万人。小城镇的发展呈现分异，少数小城镇集聚的人口规模较大，如西华县的逍遥镇镇区常住人口达到2.2万人，但大多数小城镇的规模、面貌和行政村没有太大差异，镇区平均人口规模在5000人左右（图8）。由于周口是平原地区，农村居民点的规模普遍偏大，行政村的平均人口规模在2600人左右。

周口区县的平均面积在1000km²左右，县城和县城之间的距离普遍为30～40km。在这样大小的地理单元上，结合县域经济相当、区县人口规模相近的判断，研究发现各区县基本上围绕县城形成了一个自成一体、互不干扰的经济腹地划分（图9）。除周口和紧邻的商水县经济联系较强外，其余县市之间经济联系均较弱（图10）。各县独立发展，产业相似度高，主导产业多集中在食品加工与轻工纺织业。

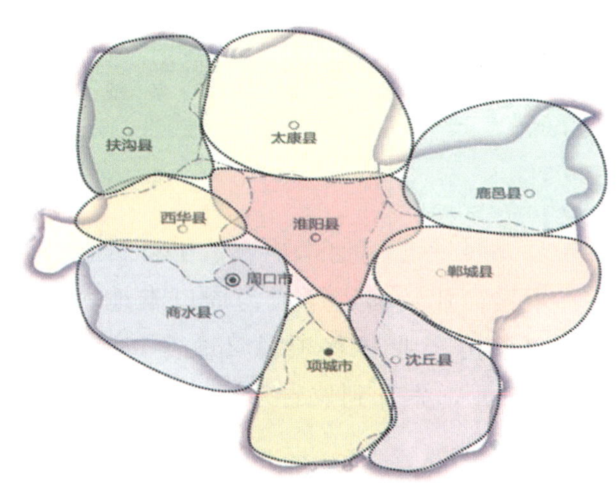

图8　周口各县市经济腹地示意图

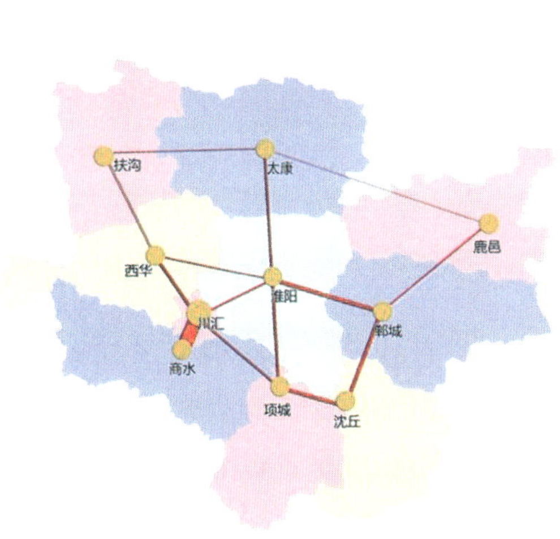

图 9 2010 年周口市域各县市经济分析图

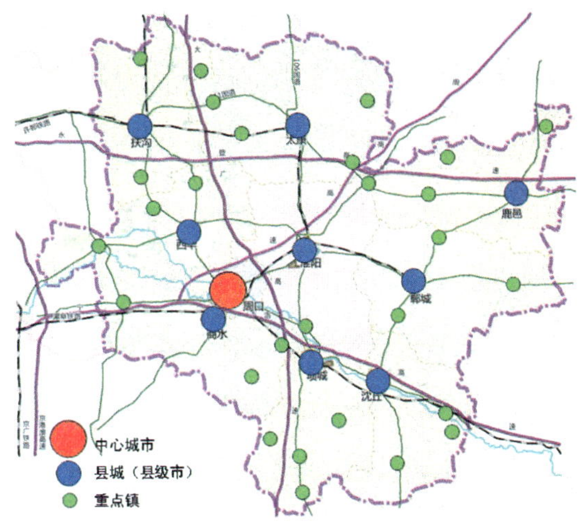

图 10 周口市域现状城镇空间布局

（二）小结

1. 异地城镇化和本地城镇化并举

从河南省和周口市来看，异地城镇化和本地城镇化并举是目前这一发展阶段所必须正视的现实状况。全省有 863 万人的流出人口，而像周口这样的农业大市人口流出情况较全省平均水平更为突出，全市有将近 300 万人的流出人口。2000 年以来，河南省全省大力发展工业，尤其是 2007 年以来河南省力推城镇化、工业化和农业现代化，省内的人口流动和城镇化进程不断加快。这一点在周口表现为人口主要流向就业机会比较多的周口市区和各县城区。

2. 非农产业和公共服务发展滞后，城镇发育不足

以河南周口为代表的淮河流域典型农业地区非农产业发展呈现基础差、规模小、层次低的特征，其中第二产业对于吸纳就业的支撑作用不强。城乡的公共服务发展普遍滞后，尤其是城镇的基础设施水平和全国平均水平存在较大差距。非农产业和公共服务发展滞后直接导致城镇对于人口的集聚能力弱，各级城镇普遍发育不足，呈现低水平均衡的发展状态。

3. 区域发展环境变化，城镇化也出现了新动向

区别于其他的欠发达地区，以河南周口为代表的淮河流域农业地区所处的发展环境正在发生着巨大的变化，包括东部向中西部的产业转移、国家和区域性基础设施的建设以及中部崛起、中原经济区等国家和区域战略的出台。发展环境的变化使得这一地区的产业发展机会大大增加，就业岗位的增加也带来了

一定量的人口回流，各级城乡居民点因为产业承接机会、交通区位以及政策倾斜的不同而逐渐出现分异。

三、农民生产就业和生活方式变化对周口城镇化的影响

（一）周口市第一产业概况

周口市是我国农业大市，是全国重要的大型商品粮、优质棉生产基地，有豫东粮仓之美誉，被评为“全国粮食生产先进市”。到 2010 年，周口市的第一产业总产值占 GDP 的比重为 29.3%，第一产业从业人口占总就业人口的 53.5%。

2011 年，周口市域范围内，耕地保有量为 1281.15 万亩，其中，小麦种植面积约占 40%，玉米播种面积约占 20%，大豆、花生、棉花等其他大宗农产品种植面积约占 21%；而蔬菜、水果等经济作物种植面积，仅有大约 19%。可见，周口的农作物种植结构中，粮食作物等大宗农产品占据了绝对优势。

（二）农民从事农业生产情况

根据统计资料，2010 年，周口的农村人口大约 759 万人，农村户均人口 4.6 人，户均耕地面积 8.3 亩。这在有限的户均耕地面积之下，不同的农作物种植类型，具有不同的农业生产方式，决定了不同的农村状态。

1. 经济作物

（1）大棚种植。

周口市的蔬菜种植面积占耕地总面积的 12%左右，其中，大部分的蔬菜种植采取的是大棚的方式。周口市的大棚可以分为两种，一种是钢架棚，另一种是竹木棚。

图 11　钢架大棚外部照片

钢架棚是一种相对先进的大棚形式，可以实现自动操作（图 11、图 12）。每个钢架棚占地 10m×100m，加上设施占地，平均每个棚占地 3 亩。钢架棚主要种植反季节蔬菜，包括黄瓜、圣女果、辣椒之类，年纯收入能达到 8 万～9 万元/棚，相当于 3

万元/亩。由于钢架棚投资量比较大，所以大多都是合作社在使用。

农民在自己的耕地上搭建的大多都是竹木棚（图 13）。竹木棚占地大约 2.3 亩，主要种植茄子、扁豆、黄瓜、西红柿等蔬菜，每个棚的年纯收入能达到 5 万元，相当于 2 万元/亩。

图 12 钢架棚内部照片

图 13 竹木棚照片

大棚种植的工作过程非常辛苦，用工量[1]能够达到 120 个工/亩，一个占地 3 亩的大棚，需要一个农民几乎每天工作，平时没有办法休假。有的时候，因为要赶在早市之前，把蔬菜卖到市场，甚至还需要凌晨进棚采摘。

大棚种植是一种典型的高用工量、高收益的农业种植类型。以户均 8.4 亩耕地面积来计算，进行大棚种植的农户家庭，每年种植过程所需要的用工量高达 1008 个工，可以容纳 3 个劳动力全年工作；而这个家庭的年纯收入，可以轻松达到 16 万元以上，人均纯收入 5 万元以上，这是一个非常富裕的水平。毕竟，周口市外出务工的人均年收入才仅仅达到 3.1 万元。

因此，以大棚种植为主的村庄，外出务工的收入显得没有那么有吸引力，农民外出务工的情况并不明显，只有少量年轻人希望出去见世面，村庄当中没有出现空心化的情形。

（2）林果种植。

周口市的林果种植面积占据全市耕地面积大约 4%。虽然林果的种类极其丰富，但是在调研过程中了解到，不同种类的林果，其种植过程和纯收入水平相差不大。因此，周口农民林果种植的用工量与纯收入水平，可以用西华县黄桥乡的桃子种植作为代表。

[1] 用工量，是指一年之中需要在田地里面务农的天数，比如黄桃种植的用工量为 30 个工/亩，是指种植一亩黄桃，按照现在的种植方式，需要一个劳动力一年在地里面工作 30 个整天。这 30 天当中，每天需要工作 7～16h 不等。但是这 30 个整天并不是连续的，它们可以被分成播种、管理、收获等多个阶段，每个阶段都需要有若干天的劳作。由于农业种植并不需要每天都在田地里面干活，因此使用用工量这个指标，可以探究某种种植模式的工作强度。

周口市西华县黄桥乡的桃子种植面积大约有1.5万亩。一般情况下，桃子的亩产在3000kg左右，每亩的年纯收入可以达到3000元以上，品种比较好的，能够达到4000元以上。桃子种植的用工量不算大，大约30个工/亩。

林果种植是一种中等用工量、中等收益的农业种植类型。以户均8.4亩耕地面积来计算，进行林果种植的农户家庭，每年种植过程所需要的用工量为252个工，可以容纳1个劳动力全年工作；这个家庭的年纯收入为3万元左右。这种纯收入标准，是可以满足一个农民家庭每年的基本生活支出的；但是，农业种植过程所吸纳的劳动力是相对有限。产生的剩余劳动力，与其选择在家“失业”，不如选择外出务工，增加收入，开阔视野。

因此，以林果种植为主的村庄，虽然农民的收入水平相对比较好，但是外出务工的情况还是较为普遍，村庄出现一定的空心化情形。

2. 粮食作物

粮食作物占据了农作物种植面积的绝对主导地位。在周口，绝大部分的农民家庭都是种植粮食作物的，典型的种植模式是小麦和玉米套种（图14）。

图14　周口市小麦-玉米套种照片

小麦和玉米种植，在周口不同县市，由于品种和土质的不同，其产量和收入水平也有不同，平均来看，小麦每季的纯收入大约为700元/亩，玉米每季的纯收入大约为800元/亩，因此，周口粮食作物的纯收入，大约为1500元/亩，用工量大约为20个工/亩。

粮食种植是一种低用工量、低等收益的农业种植类型。以周口市户均8.4亩耕地面积来计算，进行粮食种植的农户家庭，每年种植过程所需要的用工量为168个工，可以容纳1个劳动力，而这唯一的劳动力每年也有100多天处于“隐性失业”状态；这个家庭的年纯收入只有1.2万元左右，连农民家庭每年的基本生活开支都无法满足。粮食生产过程中产生的大量剩余劳动力，需要被迫外出务工以获取额外收入来支持其家庭生活的正常运转。家里的农活，由于其低用工量和低劳动强度，交给老人就可以完全应付。

因此，以粮食种植为主的村庄，农民外出务工的情况非常普遍。农村中进行农业劳作的几乎全都是老年人，村庄空心化非常严重。

3. 小结

根据前文分析，不同的农业种植模式，导致周口市一个普通的农户家庭，产生了完全不一样的收入水平和生活状态。

大棚种植这种高用工量的农业生产方式，在增加农民收入的同时，也提供了足够的就业岗位。在这种情况下，外出务工显得没有吸引力。

林果种植这种中等用工量的农业生产方式，虽然可以满足农户家庭的基本生活开支，但是在户均只有 8.4 亩地的情况下，它只能提供 1 个就业岗位，那些剩余劳动力，会理性的选择外出务工，来增加家庭总收入。

粮食种植这种低用工量的农业生产方式，所能获取的农业收入，连一个家庭正常的生活开支都不能满足，劳动力剩余的情况也极其严重。以粮食种植为主的村庄，农民被迫大量外出务工，村庄空心化非常严重。

为了直观比较，我们将这种不同的状态，整理为表 1。

表 1　　不同农业种植模式下的农户家庭情况

种植模式	亩均纯收入/元	家庭年纯收入/元	亩均用工量/个	吸纳全年工作的劳动力数量/个	家庭外出务工情况
大棚种植	21000	160000	120	3	没有必要
林果种植	3500	29400	35	1	可以务工
粮食种植	1500	12600	15	0.5	必须务工

（三）农民非农就业情况

周口市以粮食为主的农业种植结构，决定了周口农民不得不进行兼业活动，表现为农民大量外出务工，以及少量的本地非农就业。根据统计资料，2010 年，周口市域农村人口共计 759 万人，其中，离开村庄外出务工的达到 300 万人，占整个周口农村人口的约 40%。并且，从趋势上来看，周口近些年外出务工劳动力的数量，以及其在周口整体劳动力当中所占的比例，都在逐年增加（图 15）。

农村劳动力务工的目标地点，东部沿海省份占 68.4%，中部内陆省份占 4.7%，西部边远省份占 10.5%，在河南省内打工的占 16.2%，其中周口市内占 5.3%，郑州等周边城市占 8.4%，河南省其他城市的占 2.6%（图 16）。并且，农村外出务工人员的学历层次要明显高于农村留守居民（图 17）；年龄结构上也大多为青壮年劳动力（图 18）。

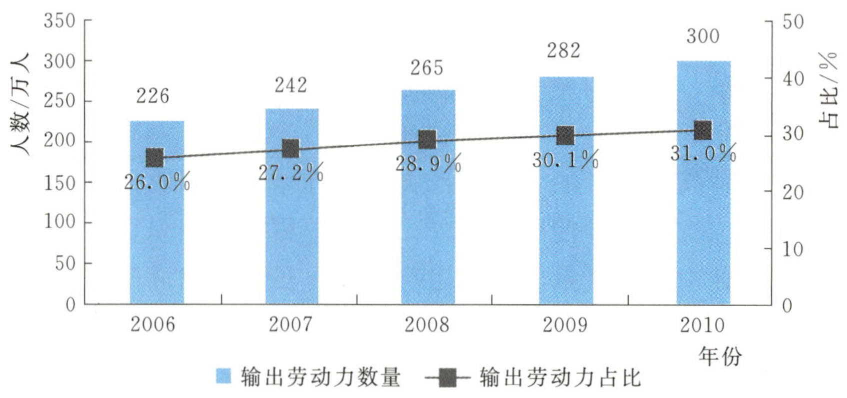

图 15　周口市劳动力输出状况图

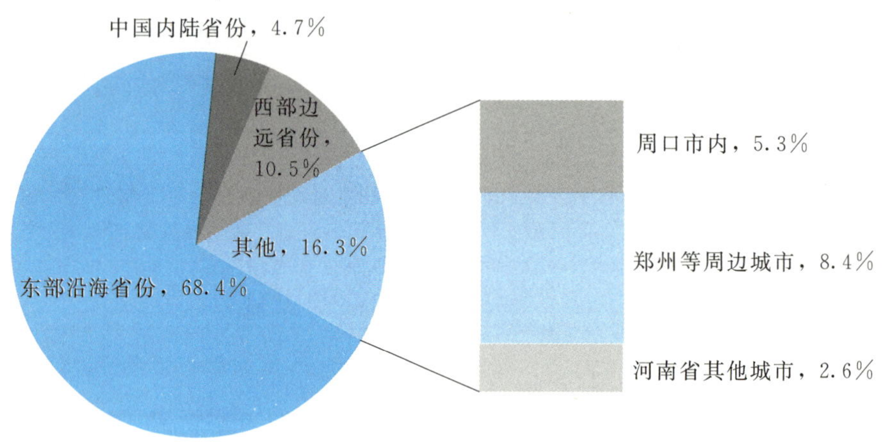

图 16　周口市劳动力在外打工区域分布图❶

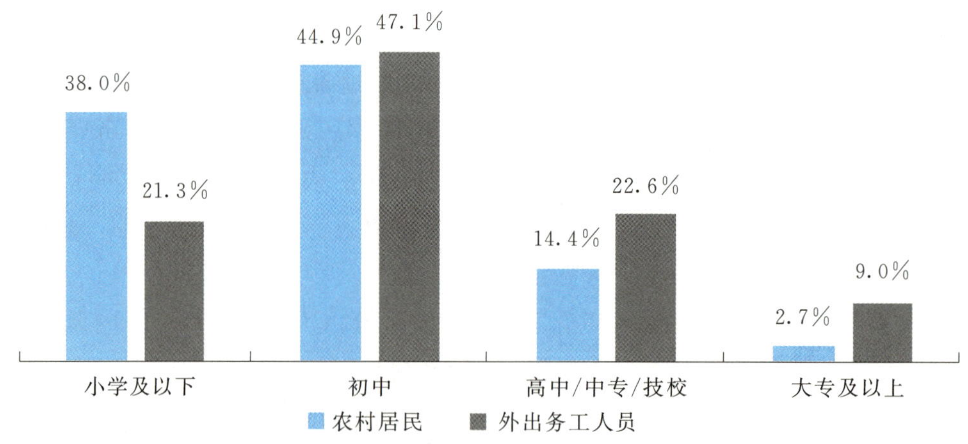

图 17　周口市农村居民与外出务工人员学历差异图

❶　图中数据合计数因单位取舍不同而产生的误差，并未进行机械调整。

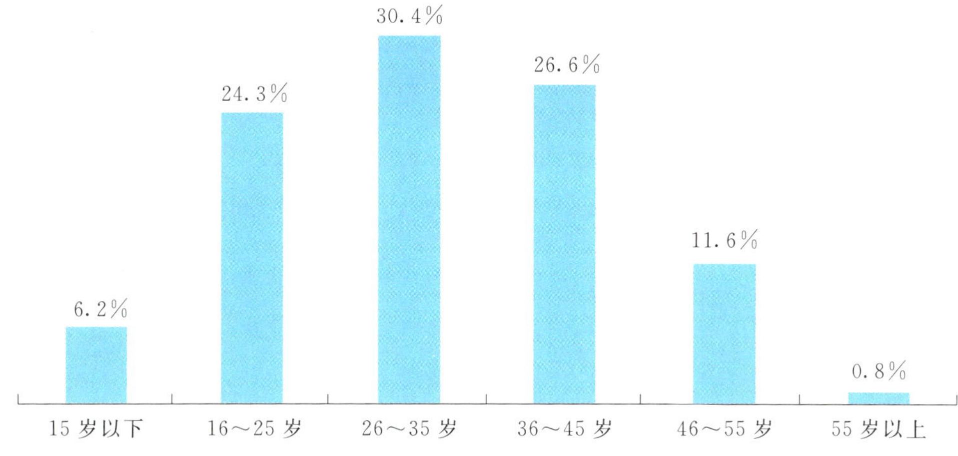

图 18　周口市农村外出务工人员年龄分布图

1. 周口市域范围以外的务工

在整个周口市域 500 万农村外出务工人口当中，选择周口市域以外进行务工的，占 94.7%。大部分人选择进入东南沿海一带进行务工，特别是年轻的农村劳动力。

整体上来看，外出务工人员的工作类型主要是：在工厂打工，占 37.4%；在建筑业打工的占 23.9%；在企事业单位的较少，仅占 6.5%；另外还有部分外出务工人员从事挖煤探矿、收废品、摆小摊等城市内较为底层的工作（图 19）。

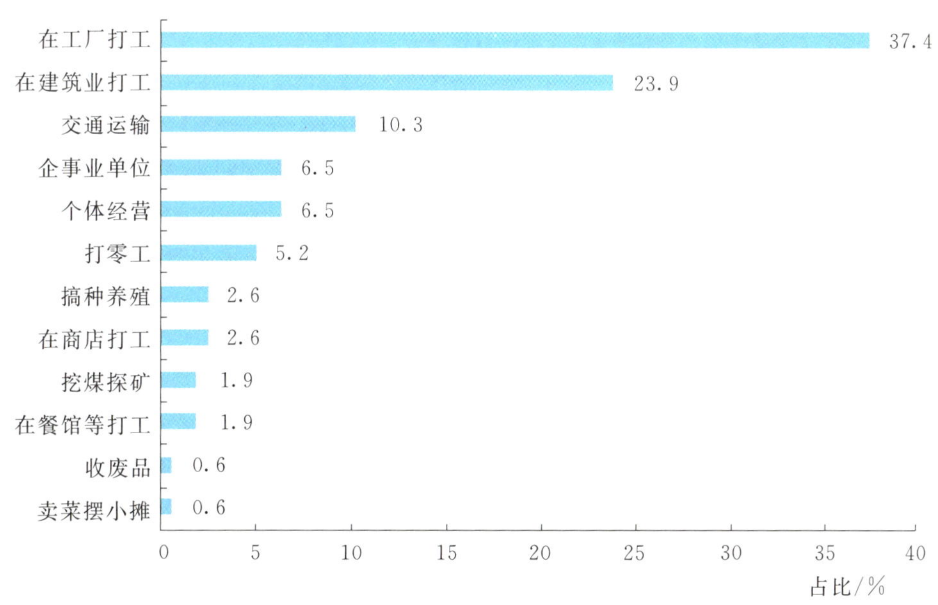

图 19　周口市农村外出务工人员就业类型分布图

只不过，不同的年龄段所从事的工作类型、务工的地点以及收入水平，会有所区别（表 2）。

表 2　周口市外出务工人员务工情况表

年　龄	性　别	人　数	务工地点	工作类型	务工人均年收入/元
16～30 岁	男，女	大部分	东南沿海一带	电子企业，纺织企业	40000
	男，女	少部分	河南省内	电子企业，涉农企业	30000
30～49 岁	男	大部分	河南省内	建筑工地	35000
		少部分	东南沿海一带	开出租车，开小饭店	50000
	女	大部分	周口市	务农，打零工	25000
		少部分	东南沿海一带	开出租车，开小饭店	50000
49 岁以上	男，女	大部分	河南省内	务农，打零工	20000

16～30 岁的劳动力，绝大多在东南沿海一带的电子企业和纺织工厂中做产业工人，年收入 4 万元左右；也有少部分人在河南省内的企业务工，年收入 3 万元左右。

30～49 岁的劳动力，男性大多都在建筑工地工作，以及在东南沿海一带的大城市开出租车，或者开小饭店。他们的务工年收入为 3 万～5 万元。一般情况下，这部分人在农忙季节会回到家乡帮忙。女性务工人员，一部分与丈夫一起在外开饭店；大部分回家务农，这样可以方便照顾孩子和老人，并在农闲季节进行季节性外出务工。她们的年收入为 2 万～3 万元。

49 岁以上的劳动力，少部分人选择在河南省内的建筑工地打零工，大部分人选择回到农村，进行农业生产，并在农闲季节，在周边打零工。他们的务工年收入大约 2 万元。

调查数据显示，周口市外出务工人员每月平均收入为 2605 元，全年人均收入为 31260 元。虽然这种收入水平相对于周口市农村人均年纯收入 5447.6 元，已经高出很多，但是每月不到 3000 元的务工收入，显然不能承担在东南沿海一带实现就地城镇化的需求。事实上，真正能够实现在务工地点就地城镇化的务工人员比例只有 7.7%。在外打工多年之后，绝大部分务工人员将最终选择回到周口地区寻找发展机会。

通过对外出务工人员返乡意愿的调查，也从另外一个角度印证了上述判断——有 89.0%的外出务工人员明确表示会返回周口市居住。他们认为务工地点难以立足，返乡是他们必然的归宿（图 20）。返乡的时间上平均为 3 年，认为会在1～3年返乡的占66.3%，认为会在4～6年返乡的占21.7%，认为返乡时间为1年的最多（图21）。

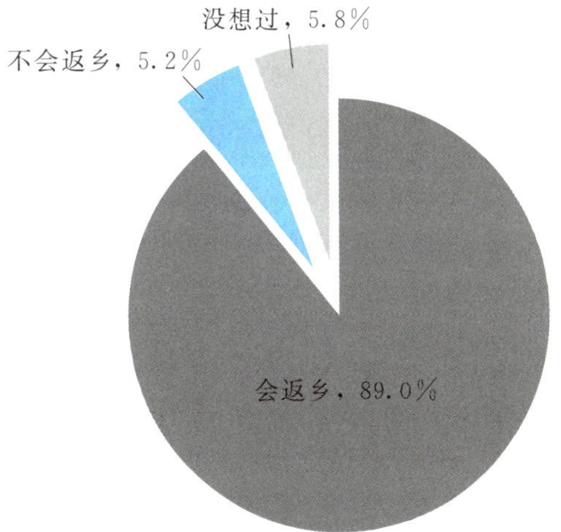

图20 周口市农村外出务工人员返乡意愿分布图

2. 周口市域范围以内的本地就业

周口市的农村务工人员当中，约有26万人，选择在周口市域范围内进行务工。他们大部分人是因为在外无法立足，或者家中有孩子、老人需要照料，被迫选择回到周口市，并非是因为看好周口市的经济发展前景或是周口市的企业具有吸引力（图22）。一部分人选择进入周口市本地的正规企业进行正规就业；另一部分选择开出租车、做小生意、进行农产品批发等非正规就业。

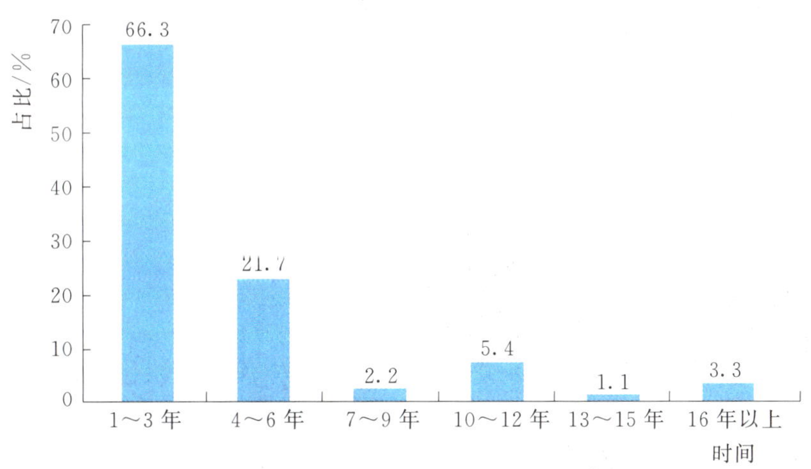

图21 周口市农村外出务工人员返乡时间分布图

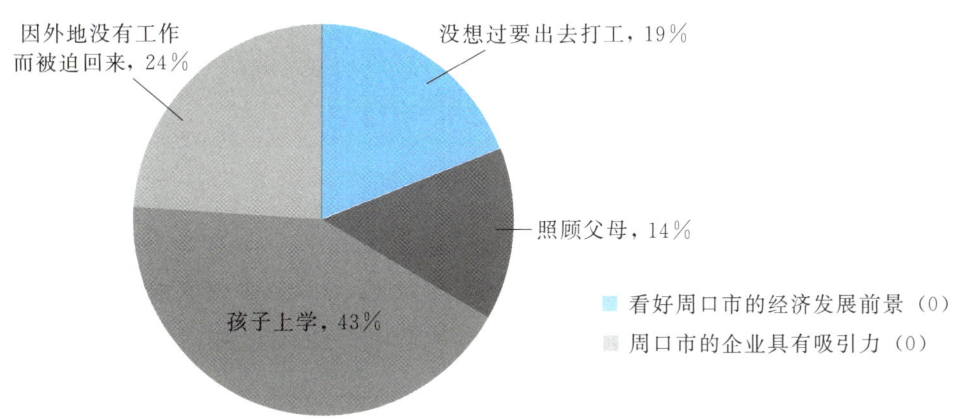

图22 周口市农村外出务工人员返乡就业原因

（1）本地正规企业内的就业。

周口市的正规企业，比较有代表性的有近几年落户周口的外来企业——富士康集团、鸿闽集团和大用集团等，以及周口市本地企业——宋河粮液股份有限公司和莲花味精集团等。不同的企业，返乡务工人员的收入水平略有差异：在富士康集团（图 23）工作，普通职工的收入水平大约是 2400 元/月；大用集团（图 24）的工资水平为 1500～3000 元/月；鸿闽集团的收入水平为 2500 元/月；宋河酒业股份有限公司（图 25）的收入平均为 2000 元/月；莲花味精集团（图 26）由于效益较差，收入只有 1400 元/月。

图 23　富士康集团调研

图 24　大用集团调研

图 25　宋河酒业股份有限公司调研

图 26　莲花味精集团领导访谈

案例 1	富士康产业工人访谈（2013 年 6 月 12 日）

25 岁的小李，家住在周口市南郊李大庄乡，曾经在广州的服装厂打工过一年半的时间，当时的收入大约是 3000 元/月。不过，他自己感觉工作过于辛苦，再加上看不到未来的希望，跟父母商量之后，决定回到家乡发展。现在的收入是 2000 元/月。目前，他本人住在富士康提供的宿舍中，每个星期回到农村的家中一次。

29 岁的梅先生，初中毕业以后，就到广东修理电脑外壳，一直维持了十几年的时间，月收入3000元左右。近几年，因为孩子长大了，现在要在家乡上学，所以梅先生选择和妻子一起回来照顾孩子。目前在富士康的收入大约2100元/月，这部分收入不足以维持在县城居住和生活的开销，所以梅先生现在住在农村的家中，每天骑摩托车上下班。

28岁的小王，以前曾经在杭州做过3年厨师，当时的收入是3500元/月，后来因为饭店倒闭，被迫回到周口，选择进入富士康。因为自己是新员工，所以每月收入只有400元，但是他自己认为，即使达到每月收入2000元的水平，还是难以维持县城的基本生活。

可见，在周口地区选择正规就业，其经济收入水平普遍在2000元/月左右，虽然要低于外出务工平均2605元/月的收入水平，但是由于具有离家较近优势，使得返乡人员的生活品质，甚至要高于外出务工时期。

但是同时我们也观察到，虽然大部分返乡人员，期望最终能够到县城定居（图27），但是目前正规企业所提供的薪资水平，还不能够满足他们在县城长久定居的需求。目前在企业务工的返乡人员，更多的选择回到农村的家中居住，而不是在县城租房和买房（图28）。

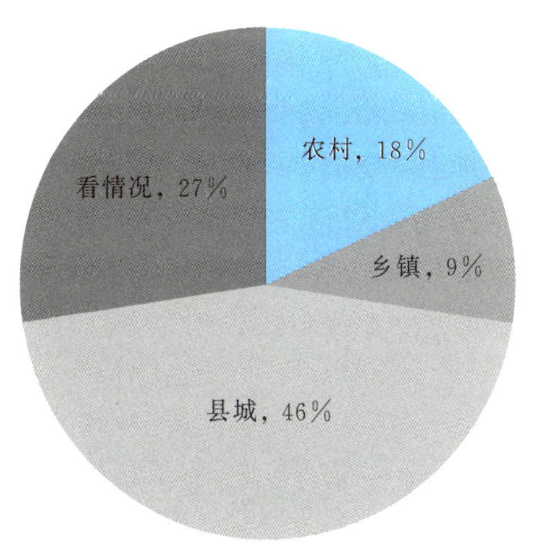

图27　周口市返乡人员定居意愿调查

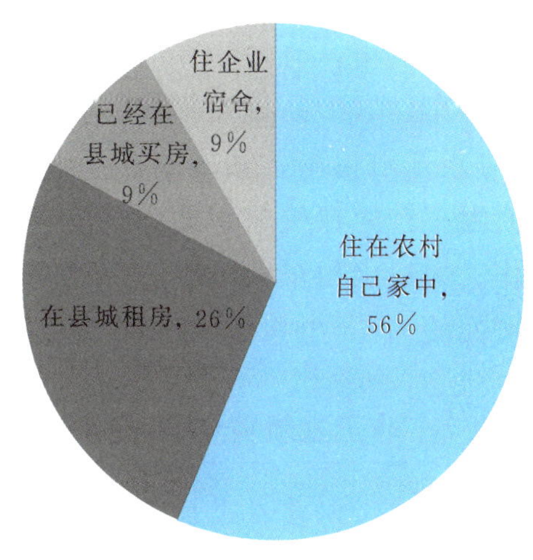

图28　周口市返乡人员当前定居地点

（2）本地的非正规就业。

非正规就业，在我国主要指广泛存在于非正规部门和正规部门中的，有别于传统典型的就业形式。包括：非正规部门里的各种就业门类；正规部门里的短期临时性就业、非全日制就业、劳务派遣就业、分包生产或服务项目的外部工人等，即“正规部门里的非正规就业”。

我国非正规部门主要是指在依法设立的独立法人单位（企事业单位、政府机构和社会团体、社会组织）之外的规模很小的经营单位。包括：由个人、家庭或合伙自办的微型经营实体，如个体经营户、家庭手工业户、雇工在7人以下的个人独资企业等；以社区、企业、非政府社团组织为依托，以创造就业和收入为主要经营目标的生产自救性和公益性劳动组织；其他自负盈亏的独立劳动者（图29）。

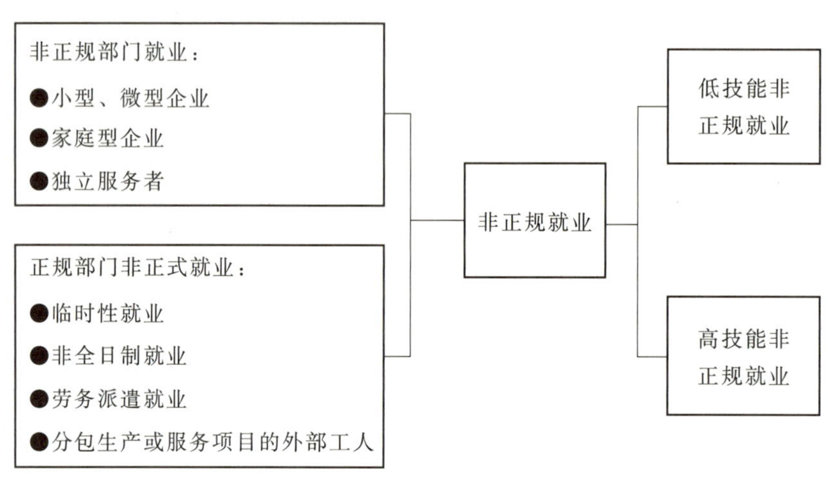

图29　非正规就业的图示

在周口市，有大约50%的农村务工人员从事非正规就业类型，主要包括开出租车、农产品批发零售、在乡镇开小型企业、市区做小生意等。

1）开出租车。在周口市开出租车的以西华县的农村返乡务工人员居多。他们大多曾经在杭州、厦门一带开过出租车，回到周口市依然做着开出租车的工作。周口出租车有两类：一类是一般意义上的轿车；另一类是小面包车，叫作“面的”。开出租车的平均收入，普遍在4000元/月以上。

案例2　非正规就业情况——开出租车

李师傅，以前在厦门开出租车，当时的收入是10万元/年。因为孩子需要回到家乡上初中，所以选择回到周口市。现在自己开出租，刨除每个月的份子钱和养车钱，收入大约是5000元/月。目前已在县城买房定居。

张师傅，在西华县城开“面的”。因为县城人口较少，所以城区没有大型的公共汽车，他的这种“面的”，被称为“小公共”。目前，除去每个月上交给公司的400元份子钱，以及养车费用之外，每月纯收入4000元以上。目前还住在农村，未来计划在县城买房，为孩子以后结婚做准备。

2）农产品批发零售。虽然有黄淮物流园这种大型农产品物流企业，但是目前周口市的农产品物流体系建设，整体上还处于起步阶段，覆盖各县市的下级批发市场还没有建设起来。这就为大量的农产品小商贩提供了就业机会，他们每天开着卡车，到农村田间地头收购农产品，然后再到城里的批发市场卖掉，赚取差价，其收入普遍为4000元/月左右。

案例3	非正规就业情况——农产品批发零售

张女士在项城县批发市场专门做辣椒批发，每个月的收入大约为4000元。在做这个工作之前，自己曾经带着孩子在东北和北京打过工，主要是贩卖水果。2000年的时候，考虑到孩子长大了，要上中学，所以回到项城。目前家里都是农村户口，但是住在项城县城，今年刚刚买了商品房，$130m^2$，一共花费40多万元。

3）乡镇开办小企业。在乡镇开办小企业，是很多在外打工赚到钱，同时不愿意在县城工作生活的农民的首要选择。他们往往会回到自己所在的乡镇，创办一个小型企业，一般以农产品加工类为主。他们居住在农村翻修好的房子里，或者在乡镇租房、盖房，闲暇的时候他们会选择到县城来娱乐和购物。这部分小型企业主，收入情况波动较大，平均来看，收入可以达到6万元/年，甚至更高。

案例4	非正规就业情况——乡镇开办小企业

张先生今年50多岁，在乡镇中经营炼油厂，加工食用油，每年的纯收入在6万元以上。因为厂子在乡镇，所以自己也是在乡镇租房子住。那个乡镇一共有6家加工食用油的小作坊企业，大多数企业主都是他这种情况，现在的竞争比较激烈。

4）做小生意。有不少返乡务工人员，选择了做小生意——有的人选择在市区和县城开小商店，如服装店等，也有一些人选择在批发市场和市民广场租摊位，进行衣服鞋帽销售或者卖凉皮卖拉面等。这一部分人，由于其具体的从业类型以及从业规模的不同，收入差距比较大，有人的收入能够达到6000元/月，也有人仅能达到1500元/月，甚至更低。

案例 5　非正规就业情况——做小生意

张先生在周口市区经营一家服装店，专门销售女装，虽然销售额每年都会有所波动，但是平均算下来，一年的收入能够达到 6 万元。以前，张先生曾经在郑州承包过建筑工程，是一位包工头，当时的收入也比较客观，但是后来工地出现安全事故，他自己选择回到周口，开了这间服装店。目前，他已经在周口市区定居，买了商品房，孩子也在周口上高中。家中还有农田，由自己的父母负责耕种。

李女士曾经在福建一带纺织厂打过工，年龄大了之后，需要照顾老人和孩子，选择回到西华县城，在广场上摆摊卖凉皮，收入为 1500 元/月。

赵女士在西华县城的小商品市场里面开了一家制衣店，由于位置比较偏僻，房租每年只有 4000 元钱，收入也比较低，平均每个月 1200 元。

可见，虽然同属于非正规就业类型，但是根据返乡人员所从事的具体工作种类和规模的不同，他们的收入水平会有一定的差距。但是从整体上来看，从事非正规就业类型的返乡人员，普遍的收入水平要高于进入企业进行正规就业的务工人员（图 30）。甚至，非正规就业人员的收入水平，已经可以满足他们在县城进行长久的定居——事实上，被调研的非正规就业人员，有接近 50%的人已经在县城购买了商品房，他们的生活水平与拥有城镇户口的本地人员没有差别。非正规就业使他们实现了真正的城镇化。周口市在外务工人员在返乡之后，多数人计划自己做生意，而不是选择进入企业工

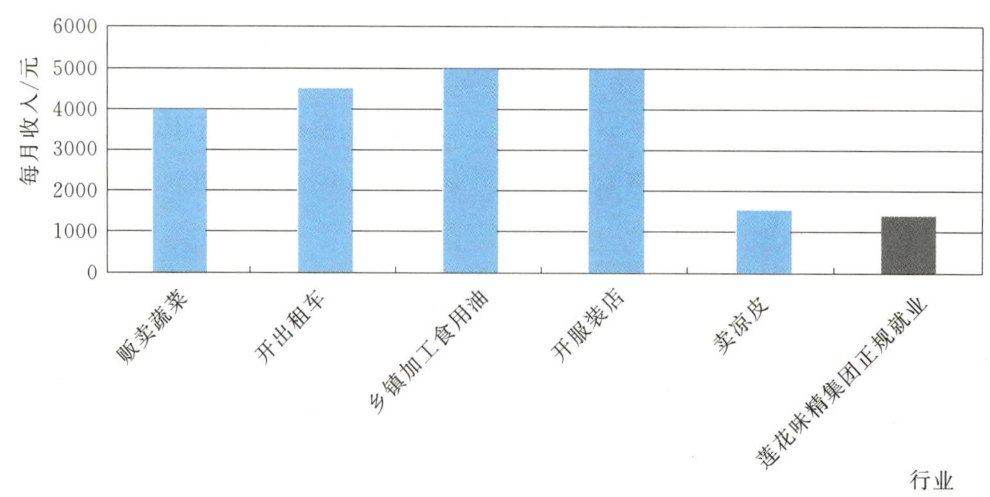

图 30　非正规就业与正规就业的每月收入水平差距

作，也从另外一个方面证明了非正规就业在经济收入水平上，对于务工人员的吸引力（图 31）。

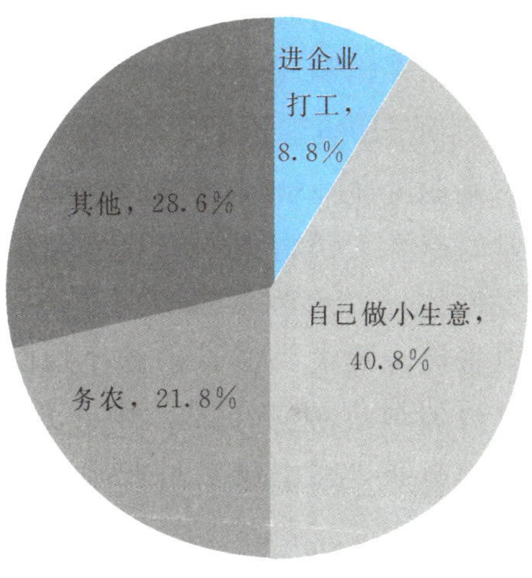

图 31　返乡务工人员的职业类型
（来源：调研访谈）

只不过，在周口地区，随着返乡人数的增加，越来越多的人选择从事做小生意等非正规就业类型，导致目前周口市的非正规就业人数节节攀升，同行业之间竞争压力明显增加，利润空间已经被压缩（图 32）。在调查期间，有从业人员反映说，目前周口的小生意已经越来越难做。因此，在未来，像开出租车、做小生意等低水平的非正规就业类型，所能容纳的就业人口潜力应该已经比较有限。大量的计划返乡人员，需要在另外的就业方式上寻找突破。这可能需要从周口市整体产业发展的角度作出调整，以便于提供足够的就业岗位，接纳返乡就业人员。

图 32　周口市非正规就业竞争激烈

3. 小结

周口市以粮食作物为主的农业种植结构，产生了大量的农村富余劳动力，他们被迫外出务工，大部分进入了东南沿海一带寻找机会。同时，不同的年龄段所从事的就业类型各有特点。但是，平均 2605 元/月的务工收入水平，使得周口的外出务工人员最终难以在东南沿海一带城镇立足。伴随着东中西部务工人员收入差距的缩小、周口市内就业机会的增加，一部分年纪偏长的外出务工人员，因为需要照顾孩子、老人等各种原因，选择从外地回到周口地区工作。

回到周口本地的务工人员，一部分选择进入企业进行正规就业，另一部分选择了开出租车、做小生意等非正规就业。周口市的正规企业，所提供的平均2000元/月的工资，不足以满足返乡人员在县城定居的需求。因此，大部分返乡就业的企业职工，选择回到农村居住，每天往返于城乡之间。从事非正规就业的返乡人员，根据其所从事的具体工作类型，收入水平有所不同，相当一部分人的收入水平要高于正规就业的企业职工，可以支持返乡人员在城镇买商品房定居的需求。但是近几年，随着返乡人口的增加，周口市的非正规就业对于人口的吸纳潜力已经不足，需要从其他的途径寻找就业的突破口。这需要周口市域整体产业的转型发展才能够实现。

（四）总结

从农民自身的角度来看，无论从收入还是从农业就业岗位提供上，蔬菜种植都是最优选择；而且，随着我国农业消费结构的转型，农业种植结构也会随之转型——粮食的种植面积会逐渐下降，蔬菜的种植面积会逐渐增加，反映在周口地区就是蔬菜的种植面积还会相应扩大。但是，从整个国家的视角来看，粮食安全关系重大，随着全国范围内粮食的消费量减少，周口地区甚至整个淮河流域农业地区，在国家粮食生产方面所发挥的作用不但不会降低，反而会增加——未来中国的粮食生产，将主要依靠东北地区、中原地区等优质粮食主产区来承担，而其他地区则可能会因地制宜，发展蔬菜、林果等经济作物。因此，即使周口地区未来蔬菜、林果的种植面积会有所增加，但是其粮食主产区的地位不会动摇，粮油类依然会是周口地区的主要农作物种植类型。

在未来，周口的农业种植结构，将继续延续当前以粮油类作物为主的状态，其种植方式将更加机械化、规模化，科技含量更高——通过规模种植的方式，增加农民的农业收入。同时，规模化、机械化种植方式的推广，是建立在更多劳动力转移到非农就业岗位的基础上的，其间伴随着土地流转。在这种变迁的过程中，农业的组织程度将会进一步增强，表现在农业合作组织数量和规模的增加，以及制度上的健全。农业的观光、体验、教育价值将会越发得到体现，物流业的发展会对农业产生积极的影响。农业将会慢慢发展成为一种复合型的产业类型，农民的收入也将提高。

粮油作物为主的种植结构，以及机械化、规模化的农业生产方式，决定了未来周口地区的农村劳动力的析出程度会有所增加——意味着越来越多的周口农民要走向外出打工的道路。虽然目前周口地区外出务工人员的务工地点，更多地集中在东南沿海一带。但是从近些年所表现出来的流动趋势来判断，未来周口地区外出务工人员的务工地点，将会逐渐由东南沿海一带，向中部地区转移。这与当下我国产业转移路径相符；并且可以预见到，随着周口地区县域经济的深入发展，将会有越来越多的农民选择在县域范围内进行非农就业，而不是跨省流动。未来，县域经济在整个周口地区国民经济当中的地位，特别是在带动当地农民就业方面的作用，将会凸显出来。

随着农业的进一步发展以及人口的持续回流，周口地区的未来的农村空间形态将会产生相应的变化。

对于高用工量、高收入的大棚蔬菜种植地区，农业生产成为农民的主要收入来源。由于农业劳作频繁而辛苦，农民的居住空间需要紧邻农业生产空间，农业生产的便利性是农民的主要定居考虑因素。因此，从事这种农业生产类型的农民，其未来的居住空间，会维持现在相对分散的居住形态。他们不会成为未来进入城镇定居的主要力量。

低用工量、低收入的粮食种植，是周口地区最主要的农业种植类型。在粮食作物的主要种植区，农业的种植过程已经不再是农民的主要日常活动，农民居住空间与农业生产空间，就存在分离的可能性。同时，粮食种植经济收益低的特点，促生了大量的富余劳动力外出务工。在周口地区产业结构转型尚未完成之前，以目前的非农就业收入水平，当这部分务工人员最终回到周口地区，进行非农就业的时候，其不同的就业类型，决定了他们最终的定居地点。

从事非正规就业类型的一部分返乡人员，经济收入较高，可以满足在县城定居的需求。他们当中的一部分已经在县城买了商品房。这一部分人在农村也依然拥有耕地——农忙的时候回农村帮忙务农；农闲的时候，在县城工作。

从事正规就业的返乡人员，以及部分非正规就业人员，收入水平较低，在现有的经济收入条件下，无法在县城定居。他们选择居住在农村，每天利用机动化的交通方式，往返于城乡之间。虽然这一部分人目前居住在农村地区，但是随着收入水平的提高，当代农民对于基础设施与公共服务——特别是教育、医疗等公共服务设施，需求十分强烈，他们迫切希望改善自己的居住环境。而这些公共服务设施，只有在乡镇这一聚落等级，或者大型的农村新社区中，才能够提供。于是，在这种需求的驱使之下，再加上农村机动化交通方式的推广，以及农业生产用工量极低，未来的农民将更加倾向于从现在的村庄搬迁到乡镇驻地或者农村新社区当中居住。只不过由于不同的年龄段对于集中居住的接受程度不同，不同家庭的具体情况也有所不同，集中居住的过程不会一蹴而就，可能要经过30年的时间，缓慢发展，最终完成农村居住空间从分散走向集聚的变迁。

最终，当周口地区完成产业转移与升级过程之后，县城所能提供的就业岗位和收入水平，将会允许更多的人进入县城定居。在此之前，周口地区的返乡务工人员将主要维持一种城乡两栖的居住状态——居住在农村，工作在县城。农村地区的居住状态，将会由当前分散居住的状态，演变成为主要在小城镇以及大型农村新社区当中居住的状态，通过便捷的城乡交通系统，农民不需要进入县城定居，也可以享受到高等级的公共服务，同时不妨碍农业生产和非农就业（图 33）。

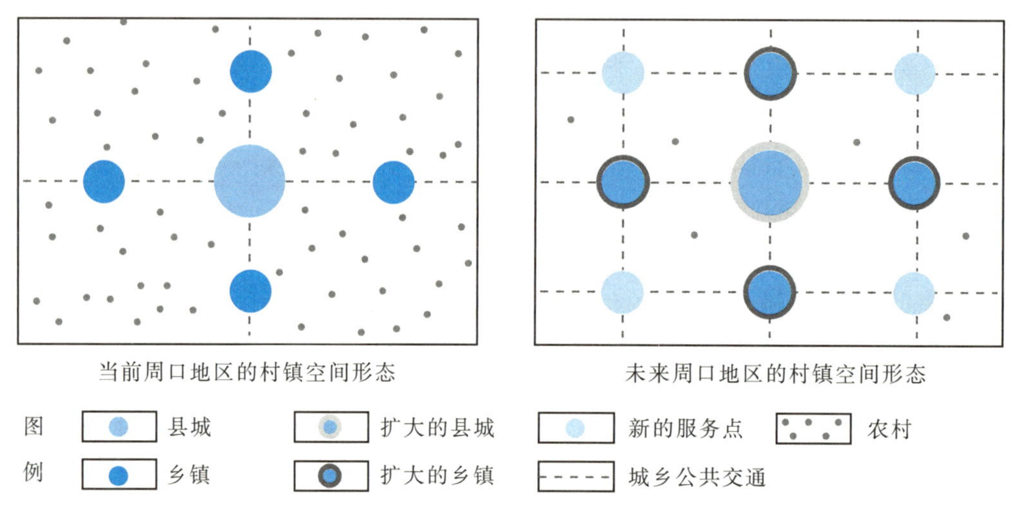

图 33　周口农村地区居住空间形态变迁

四、非农产业的发展对周口城镇化的影响

近些年地方二、三产业的发展给周口农村富余劳动力的非农就业提供了一定的机会，也是导致近些年人口回流的主要因素之一。但本地非农产业提供的工资水平和外出务工的工资水平相比还是有一定差距的，其吸引的对象多是外出务工若干年出于照顾家庭考虑返乡的一部分中青年和部分初次外出务工的年轻人。其能满足更多的是一种维持日常家庭开销的生活状态，只能算是比之前从事农业生产有收入上的增加，但距离致富还是有很长一段距离。而且这一群体很多是职住分离，就业在城镇、居住在农村；流动性很强，受经济形势的影响，很容易选择再次外出。因此，可以说周口本土非农产业发展带来的是一种低水平和不稳定的城镇化状态。

（一）外来企业对城镇化的影响

近年来以富士康、麦当劳、奥康为代表的外来制造业转移为周口的发展注入了新的生机和活力[1]。2012 年周口承接产业转移项目 262 个，项目数量全省第一。合同引进省外资金 758.6 亿元，累计到位省外资金 549 亿元，合同履约率和省外资金到位率均处于全省前列。

1. 外来企业对于城镇化的积极作用

外来企业给当地带来的不仅是财税上的支持，也提供了大量的非农就业机会。资料显示周口产业集聚区入驻企业吸纳就业 22.4 万人。以富士康为例，2011 年富士康科技集团实训基地落户周口市西华县，计划投产需要用地 3000 亩，用工 3 万～5 万人，到目前为止实际投产人数为 6000 人。调查显示，西华富士康目前录用的 6000 名员工绝大多数都是本地和周边地区的“农二代”，普遍年龄在 18～35 岁，工资待遇在 2000 元/月左右。为麦当劳提供鸡的大用集团用工也多为当地人，目前实际用工量为 4000 人，工资 1500～3000 元/月不等。预计该项目全部达产后用工量将达到 1.2 万。虽然 2000 元/月左右的工资水平相比于沿海地区的工资水平有差异，但对于一部分初次外出务工的年轻人和一部分需要照顾家庭的返乡务工人员而言，还是有一定吸引力的。

2. 外来企业对于城镇化的不明作用

由于外来企业进驻周口的时间并不长，对地方的影响还有很多并不明朗。

（1）由于在建或者并未完全投产，表现在外来企业提供的税收比较少。2012 年西华产业集聚区“三税”（包括增值税、营业税和企业所得税）完成数是 1098 万元。土地出让金也以各种形式被返还给企业，来激励招商引资。未来在企业完全投产之后，企业缴纳的税收会有较大幅度的增长。

（2）外来企业发展刚刚起步，企业发展前景不明，工资水平偏低，使得企业招来的工人就业并不稳定。以西华富士康为例，每 100 个入职的员工，最终留下的不足 30 人。大量的务工人员，等到一有机会，还是会选择西华县以外的地区，特别是东南沿海一带寻找就业机会。

（3）外来企业中的非涉农企业和本地之间的经济社会联系薄弱。外来企业

[1] 2009 年以来，30 家“珠三角”和台湾制鞋企业相继落户河南周口市。目前该市制鞋业年产能 1550 万双，年产值 15 亿元，安排就业人员 4 万人。2011 年富士康科技集团实训基地项目落户周口市西华县，西华与深圳龙岗区鞋业商会联姻，将周口打造成“中部鞋都”。同年，鸿闽纺织产业集群项目落户周口市太康县。2012 年，麦当劳“中央厨房”落户西华。总投资 4.6 亿元奥康鞋业项目落户周口市商水县。

中的非涉农企业对本地的依赖较弱。以西华富士康为例（图 34），企业不论是从获取技术支持、社会服务、原料输入抑或是产品输出上，更多地依赖企业内部以及国内国际市场的联系，对本地的依赖较弱。富士康的原料输入主要采用集团内部上游向下游供货的方式，产品输出主要面向国内国际市场，出口走郑州保税区。在获取社会服务上，富士康采用了“企业办社会”的模式，上千亩的园区内部拥有从培训、生产加工，到住宿、食堂、医务室、超市等各种功能。不仅富士康如此，落户太康县的鸿闽纺织集团等企业也是如此。集团主要通过内部的统一技术培训提高职工的业务和技术能力，达到标准化、规模化生产的要求。企业最主要的技术革新并不在人，而是体现在机器上（机器多依赖进口）。机器维修主要依赖郑州纺院的专家提供技术支持。在原料获取上，由于鸿闽集团内部是从纺纱、织布、染整到服装和物流的全产业链，所以原料只涉及棉花这一种。棉花主要依赖进口和新疆棉，对本地棉花的需求量不大。在产品输出上，鸿闽集团的产品部分出口、部分进入国内市场，集团内部有物流。除了用人和用地是本地的以外，我们看到这一类外来企业对地方最大的依赖就是水、电、气等基础设施的配套。企业和地区之间这种薄弱的联系使得企业再度转移成为可能。

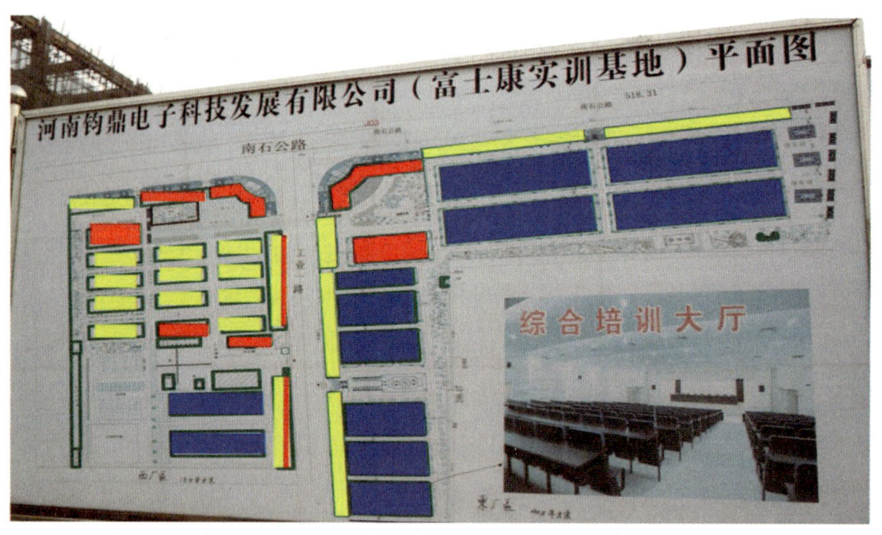

图 34　西华富士康厂区平面图

针对外来企业和当地关系松散这一特征，地方政府也试图采取多种方式来巩固和绑定该类企业和地方的关系。具体包括政府帮助产业集聚区配套公共服务设施，如向富士康等企业提供针对管理人员的公租房以及帮助企业招工等。

3. 外来企业入驻的空间选择

外来企业普遍选择区县的产业集聚区入驻。目前周口产业集聚区入驻企业近700家，以农产品深加工、纺织、服装、制鞋、电子、医药等劳动密集型企业为主。企业空间选择受区县行政层级干预的程度并不大，最终落户在哪的选择和各市县既有的产业基础有一定的关系。如太康县自古就是有名的粮棉生产基地，太康利用其纺织产业基础、人力资源优势和区位优势，先后引进了通泰纺织、万利源棉业、海盟织造、鸿文纺织、瑞源化纤、鸿图纺织、宏星制衣、香港制衣制鞋等一批企业，初步形成了化纤、印染、纺织、服装、鞋帽等门类较为齐全，相互配套的产业链条。2011年，太康纺织产业主营业务收入9.53亿元，税收3520万元，从业人员3291人。

少数有部分生产环节可以外包出去的企业如制鞋和肉鸡生产加工企业，选择“县城工厂＋村镇加工点”的生产布局。如凯鸿鞋业除了在县城产业集聚区设厂之外，在乡镇和部分农村新社区也设有若干加工点，使农民能够实现上班、照顾家人和从事农业几不误，来弥补工资水平不高的缺陷。大用集团的布局模式也是城区的加工厂配套乡镇上的若干个养殖小区，养殖小区2000人的用工人数占到周口大用全部用工人数的一半。

但必须看到，像西华富士康、太康鸿闽集团这样的大企业集团，在周口区县设的厂只是其全球或者全国产业链上的一个节点。如富士康集团在全球的布局策略是“两地研发、三区设计制造和全球组装交货”。在中国，富士康也把研发、生产等产业链的不同环节有计划地放在了环渤海、长三角、珠三角和中西部四个地区。其中，河南省作为富士康在中西部的代表，主要承担了精密模具、光机电模组等产品的生产。在河南，富士康采用以新郑综合保税区富士康总部为龙头，多个县级城市设工业园区的模式，西华富士康只是其中的一个。太康的鸿闽纺织集团也是全国布局产业链，100多家销售网点分散在全国若干城市，而集团的7个生产加工基地主要布局在我国的东部沿海，河南太康是集团立足于中部市场的一个重要的点。

（二）本土企业对城镇化的影响

1. 本土企业概况

从第二产业内部类型来看，涉农的劳动密集型产业一直是周口的主导产业，食品加工、纺织服装和医药化工是三大支柱，而新兴产业发展滞后。2011年食品、纺织、医药化工三大支柱产业共完成工业增加值239亿元，增长20.8%，占周口全市规模以上工业增加值的比重为65.7%。总体上看，食品、纺织、医药三大产业的主要企业大部分为内生的本土企

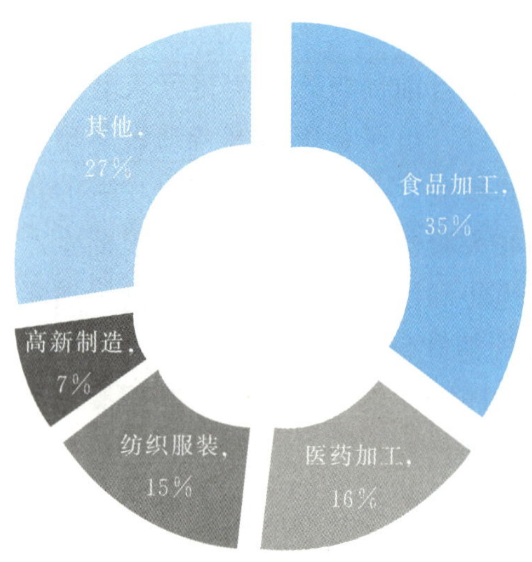

图 35　周口工业结构图

业，自 2000 年至今，周口的主导产业门类没有出现明显的转变，一直是涉农的劳动密集型传统产业占据主导地位（图 35）。

关于周口内生的工业主要是涉农产业的特点，从历年第一产业和第二产业的增长速度的相关性分析也可以得到印证。2003 年受干旱影响豫东南地区粮食大量减产，同年周口的工业增速与 GDP 总量的增速也出现明显下滑（图 36）。由此可见，周口的本地的工业门类大多以农产品为基础原料，是与农业密切相关的。

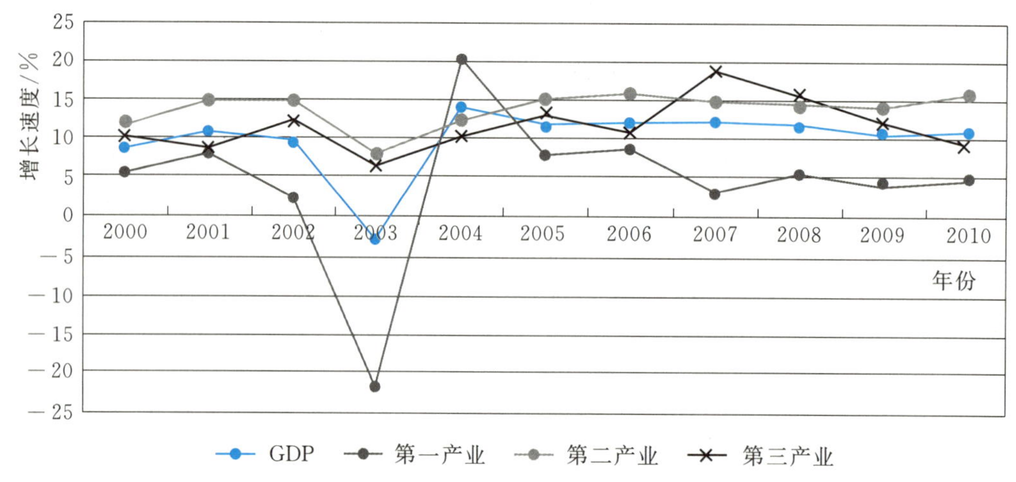

图 36　周口历年三次产业增长速度比较图

周口食品工业充分利用农业资源优势，初步形成了行业门类齐全、品种多的食品工业体系。截至 2010 年，周口规模以上食品工业有 259 家，占周口规模以上工业的 23.8%。其中，农副食品加工企业 163 家、食品制造企业 53 家、饮料制造企业 43 家。2010 年，周口食品工业生产增加值同比增长 19.6%，农副食品加工业增长 17.8%、食品制造业增长 26.2%、饮料制造业增长 7.5%。食品工业生产增加值对周口规模以上工业行业贡献率约达 32.9%。食品工业从业人数占全市规模工业企业从业人数的 28.3%。周口食品工业的发展中涌现了一大批全国知名的龙头企业，如周口五得利面粉有限公司、周口金丝猴集团公司、益海（周口）粮油工业有限公司、项城莲花味精集团、宋河酒业股份有限公司等，它们对周口食品工业的持续健康发展起到了重要的带动作用。

纺织服装业一直是周口本地的优势产业，近年来通过本地产业基础与东部产业转移的结合，纺织服装业在产业规模、技术水平、市场影响等方面均有较大提升，2010年周口市被认定为“河南省制鞋产业出口基地”。从空间上看，周口北部的太康县、扶沟县两县有棉花种植的传统，是周口纺织业发展的重点区域。

生物化工产业是周口的传统优势产业。周口生物资源物种丰富，生物产业发展基础较好。2010年生物化工产业增加值达到80亿元以上，占工业增加值比重达到15%以上。拥有一批龙头企业，销售收入超100亿元的企业集团2家，超50亿元的达到3家以上。在国内率先突破了转基因抗虫棉、甲型H1N1流感疫苗制备等一批关键技术，涌现出了辅仁制药、财鑫集团、金丹乳酸、联塑集团等一批行业骨干企业（图37）。

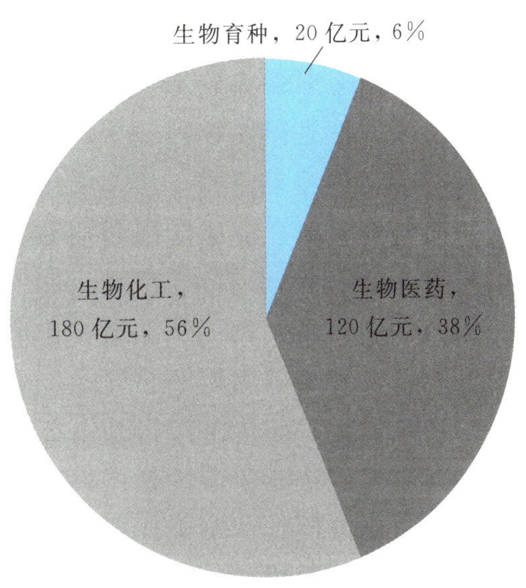

图37 2010年周口生物产业产值结构图

从空间分布上看，周口发展较好的医药化工类企业主要分布在市域东部的郸城、鹿邑两县，以及项城市。比较来看，郸城、鹿邑是距离中心城市周口最远，距离郑州也较远，到目前为止郸城县尚无高速通过，是周口市域内唯一没通高速的县，而这两个相对高端的产业却偏偏在此发展壮大。

2. 本土企业发展历程回顾

综合回顾周口本土企业的发展历程，可以概括为产业升级和空间转换两个过程。从产业升级上来看，一方面是依靠技术进步、市场开拓、品牌经营等，食品加工、纺织服装、医药化工等产业获得了较快发展，成为带动周口工业化和城镇化的主要动力，同时受环保门槛、政策限制等，小型化工、制革等产业不断被淘汰，周口的整体产业构成逐步升级优化。从空间转移上看，大部分本土企业都经历了从乡村、乡镇到市县产业集聚区的迁移过程。

（1）产业升级过程。

如前文所述，发展较好的食品加工、纺织服装、医药化工等本土产业各自经历了不同的发展历程。概括起来，食品加工业是立足本地优势资源，积极延伸产业链条，塑造品牌，进而带动集群发展的道路；纺织服装产业是将自身产业基础与外来资本、技术产业紧密结合，形成以商招商、产业升级的模式；而医药化工企业虽然也与本地农业基础存在着一定的联系，但更多是靠制度创新、技术创新和市场开拓，经历了从劳动密集向技术密集的转型，走出了独特的内生发展道路。

这期间也伴随着一系列产业淘汰的过程。以制革产业为例，2000 年前后，项城、沈丘等地的制革产业曾经快速发展，一度成为当地的支柱产业，但是近年来受环保政策要求、市场供需关系变化以及企业自身技术更新缓慢等因素影响，其规模逐渐缩减，不再能成为地方的主导产业。项城的制革业主要聚集在县域南部的丁集镇、秣陵镇，2008 年制革产业最辉煌时，当地有皮革加工户 2100 多家，专业村 8 个，从业人员达到 11 万人，并涌现出了秣陵利达制革有限公司、秣陵永祥皮革有限公司和丁集峰华制革有限公司等年产值超千万元的皮革企业 20 个，形成 16 个系列 28 个花色品种，出现了奔马、金羊、峰华等 5 个较为成熟的品牌，产品远销俄罗斯、韩国、日本等国家。

但是，制革毛皮工业是轻工行业中继造纸和酿造之后的第三大污染工业，不仅污水量大，而且是一种成分复杂、浓度较高的有机废水，治理难度很大。一些制革毛皮企业集中的地区，水环境污染严重，特别是一些中小型制革毛皮企业，往往以牺牲环境为代价换取眼前利益。随着环保力度的加大，国家出台了一系列政策措施，如关闭取缔重污染的小企业，淘汰落后的生产工艺和设备等。2012 年国家公布的印染、化纤、制革等 19 个行业淘汰落后产能企业名单（第一批）中就包括淮阳泰德隆皮业有限公司、项城市瑞德制革有限公司、河南省项城市峰华制革有限责任公司、项城市奔马皮业有限公司等当年的龙头企业。

（2）空间转移过程。

从空间转移上看，大部分本土企业最开始都是在农村和乡镇萌芽发展起来的，随着产业规模的扩大，对技术服务、市场信息的需求日益加强，和产业集聚区政策的引导，这些企业无一例外地开始在县城的产业集聚区落户，其间也普遍地进行了规模扩张和初步的集群聚集。

以沈丘县传统的聚酯网产业为例，该产业经历了 300 多年的沉淀与发展，已成为河南唯一、中国最大的传统特色产业，沈丘县也于 2011 年被中国轻工业联合会命名为“中国聚酯网之乡”。聚酯网产业经历了从“家庭作坊”到乡镇，再到县城产业集聚区集群发展的过程。聚酯网产业起源于沈丘县白集镇顾营村，最初是用马尾、头发编织箩底、纱窗，逐渐发展城队办企业，这时的产品档次较低，技术也落后，为劳动密集型。20 世纪 90 年代末，部分企业开始从事机械化生产，使产品档次得到提升，人们开始在白集、北郊、槐店等镇建厂。2008年以来，沈丘县在县城周边设置4.5km^{2}的聚酯网产业园区，截至2011年底，已入驻企业35家，年产值达25亿元，形成了产品研发、拉丝、织网、检测、销售等产业链条和配套服务，市场份额占全国的40%以上，已经成为全国最大的聚酯网生产基地。以产业集聚区为载体，成立了“聚酯网行业协会”，并建设了“中国聚酯网科技研究中心”“县域经济发展研发中心”，以国际先进技术为标准进行网业编织工艺研发和技术改造，提高了产品的含金量，促进了产业升级。

无独有偶，河南省宋河酒业股份有限公司的老厂位于鹿邑市枣集镇，职工2500人左右，厂区面积约50万m^2；而新建的厂区位于鹿邑市产业集聚区内，厂区规划建筑面积约33万m^2，现已建成18万m^2，职工500多人。

不难发现，企业空间转移的过程，往往也是其设备更新、规模扩张、产业升级的过程。目前规模企业均进入市县各级产业集聚区的做法，在空间上为相关产业集群的形成创造了条件，各县区也纷纷出台特色产业集群发展规划进行引导，如太康、扶沟定位纺织服装产业集群、鹿邑产业集聚区定位医药产业集群，周口开发区、商水产业集聚区定位食品加工产业集群等。从城镇化的角度分析，县城日益成为县域内部人口聚集的中心，因此产业向县城的聚集也更有利于促进人口和非农就业岗位的创造，对以县城为主要载体的城镇化进程有明显的带动作用。同时相关产业在乡镇的衰落，势必会影响乡镇一级的非农产业规模与就业，加上“乡财县管”后，乡镇没有独立的财权，多数只维持吃饭财政，所以小城镇的发展动力相比之前更为不足，大多数很难承担起吸引城镇人口的作用。依托乡镇建设新型农村社区，虽然在空间上实现了周边村庄人口聚集，但由于非农就业不足，大量青壮年劳动力并不能在本乡镇就业，依然要到县城或外出打工，与居住在农村的差别不大，仍然是异地城镇化。并且这些人如果有了一定的积蓄，考虑个人就业与子女就学等因素，仍然会到县城买房。研究认为，随着大部分本地产业的升级，其空间转移到县城聚集具有一定的合理性，与此呼应在平原农业地区提高县城的人口承载能力和人居环境，使之成为城镇化的主要空间载体是合理的。而缺乏产业支撑的小城镇不宜作为城镇化的重点空间载体，不宜大规模进行新型农村居民点集中建设，居住在这些小城镇的农民既得不到农业生产的便利性，也得不到非农就业的便利性，仅仅是居住条件的改善，长期来看部分人口还要迁移，可能会造成浪费。

（3）本土企业发展模式。

食品加工、纺织服装和医药化工三类本地内生的主导产业，形成了三种不同的发展模式与路径。

1）农业资源深加工、品牌化模式。食品加工业的发展模式以本地农业资源优势为依托，依靠内生动力和技术升级、品牌塑造而逐步走上规模化发展道路。

案例 6	本土食品加工企业案例

沈丘县的金丝猴食品股份有限公司，是河南省重点农业产业化龙头企业。公司龙头产品以“金丝猴”牌糖果、巧克力、果冻、小食品、豆腐干等 5 大系列 200 多个品种，产品畅销全国 30 个省、直辖市、自治区的近 200 个大中城市和广大农村。公司现有 13 个分厂，员工 3200 多名，其中高中层管理人员、技术人员 200 多名，主要生产奶糖系列、软糖系列、以麦丽素为主的代脂巧克力系列、硬糖系列、果冻系列和豆制品系列，年生产能力 6 万多 t。

项城的莲花味精创立于 1983 年，并于 1998 年 8 月在上海证券交易所挂牌上市，为国家农业产业化重点龙头企业。其产品主要包括以“莲花”牌味精、“莲花”牌鸡精、“九品香”调味料为主的调味品系列，以小麦谷朊粉为主的植物蛋白系列、以“六月春”牌面粉为主的小麦面粉系列，以及小麦淀粉系列等。企业员工 12000 人左右，年产销味精 30 万 t，年加工转化粮食超过 100 万 t。

2）本土企业与外来产业转移结合发展模式。纺织服装业受国家政策、市场供需变化，经历过大的衰落。2008 年金融危机后，沿海纺织业的大规模转移又使纺织服装业获得了新的发展机遇。综合来看，周口的纺织服装业的发展是走了一条本地产业基础、人力资源优势与东部沿海产业转移紧密结合，进而带动原有产业升级的内生资源与外来资本、技术紧密结合的发展道路。这为后发农业地区的产业发展提供了重要启示。

案例 7	太康纺织服装业发展历程回顾

太康县自古就是有名的粮棉生产基地，因棉花而获“银城”之誉。在改革开放之初，随着 1983 年的全国取消布票制度，太康的纺织业获得快速发展，在 20 世纪 90 年代初即成为其主导产业。由于全国范围的纺织服装业总量过剩和结构不合理的矛盾日益显现出来，经济效益下降，特别是一批国有纺织企业陷入严重困境。为此，纺织服装业从 1993 年起，积极实施控制总量、优化存量、转化机制、减员增效等改革措施。1997 年，中央更是把纺织业作为国有改革解困的突破口，1997—1999 年，纺织行业积极进行改革、调整和重组，

控制总量，优化存量，大规模压缩纱锭，期间太康的纺织服装产业一度十分萧条。而后其纺织服装业逐渐复苏，主要以初级纺棉为主，且主要以民营企业形式散布于乡镇，为东部沿海出口型服装企业提供基础原料，发展较为缓慢。

2005 年以来东部产业转移加快，特别是受 2008 年金融危机影响，东部的纺织服装整产业链整体向中西部转移。太康利用其纺织产业基础、人力资源优势和区位优势，先后引进了通泰纺织、万利源棉业、海盟织造、鸿文纺织、瑞源化纤、鸿图纺织、宏星制衣、香港制衣制鞋等一批企业，初步形成了化纤、印染、纺织、服装、鞋帽等门类较为齐全、相互配套的产业链条。2011 年，纺织产业主营业务收入 9.53 亿元，税收 3520 万元，从业人员 3291 人。随着鸿闽纺织产业集群等项目建设落地，将形成 60 万纱锭棉纱、60 万锭化纤纺、2000 台喷气及 6000 台喷水织布、日产 180 万 m 染整的生产规模，带动就业超 3 万人。周口市委、市政府还结合自身实际，适时提出了“建设鞋业基地，打造中部鞋都”的发展战略，计划在 10 年时间内，将周口打造成为国内知名、国际有影响力的中部鞋都。

3）技术创新发展模式。医药化工业在不具备区位优势、市场优势等不利条件下，通过不断的技术创新，使产品始终处在国内外领先地位，并不断壮大；这种企业类型代表了农业地区产业发展的一个重要方向，即利用生物工程技术，以玉米、小麦等大宗农产品为原料，以变性淀粉、生物化工为重点，向生物、新材料等战略产业转变。这既能带动本地农业的发展，促进农业现代化，又可以大幅提升工业化水平，实现后发地区的跨越赶超发展。

案例 8	金丹乳酸技术创新发展模式

位于郸城县的河南金丹乳酸科技股份有限公司具有 10 万 t 乳酸及系列产品的生产能力，乳酸生产规模居世界第二位、亚洲第一位，是国家高新技术企业和河南省重点企业和循环经济试点企业。该企业充分利用当地丰富的玉米资源优势进行精深加工，属典型的农产品深加工外向型企业。金丹乳酸发展壮大的过程就是一个技术创新的过程。公司前身为郸城县生物化工厂，属于乡镇企业，其腾飞的起点正是在 1984 年进行的“玉米面发酵生产乳酸”研究，该研究获省科技进步三等奖，而后随着技术的推广利用，公司逐步走上乳酸制造道路。1989 年，该公司又完成了国家科技计划项目“发酵法生产乳酸絮凝沉降分离工艺”获国家专利、国家科技进步三等奖；2001 年“细菌发酵法生产 L-乳酸”被列入国家级火炬计划项目，2002 年公司正式更名为河南金丹乳酸有限公司，2005 年公司自行开发的“载体发酵及膜杂化分离新技术生产乳酸”

被科技部列入“863”地方引导项目。目前该企业拥有国家博士后科研工作站和国家企业技术中心，并建有全国首家乳酸工程技术研究中心和河南省淀粉生物质化工工程技术中心。与金丹乳酸类似，一个化工企业的典型代表河南财鑫集团有限责任公司也位于郸城，其也是通过不断的技术创新，成为能够生产淀粉糖系列、尿素、复合肥及化工系列、有色金属系列、中西药系列等产品的综合集团企业。

3. 本土企业对城镇化的积极作用

（1）创造一定数量的非农就业。

本土劳动密集型涉农产业发展对城镇化的带动作用，最明显的一点就体现在为城镇创造大量非农就业岗位上。以前述提到的龙头企业为例，项城莲花味精的就业人口有1.2万人左右，宋河粮液在乡镇和县城共提供3000个就业岗位，周口益海粮油共有1500名员工，郸城的财鑫集团有员工5000多人，太康鸿闽纺织产业集群可带动近3万人就业。需要明确的是，上述数据均为直接就业数量，考虑到劳动人口的带眷数量，以及带动相关的服务业的发展，其作用还是相当明显的。

（2）带动农业现代化进程，促进城镇化。

周口本土企业以涉农产业为主，这类产业的发展可以提高土地集中经营规模、提高农民收入，进而推动农业现代化进程，这也在一定程度上促进了城镇化的发展。

周口益海粮油的一个主要产品为食用油，围绕大豆加工，形成了“公司＋基地＋农户”的生产组织模式，着力在周口市推广种植“双高”大豆优良品种。公司通过与周口市农业局、农科所、种子站等涉农部门的合作，在重点大豆集中种植区域，以订单农业的形式，创办了优质大豆生产基地，与农民签订了大豆购销合同，并在合同中承诺，凡订单大豆全部收购，确保优质优价，及时结算，不打白条；同时对订单种植的优良品种加价收购，并且采取设点收购和委托代购，为农民提供便利服务。截至2010年，周口全市高含油、高蛋白优质大豆推广种植面积已达到160多万亩，带动48000多户农村家庭走上了依靠种植业脱贫致富的路子，从大豆生产基地采购的大豆数量占公司原料采购总量的80%，有效地带动了全市优质大豆种植业的蓬勃兴起。

（3）企业根植性强，与城市关系密切。

在大规模外来产业转移来之前，本土企业是周口工业化、城镇化的主要动力。正是这些企业为城市的人口聚集、服务业发展提供了原始动力，因而也在各城市的发展过程留下了明显的企业印记，如代表莲花味精的莲花仙子雕塑成为项城形象的标志，至今项城老城区内仍然可见莲花味精留下的企业生产管道。经济实力较强的企业兴建的子弟小学、幼儿园、宾馆招待所、文化俱乐部等也成为城市公共服务的重要组成部分，如莲花宾馆，在很长一段时间内都是项城的最好的接待宾馆，县政府的很多活动均要在这里举行（图 38）。

图 38　莲花仙子雕塑与莲花宾馆年

4. 本土企业对城镇化带动的不足与问题

（1）产业规模小，带动作用弱。

受产业基础、经济区位的制约，周口的本土产业总体上规模偏小，市场竞争力不足。产品结构不合理，农产品初级加工多，精深加工少；初级产品多，高附加值、高科技含量产品少，资源利用率不高；产品更新换代慢，产品结构不能完全适应市场需求变化。

除少数大型龙头企业外，大部分食品加工企业并没有建立自身稳定的优质原料基地，分散农户提供的原料在品种、品质、规格等方面不适应食品加工业发展的要求，食品加工与农业之间的联系目前处于简单的初级供给阶段。如果以小麦、玉米等大宗农产品为原料的食品加工业不能建立自己的原料基地，那么他们对农业现代化的带动作用非常有限，因为在这种情况下，企业不会以高出市场平均价格来进货，不会对农民增收有直接拉动。

（2）带动非农就业作用有限。

随着产业升级，技术发展，同样是劳动密集型企业，单位产值创造的就业岗位有减少的趋势。2005 年周口市三次产业比为 26∶41∶35，第二产业增加值为 206.3 亿元，从业人员为 145.46 万人，单位产值从业人数为 0.71 人；2010 年三次产业比为 25∶45∶30，第二产业增加值为 474.08 亿元，从业人员为 153.8 万人，单位产值从业人数降为 0.57 人。5 年间，第二产业比重提高了 4 个百分点，产值增加了 267.78 亿元，而带动就业只增加了 8.34 万人（图 39），可见现有工业门类的发展并没有带来大幅度的就业岗位。

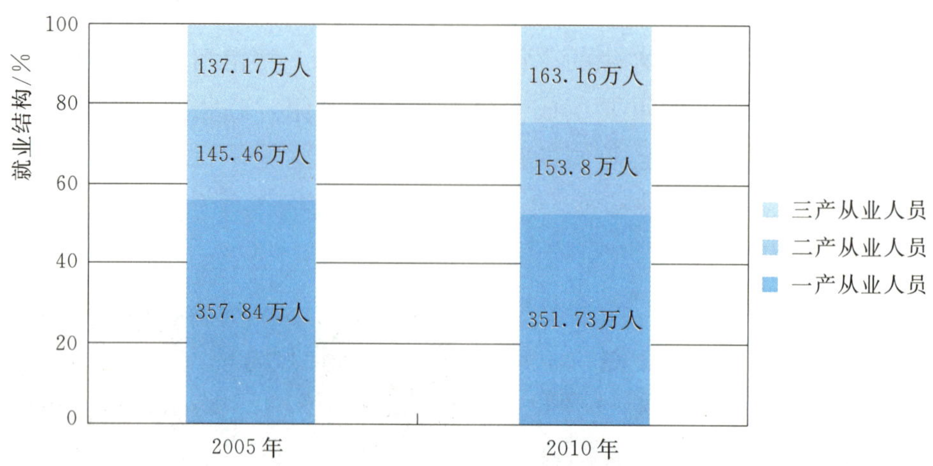

图39　周口市2005—2010年就业结构变化图

（3）本土企业工资水平偏低，难以支撑完全城镇化。

受产业类型限制，本土企业普遍的附加值不高。因此本土企业中的大量一般劳动者的工资收入偏低。以莲花味精为例，目前企业正式员工12000人（不包括下属莲花面粉、莲花肥料等企业用工人数），普通员工的平均工资在1400元/月左右。就莲花味精而言，造成员工工资偏低的主要原因是行业的产能过剩，经营不景气。宋河良液作为河南就业的领军品牌，企业效益一直较好，不过酒厂普通生产线上的工人领取计件工资，平均每月工资在2000元左右。这一数值明显低于外来涉农企业2000～3000元/月的工资水平，也低于本地非正规就业，如开店、出租车、卖菜等职业的收入。

工资收入低使得工人很难依靠工资维持一家人在城镇定居生活。企业的部分员工仍然在农村的居住，家庭中的其他成员通过务农或其他打工形式补充家用。也就是说虽然本土企业创造了一定的非农就业，但是由于工资偏低，部分职工依旧不能完全城镇化。

（4）涉农企业上缴税费少，影响了地方政府的财力。

国家对农业产业化的龙头企业有免征收企业所得税的税收优惠政策，由于周口本地产业以涉农产业为主，因此税收减免很普遍。而除了国家规定的减免外地方政府为了吸引企业往往也给出非常优惠的政策，进行税收返还。这些都对地方政府的财政造成不利影响，进而影响到城镇建设的水平。

以周口益海粮油为例，根据《周口市招商引资优惠办法》，给予了周口益海粮油“自投产之日起，5年内企业所缴纳所得税和增值税地方留成部分，前2年80%奖励企业，后3年50%奖励企业”的税收优惠政策，除此之外，周口市公安局还将周口益海粮油公司列为“重点保护单位”，任何人或单位未经允许不得向企业征收任何费用。同时，周口市作为中部经济欠发达地区，工业发展滞后，尚没有出现发达地区工业用地严重短缺情况，工业用地相对比较宽松，周口市政府予以周口益海粮油的新办工业项目用地，地方政府土地净收益部分给予投资者80%支持力度。

（三）第三产业对于城镇化的影响

从2001—2012年，周口市第三产业总体实现了平稳快速增长，表现出内在的稳定性。2003年由于“非典”和洪涝灾害的影响，周口生产总值出现滑坡，而第三产业增加值仍然保持了超过5个百分点的增长；近3年来，第三产业增加值增幅均超过了10%，但仍低于生产总值增幅1.5～1.6个百分点（图40）。无论是在增长速度方面，还是在产业结构中的比重方面，周口第三产业引领经济发展的带动作用并不突出，说明周口市的第三产业仍处于较低层次发展的阶段。

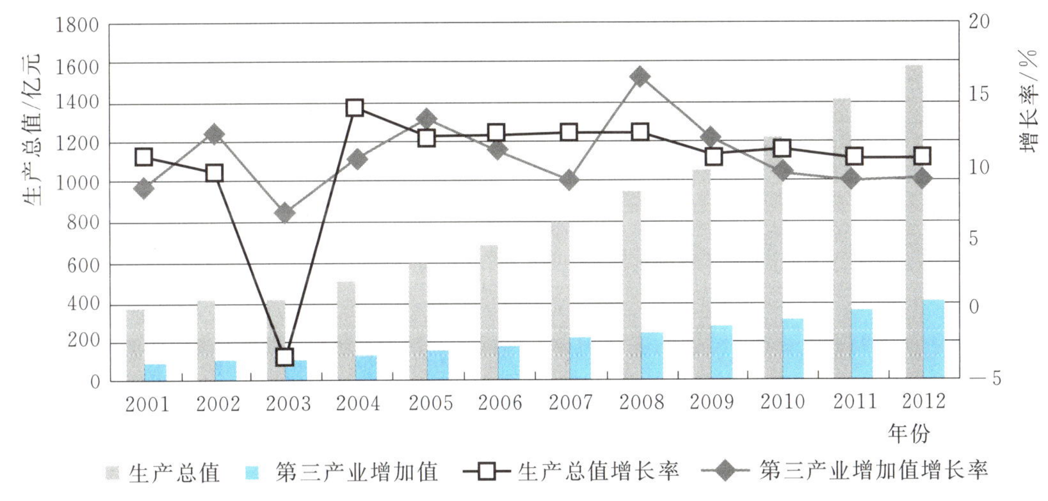

图40　周口市第三产业与经济总量发展的对比

周口全市第三产业内部结构近年来呈现出稳定发展的格局，以国民经济行业分类为划分标准，按照增加值总量排名，2009年、2010年连续排名靠前行业依次是批发和零售业、房地产业、公共管理和社会组织、住宿和餐饮业、教育、交通运输、仓储和邮政业。2010年该6大行业产业增加值共计208.7亿元，占到第三次产业增加值的68.5%，为当地的城镇化提供了大量的劳务市场与就业岗位。

由于第三产业自身并不会产生物质性的财富，缺少会展旅游、商贸金融带动的低端业态对于周口城镇化的推动作用更加隐蔽不易察觉。周口市的第三产业辐射的范围基本上同市域的行政边界相吻合，服务的对象绝大多数都是当地的居民与企业，但城乡之间的人口流动与商品流通却是城镇化发展的过程与表征。通过在周口市调研获得实地感受的主观识别，结合室内数据分析的客观筛选，经过综合判断，认为房地产业、物流业、教育事业与从属于批发和零售业中的小微商贸业对于平原农区的经济社会发展，尤其是在优化人口在空间上分布格局与促进商品与生产要素流通方面意义重大。

1. 房地产业

（1）房地产市场正处于快速发展期。

2006 年之前房地产市场发育缓慢，2007 年出现增长拐点，之后房地产市场发展势头迅猛。2004—2005 年期间，商品房（含商铺和住宅）的施工面积只占全部建筑施工面积的 22%左右，到 2010 年当年商品房的施工面积已经超过了全部建筑施工面积的 50%（图 41）。

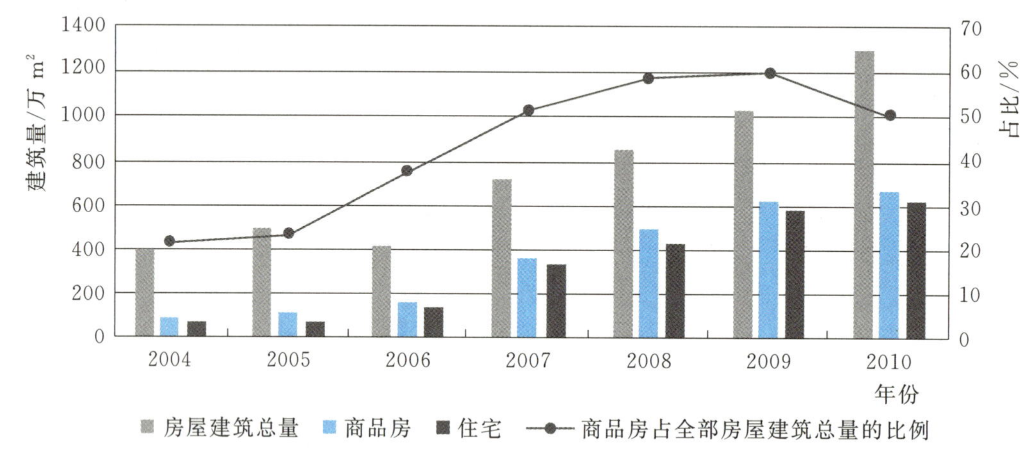

图 41　周口市 2004—2010 年房屋施工面积

（2）住宅类商品房市场的价格与结构。

周口市的商品房地产价格在 2009 年还相对较低，2010—2012 年 3 年间，价格整体进入了上升通道。图 42 展示了 2010 年周口市各区住宅类商品房销售价格。

西华县住宅类商品房在 2009 年均价只有 1300 元/m² 左右，到 2012 年年末已经达到了均价 2600 元，几乎翻了一番。2012 年住宅类商品房价最高已达 3600 元/m²。造成房价攀升的主要原因在于西华县的土地供应量紧张，导致房屋土地成本增加；除此之外，建材成本、人力成本的上涨也是推高房价的因素。2013 年西华县房价上涨态势平稳，农村新社区的建设对县城的商品房市场有一定的影响。

根据在西华县的调研情况，能够在县城买得起房子的农民绝大多数都是在杭州、厦门、广州等地开出租的外出务工群体。目前的商品房房价对于农村单

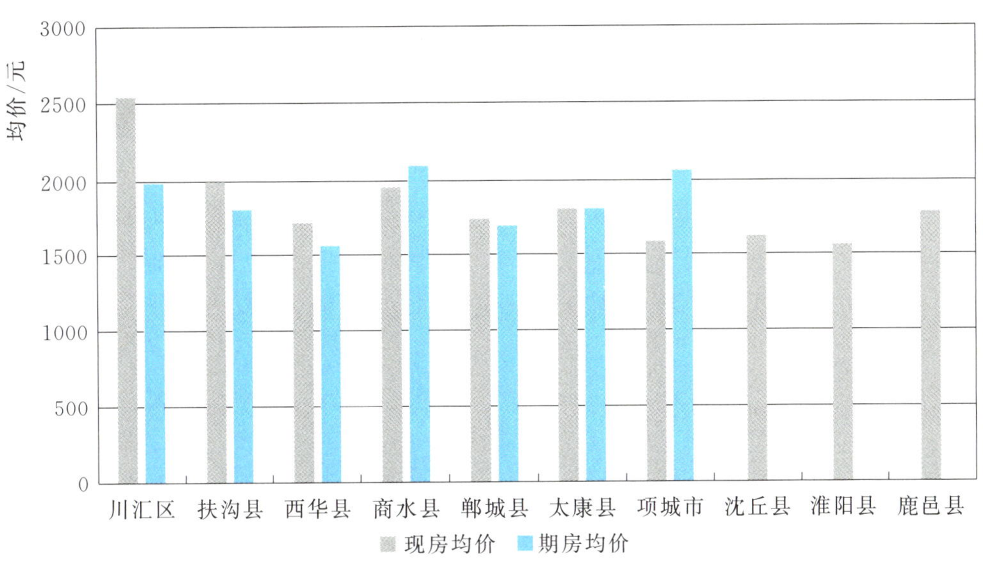

图 42　2010 年分区商品住宅销售价格

纯从事传统模式粮食种植的农民而言，依旧高不可攀，经济适用房在住宅类商品房中的比例很低——以 2010 年为例，在投资额度、施工房屋面积、新开工面积以及房屋竣工面积这四项指标上，周口市经济适用房占全部住宅类商品房开发的比重分别为 0.49%、1.26%、2.00%和 0.36%。

（3）为有序城镇化提供了必要支撑。

商品房为城镇化发展提供了基本的物质载体，商品房市场的稳定发育是健康城镇化发展的必要前提。绝大多数的买家都是周口本地居民，购买动机较为纯粹，体现以改善居住条件以及婚房为主要目的的刚性需求。2009 年的统计数据表明，未出售的空置房屋面积只占当年新开工面积的 4.7%，其中空置 3 年以上的面积仅占 0.03%。由此判断，周口市的房地产市场不存在房地产泡沫和过度投机购买行为，规避了资源浪费，为当地的城镇化提供了理性供给。

周口市辖的各个县商品房地产开发全部集中在各个县城，成为了吸纳周边乡镇与农村地区居民进城的主要空间载体。以周口市西华县为例，近 3 年来，绝大部分的商品房卖给了西华本地居民。2010 年全县有 795 套住宅类商品房卖给了本地居民，其中县城居民购买的比例约为 57%，农村居民购买比例约为 43%，可见住宅类商品房为农民进城提供了必要的空间载体。

（4）对城镇化的影响。

目前周口市内各个县的房地产市场均处在稳定发育阶段，而且发展动力基本来自于各自县域内部，跨行政边界的水平流动微乎其微。因此，每个县域将成为房地产市场发育的独立单元，未来的房地产市场规模总量基本同当地的人口规模成正比。

应当对房地市场建立合理有序城镇化进程中的准入甄别机制，经济适用房建设并无必要，只需要向进入产业集聚区的工人提供适量的廉租房即可。主要的理由如下：首先，县级政府财力根本无力承担经济适用房建设；其次，住房价格的双轨制并不利于商品房市场的发育，打压房价地价对于当地政府的支付能力会造成较为严重的损害；最后，周边农村地区本身就具有维护社会稳定和涵养人口的功能，建设经济适用房会造成明显的资源浪费。

2. 物流业

（1）对种植业结构的影响。

物流行业的发展是农村种植业结构得以优化的必要前提，这与农作物的生产、运输与消费的关系非常紧密。就周口市全市范围而言，2009 年的蔬菜和瓜果播种面积同 2000 年相比分别提升了 80%和 18%，而豆类、红薯、油料作物和花生的播种面积则不升反降（图 43）；西华县的种植业结构变化更为明显，2000 年经济作物还是以西瓜、棉花和花生为主，到了 2012 年三樱椒和洋葱的种植面积超过了经济作物种植的 40%以上，而棉花、白菜和萝卜等作物则在农户的视野中悄然隐退。上述种植业结构的变化，一方面是由消费者的饮食结构改变造成的，另一方面是由于运输流通业拓展了以蔬菜、瓜果为代表的经济作物的市场销售范围——蔬菜新鲜才能买上好的价钱，从农田采摘到进入居民的菜篮子所消耗的时间是被严格限定的，物流业的发展使得新鲜的蔬菜瓜果能够触及更多的消费市场。

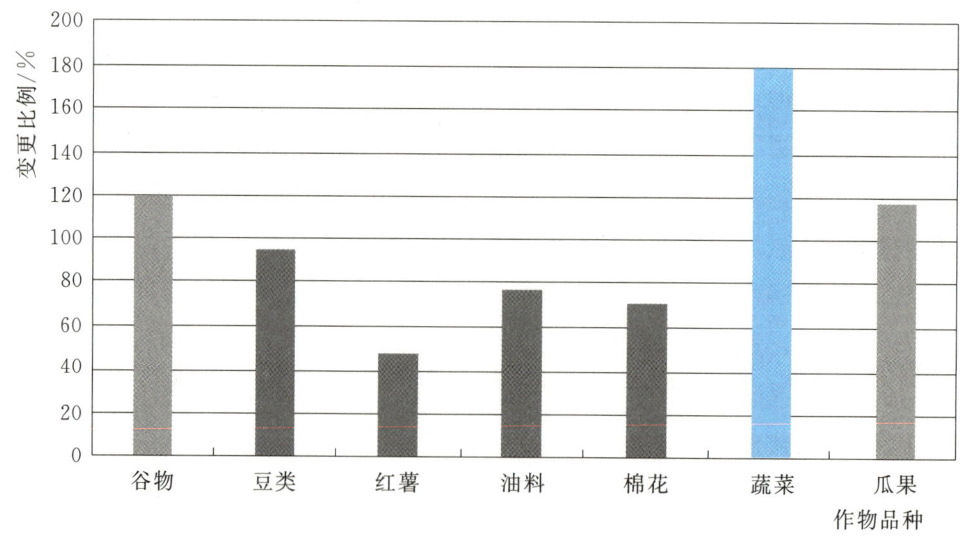

图 43　周口市 2000—2009 年农作物种植面积变更比例

（2）对乡村经济的影响。

增加经济作物在种植业结构中的比重是农民从事农业增收的主要途径。物流业的发展为大棚蔬菜的规模化种植奠定基础，吸引了原来外出务工的劳动力回流。但是，农户或者合作社的分散决策有可能导致市场的供需失衡，种植经济作物需要面临市场价格巨大波动的可能，而这种风险是传统种植谷类作物所能够避免的。所以，物流业的发展不仅仅是运输方式的改善和交易环节的减少，还涉及市场信息平台的建设。周口市的黄淮物流园是当地成功的企业，不仅负责对农业合作社的人员进行技术培训，还会根据自己掌握的市场信息，指导合作社转变种植结构，来抵御农业经营风险。

下面以黄淮农产品物流园的具体案例来解读物流行业对农业生产和农民增收的影响。

1）企业性质与规模。黄淮物流园属于河南益兴集团下属企业，主要是为农副产品的流通提供场地与服务设施。2009 年开始建设的批发市场，是省级重点企业。该园区总占地 800 亩，建筑面积 50 万 m^2，总投资 8 亿元，规模进入全国综合农产品批发市场 50 强。2010 年 12 月营业以来，已入驻商户 2000 多家。2012 年交易额为 80 亿元，2013 年预计达到 100 亿元。直接安排就业 1 万多人，间接安排就业 3 万余人，带动种植农户 15 万户。

2）运行模式。以市场为导向，以基地为基础，积极引导农产品规模化种植，对周口传统农业的现代化、高效化、品牌化起到了积极的推动作用。目前产业链上游培育了 50 家种植规模在 300 亩以上的种植基地，同时正在准备建设一个规模在 5000 亩以上的生产基地，下游着手建设 5 个标准化农贸市场以及 30 个小型市场的建设，实现农产品生产，批发，零售的无间隙对接。初步计划未来 3 年先建设 15 个小型标准化农贸市场，用于承接周口 1200 万亩耕地的农产品生产。

市场建设有 8 大农产品交易区以及 6 大配套服务中心，铁路专用线可以直达库区，是一个集农产品展示交易、加工储存、物流配送、信息采集与发布、价格形成等多功能于一体的信息化、规范化、标准化大型农产品综合批发市场。全国蔬菜产地主要在南方，果类产地主要在西部，形成了“南菜北运、西果东运”的物流格局，周口位于南北、东西运输轴线的交汇地带，具有天然的区位优势，目前是全国范围内大型农产品集散地前 32 强。该物流园区本质上属于公益服务设施，享受较多的税费减免利好，水电费减免，免税经营。农产品市场有需求，物流园区就会提供相应的服务，为农户搭建自主就业平台。

3）对于农村就业的影响。目前保持业务合作关系的合作社有 400 余家，其中运营状况良好的有 100 多家。这些合作社就是若干个联系密切、实现了利益捆绑的农户的集合体，这种合作基础能够实现经济作物的大棚种植以及规模化种植，对于农业就业增收的效果非常显著。另外，物流业的发展也增加了从事农产品运输的农户。物流园区的建设形成了农产品流通网络的核心，在这个网络的基础层级之内吸纳了大量的农户从事相关的农产品收购与流通业务，这些农户年收入在10万～20万元之间，同先前的单纯务农相比，收入也有了非常显著的增加。

（3）对于城乡结构的影响。

物流业的发展增强了农业生产对于劳动力的吸引力，使得原本可能进城务工的农村劳动力附着在了农村土地上，从而在一定程度上影响了城乡格局中的人口流动与分布。物流业的本质在于，让更多的农村地区劳动力凝结在农产品中流向商品市场，代替了劳动力自身在城乡之间的直接流动，很大程度上使得农村地区劳动力能够摆脱对于城市空间的依赖而体现自身价值。物流业的发展为就业向农村劳动力的靠近打开了通道，实际上体现了分散型的城镇化动力。

3. 小微商贸行业

（1）欠发达地区的特有业态。

从周口市的中心城区，到各个县城，再到各个乡镇，在居住区的沿街里面触目所及的是一个个的小型门店。这些门店大多是以家庭为单位，店里的老板并不“热情好客”，即便是顾客在认真挑选商品，也有店老板依旧目不转睛地盯着电脑屏幕，只是仓促地应和几句。这与以现代性自我标榜的大城市中的门店截然不同，对比中便勾勒出了乡土情结熏陶下的小微商贸行业。

小微商贸行业的就业门槛低，在国家调整税收起征点，将这种行业的增值税和营业税起征点从5000元的月营业额和销售额提高到20000万元的月营业额和销售额之后，绝大多数的店面都不需要缴税，体现了国家藏富于民的发展理念。另外这些店面的租金也极为低廉，较差的门店每日租金只有10元钱，临街客流量较大的门店每日租金在100元左右。

行业的低门槛加上人口大市旺盛的消费需求，使得这一行业存在大量的非农就业机会。如周口鹿邑县城30万左右人口，小门面多达2万家左右，直接和间接带动就业4万～6万人。西华县逍遥镇镇区人口2.2万人，有小商小贩5000人，比机关公职人员、教师等加在一起还要多2000人。

（2）存在的价值与意义。

这是一种脱离现代企业化管理的家庭经营模式，就业内化于生活——照看店铺本身也是消磨时光的过程。在乡村地区和被乡土化情结浸染着的城市街区里，正是这种没有竞争的温和的经营提供了大量的包容性的就业岗位，这个行业无需钻营的思维，也无需充沛的精力，因此很多当地居民会自然而然地选择这样一种单纯维持日常生活支出的营生。

（3）对于城镇化的影响。

虽然对政府的财税贡献很小，但是铸造了平原农区商品流通的最后一个环节。这种业态并没有被裹胁到资本追求最大利润的滚滚红尘之中，鲜有扩张和兼并，也因此成为当地城镇化的稳定而坚固的基础。

4. 教育事业

（1）资源分配的城乡落差。

优质的教育资源向县城和中心城市集中的配置格局已经形成，而且还有逐渐强化的趋势，已经成为深刻影响未来城镇化的重要因子。2005 年，周口市中心城区（即川汇区）的小学生、初中生和技术学校学生数量占全周口市的 2.5%、2.4%和 11.5%，到 2010 年，这一系列数字已经上升到了 4.9%、6.1%和 36.8%。现在社会普遍意识到了教育对于儿童成长的重要性和必要性，优质的中小学成为了吸引人口向中心镇区、中心城区迁居的重要因素。教育资源对于人口向心集聚的效果越来越显著。“再苦不能苦孩子，再穷不能穷教育”，很多农村的家长能够默默忍受农村地区的劳苦耕作，但是不能接受农村地区教育质量低人一等的落差，只要有机会就会托关系找亲戚，就是要让自家孩子接受更好的教育。在西华县县城的初中和小学中约有 30%的孩子来自周边农村地区。

（2）教育事业滞后城镇化进程。

在县级政府作为义务教育投资主体，而县级财政严重紧张的状况下，资金、师资力量等教育资源配置不足，难以满足城镇化的需求。2000 年至今，全县只新建了一所中和一所小学，远远没有跟上城镇化的步伐；在 80 万 m^2 的全县中小学校舍中，危房占到了 56 万 m^2。另外，大班额现象非常突出，最拥挤的小学严重超编，出现了 120 人的大班额。甚至在西华县计划容纳 10 万产业工人、占地十来平方公里的产业发展集聚区，学校配套建设这一方面也没有计划安排，难免成为未来城镇化的短板和隐患。

（3）乡土情怀的缺失与教育结构的失衡。

农村地区教学内容和城市地区没有差异，无形中给学生灌输了一种亲近现代文明、弃离乡土文明的定向意识形态。这种无视巨大城乡差别、地区差别的看似“公平”教育并不利于农村地区劳动力的充分就业，尤其是很多跟随父母进城的农民子女习惯了城市的生活氛围，一旦不能在城市立足被迫返乡，将面临着严重的谋生压力。现在的教育筛选机制就像一个离心机，耗费人力物力把最优秀的人才甩出农村地区，推向现代化的大城市，从而加剧了本土人才与思想的空心化。

在义务教育阶段之外，立足于服务农业生产、有助于农业地区发展的专业技术性人才储备不足，这是由教育引发的另一个困扰农村发展的问题。按照河南省发布的2013年职业教育同普通高中教育学生人数1∶1的要求比对，目前西华县1∶10的比例明显偏低。一方面是农村地区劳动力闲置、劳动力就业不充分；另一方面是专业技术人才匮乏、农业现代化缺少人才动力，这两种现象的交错和并置，更加凸显了农村地区教育的结构失衡。

（4）对于城镇化的深远影响。

优质的中小学作为一种特殊的公共服务资源，能够给定居带来持久与稳定的心理预期，对于人口向中心镇与县城集中的吸引愈发强烈。确保子女在一个更好的教育环境中成长，这种意愿甚至成为了很多人迁离农村的最主要因素。中小学布点规划不应当只是被动的满足人口城镇化对于这种公共资源的需求，更应该寻求其对于城乡结构调整的积极影响，甚至可以探讨教育资源导向型（EOD）的城镇化过程。

平原农区的城镇化自然具有自身的特殊性，合理的城镇化就应该是立足当地发展条件的人口、产业与空间的结合。未来周口市拥有什么样的人才结构，拥有什么样的劳动力基础很大程度上取决于今天提供了什么样的教育内容，为未来社会发展的中坚力量灌输了什么样的思想。教育的发展、人才的培养不仅是向上输送突出人才，应当同未来当地产业结构相匹配。

（四）总结

短期来看，外来产业转移能带来大量投资，并吸引部分外出劳动力回流，将对周口城镇化、工业化进程产生较大的推动作用。但是随着城市发展，地价与劳动力价格的上升，以低成本为诱因的产业转移，存在较大的继续转移的可能，为此地方政府采用各种办法加强外来企业与本地的联系。长期来看只有建立起外来产业转移与本地产业的联系，并不断提升产业的核心竞争力，才有可能长期稳定下来。周口纺织服装产业的发展应该说是外来产业与本地产业基础结合的成功案例。

郸城、鹿邑等地区医药化工产业的发展，提示我们依靠资源优势、技术创新与市场开拓，后方农业地区也可以培育出具有高附加值、市场竞争力的高端产业集群。因此研究认为生物化工产业是未来周口地区重点突破的产业之一，应按照创新引领、重点突破、开放带动、集群发展的思路，着力扩大生物农业、生物化工和生物医药等产业规模，提升核心竞争力，打造全省重要的生物育种、生物医药生产基地。

顺应产业升级和空间聚集的趋势，充分发挥产业集聚区的带动作用，形成特色产业集群，促进以县城作为核心空间载体的城镇化进程。着力提升企业的盈利能力和员工工资，重视企业文化建设，增强企业的凝聚力；使在企业就业的正式员工能够逐步实现完全城镇化。

第三产业对于城镇化的意义是多重的，其中教育行业、房地产业主要是配合城镇化的进程为人口的集聚做好服务，小微商贸业提供了大量的非农就业岗位，物流业促进了农业生产资料、农副产品更大范围内的流通，改变了农民的生产组织模式进而带动农民增收。未来房地产业和教育行业最主要的发展方向是行业资源的配置顺应人口空间格局变化的规律。鼓励物流业等更多新兴的第三产业业态出现，促进地区各项生产要素的流通。对于小微商贸业发展的建议是对个体工商户在政策上予以优惠，尊重这一发展阶段存在的小门脸甚至临时摊贩的城镇化形态。

五、河南省现行空间政策对周口市城镇化的影响

（一）河南省主要现行空间政策及其内在逻辑

河南省率先创造出“新型城镇化”的概念，提出以新型城镇化为引领的“三化”协调科学发展道路。2011 年河南省中原经济区纳入国家规划，上升到国家战略层面。中原经济区的定位之一就是全国“三化”协调发展示范区。河南省先后出台了一系列有明确空间载体的城镇化政策，包括加快产业集聚区发展、规划和建设新农村社区、城市新区和城市组团、发展中心商务功能区和特色商业区等一系列政策。这些政策相互支撑，形成了一套有效的逻辑架构。

河南省现有的空间政策大致可以分为以下几个方面（图 44）。

产业集聚区政策：主要是为了解决产业发展的空间问题，扶持地方产业发展，提供产业转移承接的载体，促进新型工业化进程。

城市新区、城市组团政策：主要是为了解决现有中心城市（地级市）规模偏小、实力偏弱的问题，实现城市扩容提质，强化中心城市的综合承载和辐射能力。

新农村社区政策：主要是为了解决现有农村居民点分布零散、用地不集约、设施配套落后的问题，将新型农村社区作为本地城镇化基础，同时通过村庄撤并腾挪出部分土地指标。

对每个市、县而言，这些内在相互支持的政策是一套政策组合拳，既解决了产业发展载体和城市增长空间的问题，又一定程度上把建设用地指标和用地规划的合法性问题在市县内部消化掉，尽量减少省级政府的压力，同时兼顾了农

政策名称	数量	解决问题	在周口的情况
产业集聚区政策	首批全省180个	产业承接载体的问题	周口11个产业集聚区
新农村社区政策	规划万个，启动建设2000个	通过村庄撤并部分解决土地指标的问题	周口初具规模的新农村社区22个，8个已实现部分搬迁入住
城市新区政策	15个	城市扩容提质的问题	周口东新区建设
城市组团政策	确定62个	强化中心承载和辐射能力	周项淮西组团发展周商一体化

图44　河南省主要现行空间政策逻辑体系以及在周口的情况

民未来就业转型后的生活需求。但是在实际的推进过程中，由于地方政府急于看到成效，推进速度太快和农民沟通不够，利益分配不均，某些地方的政府和农民甚至被推向了对立面，导致出现了一些问题。原本设计完善的政策制度体系在现实面前出现了一定的不适应性。

（二）小结

河南省通过一系列相互支撑、环环相扣的空间政策，成功建立起在淮河流域农业地区发展城镇化的框架体系，为以新型城镇化为引领的“三化”协调科学发展作出了有益探索。通过产业集聚区政策提供本地产业发展和外来产业转移的空间载体，并且能够产生非农就业岗位，吸引本地人口的集聚和外出人口的回流；通过城市新区、城市组团政策提升中心城市规模，扩大城市能级，增强辐射影响能力；通过新型农村社区建设实现在最广泛基层农村的就地、就近城镇化，并且能够集约利用土地资源，为城镇和产业区的发展提供土地指标。

由于河南省尤其是豫东地区平原农区的均质性，县城和地级市发展呈现齐头并进的态势，县级单元在城镇化进程中扮演了重要的角色，在人口集聚、产业发展、就业提供等方面与大城市相比不遑多让。另外，平原地区交通可达性程度较高，导致原本由乡镇承担的部分服务、流通功能转而由县城以上级别的城市来承担，乡镇的功能相对弱化。河南省现行的城镇化空间政策在某种意义上顺应并强化了这一态势。

对于全省而言，城镇化政策呈现为在县级以上城市大均衡、小集中的态势。产业集聚区政策止步县城，一方面杜绝了当年珠三角“村村点火、镇镇冒烟”的景象在中原大地的重演，另一方面给了所有市县产业发展的机会。城市组团和城市新区基本覆盖了所有的地级市。到目前为止，河南省共设立了16

个城市新区和 62 个城市组团。这些城市组团和城市新区既是省级政府权力向下渗透的触角、谋划中原崛起和河南振兴的棋子，也是各地级市未来的发展重点。各种空间政策的叠加，配合上“面上均衡、点上集中”的基础设施投放，让我们看到了省级政府一方面顺应转移企业带来的发展机会扁平化趋势，另一方面利用政策调节和设施投放在扁平中寻找集聚发展的动力点和增长极，既照顾自下而上的市场和基层政府的发展诉求，又使得发展可控，不至于陷入一种全面开花无序的状态。

但应当注意的是，河南省现有的各项空间政策，更多意义上是基于对未来美好蓝图的勾画，而从理想到现实之间还有很长的路要走，并且这绝不是一个一蹴而就的过程。在各项政策的实行中，过于急迫地推进、希望能够短期看到成效，往往造成了负面效应。尤其是新型农村社区建设，如果没有和农民达成一致，没有充分保障农民利益，往往难以推进，甚至酿成恶劣的后果。农村集中安置点的选择，应当遵循自愿、就近的原则，尽量在行政村范围内进行集聚调整。这样可以照顾到平原农业地区的耕作半径问题，避免出现务农空间距离过远的情况。同时，在行政村范围内进行集聚，有利于维持农村地区原有的社会联系，尊重地方传统和文化习俗，使得农村乡情纽带不至于因为居住空间的迁移而发生断裂。

六、结论

（一）多主体、多因素作用下的城镇化路径

以河南周口为代表的淮河流域典型农业地区的城镇化路径是多主体、多因素作用下的城镇化路径。广大农民、外来和本土企业、省市县各级政府等各类城镇化利益相关主体都在这一阶段的城镇化进程中扮演了非常重要的角色。广大农民基于增收和致富的需要广泛寻求非农就业的机会。外来企业的进驻和本土企业、第三产业的发展提供了一定量的非农就业机会，一定程度上顺应了农民的需求，使得农民可以在离家不远的城镇产业集聚区实现非农就业。在交通区位、劳动力资源、土地资源、招商引资政策差距不大的淮河流域典型农业地区，非农产业的空间选择是灵活的、没有特别多的空间指向性，使得广大市县都有相对均等的发展机会。广大市县政府对于促进本地区的非农产业发展表现出非常大的热情。省级政府一方面照顾自下而上的市场和基层政府的发展诉求，另一方面通过政策调节和基础设施投放在扁平化和相对均衡的发展格局中寻找集聚发展的动力点和增长极，使得发展可控，不至于陷入全面开花的状态。

可以说，淮河流域典型农业地区目前的城镇化进程推进还是围绕着就业的非农化展开的。要又好又快发展非农产业，就必须集中、集聚、集群、集约发展，把工业化和城镇化结合起来，发展产业集群，扩大城市规模，建设新城区。而发展产业集群和新城区必然会占用耕地。河南每年工业化、城镇化建设用地需要 60 万～80 万亩，国家有关部门每年批给河南的建设用地指标只有 20 万～25 万亩，土地成为制约中原崛起的瓶颈。而要破解土地瓶颈的出路就在于工业化、城镇化、农业现代化协调发展，具体表现为农民向城镇的持续转移，优势地区、优势城镇、优势园区的集中集聚发展，农村土地的有序流转以及农业的规模化、标准化和现代化等，以确保基本农田不减少，粮食生产能力不断提高，工业化、城镇化的用地需求和农产品需求得到满足。综上所述，工业化、信息化、城镇化、农业现代化“四化”同步发展的发展道路是以周口为代表的淮河流域典型农业地区的必由之路。

（二）产业发展的特征和趋势

1. 农业发展的特征和趋势

在未来，周口的农业种植结构，将继续延续当前以粮油类作物为主的状态，其种植方式将更加机械化、规模化，科技含量更高。在这种变迁的过程中，农业的组织程度将会进一步增强，表现在农业合作组织数量和规模的增加，以及制度上的健全。农业的观光、体验、教育价值将会越发得到体现，物流业的发展会对农业产生积极的影响。农业将会慢慢发展成为一种复合型的产业类型。

2. 第二产业发展的特征和趋势

东部沿海地区劳动密集型企业向中部转移成为一种普遍趋势。丰沛而低廉的劳动力和农副产品资源、稳定的土地供给、相对便宜的工业电价、宽松的招商引资政策以及地方既有的产业基础是外来企业落户的主要原因。

涉农的劳动密集型产业是地方主导产业，而且这些主导产业通过延伸产业链条、塑造品牌、制度创新、技术创新、市场开拓以及和外来资本技术联合等多种手段，来完成自身的产业升级，并进一步强化了自身的主导地位。

产业有集群化发展的态势，市县的产业集聚区成为产业发展最重要的空间载体。原有的乡镇企业也在产业升级优化的过程中，实现了从乡镇到市县产业集聚区的空间转移。

3. 第三产业发展的特征和趋势

第三产业总量小、水平低，以传统服务业为主。但近些年一些新兴的业态不断出现，如物流业、大型的超市和商业综合体、体验旅游、文化创意等，这些新的业态改变了该地区生产组织的方式、人们生活的方式等。

第三产业发育的程度不仅和当地第二产业的发育状况、城镇的发育水平相关，也一定程度上和外出务工人员的收入状况相关。在周口下辖区县当中，GDP 和产业集聚区建设最好的鹿邑、项城、沈丘也是第三产业增加值最高的三个县市。外出务工人员比较多、在外务工收入比较好的县市如项城，得益于这一部分人的消费，本县的房地产业、批发零售业、住宿餐饮业等行业的发展也相对比较好。

4. 产业多元发展的趋势

以河南周口为代表的淮河流域典型农业地区必须多条腿走路，包括招商引资、发展本土企业，一、二、三产业联动，甚至在一定程度上保护非正规经济等，来提供尽可能多的非农就业机会。

（三）人口城镇化的特征和趋势

1. 跨省流动减少，省内流动增加，县以内流动加强

国家统计局发布的《2012 年全国农民工监测调查报告》显示，农民工收入增速回落，东部、中部、西部地区农民工收入趋同。相比而言，中西部地区的农民工在东部地区务工生活开支较大、收入结余少，因此在中西部就业机会增加的情况下，农民工更倾向于选择就近就业。安徽、湖北等中部省市的城镇体系规划数据显示，近 10 年来县城和特大城市的城镇人口增加最多（图 45、图 46）。结合河南省大力发展省会中心城市的一系列举措，研究判断在省内人口有向郑州等特大城市集聚的趋势。在市县范围内，由于非农产业发展机会和近乡之情的存在，人口在本县范围内向县城的流动也是趋势所在。

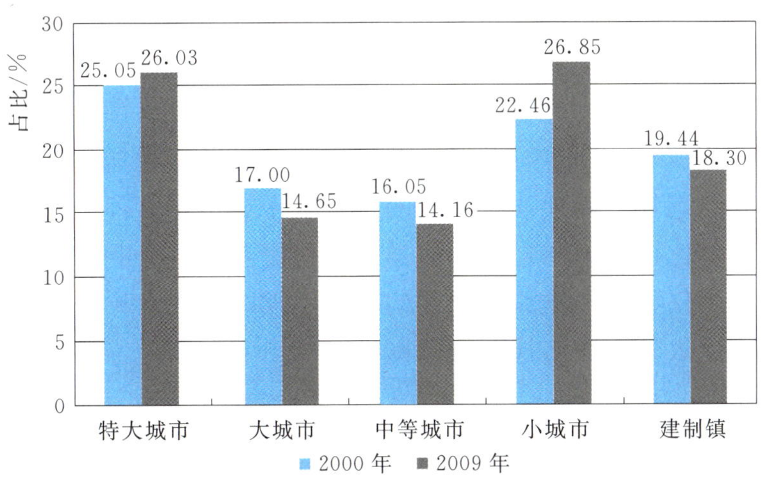

图 45　2000—2009 年安徽省各等级城市城镇人口占省城镇人口比重

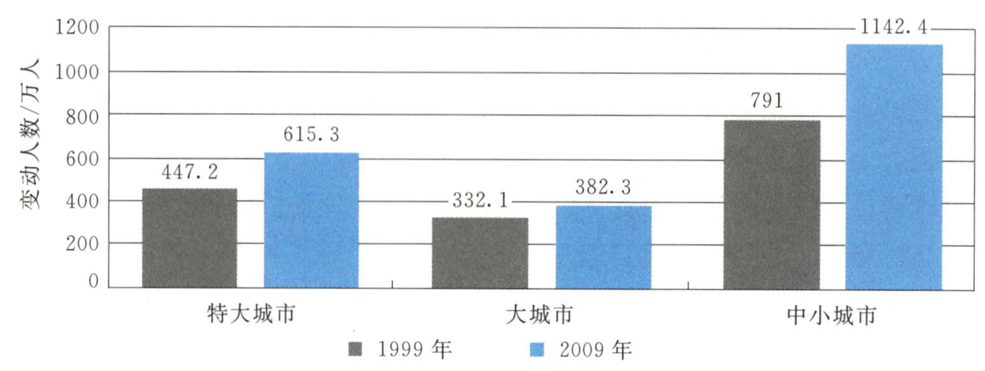

图 46　1999—2009 年湖北省各级城市中心城区城市人口变动

2. 就业多样化、居住多元化、家庭和社会支持稳态化

目前本地的人口城镇化呈现出工资相对低水平、就业形式多样但就业机会不稳定、职住分离但是未脱离原有乡土社会的状态。地方二、三产业的发展给农村富余劳动力的非农就业提供了一定的机会，但就其提供的工资水平和外出务工的工资水平相比还是有一定差距的。其吸引的对象多是外出务工若干年出于照顾家庭考虑返乡的一部分中青年和部分初次外出务工的年轻人，其能满足的是一种维持日常家庭开销的生活状态，只能算是比之前从事农业生产有收入上的增加，但距离致富还是有很长一段距离。而且这一群体很多是职住分离，就业在城镇、居住在农村；流动性很强，受经济形势的影响，很容易选择再次外出。但可喜的是，在本县域内实现非农就业的群体和他们的家庭、他们原有的乡土社会关系网络并没有脱离，所以在获取社会和家庭支持这方面呈现非常稳定的状态。

未来随着当地农业产业化水平提高特别是向下游加工、销售、流通产业链的延伸，外来企业的落户和生根，地方产业集群的形成，二、三产业的联动，公共服务水平的改善，淮河流域典型农业地区的市县会有更好的就业和居住环境。非农就业机会将扩大并更加多样化，部分时间务农、部分时间从事非农就业的兼业状态将成为一种普遍选择。县域内的城乡居民在居住空间和方式选择上呈现多样化的态势。本地非农就业的工资水平会增加，但和沿海地区大中城市务工的收入相比还会有一定差距。县域内居民获取社会和家庭支持仍将呈现稳定的状态，不仅如此，进城镇务工的农民不仅不用脱离原来的乡土社会关系网络，而且会融入新的城市社会关系网络。

3. 居住和就业分离、居住更趋近于公共服务水平高的地区

在平原农区，区县的平均面积在 1000km^2 左右，县城的平均辐射半径在 20km 左右，城乡之间距离并不远。农业的规模化和机械化种植，农业产前产

中产后社会化水平的提高以及兼业状态的广泛存在使得农民的就业和居住分离成为可能。农村机动化水平也在不断提高，农民对于摩托车、农用车甚至小汽车的拥有量在逐年增加，农村公路建设已经推进到行政村等级公路通达率100%的水平。应市场需要，农村公交发展反而比县城公交要快。以周口西华县为例，县城尚无出租车以外的公交车运行，但是农村公交有26条线路、线网长度达730km，公交车量90标台，年运客量370万人次。除此之外，县城的商品房价格、就近照顾家庭的需要、信息技术的引入都对人的居住地点选择产生了影响。在上述这些因素共同作用下，未来区县范围内人口在居住地和就业地之间的流动将成为一种常态，必须予以尊重。

随着平原农区居民收入的不断增加，他们对公共服务的需求在不断提高。但现有的公共服务资源在空间上配置不均，以教育为例，优质的教育资源都在向更发达地区、更高级的城镇集聚，因此也带动了受教育人群及家长的集聚。以周口西华县为例，县城受义务教育的学生中有30%来自周边农村。部分收入更高的家庭会因为让孩子接受更好的教育，而在周口市区、漯河市区甚至郑州市区买房。除了向城镇集聚来接受更好的服务之外，农村新社区也因为能够提供更好的公共服务而逐渐吸引越来越多的人群进驻。可见，居住更趋近于公共服务水平高的地区。

（四）城镇化空间格局变化的特征和趋势

1. 市县平行发展

历史上，豫东南无差别的地形地貌条件、方格式的交通网络，使得交通线路交汇处的城镇发展机会基本相等，最终产生了市域、县域直至镇域层面都相对均衡的城镇空间结构，不同层级的城镇体系结构均表现出一定的自相似性，呈现出分形结构的一些特征。

新的条件下，各县级单位作为完整的行政单元，在宏观区位、产业基础、获得省级政府的政策支持、承接外来产业转移等方面条件均无明显差别；各地区外出务工返乡人员，受家庭、土地等因素影响，大多数也是回本县就业生活，因此县级以上行政单元的空间格局、规模等级序列不会发生明显变化，城镇空间整体上将依旧呈现相对均衡的发展态势。地级市依靠行政力量有机会获得相对较多的资源，同时提供更高层次的服务，这会使其发展速度、规模略快于县级单位，但这种差别暂时看不是很大。河南省出台了一系列鼓励地级市发展的政策诸如城市新区、组团城市，但目前为止尚未有明显成效。

2. 县城吸引人口集聚

各县内部的空间有明显的聚集发展过程，顺应非农产业聚集需求加强，随着生活水平的提高人们更希望获得高水平的公共服务，城乡之间交通条件的改善，以及产业集聚区政策的支持和引导，县城相对其他乡镇有着明显的发展优势，研究预测县城未来有望承担全县域70%左右的非农人口。

3. 乡镇出现分异

随着非农产业、优质的教育、医疗等资源在县城的集聚，乡镇一级缺乏产业支撑，加上“乡财县管”后，乡镇没有独立的财权，多数只能维持吃饭财政，所以小城镇的发展动力相比之前更为不足，很难承担起吸引乡村人口的作用。在这种情况下，乡镇出现分异，少数交通区位较好、有商贸业发展传统的乡镇人口集聚规模较大。但大多数乡镇发展滞后，在人口规模、城镇面貌、公共服务水平上和普通行政村相差无几。

4. 农村居民点优化

在内外多重因素作用下，农村居民点会不断优化空间格局。为保证国家粮食安全，小麦、玉米、大豆等粮食作物将是这一地区主要农业种植内容；随着时间推移，目前作为农业劳动主体的中老年劳动力将逐步减少，而现在的青壮年劳动力普遍缺少务农经验和意愿，研究认为在经过一代人后，农村完全务农的劳动力将减少、农村土地流转规模增加、农业机械化和社会化水平将进一步提高。与此对应的农民的聚居形态也将逐步变化，农户会根据自身的就业情况、经济情况存在居住空间上的多种选择，农村居民点将逐步缩小。居住在农村的居民对于基础设施配套和生活质量的要求不断提高，加上政府政策上的引导，农村居民点将由现在均质、分散的状态会向适度规模的集中转变。适度规模、较好的公共服务水平以及产业多功能复合的农村新社区将成为未来平原农区主要的居住空间形态。

（五）政策建议

县域发展有利于促进本地城镇化，有效降低全社会城镇化成本，促进产业空间布局和劳动力资源分布合理契合，为非农就业人群提供稳定的社会家庭支持。在产业政策上，加强外来产业和本土的结合，促进本土一些优势产业的升级和高端化，强化一、二、三产业的联动。在公共服务政策上，加大财政转移，推进城乡均等的公共服务，实现多元的住房供给，对县进行全域的规划和建设管理。在空间政策上，重点扶持县城的发展，市县产业集聚区为载体进一步强化产业集聚发展，推进产城融合。差异化发展乡镇，对中心镇实施和县城相同的规划建设管理体制。坚持“政策支持，多种选择，自主决策”原则建设农村新社区。以县级单元为重点推进新型城镇化，最终在县域内提供更多样、收入更理想的就业机会，以及城乡均等化的基本公共服务和更宜人的人居环境。

参考文献

[1] 邓大才，刘金海，曹攀峰，等．平原经济——黄河岸边农民的经济社会生活［M］．北京：中国社会科学出版社，2008.

[2] 林宪斋，王建国．河南城市发展报告（2012）——推进新型城镇化的实践与探索［M］．北京：社会科学文献出版社，2012.

[3] 温铁军．中国新农村建设报告［M］．福建：福建人民出版社，2011.

[4] 林万龙．中国农村社区公共产品供给制度变迁研究［M］．北京：中国财政经济出版社，2003.

[5] 刘大可．出资者主导下的利益相关者论［M］．北京：经济科学出版社，2005.

[6] 刘志彪，安同良，王国生．现代产业经济学［M］．南京：南京大学出版社，2001.

[7] 河南省周口市统计局．周口统计年鉴（2011）［M］．北京：中国统计出版社，2012.

[8] 河南省周口市统计局．周口统计年鉴（2010）［M］．北京：中国统计出版社，2011.

[9] 河南省周口市统计局．周口统计年鉴（2009）［M］．北京：中国统计出版社，2010.

[10] 周口市第二次经济普查领导小组办公室．周口经济普查年鉴（2008）［M］．北京：中国统计出版社，2010.

报告四

淮河流域典型农业地区城乡协调及新农村社区规划建设调研报告（以河南省周口市为例）

一、研究概况

（一）调查背景及意义

目前我国的城镇化发展水平已经超过50%，进入城镇化发展的关键时期。党的十八大明确提出坚持走中国特色的新型工业化、信息化、城镇化、农业现代化道路，推动信息化和工业化深度融合、工业化和城镇化良性互动、城镇化和农业现代化相互协调，促进工业化、信息化、城镇化、农业现代化同步发展的要求。随着国家区域发展总体战略及“中部崛起”战略的实施，原来发展相对滞后的中部地区将会得到更多的政策支持，各地推动经济发展的积极性会更加高涨。淮河流域地区由此进入一段“追赶式”的城镇化发展时期，出现了城镇建设的高潮，新农村社区建设也在如火如荼地开展着。

“淮河流域环境与发展问题研究”是中国工程院继“中国环境宏观战略研究”成果的基础上，选择中部地区的淮河流域为研究对象，深入研究其环境与发展问题而设立的项目。根据项目立项建议大纲要求，项目共设8个课题组，其中，第六课题重点研究“淮河流域城镇化进程与环境问题”。本专题以河南省周口市为例，研究城乡协调和新农村社区的规划建设，为第六课题“淮河流域城镇化进程与环境问题”做案例支撑。

周口市作为淮河流域典型农业地区的代表性城市，城镇化的发展受现有的农业产业的影响，并受全国粮食安全政策的影响和粮食生产主产区的局限，发展缓慢。不牺牲粮食安全和不牺牲生态环境成为周口市城镇化发展的基本原则。本专题一方面从社会学的角度，采用社会调查的方法，研究和了解周口市城乡居民对城乡在空间关系、公共服务、经济发展、土地流转、农村的新型农村社区建设等多个方面的评价和需求；另一方面还将对周口市正在推进的新型农村社区建设进行评估和总结，以期在不确保农民利益不受损害的前提下，形成可以推广和复制的典型新农村社区建设模式，指导淮河流域典型农业地区城乡协调发展。

（二）研究方法

1. 深入访谈

2012年5月21—27日，课题组重点走访了周口市许湾乡刘庄村、项城市永丰镇谷楼村、商水县邓城镇邓西村和迟营乡大迟营村，分别就周口市内各类典型村庄进行走访调研。另外，课题组还走访了周口市正在推进的新型农村社区建设示范点，项城市永丰镇樊冲新型社区、商水县邓城镇宋庙惠民新村、淮阳县王店乡社区、项城市范集镇申营新型农村社区、西华县红花镇龙池头社区等五个新型农村社区。调研中除对村庄建设的基本概貌有了大致了解外，还深入访谈了村干部和个别村民。通过访谈，对周口市农村居民生活的基本状况以及推进的新型农村社区建设以及土地流转等有了基本的把握。

2. 座谈会

在对周口市进行调研期间，课题组于5月23—24日分别组织召开了西华县教育局和农办干部座谈会、项城市教育局和农办干部座谈会，并组织周口市荷花街道办事处外来务工人员座谈会。座谈会主要围绕周口市在教育布局和新型农村社区建设今后的发展方向以及发展优势和不足等几个方面的内容展开。而对外来务工人员座谈会主要是围绕周口市城市建设现有的吸引力及问题，落户周口市的阻力和障碍等方面，这样有助于我们更深刻地感受周口市现在存在问题，寻找周口市在推进城镇化发展中的动力。

3. 问卷调查

2012年6月6—14日，课题组在周口市进行实地调研，针对周口市域内的城乡居民进行大规模问卷抽样调查。

（1）调查对象。

农村居民是城乡一体化规划的直接受影响者，是城乡一体化建设中的主体，所以要以农村居民作为调查的主要对象。而城镇居民作为城市的代表，他们对农村居民的态度以及和农村居民在各个方面进行的对比，可以帮助我们更科学合理地了解城乡之间差距以及城乡一体化过程中可能要遇到的阻力来源和阻力大小。

另外周口市作为一个人口输出大市，每年有近300万外出务工人员，外出务工人员作为周口市人口的重要组成部分，他们的返乡意愿及未来迁入周口城镇的意愿将直接影响周口市城镇化发展的规模及速度。所以本次调查特意将外出务工人员也作为调查对象。

（2）样本量确定。

在本次调查中，结合专题的调查目标，根据周口市的实际情况，课题组在周口市域内所辖的8县2市内进行问卷抽样。

根据调研需要，在农村居民的问卷调查中，将周口市域内的8县2市分为周项淮西商组团和其余县。其中，周项淮西商组团共抽取12个村，其余县每县抽取1个村，共抽取5个村。每个村抽取45个样本，共计765个样本。而在城镇居民的问卷调查中，课题组将调查范围限制在周项淮西商组团中，共抽取5个城镇社区，每个社区抽取54个样本，共计270个样本。而外出务工人员则以抽中的农村村庄为基础，每个村提供20位外出务工人员名单进行电话调查，共随机抽取305位外出务工人员，作为调查对象。最后确定调查样本量为1340份样本。

在实际调研中，共发放农村居民问卷765份，问卷回收率为100%，其中有效问卷744份，问卷有效率为97.25%。共发放城镇居民问卷270份，问卷回收率为100%，其中有效问卷为268份，问卷有效率为99.3%。对外出务工人员的电话调查则共拨打305个电话，电话成功率为50.82%，其中有效问卷为155份，问卷有效率为100%。

（3）抽样方法。

本次调查采用多阶段随机抽样的方法，采用分层抽样和等距抽样相结合的方法抽取所要调查村庄或社区，共抽取17个村、5个城镇。入户之后按照Kish抽样（社会调查中的一种随机抽样方法）的方法，共抽取1340位被调查者。

（4）分析方法。

在对调查进行分析阶段，我们采用数据分析软件SPSS进行统计分析，采用频数、交叉分析、相关性分析等多种分析方法，以获取变量间的数量关系。

二、周口市城镇化状况及中心城区吸纳能力

（一）中心城区人口现状

1. 中心城区首位度低，集聚能力缺乏

根据周口市统计年鉴，自2000—2010年的10年期间，中心城区川汇区人口从28.5万人增加到2010年的52.73万人，人口翻了一番，但城市的首位度

仅从 2010 年的 2.75%提高到 2010 年 4.37%（图 1），可见周口市中心城区的首位度是很低的。

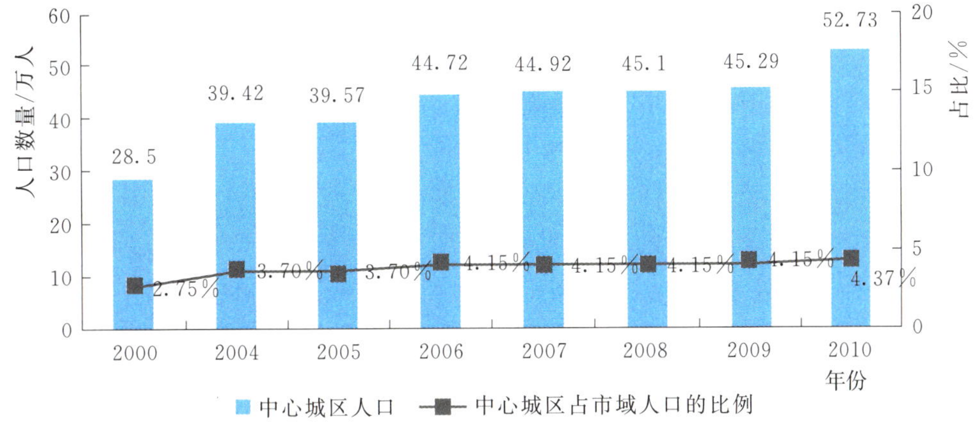

图 1 周口市中心城区历年人口图

而周口市在 2005—2011 年期间，中心城区的人口增长主要依靠人口的自然增长来完成。在中心城区出现的两次人口大幅增加主要依靠 2006 年原商水县的李埠口乡整建制划归川汇区管辖。2011 年原淮阳县许湾乡整建制划归川汇区管辖，这两次行政区划调整实现的（图 2）。

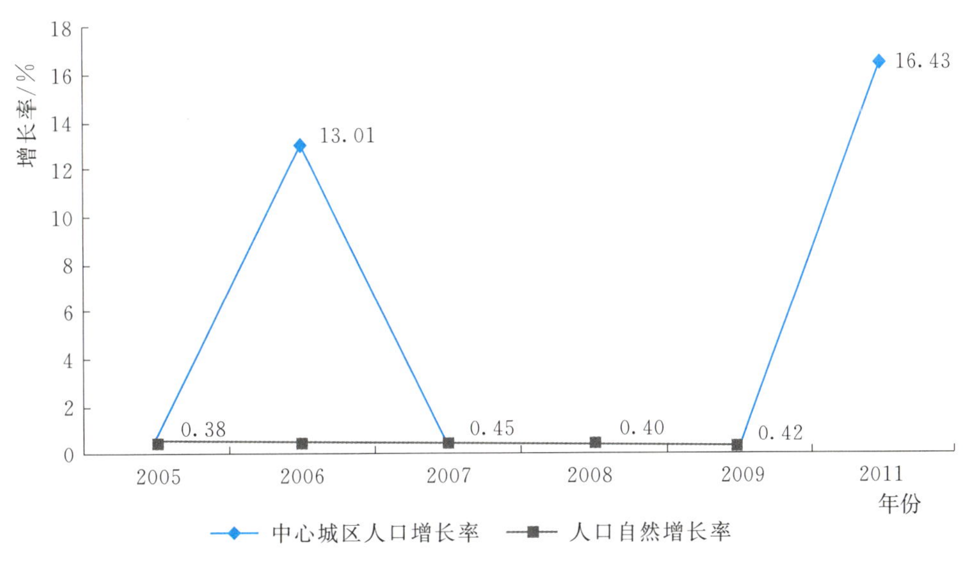

图 2 周口市中心城区人口增长率

2. 中心城区半城镇化状况严重

根据周口市川汇区统计局提供的资料显示，在周口市的中心城区的总人口中，半城镇化状况严重。城镇人口仅占 46.3%，尚有 29.5%的农村居民急需进行城镇化，另有外来人口 17.1%。此外，周口市区有外出打工人口达 47551

万人，占总人口的7.1%（图3）。

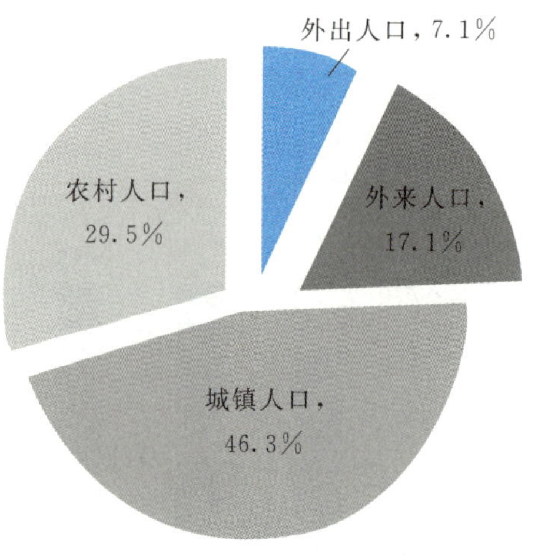

图3　周口市中心城区人口构成

（二）城乡居民对中心城区优越程度感受

1. 市区居民生活满意度低于县城居民

在对城镇居民调查中，周口市区城镇居民的生活满意度较低，有10.0%的人感觉非常满意，而由35.0%的人感觉基本满意，二者合计仅有不足五成的人感觉满意。而西华县和淮阳县城镇居民感觉满意的分别为74.0%和61.2%，均高于周口市区城镇居民（图4）。

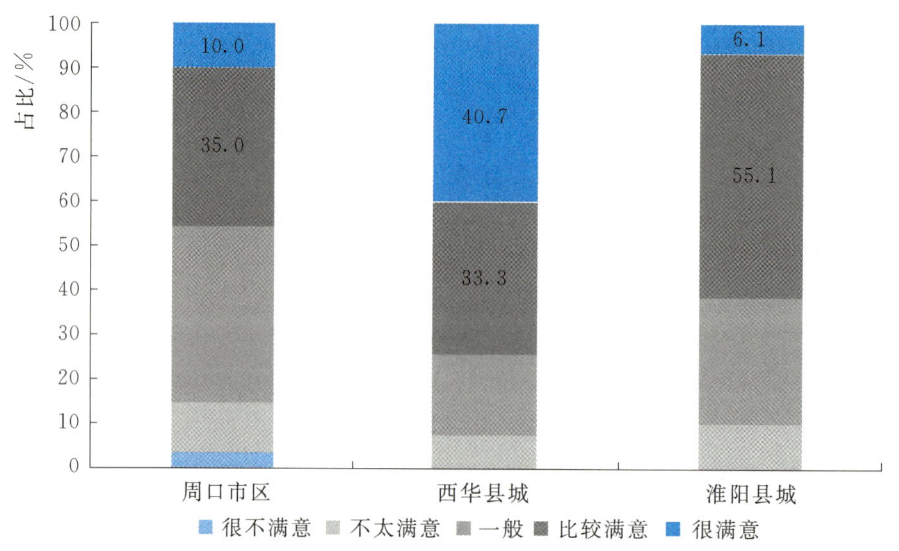

图4　城镇居民生活满意度调查情况分布图

2. 中心城区居民对本地生活的评价低于县城居民

从本地的生活评价来说，周口市的城镇居民对本地生活的评价不高，尤其是在公共停车场建设、住房价格水平、文化设施建设等方面，分别得分仅为34.78分、35.00分和37.66分。而在体育健身场所、娱乐休闲场所和工作就业机会、环境质量状况等方面也均低于50分（图5）。

与西华县城的城镇居民相比，周口市的城镇居民在对本地生活的评价上来说远低于西华县城居民。尤其是在社会治安状况、就学方便性以及市内公交建设等方面与西华县城居民的评价有较大差距。

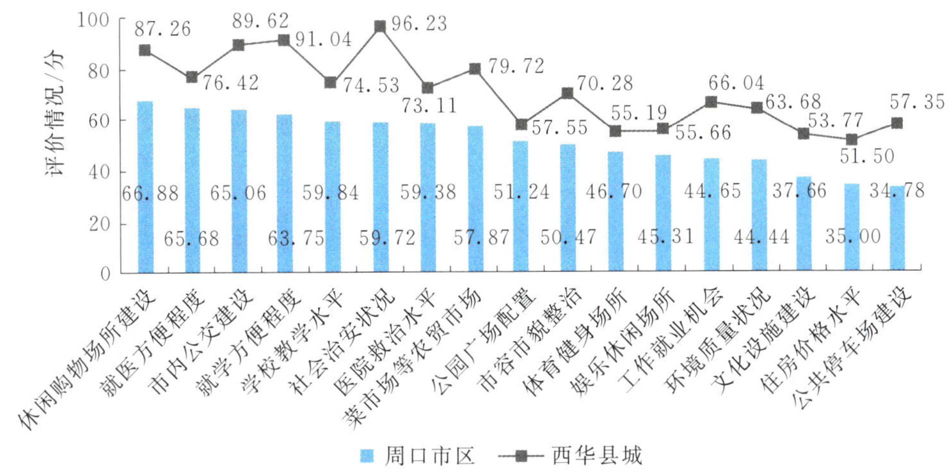

图 5 城镇居民对本地生活评价情况分布图

3. 周口市城乡居民对周口市区和县城比较感受

为了测量城镇居民对周口市区和辖区内县城的各项服务等水平差异，在问卷中从教学质量、医疗水平、消费层次、就业机会、市容市貌以及环境质量等方面考察与辖区内的县市相比周口市城区的优越程度。

调查结果显示，城镇居民认为，在教学质量、医疗水平和消费层次，周口市略有优势，但在就业机会、市容市貌和环境质量方面，各地居民认为周口市与其他县城基本差不多甚至低于其他县城（图 6）。

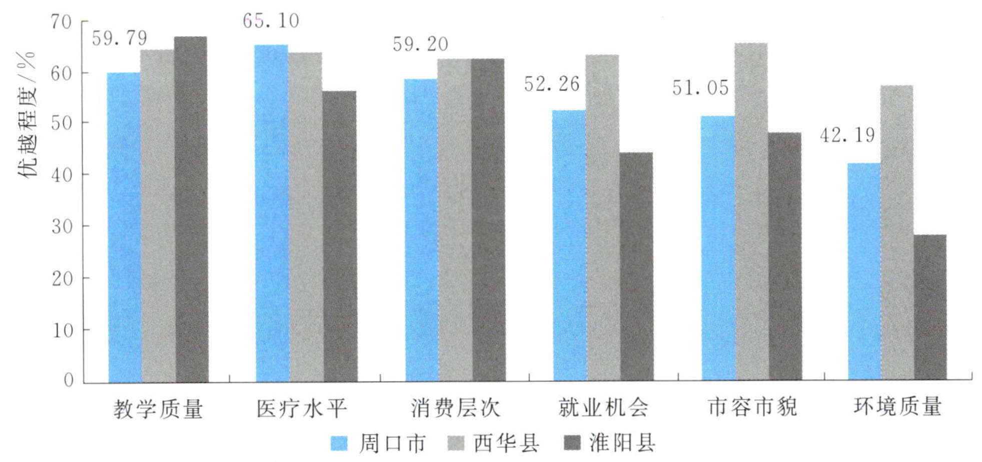

图 6 周口城镇居民对中心城区优越程度的意见分布图

而在农村居民的调查中，周口市区的农村居民认为周口市城市设施与市域内其他县城相比并无优势（图 7），其他县内农村居民则认为周口市在各方面比县城要有优势。

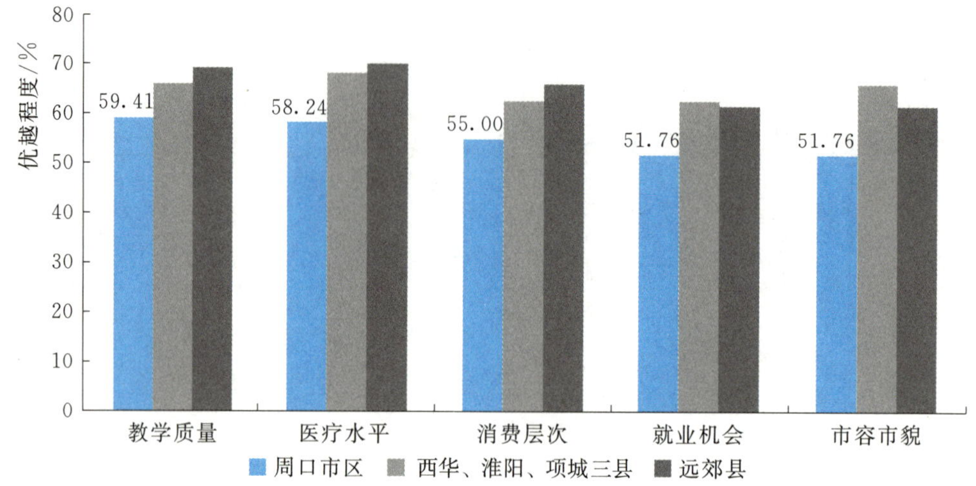

图 7　周口农村居民对中心城区优势程度的意见分布图

（三）城镇居民对周口市的消费竞争力的感受

1. 周口市区城镇居民主要在周口消费

消费竞争力是体现一个城市的吸引能力的重要指标。周口市周边有郑州市、开封市、漯河市、许昌市、商丘市等，在消费上难免会受到各周边城市的吸引。在此次调查中，我们主要以购物和休闲两个指标进行测量。

调查结果显示，周口市城镇居民的购物和休闲行为主要发生在周口市，其指标分别为 88.8%和 66.5%，除了在周口市内以外，郑州也吸引了很多周口市居民去购物和休闲，分别有 45.3%和 42.4%的人表示经常到郑州购物和休闲。而开封市则主要在休闲上吸引周口市的居民，占 33.5%（图 8）。

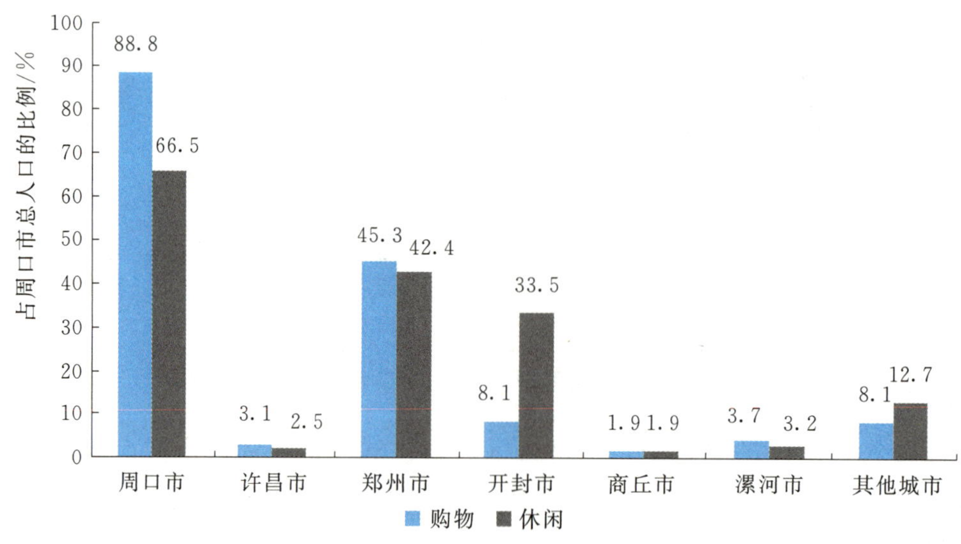

图 8　城镇居民购物和休闲的地点分布图

2. 县城居民主要在本地消费

调查显示，西华和淮阳县城的城镇居民购物和休闲主要以在本地县城，其指标分别为 93.3%和 74.3%。而周口市也吸引部分城镇居民的购物和休闲，分别占 31.7%和 25.7%。另外，郑州市也吸引了部分县城居民去购物和休闲，分别占 12.5%和 17.1%（图 9）。

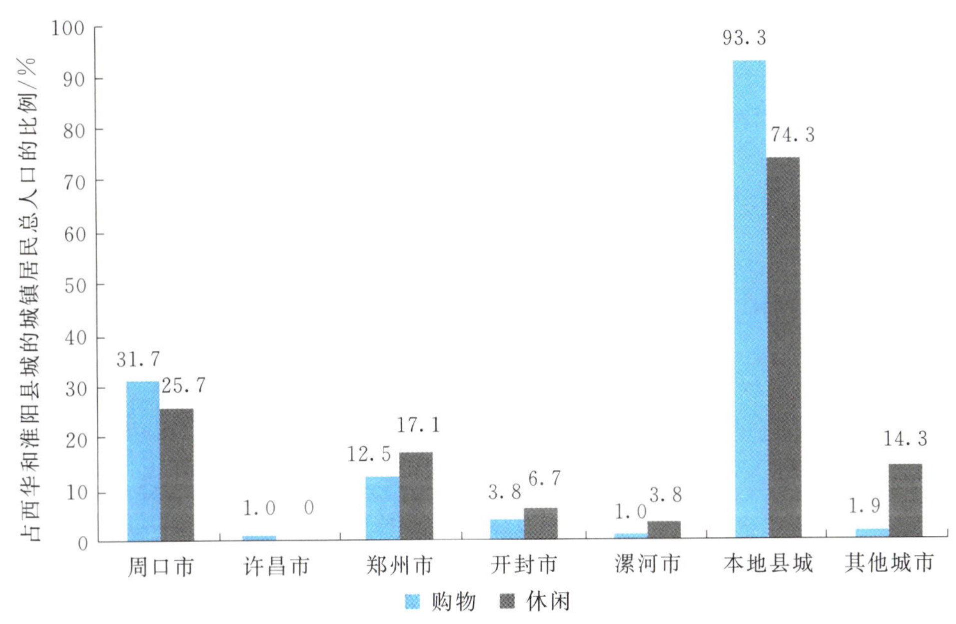

图 9 县城居民在周口市域内购物和休闲的地点分布图

3. 周口市区承担了农村居民很小部分的消费职能

在对农村居民的调查中发现，给家人看病、宴请宾客、买农资化肥方面，农村居民经常在村内处理；镇区也承担了各个消费层次将近一半以上的消费职能。而县城则主要是承担了购买大电器、买日常衣物等消费职能（图 10）。而周口市在日常消费上基本没有承担消费职能，仅在购买大电器和买日常衣物上承担了小部分的职能。

（四）周口市人口迁入迁出意愿

1. 周口市城镇居民迁出本地的意愿强烈

对周口市城镇居民调查结果显示，周口市区、西华县城和淮阳县城的城镇居民均表达了较强的迁出本地的意愿，有 38.6%的表示如果有机会，愿意搬到其他更大的城市去工作和居住（图 11）。

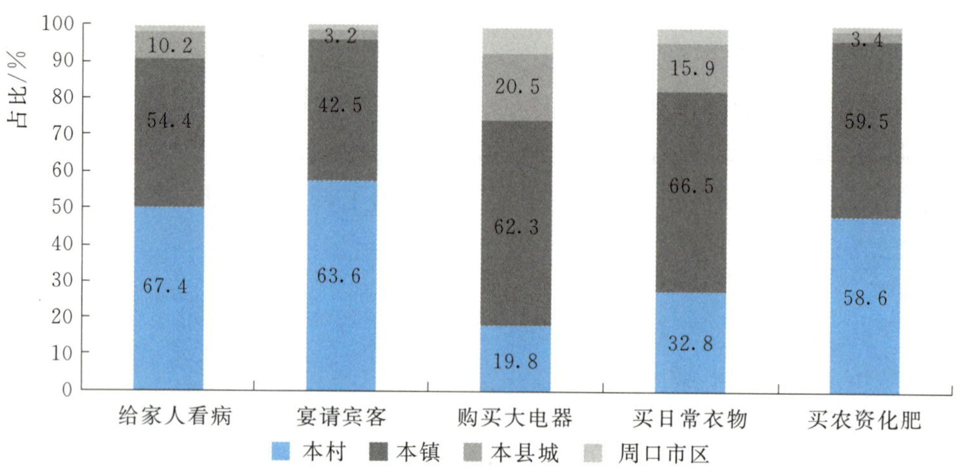

图 10　农村居民在不同级别城镇的消费情况分布图

2. 周口市区城镇居民主要想迁往郑州

周口市区城镇居民迁出本地的意愿也较强烈。迁出目的地主要是郑州，占44.3%；其次是外省城市，占25.0%（图12）。

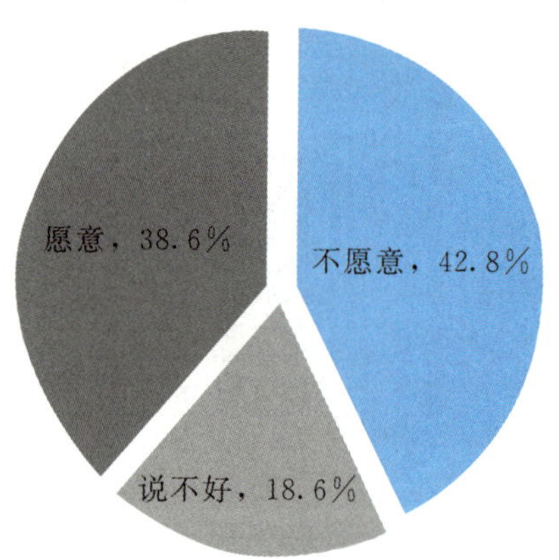

图 11　周口市区城镇居民迁出本地的意愿情况图

3. 周口市县城城镇居民迁往郑州的意愿更高

西华县城和淮阳县城的城镇居民迁往郑州意愿很强，占41.5%。迁往周口市区的意愿为18.9%（图13），由此可见，周口市县城城镇居民迁出周口市域的意愿较强，而迁往周口市区居住和生活的意愿不强。

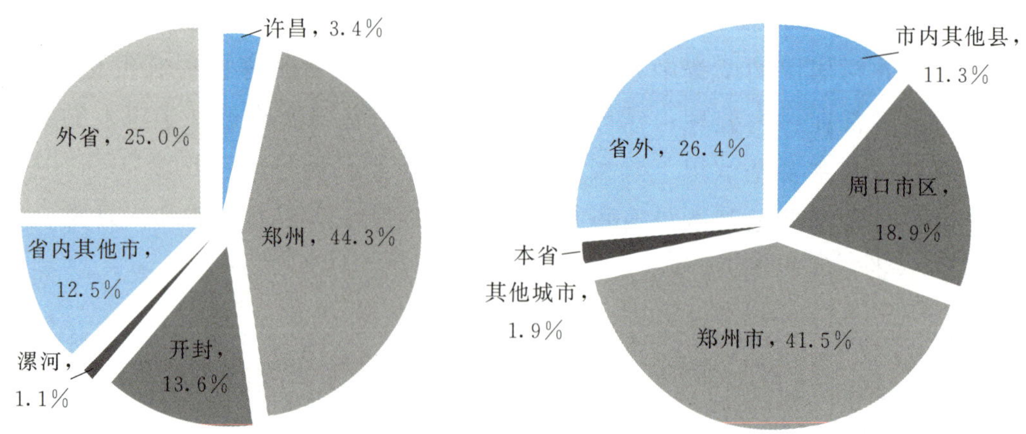

图 12　周口市区城镇居民迁出意愿分布图[1]　　图 13　周口各县城居民迁出意愿分布图

[1] 图中数据合计数由于单位取舍不同而产生的计算误差，并未进行机械调整。

三、周口市人口流出及未来返乡意愿

（一）周口市人口流出状况

1. 周口市劳动力大量流出

自2006年开始，周口市每年输出农村富余劳动力达到226万人，而到2010年年底，此数据增加到300万人，四年内增加了近80万人。

将全市从业人员与输出的富余劳动力相加，得出富余劳动力占劳动力的比重，进行比较发现，周口市农村富余劳动力的输出速度在以每年1个百分点的速度进行递增。从2006年年底的26.0%，增加到2010年年底的31.0%（见图14）。

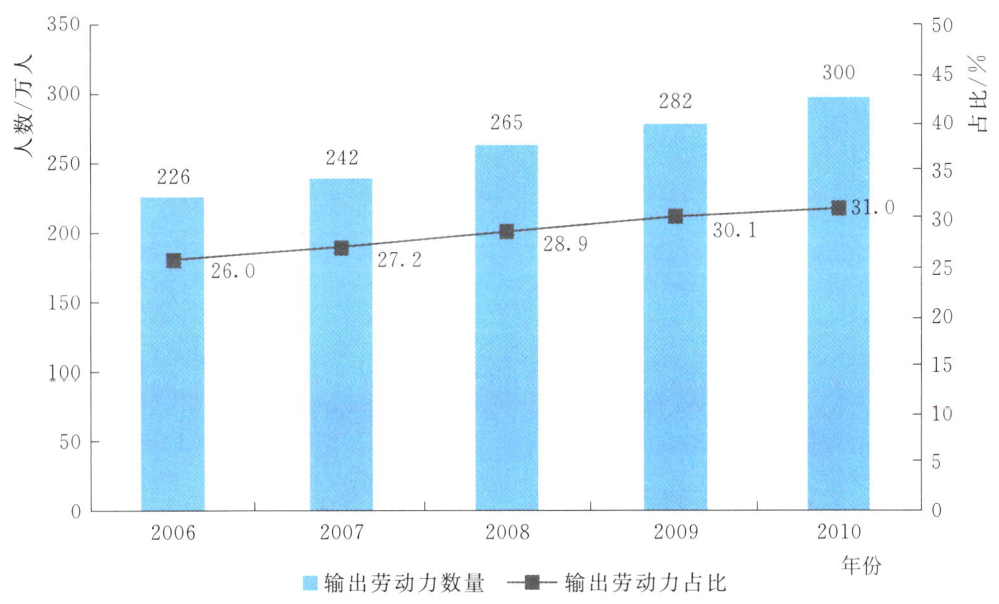

图14 周口市农村劳动力输出情况图

2. 外出人口主要在省外务工

在农村劳动力外出打工的区域中，东部沿海省份占68.4%，中部内陆省份占4.7%，西部边远省份占10.5%。在河南省内打工的占16.3%，其中周口市内占5.3%，郑州等周口城市占8.4%，河南省其他城市的占2.6%（图15）。

（二）周口市流出人员状况

1. 学历较高

将农村外出务工人员的学历与农村留守居民进行比较发现，外出务工人员

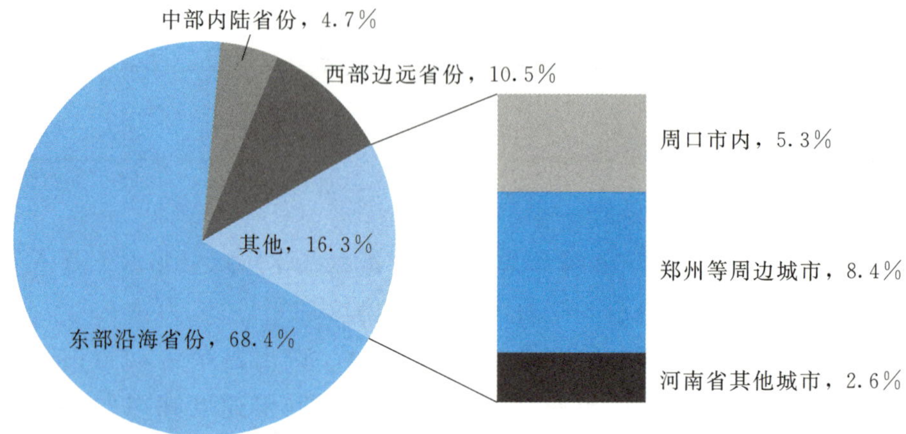

图 15　周口市农村劳动力外出打工区域分布图[1]

的学历层次明显高于留守农村居民（图 16）。这就意味着，农村大量富余劳动力的输出，输出了大量的农村精英分子，这给当地的产业和生产发展都会造成较大的影响。

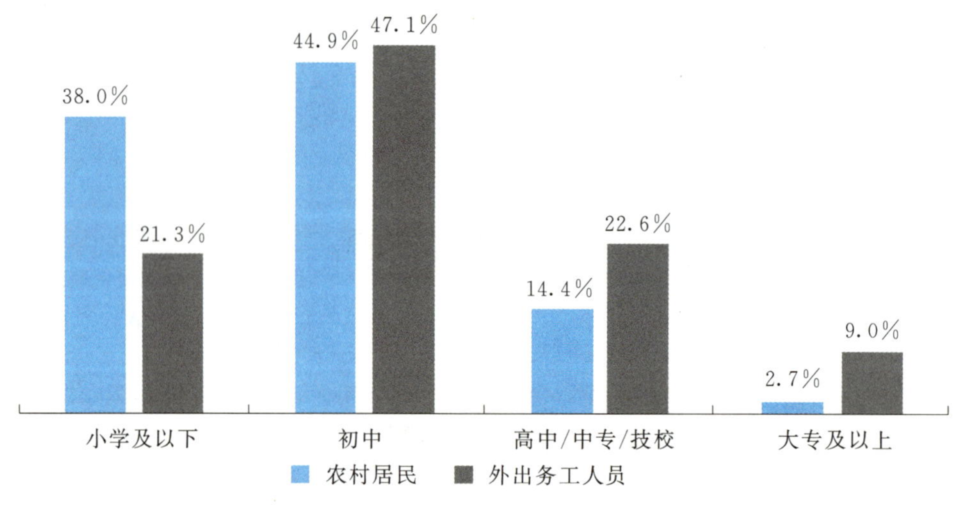

图 16　周口市农村留守居民与外出务工居民的学历情况分布图

2. 中青年占比较高

周口市外出务工的人员的平均年龄为 33.8 岁，大多为青壮劳动力，年龄在 26～45 岁之间占将近 60%。在调查中我们也发现，在对农村进行调查中，村内留在家务农的大多为 50 岁以上的老年人，很多的家庭模式为年轻人在外打工，而留老年人在家照看孩子及土地（图 17）。

[1] 图中数据合计数由于单位取舍不同而产生的计算误差，并未进行机械调整。

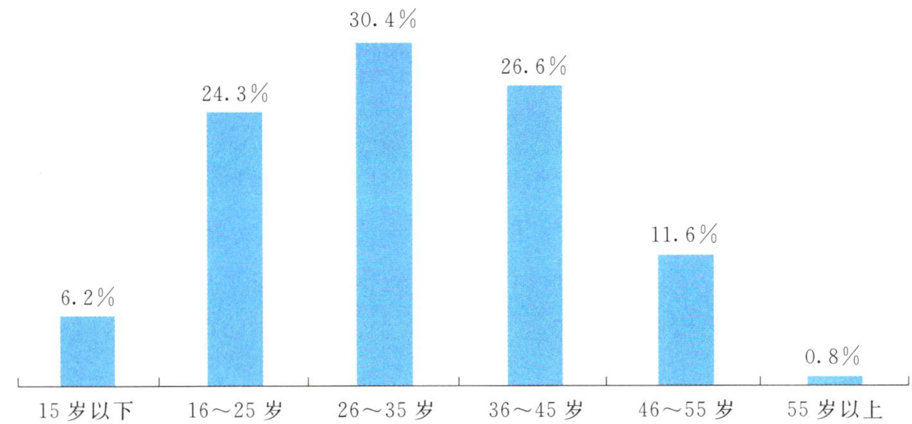

图 17　周口市外出打工人员年龄分布图

3. 大多已婚

在调查中发现，在外出务工人员中，有 85.8%的都已经结婚。而只有 30.8%的外出务工人员与老婆孩子一起在外地，老婆孩子都没在一起的占 48.9%。也就是说在已婚的外出务工人员中，有近 50%与老婆孩子身处异地，无法享受家庭的天伦之乐。

4. 大多在老家有新房

外出务工人员虽然在城市打工，但在农村大多有住房。调查发现，有 57.1%的已婚外出务工者中，结婚时家里在老家为其盖了新房。

在他们离乡外出务工后，房屋主要由老人、爱人和孩子居住。调查显示，房屋由老年人居住的占 74.7%，由孩子居住的占 56.9%，由爱人居住的占 42.1%，仅有 4.6%的房屋是空置（图 18）。

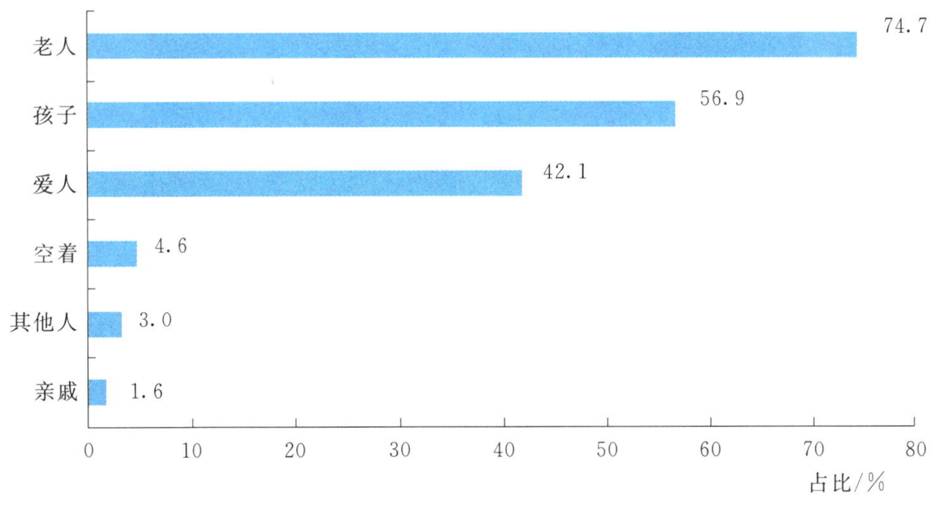

图 18　周口市外出务工人员家中住房的现居住人员情况图

（三）周口市流出人员就业及生活状况

1. 月平均工资为 2605 元

调查数据显示，周口市外出务工人员每月收入平均为 2605 元，则全年人均收入为 31260 元，与 2011 年周口市城镇居民人均可支配收入 14583.48 元以及农村居民人均纯收入 5447.6 元相比明显高很多。这就足以表示周口市外出务工人员收入高于周口市内收入，差异较大，才会出现如此多的外出务工人员。

2. 主要靠租住房屋和居住集体宿舍

在居住方面，外出务工人员的大多居住条件较差，在外居住主要是租住房屋和住单位的集体宿舍，分别占 49.7%和 40.6%。也有 7.7%的外出务工者在外购买了住房。初步可以推断，在 7.7%在外购买住房的外出务工人员返乡的可能性较小。

3. 就业主要是在工厂打工和在建筑工地打工

调查显示，外出务工人员就业主要是在工厂打工，占 37.4%；在建筑业打工的占 23.9%；在企事业单位的较少，仅占 6.5%。另外还有部分外出务工人员从事挖煤探矿、收废品、摆小摊等城市内较为底层的工作（图 19）。

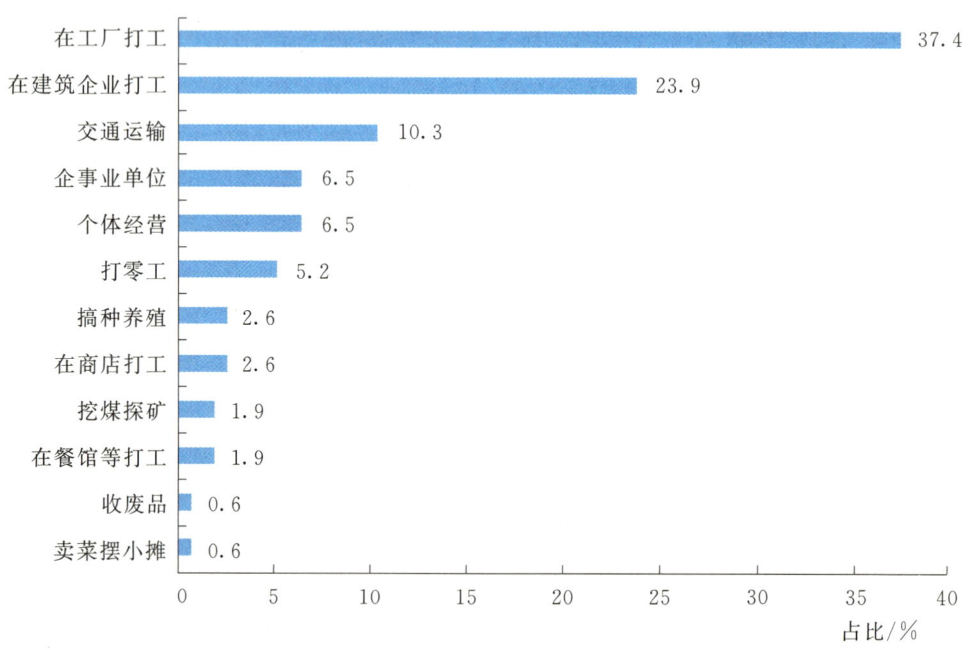

图 19 周口市外出务工人员就业情况分布图

4. 外出人员大多掌握一定劳动技能

调查显示，外出务工人员大多掌握一定的劳动技能，尤其是建筑施工、美容美发、驾驶等方面均有不少外出务工人员掌握此类技术。另外，在外务工人员部分还掌握服装加工、食品加工等技能，这些技能为未来外出务工人员返乡后为周口市的城镇化建设将有巨大贡献（图 20）。

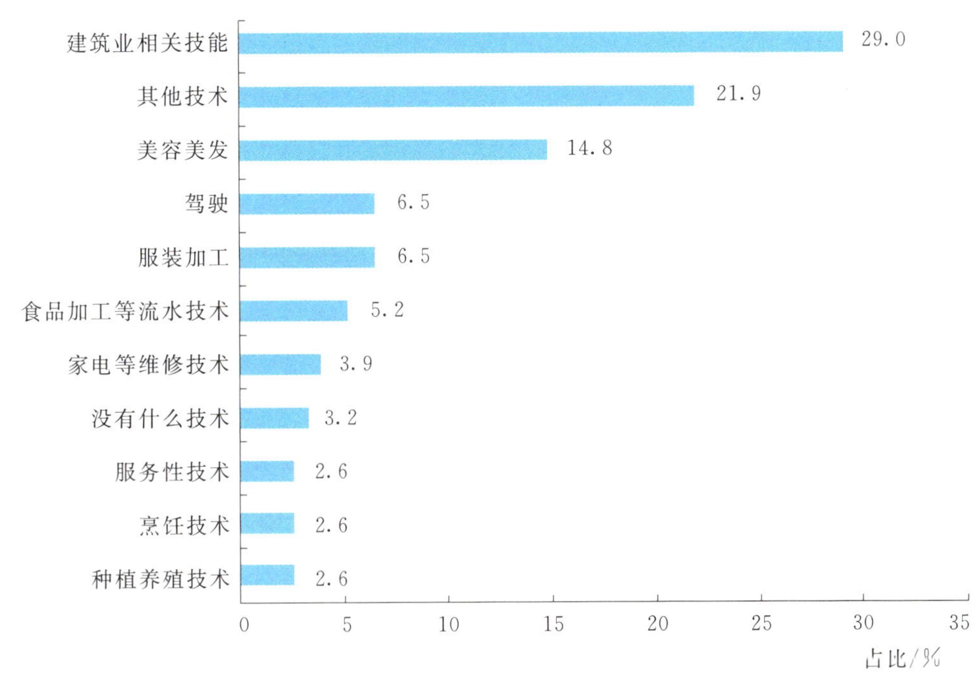

图 20　周口市外出务工人员掌握技能状况分布图

5. 在外地工作遇到最大的问题

尽管与周口市的居民相比外出务工人员的收入较高，但是在打工就业地，外出务工人员仍处于社会的边缘，属于低收入群体。再加上租房、生活等费用高昂，致使其收入相对较低。另外，外出务工人员认为不能和家人团聚，无法与家人沟通，不能享受正常人的天伦之乐，是现在遇到的最大问题之一（图 21）。

外出务工人员的生活可以分为两部分：一部分在老家完成，比如就学、结婚、生子甚至消费，而这些都是正常生活中感觉比较有幸福感和可回忆的时间；而另一部分是工作或者可以说是打工。正常人的生活和工作是相互融合的，而外出务工人员这两部分是在不同的地点完成的，当然是分离的。这自然会让外出务工人员在务工所在地无法享受家庭的天伦，而只能压抑自己的生活和消费欲望，而节假日回老家生活消费。

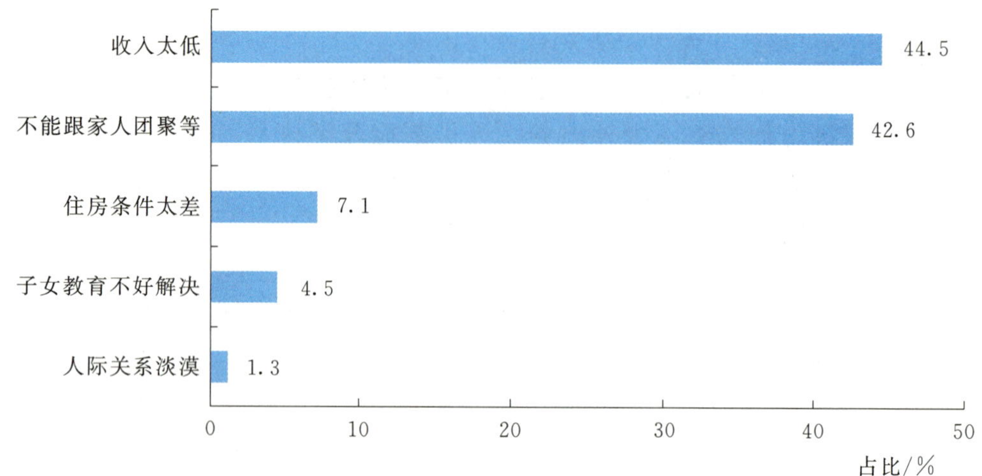

图 21　周口市外出务工人员在外地工作的最大困难分布图

（四）周口市流出人员日常返乡状况

1. 第一次外出务工的平均年龄较为年轻

根据调查显示，外出务工人员第一次外出务工的年龄平均为 22.8 岁，最高的为 58 岁，最小的为 13 岁。在周口调研中发现，外出务工人员大多在初中毕业，有的甚至在小学毕业后，会跟随自己的亲戚朋友外出务工，所以外出年龄偏年轻；也有部分中老年人，因家庭负担过重，而选择外出打工，养家糊口。

2. 每年平均回家次数少而想家多

在调查中，大多数外出务工人员每年只回家 1 次，平均每人每年回家 1.85 次。每年在家平均 30 天。每年回家的原因 81.9%是因为想家。31.0%是因为农忙需要回家帮忙（图 22）。

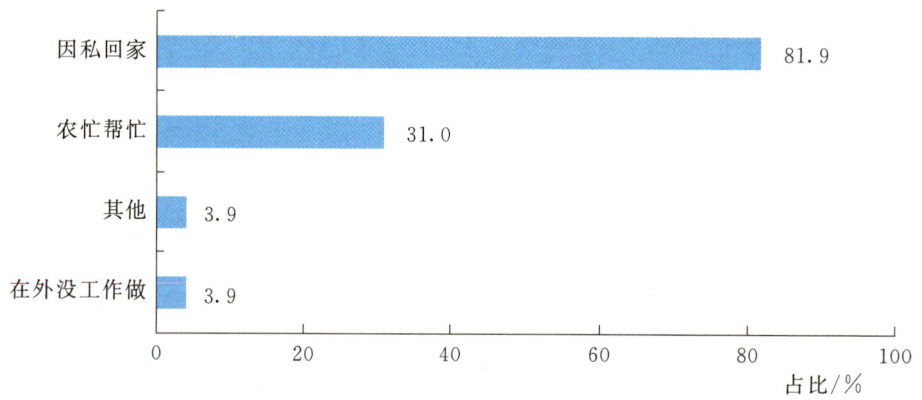

图 22　周口市外出务工人员返乡原因分布图

（五）周口市外出人员返乡意愿

1. 返乡意愿强烈

在对外出务工人员的返乡意愿进行测量发现，外出务工人员有 89.0%的人明确表示会返回周口市居住，这充分说明外出务工人员均有强烈的返乡意愿。他们认为返乡是他们必然的归宿（图 23）。

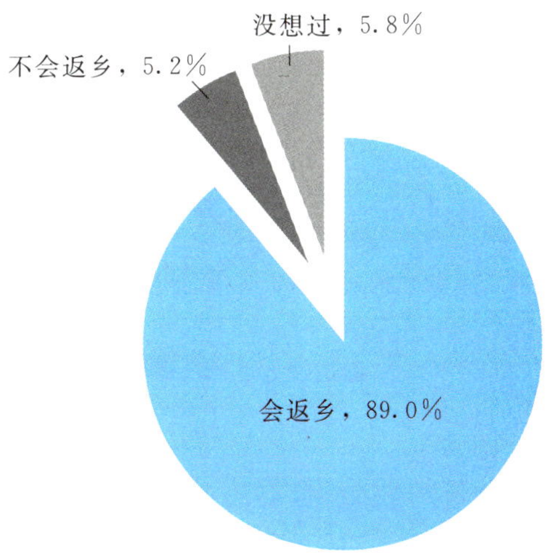

图 23 周口市流出人员返乡意愿分布图

2. 拟返乡时间短

而在返乡的时间上，外出务工人员大多认为会在短期内返乡，平均为 3 年。而认为会在 1～3 年返乡的占 66.3%，认为 4～6 年的占 21.7%。认为返乡时间为 1 年的最多，而也有认为会在 30 岁之后返乡（图 24）。

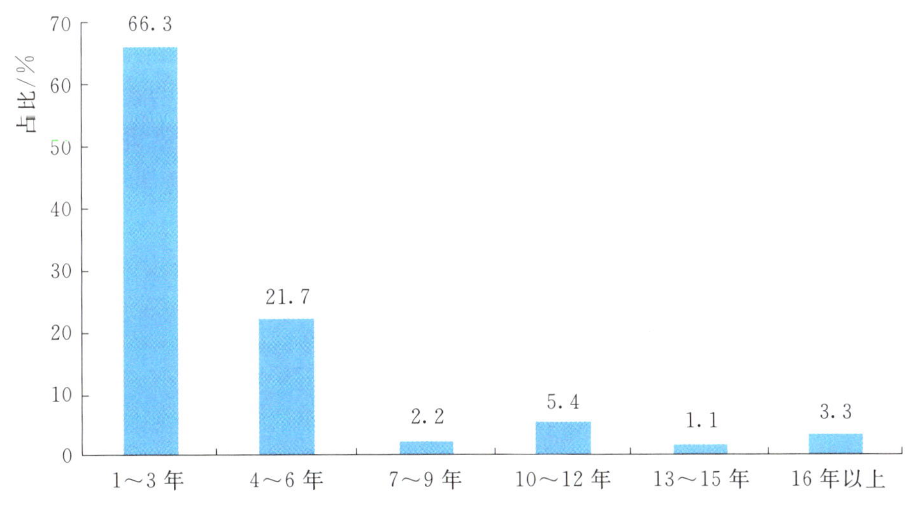

图 24 周口市外出务工人员拟返乡时间分布图

3. 选择返乡的原因

在返乡的原因上，外出务工人员选择返乡的原因是有家人需要照顾、老家赚钱机会增加以及外地不好赚钱等，而老家赚钱机会增加的比例要高出外地不好赚钱的 4.1 个百分点。这就意味着，外出务工人员在当地的就业机会增多，或者是外出务工收入与当地差不多的情况下更容易会选择返乡（图 25）。

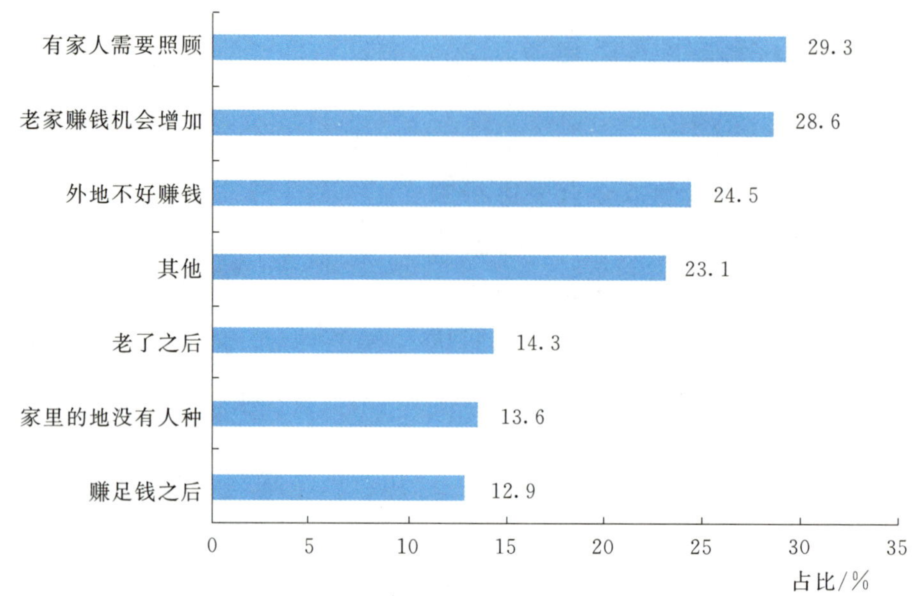

图 25　周口市外出务工人员返乡原因分布图

在访谈中，有一小伙子表示，如果在外地每个月收入 5000 元，而在周口市有 2000～3000 元/月的就业机会，他就会选择返乡就业。

4. 选择不返乡的原因以本地就业机会少为主

对不返乡的原因追究恰好印证了吸引外出务工人员返乡的主要途径就是增加就业机会，在调查中，选择不返乡的人则主要是因为周口就业机会太少，占 50.0%。也有人表示在外面混得还可以，出去就不想回来等，分别占 25.0% 和 12.5%（图 26）。

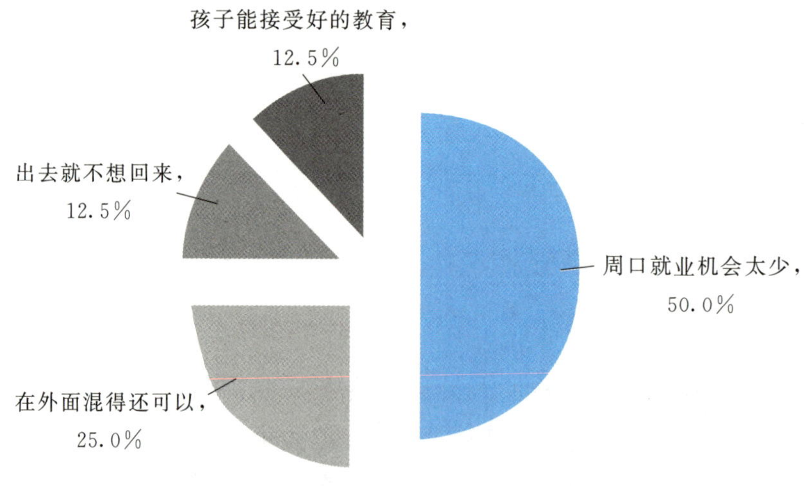

图 26　周口市外出务工人员不返乡原因分布图

（六）周口市流出人员返乡后的就业和居住地选择

1. 拟返乡流出人员就业选择

在拟返乡的外出务工人员中，有40.8%的人选择返乡后自己做小生意，有21.8%的人选择务农，选择进企业打工的占8.8%（图27）。

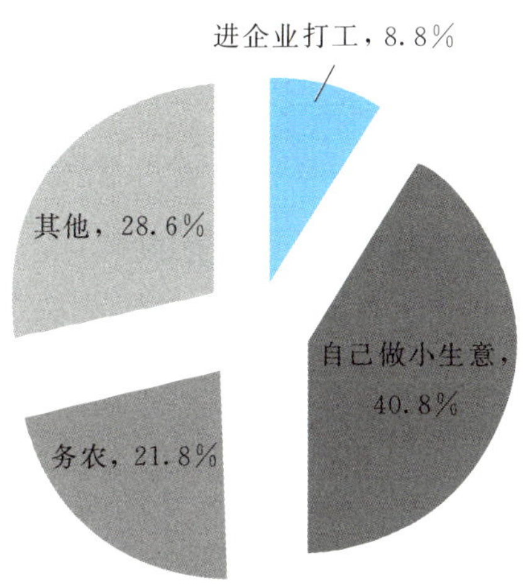

图27　周口市外出务工人员返乡之后就业选择情况分布图

2. 拟返乡流出人员居住地选择

外出务工人员返乡后首先选择在本村居住，占49.7%；返乡后到县城居住的占25.2%，到周口市区居住的占5.4%（图28）。这就说明外出务工人员的返乡将会带来农村新型社区的建设以及城镇化发展的巨大动力。

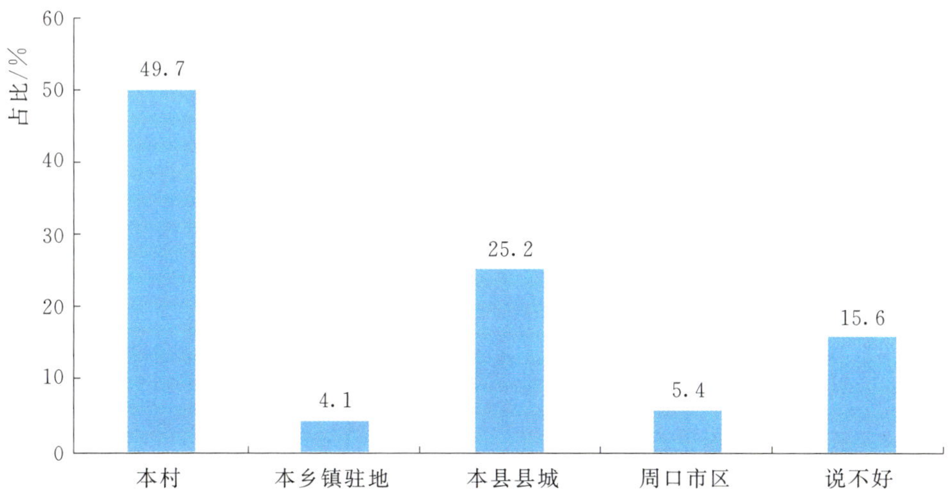

图28　周口市外出务工人员返乡之后的居住地点选择分布图

将年龄与返乡地点进行交叉分析发现，外出务工人员的年龄与返乡后的地点呈显著性差异，年龄越大，留在村里的意愿越强（表1）。

表1　不同年龄段外出务工人员返乡之后的居住地点意愿情况表

年龄/岁	返回本村/%	返回本乡镇/%	返回县城/%	返回周口市区/%	不返回/%	没想好/%
<35	29.6	5.6	25.4	8.5	26.8	4.2
36～50	50.0	2.6	23.1	2.6	16.7	5.1
>51	85.7	0	7.1	0	0	7.1

3. 拟返乡外出人员对返乡后的收入的期待

对于拟返乡后的外出务工人员来说，返乡后的收入平均认为3116元/月即可满足，而这工资远高于周口市内的平均工资。

（七）留住外出打工人员的重要手段

在对吸引返乡农民进城的策略上，外出务工人员和城镇居民均认为应该提高医疗水平和教育水平来吸引；二者在提供落户优惠政策、房价以及增加就业机会方面存在一定的差异。城镇居民认为提供落户优惠政策比较重要，而外出务工人员则认为并不重要，重要程度分别为79.4分和57.24分。在房价问题上，城镇居民认为房价不要太高比较重要，而务工人员则认为重要程度一般。而外出务工人员认为增加就业机会非常重要，而城镇居民则认为比较重要（图29）。

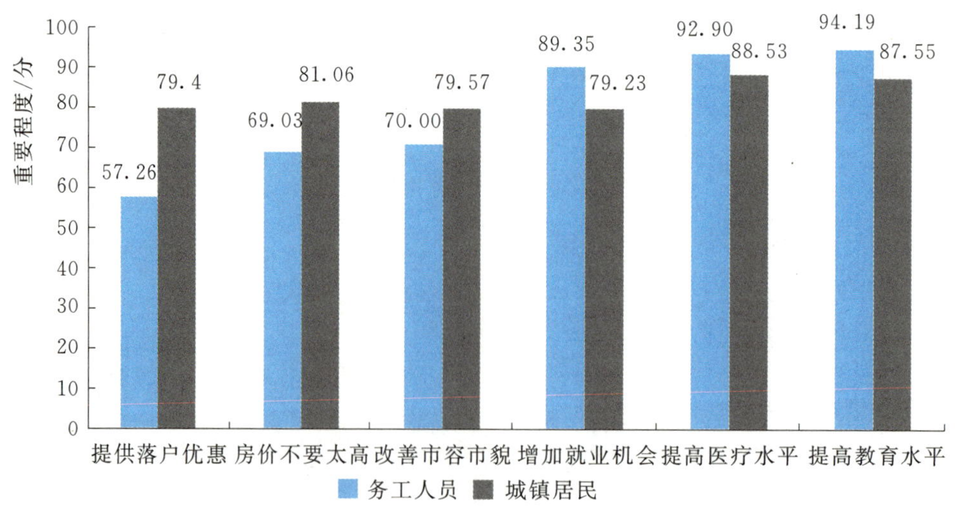

图29　城镇居民与外出务工人员对城市吸引力的意见统计图

对外出务工人员来说，他们关注的不再是城镇户口，而是一个城镇就业和服务水平能否满足他们的需求。

四、周口市农村公共设施需求及配置

（一）周口市农村居民对提高生活水平和改善生产条件的需求

1. 农村居民改善生活条件的最主要需求

农村居民对提高生活水平的需求来看，改善农村道路需求度最高，为91.26分；认为污水处理、供电质量、垃圾处理、提供自来水、改善路灯照明也非常的重要，重要程度均在80分以上（图30）。

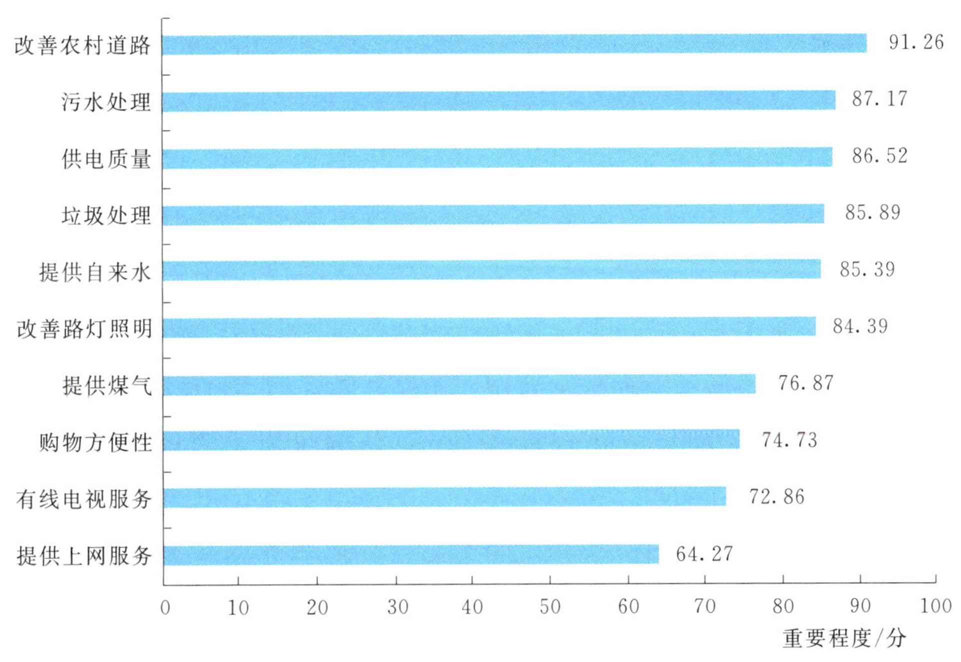

图30 周口市农村居民对提高生活水平的需求情况分布图

2. 农村居民对改善生产条件的最主要需求

在改善生产条件的需求上，改善农田灌溉需求最强，为88.70分。另外，提供农业技术服务、提供农业信息以及提供技术培训的需求也均在80分以上（图31）。

（二）公共服务设施的期望距离

1. 幼儿园、小学和农资销售点的期望距离

在调查中发现，周口市的农村地区每个村几乎都有小学，而小学教学中存

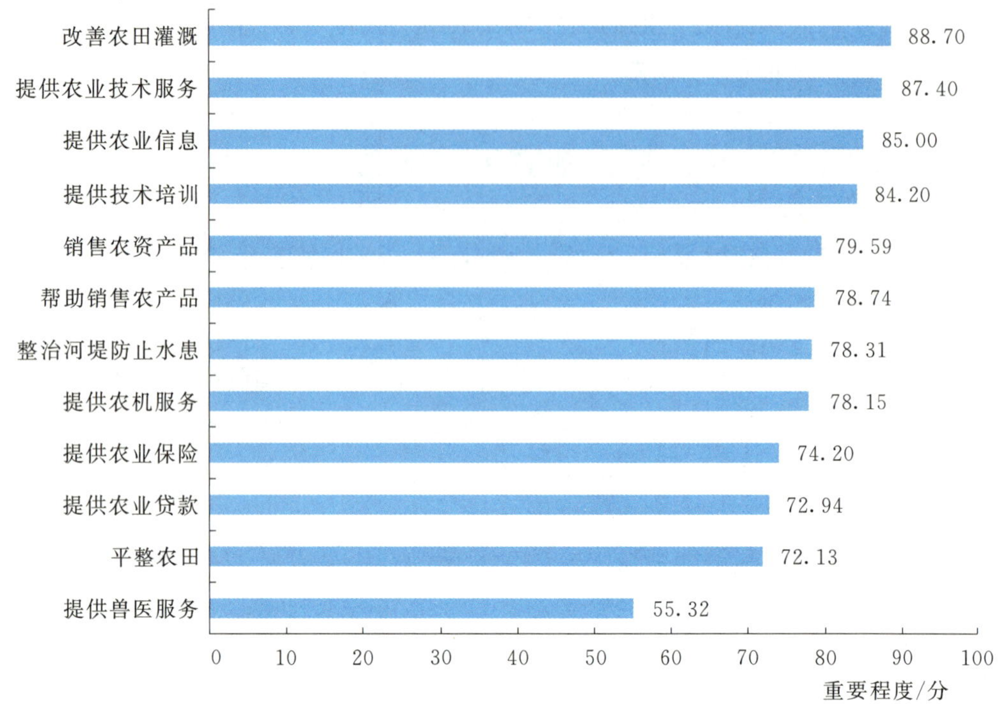

图 31 周口市农村居民对提高生产水平的需求情况分布图

在师资力量薄弱、生源不足等诸多问题。农村地区还存在一个问题是农村生源均被吸引到县城或周口市教学质量较好的学校，导致农村生源更加不足，而城镇教学质量较好的学校生源拥挤等问题。在问卷调查中，村民距离最近的幼儿园和小学的平均距离为 0.97km 和 0.71km，认为可以适当承受的距离均为 1.13km（图 32）。

在对一所小学的校长进行访谈中谈到，每个村规模在 4000 人以上方可以承担一个小学，可以根据相近的村庄进行学校的撤并，但不能操之过急，应考虑就学距离。他认为在 2km 内都可以承受。

周口市作为粮食主产区，农资销售必不可少，但是对农资销售点的距离，村民认为也可以适当延长，这主要是种植粮食作物所需要的农资都是时间性较强的，分阶段进行的，再加上交通的发达，农村居民可承受的距离也随之延长。

2. 兽医站和公交车站的期望距离

在周口市内的农村中，村民距离兽医站和公交车站的距离较远，分别为 1.95km 和 1.64km，而农村居民可承受的距离分别为 1.69km 和 1.24km。在规划过程中，村级公交车应该至少实现到县城的村村通，而兽医站的可以适当在中心村设置。

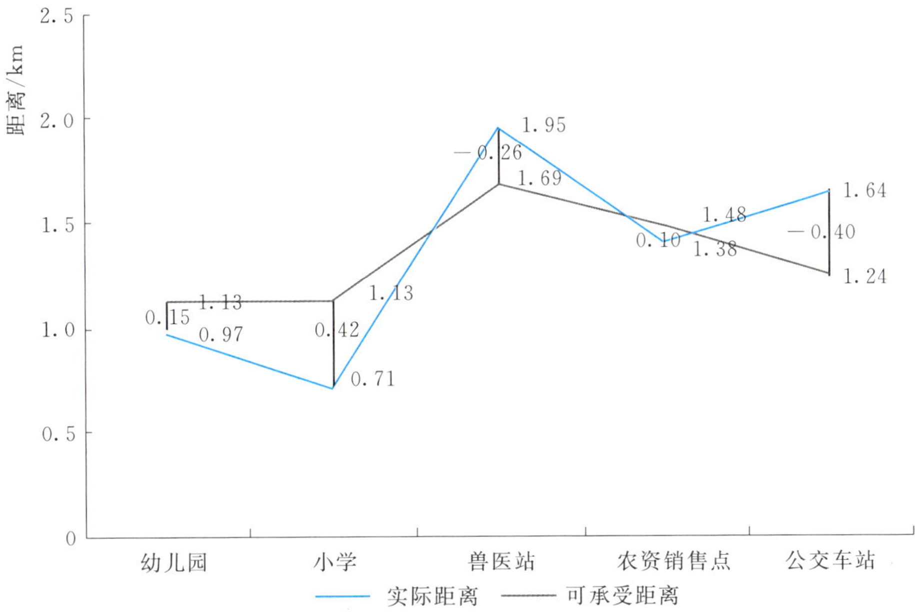

图 32　农村公共服务设施的实际距离与可承受距离情况图

（三）不同级别城镇承担的公共服务职能

1. 周口市区承担的公共服务职能

在调查中发现，农村居民在给家人看病、买日常衣物和购买大电器等农村居民偶尔会选择到周口市区（图 33）。

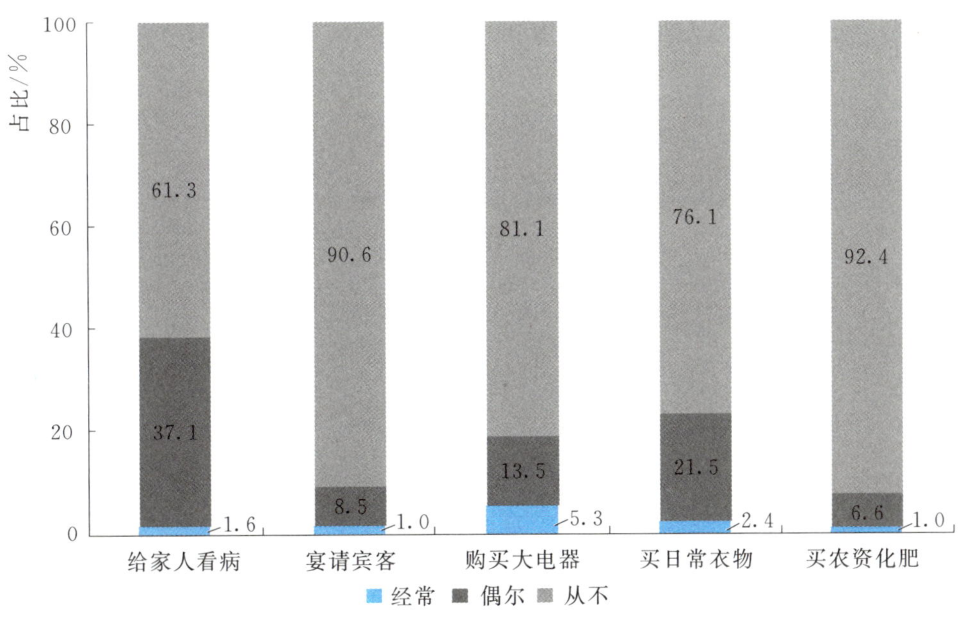

图 33　农村居民进入周口市区所从事的活动图

2. 县城承担的公共服务职能

给家人看病、购买大电器、买日常衣物、买农资化肥以及宴请宾客等村民偶尔也会选择到县城（图 34）。

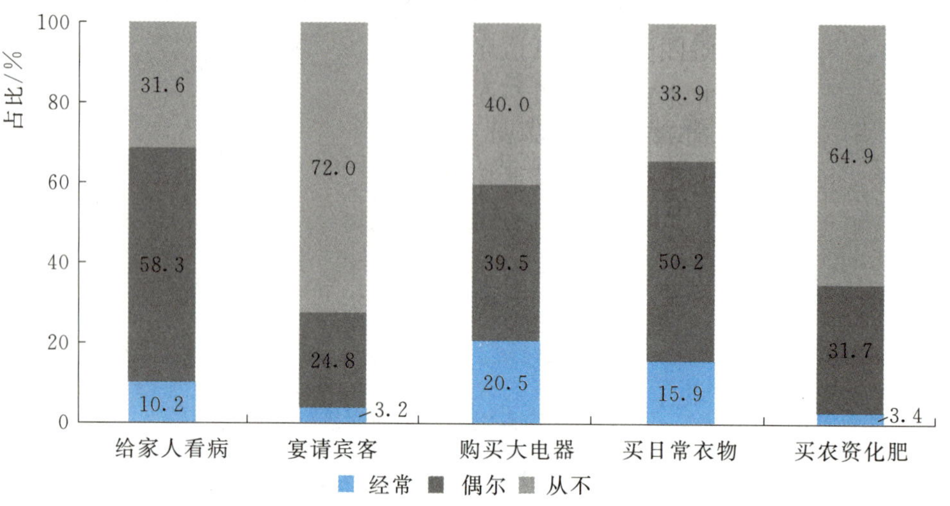

图 34　农村居民进入县城所从事的活动图

3. 乡镇承担的公共服务职能

乡镇驻地承担了大部分农村居民的消费职能，尤其是购买大电器和买日常衣物以及买农资化肥等。除行政村具有的日常生产生活消费职能外，还应配置略低于县城、但要高于行政村配置的基本公共服务设施（图 35）。

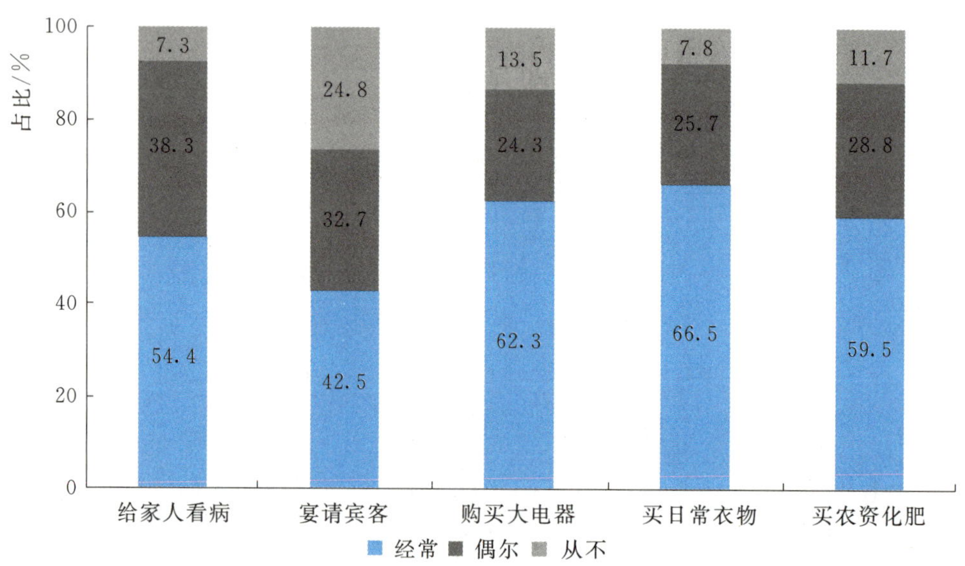

图 35　农村居民进入乡镇所从事的活动图

4. 行政村承担的公共服务职能

在村庄中，给家人看病、宴请宾客以及买农资化肥等农村居民大多选择在村内消费。行政村承担了农村居民大部分的小病医疗、日常生活及生产消费功能，并承担了部分大件生活电器及衣物等消费（图 36）。

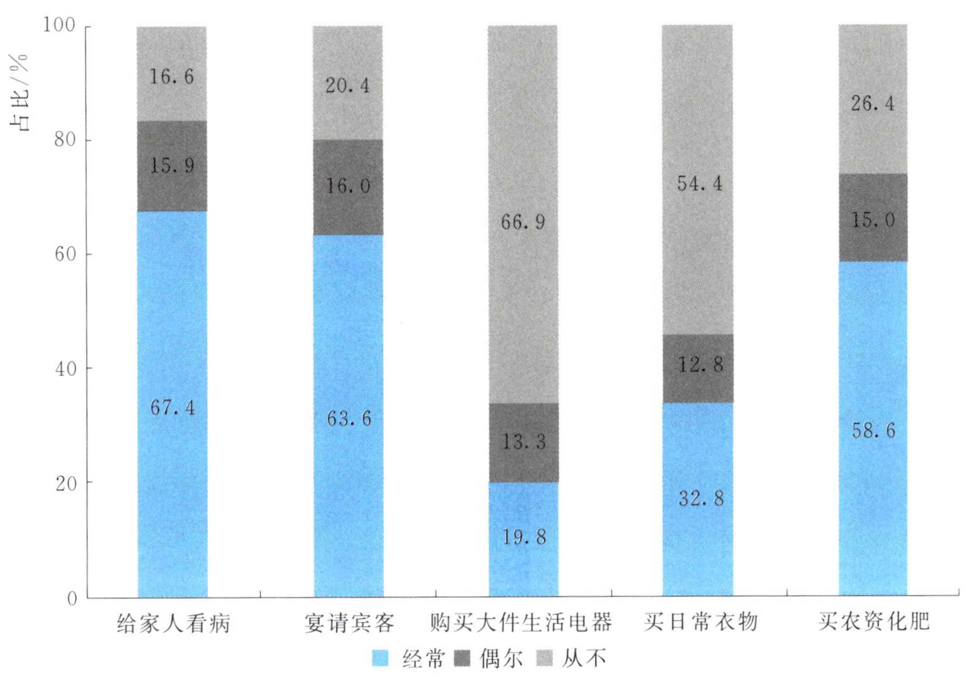

图 36　农村居民在行政村当中所从事的活动图

五、周口市农村产业化发展现状及土地流转意愿

（一）土地拥有及耕种状况

1. 周口市农村居民户均承包地拥有量

周口市作为农业大市，人多地少。在调研中发现，周口市农村居民户均承包地拥有数量为 5 亩，人均 1 亩左右。

2. 周口市农村居民土地自种比例

在周口市农村，虽然富余劳动力输出较多，但农村居民的土地自种比例非常的高，占 98.2%。耕种土地主要依靠老人和妇女，分别占 24.1% 和 33.5%。而男性壮劳力也占到 40.0%。这大多是依靠外出务工者农忙时返乡帮忙来完成（图 37）。

3. 周口市农村居民主要种植作物

在调查中发现，种植粮食作物收入占农业总收入的比例达到87.2%，种植经济作物收入和养殖收入仅12.8%（图38）。周口市地势平坦，种植粮食作物最适宜进行机械化操作，这也是老年人和妇女可以在家进行农业耕种的最大缘由。

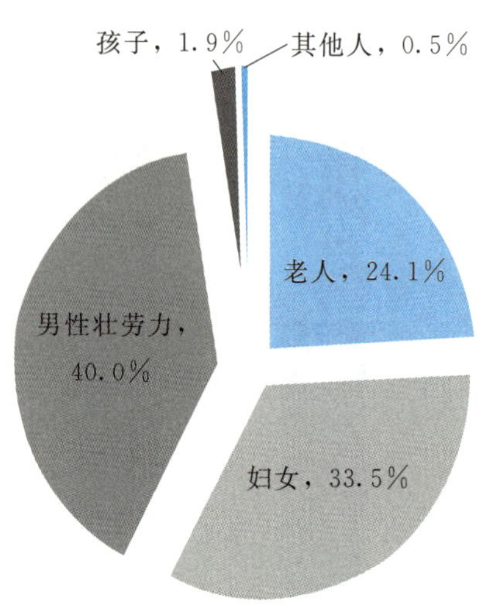

图37　周口市农村土地的主要耕种人员构成分布图

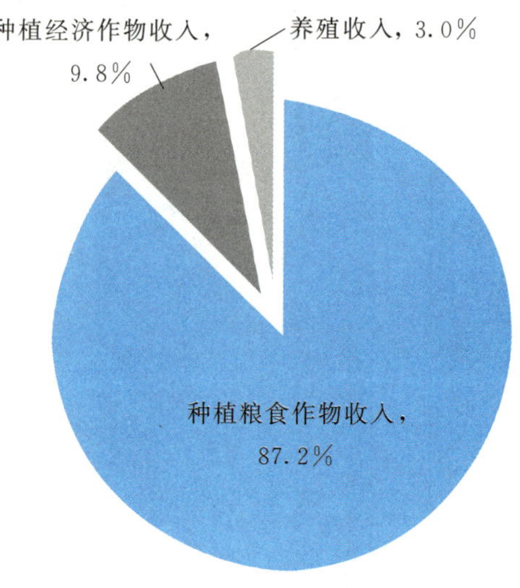

图38　周口市农民农业收入来源结构分布图

（二）土地流转现状

1. 已经将土地承包的农户占比

调查显示，在周口市的农村居民中，将土地承包给别人耕种的比例仅为3.5%。并且在承包出去的人中，将所有土地全部转包出去的较少，多为自种一部分，另一部分承包出去。

2. 土地转包之后的农户收入变化

调查显示，有28.3%的人认为将土地转包出去后家里的收入减少了，26.1%的人认为家里收入没有变化，23.9%的人认为收入增加了（图39）。

事实证明，在周口市的农业发展中，主要以种植粮食作物为主，而粮食作物的每年的收入以小麦和玉米为例，每年纯收入最高为800元/亩，而玉米也大大致如此，因此农业收入对农村居民的收入贡献非常的有限。

3. 土地流转的主要原因

在将土地转包出去的农村家庭中，家里没有劳动力是主要原因，占60.9%。认为种地不赚钱而将土地转包给人，自己则外出打工，这也是农村地

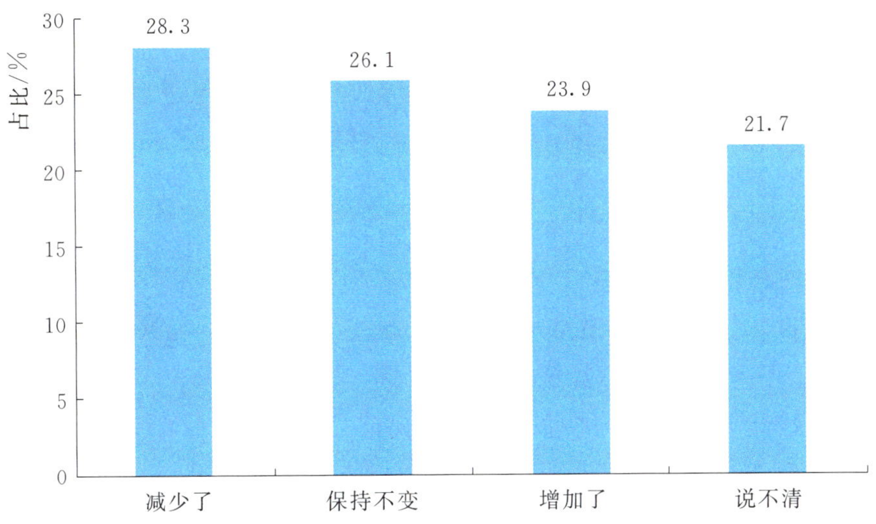

图 39　土地转包之后家庭收入情况分布图

区土地流转的一个重要原因（图 40）。

4. 土地流转的承包价格

在调查中发现，10.9%的农户包进了别人的土地，平均包进数量较少。在深入访谈中也发现，农村居民包进别人家土地一方面受土地地理位置的限制，能够整片承包的可能性较小，所以限制了土地承包的规模（图 41）。

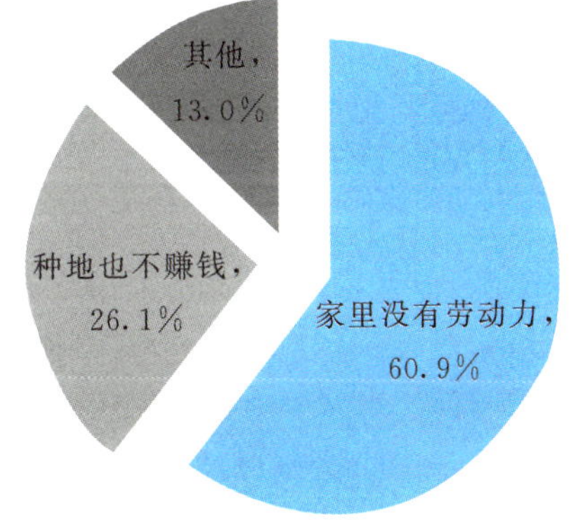

图 40　农村土地转包原因分布图

在土地承包的价格上，在包进土地的调研中，平均包进土地价格为 775 元/亩。在包进土地中，很多为耕种亲戚家土地，大多以实物或者不收费。

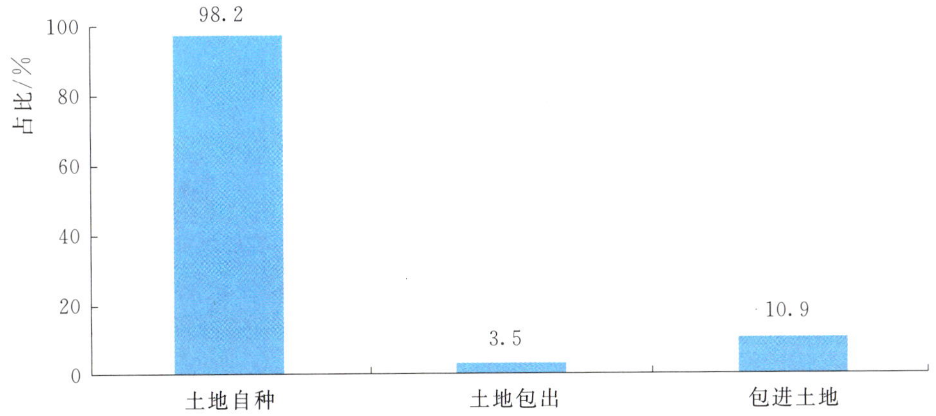

图 41　周口市农民耕种土地的状况图

5. 包进土地的面积调查

调查数据显示，现在包进土地的农村居民中，土地包进意愿仍然强烈，有居民表示最多可以承包 300 亩，平均来看，可以包进 35 亩。

（三）土地流转的意愿

1. 土地转包的意愿情况

调查结果显示，周口市农村居民土地流转意愿相对较强，有 32.6%的农户表示愿意将土地转包给别人耕种。但是也有 57.2%的农户表示不愿意（图 42）。

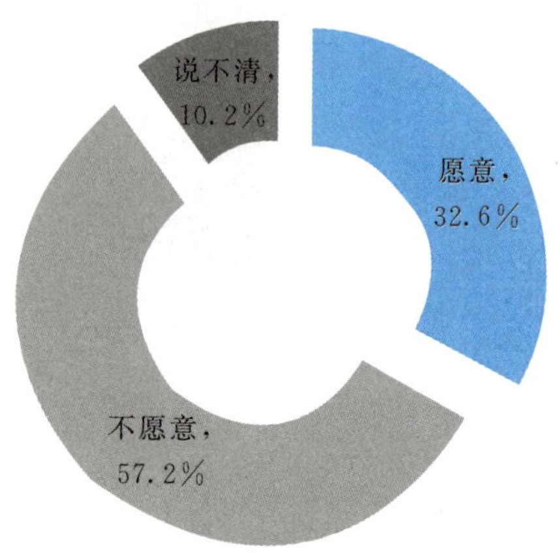

图 42　周口市农民将土地转包的意愿情况图❶

2. 土地转包的对象

在对已经发生土地流转和愿意进行土地流转的农户调查发现，将土地承包给亲戚朋友、其他个人、专业合作社是农村居民在土地转包中主要的转包对象，也是未来转包主要对象（图 43）。

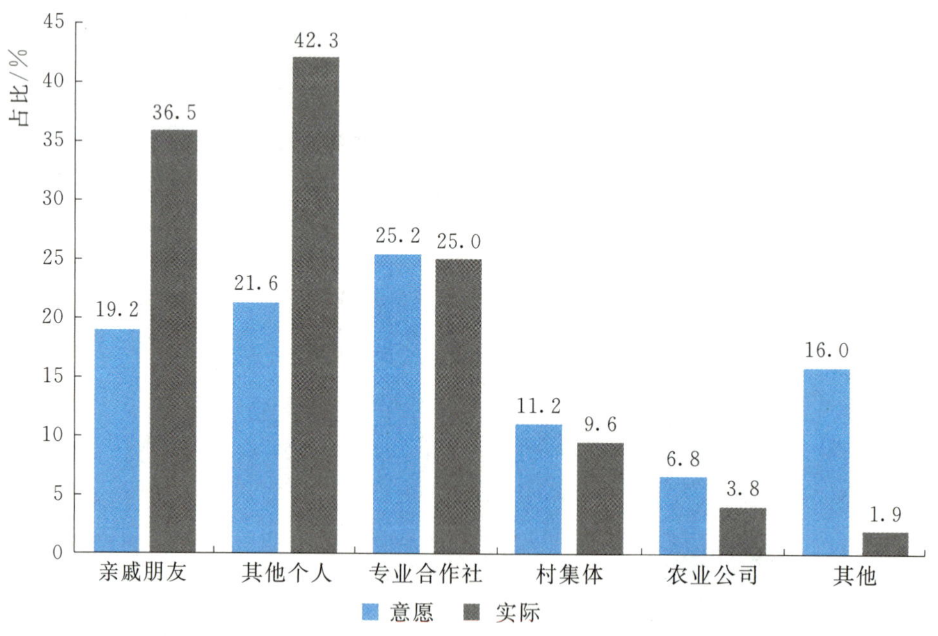

图 43　周口市农村居民土地转包对象的实际状况以及意愿情况分布图

❶ 图中数据合计数由于单位取舍不同而产生的计算误差，并未进行机械调整。

深入访问中我们了解到，农村居民在土地流转方面对村集体以及政府部门表现出极大的不信任，担心政府部门将土地转包中，无法要回，会接连出现征地之类情况，这样农村居民就失去了土地。相比较而言，农村居民更愿意将土地转包给个人或者是公司。

3. 土地转包的价格

调查显示，农村居民土地转包的价格并不高，平均为775元/亩，而期望包出价格为884元/亩。周口市作为粮食主产区，主要以种植小麦玉米等粮食作物为主，而小麦和玉米等粮食作物的产出是可以估计的，所以农村居民对土地转包的价格也有标准，因此土地转包的实际价格和预期价格基本一致。

4. 土地转包后农民的就业选择

在周口市，由于本地就业吸纳能力不足，外出务工是青壮年劳动力的首选。而在愿意将土地转包出去的农户中，将土地转包出去后，有58.6%的人会选择外出打工，有8.6%的人选择外出经商。打算留在本地打工和经商的分别占27.6%和14.8%。而准备从事养殖业的仅占8.6%（图44）。这就意味着，如果土地流转发生后，紧接着会带来大量农村居民的脱农。

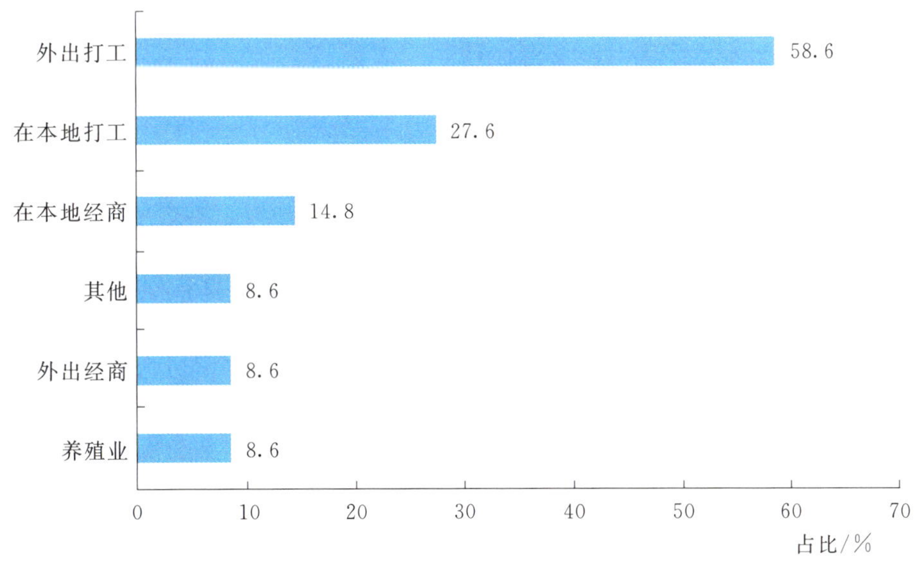

图44 周口市农民假设土地承包之后的家庭收入来源分布图

5. 农村居民不愿流转的主要原因

在调查中发现，在不愿意土地流转的农户中，有51.6%的人认为种田是主要的收入来源，而这些人将是农村推进土地流转的主要障碍。而另外也有43.7%的人不愿意让别人种自己家的地。农村居民对土地的依赖和眷恋是无法形容的，他们认为土地荒芜是种罪恶，而将土地承包给别人家种会让自己的土地发生改变，自己种自己的地是天经地义（图45）。

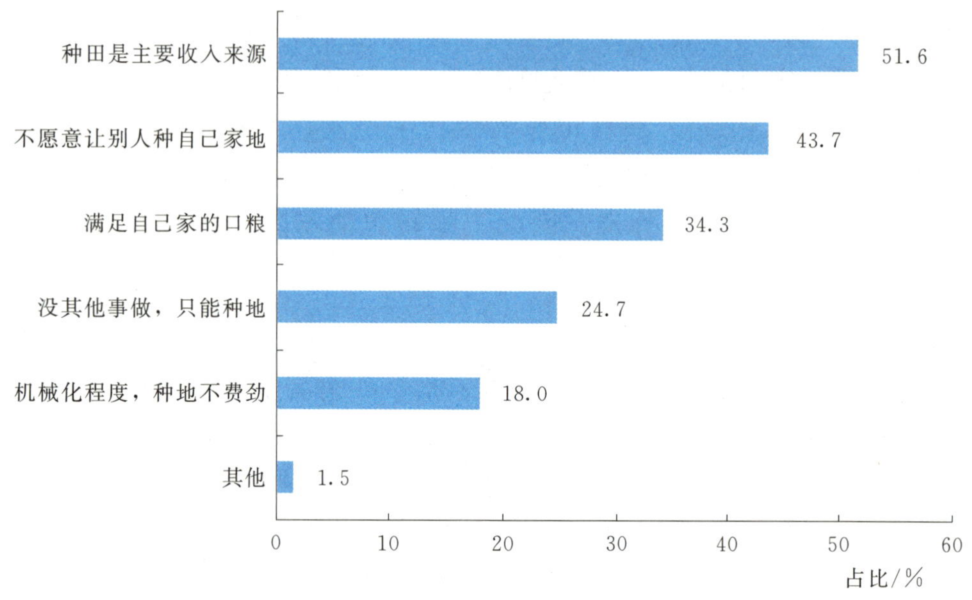

图45　周口市农民不愿意进行土地流转的原因分布图

（四）整片流转的意愿及担忧

1. 周口市农村居民对土地整片流转的意愿

在进行土地整片流转的意愿测量中，有56.4%的农户表示赞成，而明确表示反对的占20.1%（图46）。对于土地的整片流转，大多农户表现是一种机会，因为整片流转意味着某些项目的进入，可能会带了一些发展机会。另外，整片土地流转在流转费用方面也会高于个人流转。

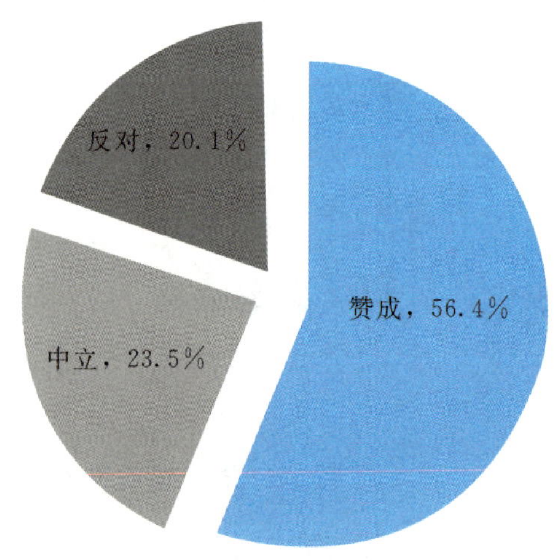

图46　周口市农民对土地整片流转的意愿分布图

2. 农村居民对整片流转的担忧

对整片土地流转，农村居民由诸多担忧。其中，农村居民最大的担忧是流转价格不合理，有54.7%的农村居民表达了此担忧；另外有53.8%的农户表示担心流转费用不能及时到位（图47）。这充分表明，在农村推进整片土地流转存在一定的群众基础，但是流转价格和流转的程序合法有序也是影响土地整片流转的重要因素，也可能是最大的制约因素。

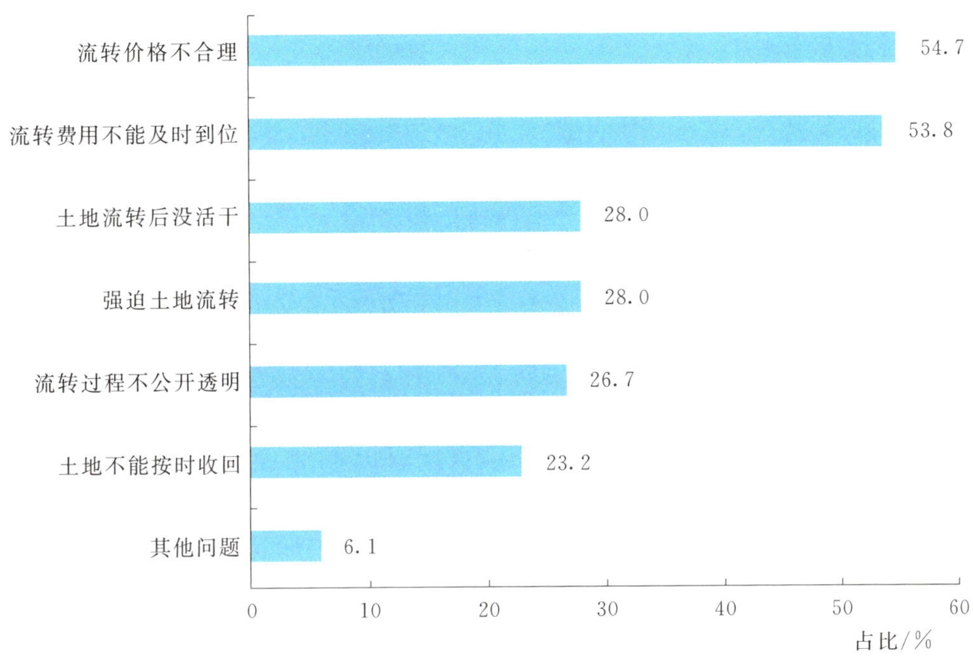

图47　周口市农民对土地整片流转的担忧情况分布图

（五）农民专业生产合作社发展状况

1. 周口市农民专业生产合作社发展

在调查中发现，仅有5.3%的农村居民表示参加了农民专业生产合作社，这充分说明周口市农民专业生产合作社发展的覆盖面还不广（图48）。

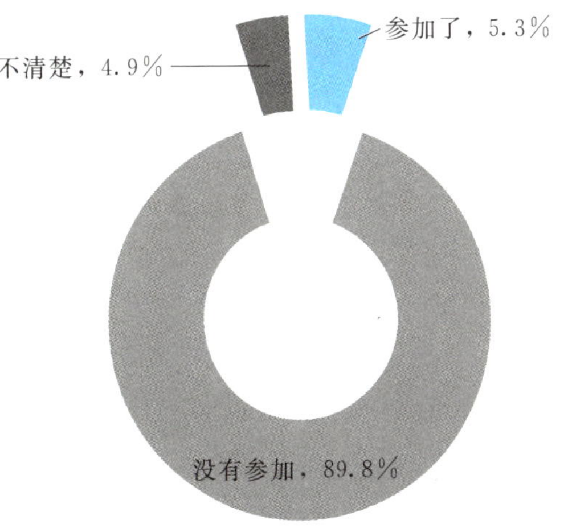

图48　周口市农民参加专业合作社的状况图

2. 农民专业合作社的作用

事实证明，对农民专业合作社的作用，仅有21.0%的参加农民专业生产合作社的农户认为对其帮助很大，25.8%的人表示没有多大帮助，14.5%的农户表示说不清（图49）。这充分说明周口

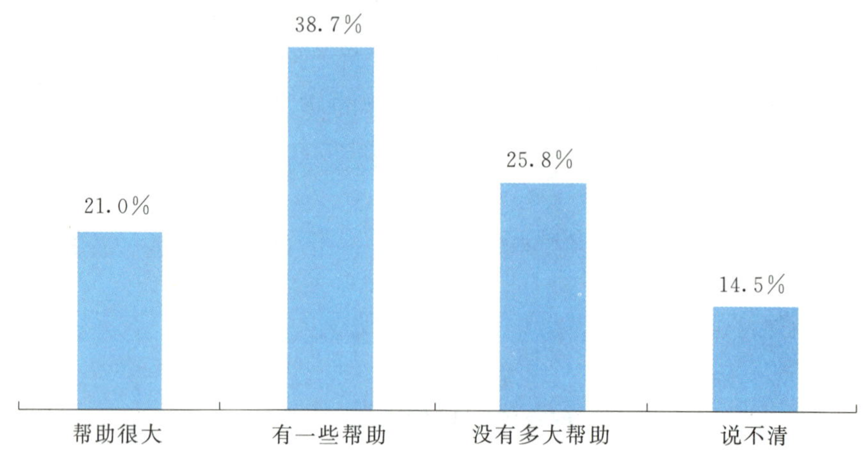

图 49 周口市农民专业合作社所起到的作用情况调查图

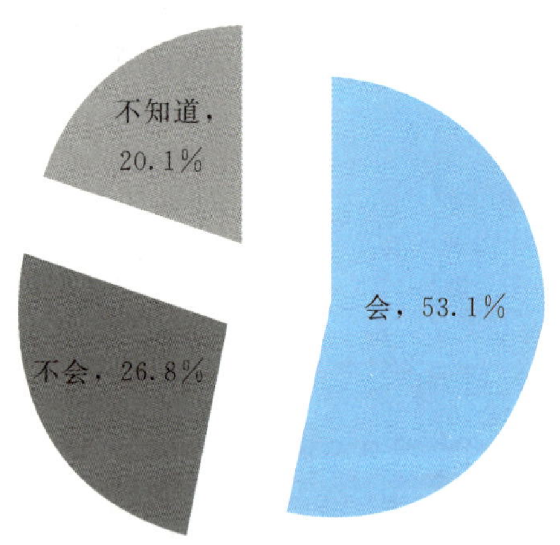

图 50 周口市农民未来参加专业合作社的意愿情况图

市的农民专业合作社的作用和影响尚未充分发挥。周口市作为粮食主产区，以种植粮食为主，致使农民专业合作社的发展基础条件存在一定的先天局限性，粮食在种植过程中主要以机械化操作为主，而在流通环节，农民专业合作社介入的必要性不大，致使农民专业合作社发挥的影响力不够。

3. 农民专业合作社的未来发展潜力

对未来参加农民专业生产合作社的意愿调查发现，有 53.1%的表示以后会参加，26.8%的表示不会参加，而不参加的理由大多是当地没有这类组织或者农民对此类组织不了解（图 50）。

六、周口市农村居民集中意愿及新型农村社区发展状况

（一）农村居住现状

1. 周口市农村宅基地占地面积

根据调查显示，周口市农村居民户均宅基地平均面积为 271.7m^2，住房面积平均为 150.5m^2。人均住房建筑面积为 34.3m^2。根据农村调研，周口市农村地区住房主要以住房和院落组成，住房主要以平房为主，部分新建住房大多为二层楼房。

周口市的农村宅基地是与耕地面积相连带的，家庭土地面积由宅基地面积

和耕地面积相加而来，彼此消长。也就是宅基地面积是各家根据自家需求和爱好自己确定。

2. 周口市农村房屋平均建造年限

调查显示，周口市农村地区房屋建造年限为 12.3 年。其中，建造年限在 5 年以下的占 27.3%（图 51）。

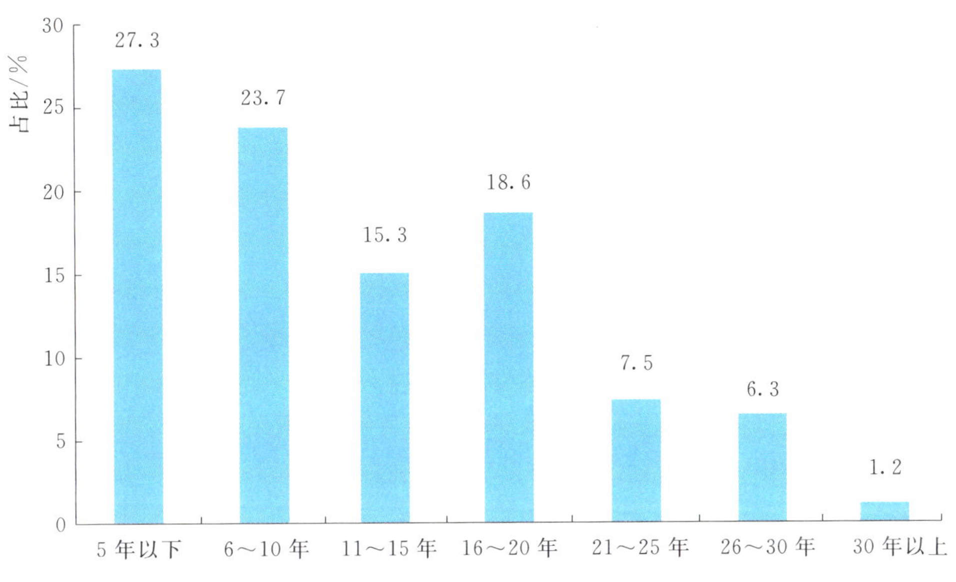

图 51　周口市农村房屋建造年限分布图

3. 周口市农村村庄占地面积

在对浒湾乡的刘庄村进行调查中了解到，该村共有 393 户，户籍人口 1700 人，而村庄占地面积为 560 亩，耕地面积为 1960 亩，村庄占地面积占村庄行政面积的 22.22%，平均户均占地为 1.42 亩。

在调研中还发现，周口市农村一户两宅现象较为普遍，20.1%的农户还有另外住房，平均为 1.22 处，平均住房面积为 173.7m^2，其他房屋主要在本村内。这显然与《农村宅基地管理办法》中关于农村村民一户只能拥有一处住宅相违背（图 52）。

（二）农村居民集中居住的意愿

1. 农村居民集中居住的意愿

在周口市的农村村庄中，大多一个村庄分为几个自然村，各个自然村村民是相对聚集的居住状态，但是各自然村之间有些是聚居，有些为分散居住。行政村平均人口为 2623 人。

在调查中，对于目前许多地方都在按统一规划集中建房，计划将分散居住的农民集中居住在一起的做法进行笼统测量，有 75.0% 的农村家庭表示赞成。而问及是否赞成将其所在的自然村与周边一个或其他几个自然村集中居住时，赞成的比例降为 64.8%，而在是否赞成将其所在的行政村与周边其他的一个或者几个行政村合并为一个大的行政村时，赞成的比例随之降至 57.6%（图 53）。

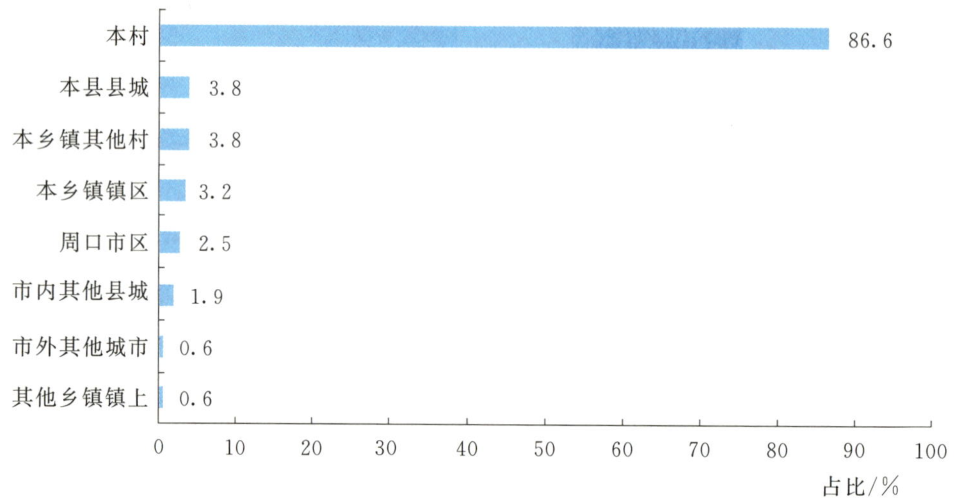

图 52　刘庄村农户住房分布图

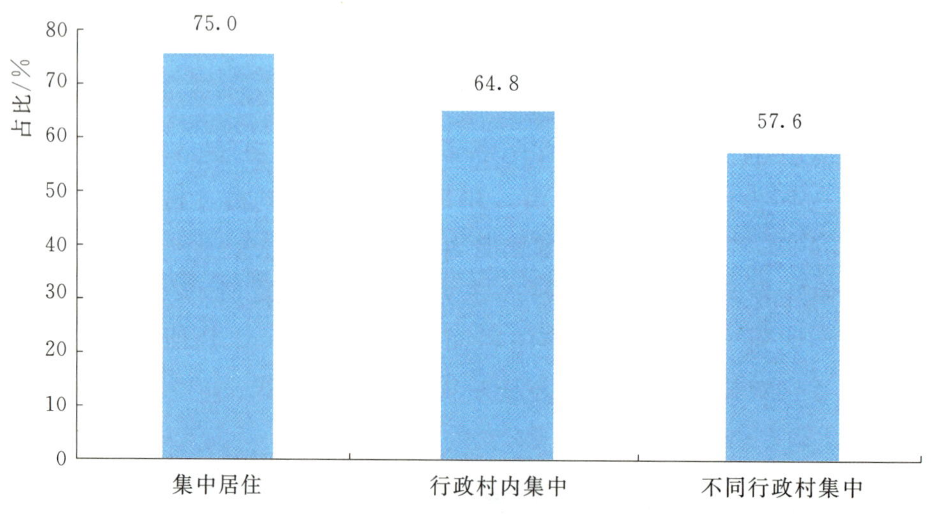

图 53　周口市农村居民集中居住意愿图

而在对农村居民的集中居住的地点选择进行测量发现，集中居住的地点主要以在本行政村为主，占 61.3%（图 54）。这与农村居民对在行政村内集中的赞成比例正好吻合，这就意味着农村居民对集中居住的赞成主要是以行政村内集中为主。

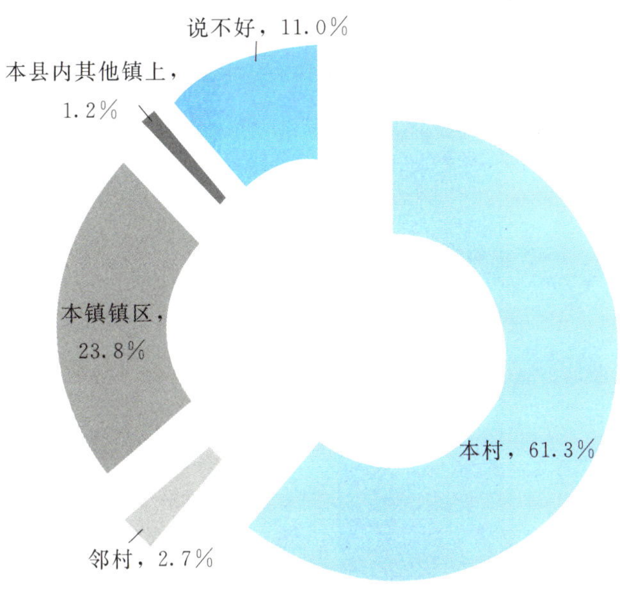

图 54　农村居民对集中居住的地点选择情况图

对不同行政村之间的集中，或者说行政村的合并，在实际过程中，农村居民的赞成超过五成。在具体操作过程中，村庄村民的归属感、村庄原有的债务、村庄行政机构的设置及收入以及村庄土地等诸多问题都会面临很大的障碍。

2. 农村居民集中居住的规模

对于农村地区的集中居住的规模，47.9%的人认为需要限制，平均为 587 户较为合适。在农村地区，集中居住区的规模应该适度，人口规模可以支撑一所小学或者幼儿园为标准，不应该规模过大，造成诸多问题。

3. 农村居民对集中居住的担心

对集中居住，很多农村居民有诸多的担心。其中，目前没有钱盖新房和干农活不方便是最大的担心，分别占 59.2%和 52.4%。另外，不舍得老房子的占 25.2%，还有认为集中居住后生活不习惯的占 25.2%（图 55）。

4. 农村居民的上楼意愿

对现在诸多新型农村社区的上楼安置，50%的农村居民表示愿意，也有 30%以上的表示不愿意（图 56）。

5. 农村居民对上楼的担忧

买不起住房和生活不习惯这是农村居民对上楼的担忧。由于农村地区现有住房建筑年限比较短，新建楼房比比皆是。对于购买楼房，如若没有补贴，则

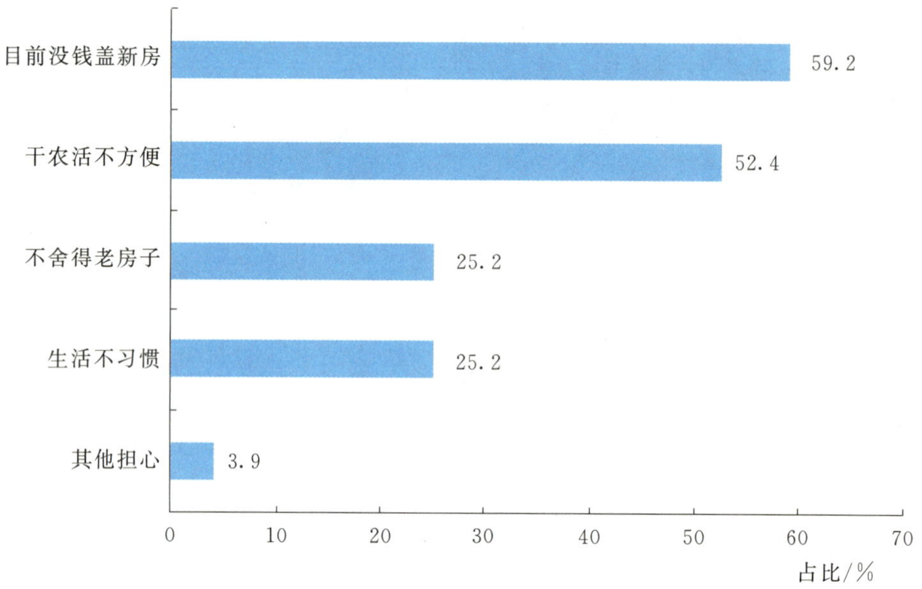

图 55　农民对集中居住的担忧情况分布图

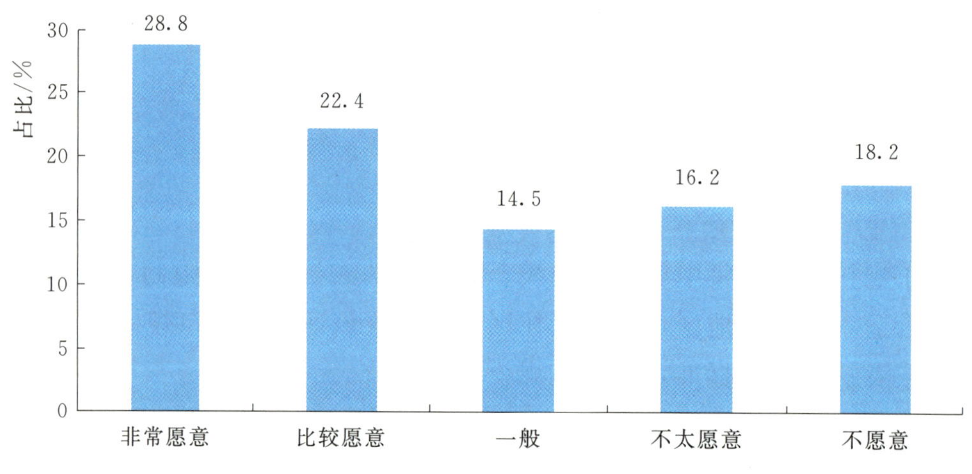

图 56　周口市农村居民上楼意愿分布图

会给农村居民造成很大的经济压力。对经济压力的担忧是农村居民对上楼的最大担忧（图 57）。

（三）农村居民进城居住的意愿

1. 对于进城居住的意愿调查

对于离开现有的居住村庄迁往城里居住，14.2%的农村居民明确表示有这个打算。而这一比例也就意味着，在农村现有居住状况下，有 14.2%的家庭可能要搬离现有村庄，而迁往城里居住（图 58）。

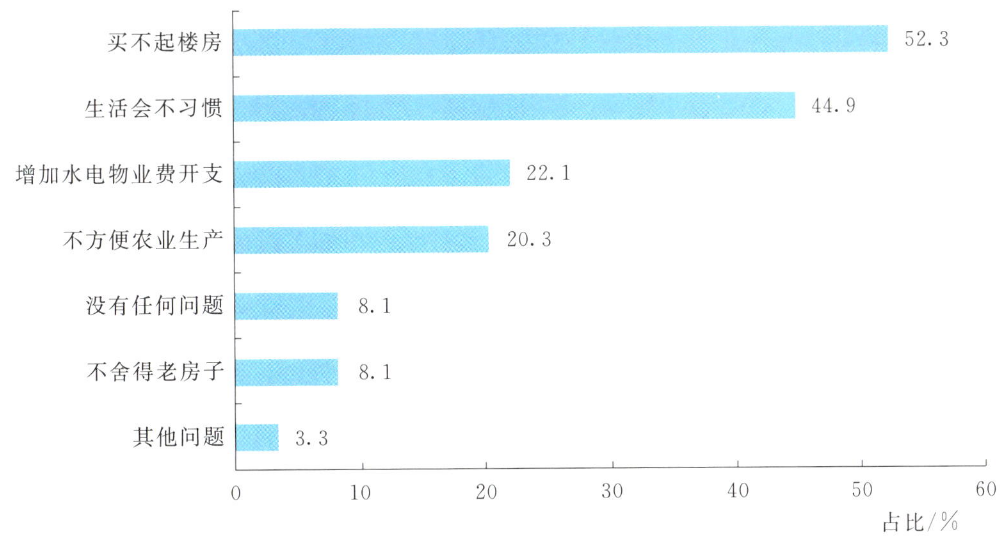

图 57　周口市农村居民对上楼的担忧情况图

2. 对于进城居住的目的地选择

对农村居民离开村庄迁居城镇之后，打算迁往本县县城的占 37.6%，打算迁往本县内乡镇驻地的占 29.3%，打算迁往周口市区的占 18.0%（图 59）。

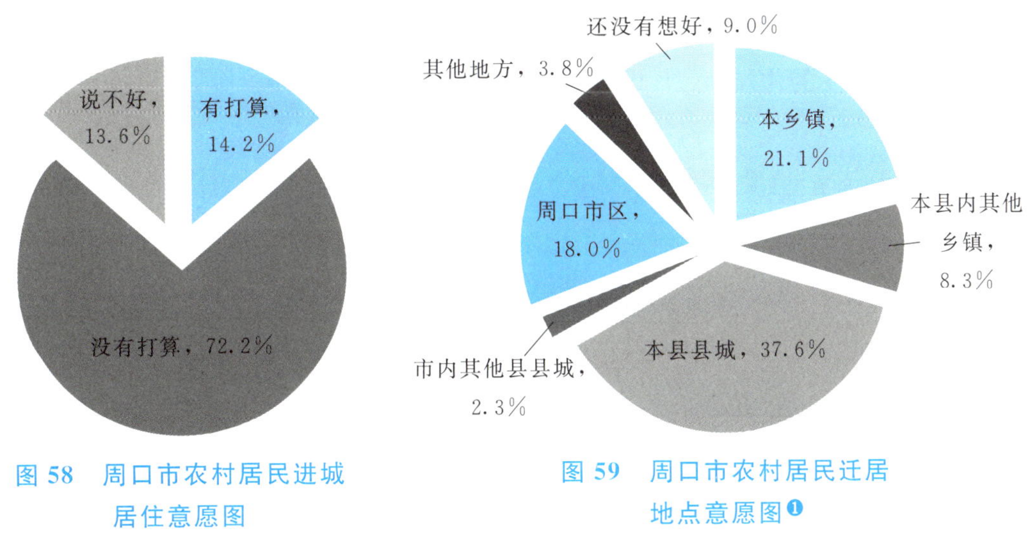

图 58　周口市农村居民进城居住意愿图

图 59　周口市农村居民迁居地点意愿图[1]

将不同区域农村进行交叉分析发现，周口市农村与其他县农村的农村居民对进城地点的选择存在显著性差异。周口市农村更倾向于迁往周口市区，占到 70%，而其他县农村则更倾向于迁往县城和镇区，分别占 45.6% 和 33.0%，

[1] 图中与正文中数据合计数由于单位取舍不同而产生的计算误差，并未进行机械调整。

迁往周口市区的比例仅为8.9%（图60）。

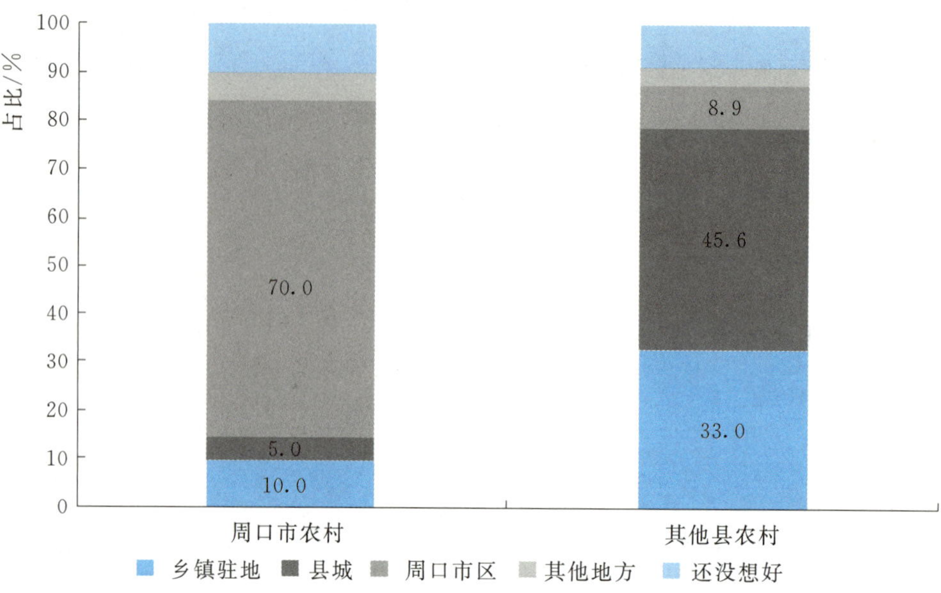

图60　周口市辖区农村与下辖县域农村居民对于迁居地点的意向比较图

3. 吸引农村居民进城的动力

在农村居民选择迁入城镇的原因分析发现，让子女接受更好的教育占63.7%，享受更好的社会保障占38.7%。这充分说明公共服务设施是吸引农村居民进城居住的主要动力（图61）。

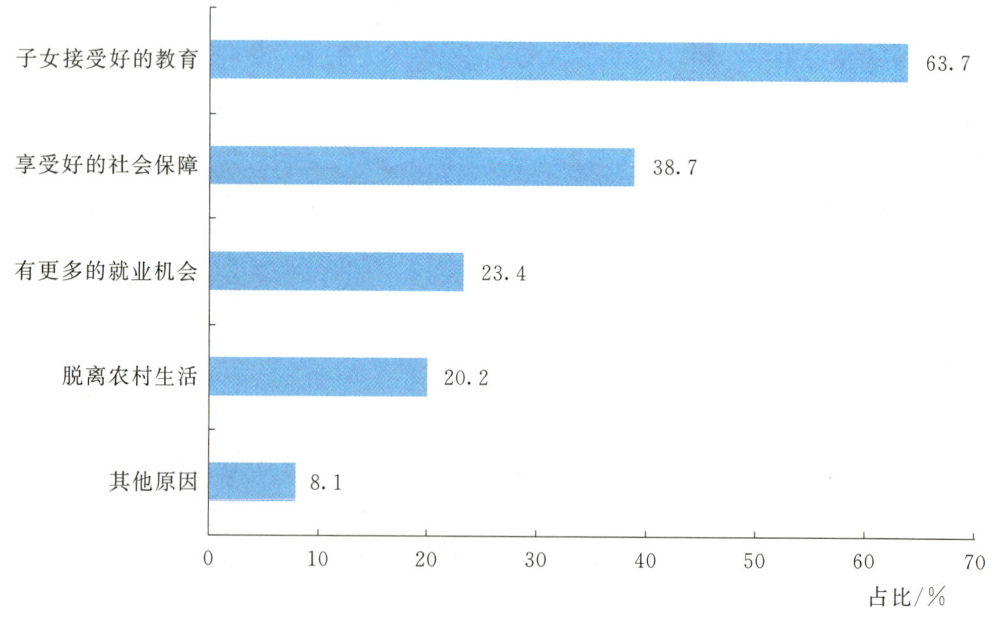

图61　农民进城定居动力情况分布图

（四）周口市农村新型社区发展状况及案例分析

1. 周口市农村新型社区政策演变

2004 年河南省委一号文件《关于促进农民增加收入的实施意见》中表示要按照“组织引导、农民自愿、量力而行、美化环境”的要求，加快推进村庄建设和环境整治，建设文明的社会主义新农村。

2005 年河南省委一号文件《关于进一步加强农村工作提高农业综合生产能力的实施意见》中表示加强集体建设用地和农民宅基地管理，鼓励农村开展土地整理和村庄整治，推动新办乡村工业向建制镇和规划的小城镇集中，提高农村各类用地的利用率。

2006 年河南省委一号文件《关于推进社会主义新农村建设的实施意见》中表示根据村镇规划和土地利用规划，完善和规范宅基地审批管理，优化村庄布局，提高宅基地利用率，为农民免费提供经济适用、节地节能、安全抗震的住宅设计图样。对农村新建住房，提倡建设楼房式住宅。

2007 年河南省委一号文件《关于积极发展现代农业扎实推进社会主义新农村建设的实施意见》中表示全面推进“十县百乡千村”试点活动，继续抓好 17 个县、126 个乡镇、1023 个村的社会主义新农村建设试点工作，进一步做好新农村建设帮扶工作，力争新农村建设试点工作取得明显成效。

2008 年河南省委一号文件《关于切实加强农业基础建设进一步促进农业发展农民增收的实施意见》中表示建立工作协调机制，设立专项引导资金，用 3 年时间，集中支持农村基础设施建设和村容村貌综合整治，推动社会主义新农村建设取得突破性进展。从 2008 年开始，根据全省各行政村的自然条件和经济发展状况，按照人均收入分为三类进行综合整治。人均收入超过 5000 元/月的一类村庄要在村庄建设和村庄环境绿化、美化上进行全面提升，有条件的村庄要发展成为农村新社区。人均收入在 3000～5000 元/月的二类村庄，要进一步完善农村饮水、道路、电力、沼气、文化、卫生等基础设施建设，有效改善环境卫生状况和村容村貌。人均收入在 3000 元/月以下的三类村庄，要有重点地加强基础设施和公共服务设施建设，全面改善环境卫生状况，加快贫困村整村推进扶贫步伐，完成 1000 个贫困村的整村推进扶贫任务，实现 100 万贫困人口的脱贫目标。

2009 年河南省委一号文件《关于 2009 年促进农业稳定发展农民持续增收的实施意见》中表示扎实推进新农村建设。加强村镇规划和布局，鼓励有条件的地方开展联村并点工作。逐步将城郊乡村的生活污水纳入城市污水处理系统，支持工业、旅游强镇建设污水处理厂。

2010 年河南省委一号文件《关于加大统筹城乡发展力度进一步夯实农业农村发展基础的实施意见》中表示认真总结推广新乡经验，坚持科学规划、就业为本、群众自愿、量力而行，设立新农村建设专项资金，实行以奖代补，支持 350 个社会主义新农村示范村建设。

2010 年 11 月国务院常务会议通过的《中原经济区发展规划纲要》中表示推进新农村建设。加强农村基础设施建设，改善农村生产生活条件，提高公共服务水平，建设具有区域特色的富裕、民主、文明、和谐的社会主义新农村。

新型农村社区建设。坚持把新型农村社区建设作为推进城乡现代化的切入点、统筹城乡发展的结合点、促进农村发展的增长点，按照“规划先行、就业为本、量力而行、群众自愿”的原则，稳步推进新型农村社区建设。对地质灾害威胁区、矿山塌陷区、深山区等不宜居住的村庄以及弱小村、偏远村，实施整村搬迁，统一组织建设集中居住区。

2012 年省委农村工作会议精神提到了积极稳妥推进新型农村社区建设。省委书记郭庚茂在讲话中强调积极稳妥推进新型农村社区建设，按照“分类指导、科学规划、群众自愿、就业为本、量力而行、尽力而为”的原则，优先推动城郊村、城市新区和产业集聚区以及不适宜居住偏远山区的村庄，通过迁并改造建设新型农村社区；对于暂无条件建设新型农村社区的广大农村，要按照建设社会主义新农村的要求，不断改善农民生产生活条件。

2. 周口市农村新型社区发展现状

近 3 年来，周口市本着积极引导、科学规划、试点起步、稳妥推进的方针，多方破解土地和资金难题，积极稳妥推进新型农村社区建设。2010 年周口在全市首批规划了 100 个新型农村社区示范点，目前已启动 67 个，取得了较好示范效应。周口 100 个示范社区建成后可节约土地 4 万亩左右，为产业集聚区发展拓展了空间，推进了新型工业化进程。

目前，周口 10 个县市区已基本完成了县域村镇体系规划、中心社区（中心村）规划编制和审批，并积极向上申报农村土地综合整治项目，确保新型农村社区建设用地需要；积极探索建立多元化资金投入机制，社区住房建设以村民为主体，社区基础设施及公共服务设施建设以各级政府为主体；实施积极的财政政策，加大对涉农项目资金的整合力度。近年来，全市各级财政共投入新型农村社区建设资金 1.1 亿元，整合各项涉农项目资金 8500 万元，有力地推动了新型农村社区建设的顺利进行。

全市新型农村社区建设已完成投资 17.06 亿元，初具规模的有 22 个，8 个已实现部分搬迁入住。

3. 城郊新型社区案例

（1）项目简介。

王店中心社区，位于淮阳县王店乡，距离淮阳县城 6km 距离周口市东新区有 15min 车程。王店中心社区以乡政府为中心，整合王店、彭老家、祝寨、刘菜园、高庄、范庄、黄连、王楼、焦岗、许楼、张庄、西王楼、范老家 13 个行政村 61 个自然村，建设市场带动型社区，聚集人口 3 万人，意欲打造成淮阳县城的卫星城。

（2）筹资渠道。

该项目的筹资渠道主要为四种：

1）政府整合资金的投入。政府通过对中央的危房改造资金、安全用水工程以及学校维修办学经费等项目资金的整合利用，总投资 1.5 亿元用于项目的前期投资。

2）通过 BT、BOT 等模式引入资金，开发建设王店乡中心市场，从而带动社区建设。

3）村民的购房款。该住房将以成本价出售给当地村民，需要由村民支付购房款。

4）政府奖补资金。王店乡在新型农村社区建设通过土地整合每向县里提供一亩建设用地指标，县政府奖励 10 万元用于社区基础设施配套建设。

（3）建设方式。

该项目采用的是政府主导型模式，由政府主导前期投入和建设，统规统建。

（4）土地操作方式及建设土地集约程度。

在王店中心社区建设方式为拆旧建新，撤村并点，大部分行政村要撤销合并，建设用地不在所有行政村集体用地上建设，而前期土地是依靠租赁的方式进行，采用先租后征的方式推进。另外，王店乡新型农村社区的土地利用是将新型社区建设和土地综合开发相结合，在推进社区建设的同时，也在积极推进全乡土地流转，仁田土地合作社已经完成了 35000 亩耕地的流转，这样在土地操作中，各个行政村的土地可以统一协调。

王店中心社区大多为多层建筑，还有部分小高层建筑，土地集约化程度比较高，预计全乡新型农村社区建成后，可以节约 12000 亩土地。

（5）优惠政策。

1）对社区内建房、购房资金紧张且符合贷款条件的农户，可申请金额不超过 3 万元、期限不超过 3 年期新型农村社区建设住房贷款，政府给予贴息（按农村信用社现行利率）。

2）对社区内集体安装电话、宽带给予相应的优惠政策。

3）在社区内一次连片安装有线电视 50 户以上的农户，免交 50%初装费。

（6）农村居民的生活及身份的改变。

1）生活方式会发生较大改变。王店中心社区是按照淮阳县卫星城的标准进行建设和打造，主要以多层和小高层建设为主，这样将农村院落式的生活方式完全打破。

2）土地全部流转之后，随后将采用征地的方式将土地征为工业或商业用地，当地的农村居民将变为失地农民，身份的转换也将迟早推进。

（7）当地村民的反映。

据当地干部介绍，在社区准备建设之前已经有 400～500 户在淮阳县城购买了商品房，而社区的建设，不仅解决了普通老百姓的住房问题，更重要是的原来在县城打工上班，或者在周口市区打工上班的均过来买房子。

（8）现存在问题。

1）以政府主导，可推广价值差。在王店乡建设中，政府在 1km^{2}就需要投资 5 亿～10 亿元，共 3.1km^{2}需要投入 15 亿元以上。这在经济不太发达的周口市来说，这种高投入的新型农村社区建设可推广性差。

2）该模式适用于经济基础和工业产业基础比较好的地区。该社区如要成功离不开相关产业的支撑，主要是资金是否能够到位和居民的就业问题能否解决，如果解决，则是一个非常成功的就地城镇化案例。

4. 镇区新型社区案例

（1）项目简介。

红花社区位于西华县红花集镇镇区，共准备将镇区及周边 15 个行政村集中建设成一个中心社区。共涉及红花集镇的红花村、寇庄村、水坑王村、赤狼村、王庄村、寺后刘村、上郭桥村、关口村、南高庄村、刘奎庄村、张庄村、凌桥村、王桥村、下郭桥村、闫庄村等，共涉及 10791 户、36922 人。

（2）筹资渠道。

该项目的筹资渠道主要为三种：

1）政府整合资金的投入。主要是将土地整治资金、供水资金等打捆使用，用于新型农村社区建设，总投入大约 2 亿元。

2）村民的购房款。该住房将以成本价出售给当地村民，需要由村民支付购房款。初步在每户 13.6 万元/别墅式和 7 万～8 万元/公寓式。

3）政府奖补资金。在推进中，每户由政府补贴 1 万元购房款。

群众的购房支出大约占社区建设投资的 20%～30%。

（3）建设方式。

该项目采用统规统建的方式，由政府主导推进。

（4）土地操作方式及建设土地集约程度。

整个镇区的建设将以公寓式楼房为主，极少部分为别墅式楼房。该项目共分为三期，第一期位于红花集镇寇庄所在地，由寇庄村、南高庄村、刘奎庄村、张庄村、凌桥村五个行政村组成，社区所占地面积由以上五个行政村按人口人均耕地比例进行调整，红花社区一期土地所有权和使用权由以上五个行政村所有。

（5）农村居民的生活及身份的改变。

1）生活方式会发生较大改变。红花社区是主要以多层建筑为主，极少部分为别墅式楼房，原有的农村院落式生活方式将被打破。

2）农村居民的身份不会发生变化。红花社区作为镇区的集中居住，并不会改变农村居民的户籍身份，但是可以增加农村居民非农就业比例。

（6）当地村民的反映。

红花社区在建设之前经过比较深入的信访评估和问卷调查，信访评估中的同意率为87.94%（图62）。

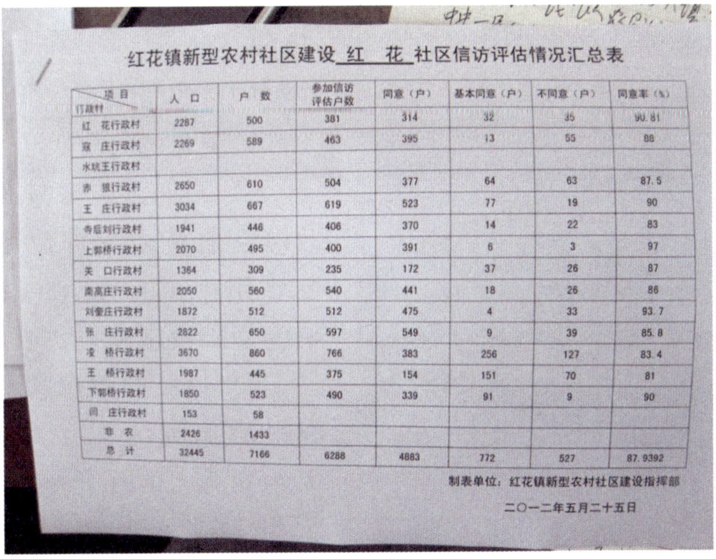

红花镇新型农村社区建设<u>红　花</u>社区信访评估情况汇总表

项目 行政村	人口	户数	参加信访评估户数	同意（户）	基本同意（户）	不同意（户）	同意率（%）
红　花行政村	2287	500	381	314	32	35	90.81
寇　庄行政村	2269	589	463	395	13	55	88
水坑王行政村							
赤　狼行政村	2650	610	504	377	64	63	87.5
王　庄行政村	3034	667	619	523	77	19	90
寺后刘行政村	1941	446	406	370	14	22	83
上郭桥行政村	2070	495	400	391	6	3	97
关　口行政村	1364	309	235	172	37	26	87
南高庄行政村	2050	560	540	441	18	26	86
刘奎庄行政村	1872	512	512	475	4	33	93.7
张　庄行政村	2822	650	597	549	9	39	85.8
凌　桥行政村	3670	860	766	383	256	127	83.4
王　桥行政村	1987	445	375	154	151	70	81
下郭桥行政村	1850	523	490	339	91	9	90
闫　庄行政村	153	58					
非　农	2426	1433					
总　计	32445	7166	6288	4883	772	527	87.9392

制表单位：红花镇新型农村社区建设指挥部

二〇一二年五月二十五日

图62　周口市红花社区信访评估情况图

而对入住红花社区的愿意率也为82.27%，这说明群众对红花社区的建设还是比较认可的（图63）。

（7）存在问题。

1）红花镇是西华县人口最多和土地最多的乡镇，进行集中居住，有效利用土地势在必行。但是从财政上来说，财政困难，镇里缺少资金。而西华县的经济实力也并不强，老百姓的收入水平也比较低，对于该社区的建设，资金问题或成为主要问题。

2）该社区涉及 15 个行政村，3 万多人，集中的幅度非常大，而对大规模的集中造成的土地调整以及农村居民土地种养殖的不便，可能也是一大阻碍，如何实现在集中的同时，加快农村居民的脱农，也是一项重要任务。

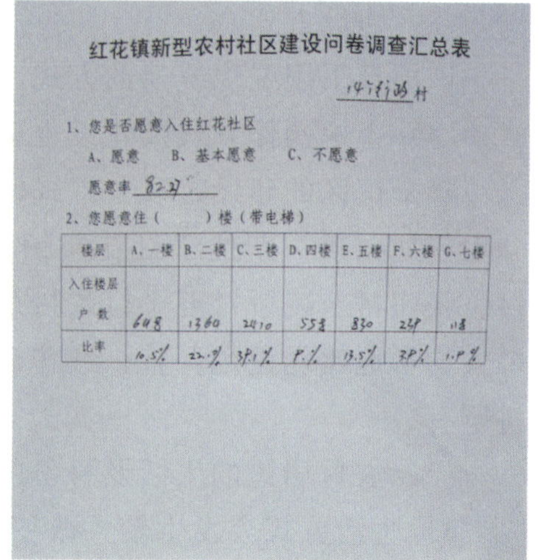
红花镇新型农村社区建设问卷调查汇总表

14个行政村

1、您是否愿意入住红花社区

A、愿意　B、基本愿意　C、不愿意

愿意率 82.27

2、您愿意住（　　）楼（带电梯）

楼层	A、一楼	B、二楼	C、三楼	D、四楼	E、五楼	F、六楼	G、七楼
入住楼层户数	648	1360	2410	558	830	258	118
比率	10.5%	22.0%	38.1%	9.%	13.5%	3.8%	1.8%

图 63　周口市红花社区建设问卷调查汇总情况图

5. 村庄合并新型社区案例

（1）项目简介。

申营新农村社区位于项城市范集镇，社区辖申营、蒋寨、杨营、文庄、曹庄五个行政村，共有 2110 户、10703 人。项目位于申营行政村村北，康庄大道南侧。一期工程主要为申营行政村，占地 200 亩，建设新型住宅 520 户。房屋结构为上下两层，砖混结构，每户 $275m^2$（图 64）。后期还有部分多层砖混结构住房，房屋价格另行核算，另外公示。

图 64　申营新农村社区建设现场图

（2）筹资渠道。

该项目的筹资渠道主要为三种：

1）政府土地增减挂钩奖励以及政府支农资金捆绑使用。政府投资主要用于供排水、供电、道路、通信等基础设施建设。

2）村民的购房款。首批入住的村民购房款为 450 元/m^2，也就是大约每家 12 万元。而现在的购房款为 550 元/m^2，大约每家合 15 万元。

3）政府补贴。到社区建房、购房的村民，符合交旧建新条件的给予 10t 水泥或相应的资金补贴，费用由市、乡镇、办事处财政按 6∶4 比例负担。到试点村建房、购房的村民，符合交旧建新条件的由市政府协调金融部门为其提供不超过 3 万元的贷款，市财政给予 50％3 年时间的贴息扶持。

（3）建设方式。

该项目用“四议两公开”的办法进行运作，群众自筹资金、自我管理，自我建设。在房屋建设上，该社区建设采取统一建房和按既定标准分户自由结合建房的办法进行建设。

（4）土地操作方式及建设土地集约程度。

在申营社区的建设中，实行的是由村集体统一租赁耕地进行规划建设，先建后拆，在入住新房的同时需要拆除旧房，拆旧房还可以获得相应的补贴。

在申营社区建成并实现整村搬迁后，共可以节余1300亩土地。在实际调研中发现，现在申营村村民的宅基地面积大约每户为300m^2，而申营社区每户的宅基地占地约150m^2，可以节约将近一半。另外，老村中的一些空地、废弃的宅基地都可以平整进行复垦，可以实现更多的节余。

（5）5个村集中居住的方式。

在申营新农村社区中，共涉及申营、蒋寨、杨营、文庄、曹庄5个行政村，在进行集中居住的过程中，现在首先推进的是申营村，入迁和土地的使用全是在申营村内进行调节的。而随后将要加入社区建设的其余四个村，将在不打破现有行政村界基础上，以一条十字路口为中心，向申营村靠拢，各村调节各村的土地，各村组织各村的房屋建设管理等事宜。

在申营社区建设完成后，将设立社区居委会，各村村部仍然存在，负责管理各村事务。

（6）配套设施。

申营社区建设完成后，将建立村民活动室、农家书屋、卫生室、小学、老年公寓、公共厕所、垃圾站、活动广场和绿化带。

（7）优惠政策。

1）到试点村居住的村民，考上大学本科（三本、二本、一本）的分别奖励现金500～2000元，奖金由市、乡镇、办事处财政按6∶4的比例分担。

2）到试点村居住的村民，按30%收取有线电视初装费，并免收一年使用费。

3）到试点村居住的村民，金融部门对符合贷款条件、具有创业和就业能力的劳动力纳入小额担保贷款扶持范围，可为其提供不超过5万元的贷款。

4）到试点村建房、购房的村民，已经办理规划许可证和土地使用证的可以办理房屋产权证明，可以进行抵押贷款。

5）试点村村民可以免费享受就业技能培训，优先到当地县城产业聚集区的企业或乡镇企业就业。

（8）农村居民的生活及身份的改变。

1）生活方式没有发生大的改变。在申营社区的优惠政策中规定，到试点村居住的村民，可以保留原承包地，并继续享受计划生育等国家针对农村居民的优惠政策。

2）可以自愿转为城镇户口。城镇规划区内的试点村村民，允许农业户口转为城镇居住地居民户口，符合低保条件的享受城镇低保标准，可以参加城乡居民基本养老保险。

（9）当地村民的反映。

申营社区建成以后，第一批交付的116套住房很快被抢购，而第二批住房大多也已经被预购，这说明农村居民对社区的有充分的认可。在访问中，我们分别访问了已经入住的居民、准备购买的居民以及没有购买的居民。

1）已经入住的村民表示对社区比较满意，价格也比较合理，比较干净舒适，现在村里准备结婚或者准备翻新房屋的村民都愿意来这边买房子居住。

2）准备购买的村民表示希望到这里来买房子给儿子结婚用，对现在的住房没有院子并没有感觉不适，原来也是靠买菜生活，生活不会有改变。现在不能过来买房子最大的障碍是资金不够，感觉一下子支付这么多费用，有些吃力。

3）没有购买房屋的村民现在48岁，家里1个儿子在外读书，2个女儿已经出嫁，家里靠外出打工和种地为生，每年家庭收入1万元左右。现有住房是在1995年建的，现在住得还比较舒服。也很羡慕在那里居住的村民，也想去买，一是房子没有建好，还有顾虑；二是现在经济也不富裕，缺乏资金，如果去买也是给孩子以后结婚做准备。并且买房子也不用操心，也比较风光也热闹，比住在现在的地方要强。

但是农村和城里还是不一样，接受不了城里的生活，总体来说自己还是喜欢带院子的房子，干什么都方便，宽敞，新房子虽然比较干净，但是没有旧房子宽敞。

（10）现存在问题。

1）村民表示申营社区预计3年内完成整村的搬迁，这不太现实。因为村里现在自己新建房屋的比例虽然不多，但毕竟也有一些；另外现在搬入社区或者准备购买的社区住房的大多为孩子结婚准备，所以需求比较强烈。但对一些中青年，已经结婚并有房屋居住的村民，再花钱购房的冲动比较弱，推行困难重重。

2）村内节余的土地如何进行利用也是一大难题。村长介绍说，本村返乡创业人准备建面粉厂，这或许是一条集约使用土地，实现土地利用最大化的途径。

3）政府投入资金的问题。在申营社区建设中，政府对基础设施建设进行了大量的投资。首期项目政府共投入 2000 多万元，而随后仍需要政府进行大量投入。

6. 单村推进新型社区案例

（1）项目简介。

樊冲社区辖樊冲、秦坡、樊庄、李庄 4 个自然村，10 个村民小组，共有 751 户、3526 人。该社区以谷楼—樊冲大道为轴线，两侧辐射。总占地约 500 亩，社区建筑面积 28 万 m^2，可容纳住户 1000 户，解决居住人口 6000 人左右。工程分 3 期，分别为 100 户、400 户、500 户。一期占地 60 亩，以单体住宅为主。

（2）筹资渠道。

该项目的资金筹资渠道主要是农村居民自筹资金建设，另外，通过土地增减挂钩，每节约出 1 亩地，给予 2 万元政策补贴。每户建筑面积 250m^2，需农户投入大约 13 万元/户，目前全部由村民自付。

（3）建设方式。

该项目是以村集体主导，村庄给出房屋建设图纸，由村民每户自行建设，属于统规自建型（图 65）。

图 65　在工地上等待建房的村民照片

（4）土地操作方式及建设土地集约程度。

樊冲社区一期 60 亩占地是由村集体统一租赁村内耕地进行规划建设的，先建后拆。樊冲将整合李庄、樊冲、秦坡、樊庄 4 个自然村，约 600 户的 1580 亩土地，整合后占用土地面积约 500 亩，集约腾退土地 1080 亩。凡是本村村民，符合新建房屋规定的均可申请新建房屋。由于是本村内的集中，土地内部调剂矛盾基本不存在。

（5）配套设施。

樊冲社区将在社区内配套建设文化大院、休闲广场、草坪大道、社区会所、便民超市、中心小学、幼儿园、社区医院等。社区建成后，将是功能齐全，设施配套完备的城村一体化、居住现代化、管理程序化、生活小康化的和谐文明示范社区。另外社区外还规划设计了养殖区和工业区。

（6）农村居民的生活及身份的改变。

1）生活方式没有发生大的改变。樊冲社区作为农村社区，是农村的一种村内集中的典型方式，农村居民的生产生活方式都不会发生变化。

2）樊冲社区的居民仍然是农村居民，身份也不会发生变化。

（7）当地村民的反映。

由于农村已经好久不能新辟宅基地建房，致使好多家庭分户存在问题，而樊冲社区的建设正好释放了部分新建房屋的需求，建房的积极性也比较高。正在建房的村民表示已经等这个机会十几年了，儿子结婚多年也没能盖新房，听说这个机会后，寄钱回来让他帮着盖房子，家里的砖和木材等已经买了快10年了。

（8）现存在问题。

1）土地问题是樊冲社区现在面临最大的问题。社区因为土地问题，目前正处于停工状态。并且樊冲社区一期的土地是由村集体租赁村民的耕地，由于项目迟迟没有开工，村民感觉土地荒废可惜，但无法耕种土地，感觉不合理。

2）缺乏帮扶措施。对于樊冲社区来说，虽然是永丰镇的一个新型社区建设试点，但除了土地增减挂钩的奖励资金外，其他尚未得到有关部门的补贴。并且土地增减挂钩奖励资金需要在土地节余出来之后才能发放，现在资金压力全部压在村民身上。

3）缺乏产业支撑。在樊冲社区建设中，如果仅仅是以建新房为重点，没有产业支撑，这个农村社区也只是简单的农村社区，不是所谓新型社区。应该为新农村社区建设提供产业支撑。

4）整村推进难题。樊冲社区推进的最终目标是实现整村搬迁，然而我们在调查中发现，樊冲村内的房屋新旧夹杂，诸多新建二层房屋。而该项目需要自发建设，自筹资金，如无额外的补偿和激励措施，村内新建或经济条件较差的村民根本无法实现拆旧建新，所以整村推进存在诸多困难。

七、周口市城乡社会发展定位及规划建议和发展策略

（一）周口市城镇化发展定位以及发展策略

1. 周口市尚未发挥区域性中心城市作用

周口市原为周口镇，新中国成立，曾先后隶属于商水、淮阳。1965年设立周口专区（后改为周口地区）。2000年，周口地区改为地级周口市。这就意味着，截至2012年，周口市刚刚撤镇建市12年。而周口市的中心城区人口也从2000年的28.5万人，增加到2010年的52.73万人，10年期间实现人口翻一番。这对于这个年轻的城市来说，由于工业发展水平较低，又处于粮食主产区，整个城市的集聚仅仅依靠行政区划的调整以及人口的自然增长来实现，这

显然与周口市所承担的区域性中心城市的目标有所偏离。

另外，在居民的心目中，周口市与其他县城相比并无优势。在进行的社会调查结果显示，城镇居民认为，在教学质量、医疗水平和消费层次，周口市略有优势，但在就业机会、市容市貌和环境质量方面，各地居民认为周口市与其他县城基本差不多甚至低于其他县城（图6）。

2. 周口市中心城区人口集聚潜力较大

尽管周口市中心城区现有的人口集聚能力较弱，并且在城市设施建设等方面中心城区与所辖县城相比较而言优势并不明显，尚未发挥区域性中心城市的作用，然而未来的人口集聚潜力巨大。

在城镇居民调查中，西华和淮阳县城的城镇居民有37.5%的人表示愿意迁到大一点的城市居住，而其中18.9%的人打算迁入周口市区居住，这就意味着，有7.09%的县城城镇居民打算迁入周口市居住。在外出务工人员的返乡意愿调查中，有89.0%的人明确表示会返乡就业居住，而准备返乡后到周口市区居住的占5.4%，这就意味着，有4.81%的外出务工人员会选择返乡后到周口市区居住。在农村留守居民的调查中，周口市农村居民有15.5%明确表示有打算离开现有的居住村庄，而迁往城里居住。而选择迁往周口市区的占到70%，也就是说周口市区周边农村的居民中有10.85%的人打算迁往周口市区居住。而在其他县的农村居民中，有14.8%的人明确表示打算离开现有的村庄，而迁往城里居住。而选择迁往周口市区的占8.9%，也就是说其他县农村的居民中有1.32%的人打算迁往周口市区（图66）。

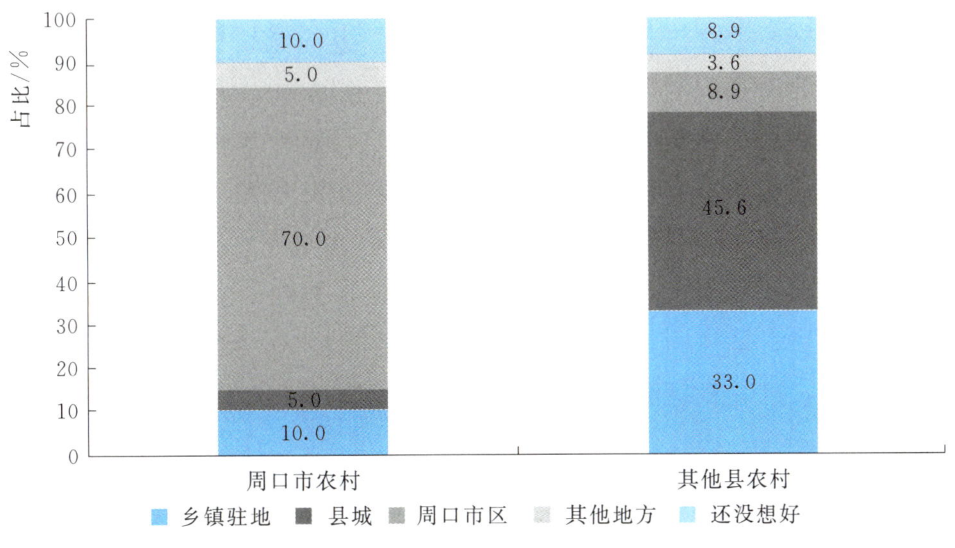

图66　周口市辖区农村与下辖县域农村居民对于迁居地点的意向比较图

基于周口市作为人口过千万的地级市，人口基数大，周口市人口实现快速的规模集聚，具有很大的潜力。

3. 县城和镇区的扩张或成城镇化发展的主要动力源

周口市的整体城镇化水平偏低，而推动城镇化的落脚点应该落在县城和镇区。

在对非周口市区农村留守居民进行调查发现，有14.8%明确表示有打算离开现有的居住村庄，而迁往城里居住。而在进城地点选择上，选择进县城的占45.6%，选择进入乡镇驻地的占33.0%。这就意味着，在农村地区，未来可能将有6.75%和4.88%的农村居民分别进入县城和乡镇驻地。而这一比例将会带来周口市辖区内的县城和乡镇带来一轮城镇化的浪潮（图67）。而在外出务工人员的返乡意愿调查中，有89.0%的人明确表示会返乡就业居住，而准备返乡后到县城居住的占25.2%，这就意味着，有22.43%的外出务工人员会选择返乡后到县城居住。

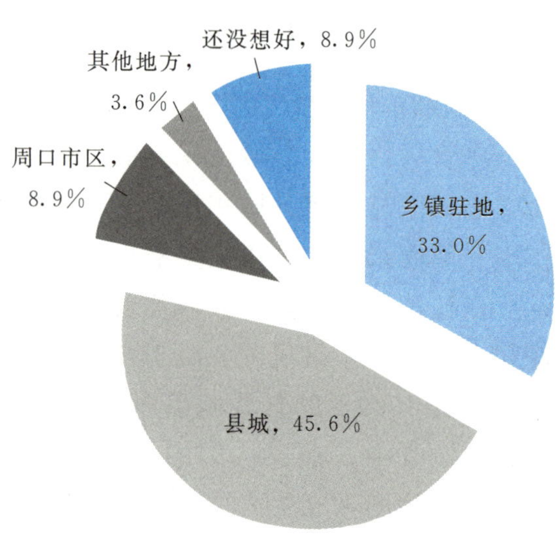

图67　周口市农村居民进城地点选择图

另外，农村新型社区的建设将会推动周口市的城镇化有大幅度的进展。在周口市推动的新型农村社区建设中，最为典型的即为镇区的大规模集中和建设，而这就是周口市就地城镇化的典型形式。在周口市现在推进的新型农村社区中，以位于西华县红花集镇镇区的红花社区为例，共准备将镇区及周边15个行政村（红花集镇的红花村、寇庄村、水坑王村、赤狼村、王庄村、寺后刘村、上郭桥村、关口村、南高庄村、刘奎庄村、张庄村、凌桥村、王桥村、下郭桥村、闫庄村）集中建设成一个中心社区。红花集镇镇区人口原为2万人左右，红花社区建成后的人口将达到36922人，这些人都将实现就地城镇化。

由此可见，周口市正在推进的新型农村社区建设将会成为周口市城镇化发展的一个重要推动力，也证实了周口市推进新型农村社区建设，加快城乡统筹发展政策的有效和和科学性。

4. 提高公共服务设施和增加就业是推动人口集聚的最大动力

为了找到影响城镇居民对生活状况不满意的因素，我们进行因子分析。在分析中，将城镇居民对本地生活的满意程度的分项评价作为影响因素，全部进行分析，共有 15 个指标。经过因子分析后得出以下结果，见表 2。

表 2　城镇居民对本地生活满意程度的因子分析结果

一级指标	权重	二级指标			
	59.71%	指标	1	2	3
公共服务设施建设因子	42.27%	体育健身场所	0.753		
		娱乐休闲场所	0.784		
		文化设施建设（文化馆等）	0.827		
		公园广场配置	0.712		
		公共停车场建设	0.707		
生活服务状况因子	10.11%	就医方便程度		0.605	
		就学方便程度		0.548	
		社会治安状况		0.591	
		住房价格水平		0.533	
		菜市场等农贸市场		0.691	
		休闲购物场所建设		0.807	
		市内公交建设		0.613	
城市环境状况因子	7.33%	学校教学水平			0.683
		环境质量状况			0.824
		市容市貌整治状况			0.755

通过以上 3 个因子的提取，我们可以认为，公共服务设施建设水平、生活服务状况以及城市环境因素是影响城镇居民对城镇生活满意程度的重要因素。

公共服务水平也是吸引农村居民进城的重要因素。在对农村居民进城原因分析时发现，让子女接受更好的教育占 63.7%，享受更好的社会保障占 38.7%（图 68）。这充分说明公共服务设施是吸引农村居民进城居住的主要动力。

在提高公共服务水平的同时，增加就业也是实现人口集聚的手段。在对吸引返乡农民进城的政策中，增加就业机会是外出务工人员比较关注的因素（图 69）。

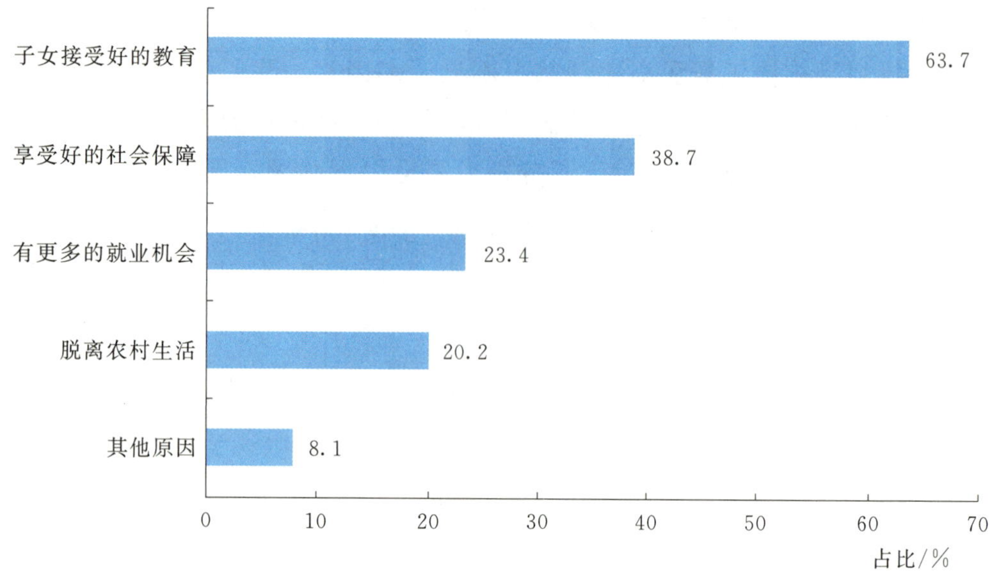

图 68　周口市农民进城的原因分布图

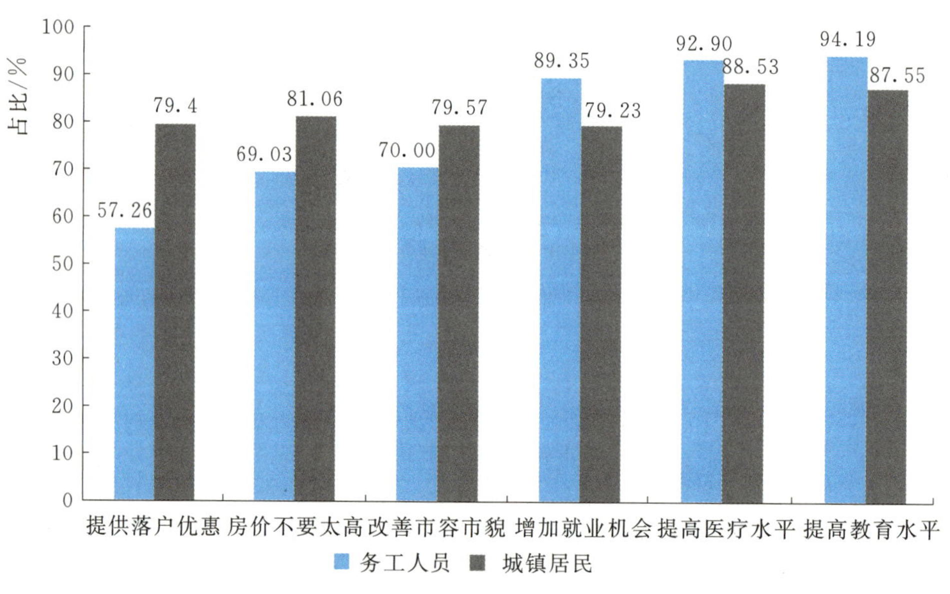

图 69　周口市吸引农民进城的政策有效性分布图

（二）新型农村社区建设

1. 改善居住条件的强烈愿望是新型农村社区建设的基础

调查显示，有 36.4%的农村家庭有改善居住条件的打算（图 70）。在调研中我们也发现，周口市农村居民在为孩子结婚等均要建新房，无论其是否在家，都要为其建新房，这无疑释放了诸多建房需求，而这种需求也是农村居民建房的最大需求。另外也存在一些改善现有居住条件，翻建房屋的需求。

由于周口市现有的土地管理规定，已经不允许新批宅基地，旧房翻新就成了农村居民改善居住条件的首要选择，占56.2%。而准备等待未来新批宅基地建新房的占17.3%（图71）。

这就意味着周口市的农村中，将有20.46%的家庭将会采用旧房翻新的方式改善现有居住条件，而有6.3%的家庭会进行新建房屋，而这在周口市的农村庞大的人口基数下将会带来一场农村住房建设的浪潮。

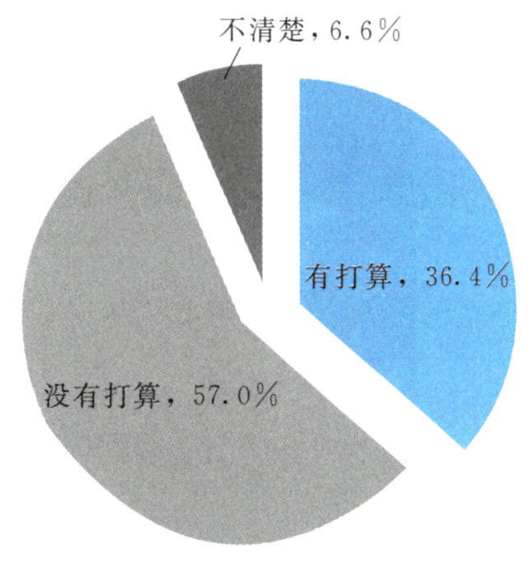

图70 周口市农民家庭改善居住情况的意愿分布图

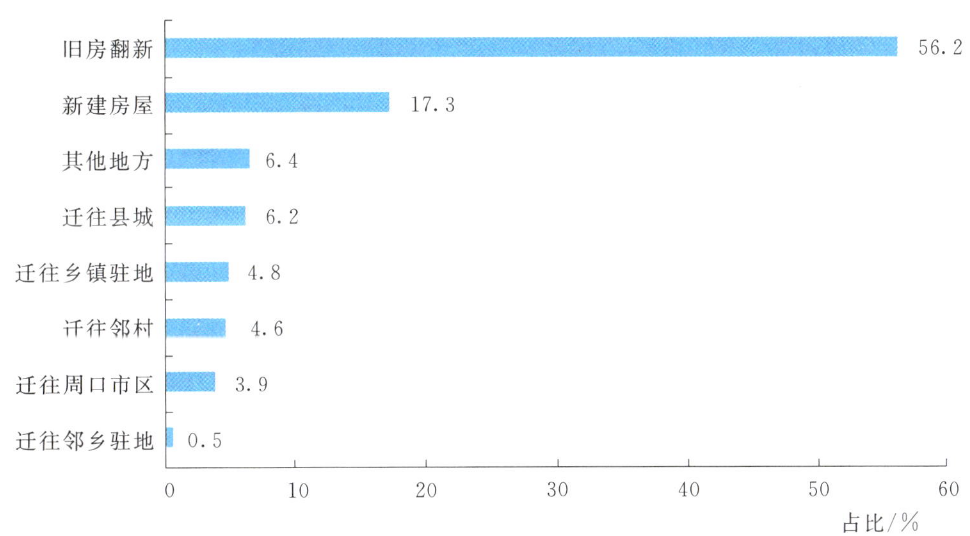

图71 周口市农民改善自身居住条件的方式选择图

2. 以集中居住为特征的土地集约使用是必然要求

周口市人多地少，而村庄的占地面积非常大。根据调查显示，周口市农村居民户均宅基地平均面积为271.7m^2。根据《农村宅基地管理办法》规定，宅基地的用地限额为3人及3人以下的农户在75m^{2}以内；4人的农户在100m^{2}以内；5人的为110m^{2}以内；6人及以上的在125m^{2}以内，相比较而言，周口市的农村宅基地占地面积较大。而且在走访的村落中，坟地处于村中央，村内大量闲置的土地，这都让整个村庄的格局显得非常的错乱，土地浪费非常严重（图72）。

图 72 周口市农村建设现状（2012 年摄）

对于集中居住，有 75.0%的农村居民受访者表示赞成集中居住，而对于上楼，有 50%的农村居民表示愿意，并认为上楼之后，干净，热闹，可以在家里享受城里人的生活。农村居民对集中居住认可以及上楼的愿望，恰好符合政府对新型农村社区的发展定位。

3. 新型农村社区建设的资金问题或成最大障碍

在对周口市的新型农村社区建设进行调研发现，周口市现在推进各个农村社区，大多以政府为主导模式，由政府进行前期基础设施的配置。而基础设施的配置也将耗资巨大。以申营社区为例，在申营社区建设中，政府对基础设施建设进行了大量的投资。首期项目政府共投入 2000 多万元，而随后仍需要政府进行大量投入，整个社区共需要投入 1.5 亿元，而这一社区建成后，可解决 2110 户农村居民的住房问题。如果每个社区均需要政府的大量投入，则给政府造成巨大的财政压力，也可以说对财力并不丰厚的周口市来说是个巨大的财政负担。

另外，而对上楼后的担忧，买不起住房和生活不习惯这都是农村居民对上楼的担忧。由于农村地区现有住房建筑年限比较短，新建住房比比皆是。对于购买楼房，如若没有补贴，则会给农村居民造成很大的经济压力。对经济压力的担忧也是农村居民对上楼的最大担忧（图 73）。

4. 新型农村社区建设应充分尊重农村居民意愿

周口市新型农村社区建设符合农村居民改善生活条件的意愿，也符合当今农村社会发展的需求，应该积极推进，但是在推进过程中，应该稳妥进行，充分尊重农村居民意愿。

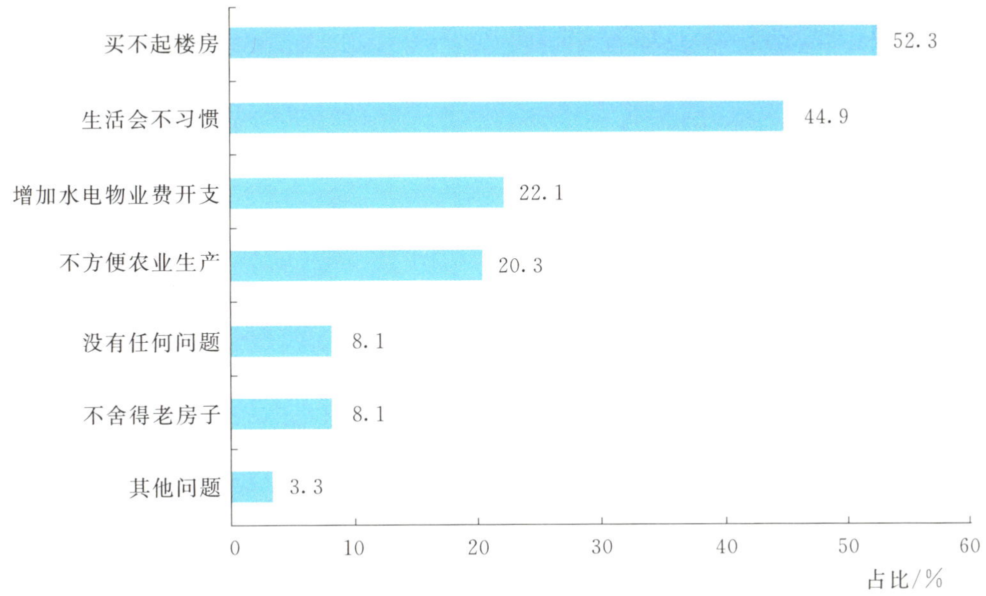

图 73 周口市农民金新社区建设的担忧分布图

在对商水县邓城镇宋庙惠民新村进行调查发现，尽管农村居民有上楼的热情，然而在购房中，仍然以 3 楼以下的住宅为主，4 楼以上的住房基本无人问津（图 74）。

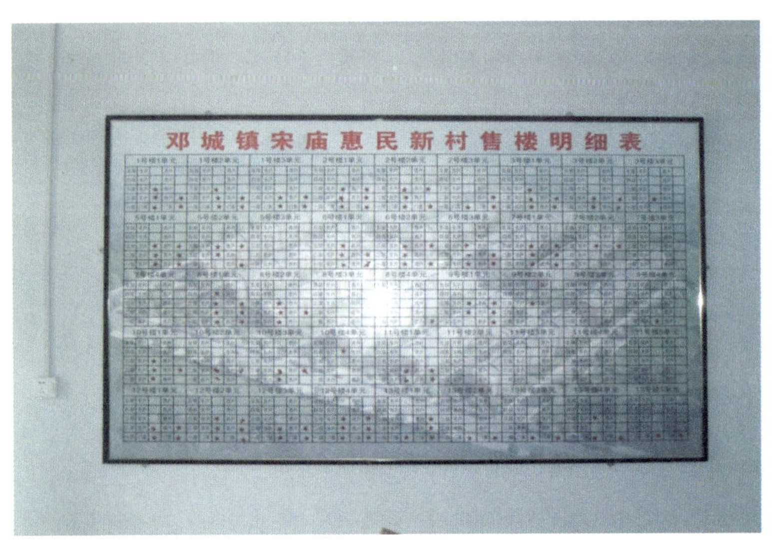

图 74 周口市邓城镇宋庙惠民新村售楼明细情况图

在红花社区似乎也显示了同样的结果。在红花社区进行的民意调查中，愿意居住在 3 楼以下的占 71.7%（图 75）。

周口市的农村，青壮劳力大多外出务工，家里的住房大多为老年人居住。

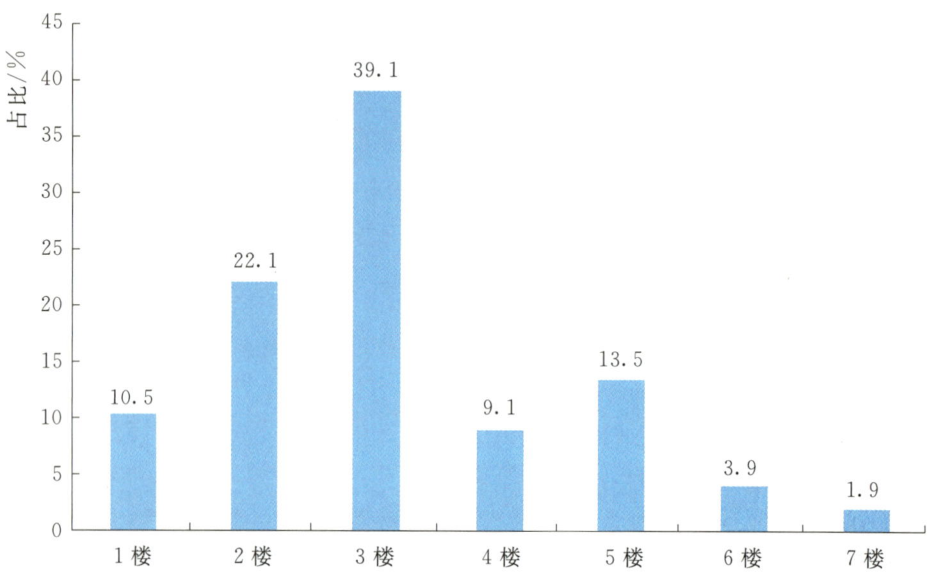

图75　周口市红花社区农民对楼层的选择情况分布图

住楼房给老年人带来诸多不便。而另外，由原来的院落式平房，直接过渡到高层楼房，这一跨度，或许是很多农村人，尤其是老年人无法跨越的障碍。这也许是农村居民看似喜欢上楼，而实际却只会选择楼层低的房屋。

在调研中，有干部反映，为了加大土地的集约利用力度，原来比较受农村居民欢迎的两层别墅式建筑已经被统一否定掉，全部采用楼房式多层或高层建筑。在以农业为主的周口市，或者不能以土地集约利用多少为唯一尺度来衡量新型农村社区建设的成败，而应以是否符合老百姓意愿为原则，从平房到多层楼房的跨越或许有些过大。

5. 产业与住房配套方能实现农村社区的新型化

新型农村社区建设不是仅仅一项住房工程，而更是一个产业和住房配套的系统工程。

在周口市，农村以粮食种植为主，并且劳动力大量流失，尽管有些村正在推进新型农村社区建设，而缺乏产业支撑的新型农村社区之所谓“新型”仅仅是个“示范工程”。应该在产业基础发育较好的地方首先推进新型农村社区建设。一方面在具有产业基础的地方老百姓较为富裕，可以实现就地城镇化；另一方面只有住房和产业配套，才可称之为新型农村社区。

在新型农村社区推进中，建议以城郊和镇区为重点推进，具有产业发展基础的中心村也可适度推进，而缺乏产业支撑和未来产业发展没有潜力的村庄可以暂缓推进。

（三）脱农与土地流转

1. 劳动力节余潜力巨大

数据显示，河南省全省小麦生产过程机械化水平达90%以上，水稻收获机械化正在普及，玉米机播、秸秆还田等环节的机械化水平都超过50%。目前，一个农户的小麦从收到运回家里只需一两小时。而根据《农业统计年鉴》的分析，粮食作物的种植是需要耗工量最少的，以小麦等谷物类为例，每亩用工量为9.59个，而每万亩折合可用劳动力为383.6个。如果按照农村居民作为从事农业生产来说，一个人可以耕种26亩粮食（表3）。

表3 不同农作物每万亩折合劳动力情况计算表

作物		每亩用工量/个	播种面积/万亩	总工日/万个	折合劳动力/个
		A	B	AB	AB/250
粮食	谷物	9.59	1	9.59	383.6
	豆类	5.11	1	5.11	204.4
	薯类	8.72	1	8.72	348.8
油料		10.91	1	10.91	436.4
棉花		24.86	1	24.86	994.4
麻类		29.13	1	29.13	1165.2
糖料	甘蔗	21.44	1	21.44	857.6
	甜菜	9.57	1	9.57	382.8
烟叶		40.67	1	40.67	1626.8
药材		40.67	1	40.67	1626.8
蔬菜		40.67	1	40.67	1626.8
其他		40.67	1	40.67	1626.8
茶园		30.43	1	30.43	1217.2
果园		37.24	1	37.24	1489.6

这也就是说，尽管周口市有大量的人口外流，农村地区的劳动力节余潜力仍然很大。

2. 土地流转具有较大潜力

在调查中发现，周口市农村居民的家庭收入中，农业收入占家庭总收入的25.2%，这与外出务工的59.5%相比，农业收入非常有限。而种植粮食作物收入占农业总收入的比例达到87.2%，而种植经济作物收入和养殖收入仅12.8%。

在周口市的农业发展中，主要以种植粮食作物为主，而粮食作物的每年的收入以小麦和玉米为例，每年纯收入最高为 800 元/亩，而玉米也大致如此，因此农业收入对农村居民的收入贡献非常有限。

基于对农业收入的预期，土地流转具有可操作性。根据调查，周口市农村居民土地流转意愿较强，有 32.5%的农户表示愿意将土地转包给别人耕种。而对土地整片流转，有 56.4%的农户表示赞成。这就说明，周口市的农村地区土地流转具备民意基础，可以在保证粮食安全的基础上适度推进。

3. 重点发展农民专业合作社

土地流转方面的合适原则是，在农民自愿的基础上鼓励农村土地的适度规模化经营，而且农民应该分享到规模化经营带来的增值收益。周口市农民虽然表现出较为强烈的土地流转意愿，但是其主要原因是因为种田不挣钱而不是因为有其他的收入机会，所以他们有土地流转后收入水平可能会下降的担忧，作为一种自我保护，他们按照自己耕种的收入水平来决定其土地的流转价格，导致期望的流转价格大大高于实际成交的价格。这也能部分说明，为什么农民赞成土地流转，但是仍然担心价格不合理、补偿不能及时到位以及不尊重农民意愿。当农村居民还相当依赖农业性收入的时候，农业公司投资成片土地流转集中、地方政府介入推动的模式，很难消除农民被强制压价、被强制流转的不满情绪，尤其是对那些年龄在 50 岁上下、有种田能力无打工机会的人而言，大规模的土地流转简直意味着失业和收入水平绝对下降。

因此周口市应该将土地向农村专业合作社集中作为今后土地流转集中的主要模式，以保证农民能更多地分享到规模化经营带来的增值收益。这种做法的难点在于农村专业合作社的发育生长需要一整套的政府扶助政策，土地流转集中程度短期内成效不会很明显。但是，如果把土地经营方针的核心定位为保障农民权利提高农民收入，这样做就是合适的和值得的。并且，周口市作为粮食主产区，粮食生产安全是使命，粮食作为主要作物也会坚持不懈，这有利于农业机械合作社等的建立，应该加大培育，既能将农村劳动力从农业生产中释放出来，也能让农村居民分享到农业生产的最大利益。

八、结论

周口市作为淮河流域典型农业地区的代表城市，对其深入调查研究所反映出来的情况，可以看做是整个淮河流域典型农业地区的一个缩影。课题组通过对周口市进行详尽的调研分析，认为其中最值得总结推广的经验就是：对于整个淮河流域典型农业地区而言，城乡协调发展，特别是新农村社区的建设，最重要的是尊重农民意愿、因地制宜、稳妥推进，切勿贪大求全、急功近利。只有在充分尊重农民意愿、满足农民基本权益、采用适宜当地真实情况的建设模式等的基础之上，新农村社区的建设才能够收到应有的成效，城乡协调发展才能够真正实现。

参考文献

[1] 河南省周口市统计局．周口统计年鉴（2011）[M]．北京：中国统计出版社，2012.

[2] 河南省周口市统计局．周口统计年鉴（2010）[M]．北京：中国统计出版社，2011.

[3] 河南省周口市统计局．周口统计年鉴（2009）[M]．北京：中国统计出版社，2010.

[4] 周口市第二次经济普查领导小组办公室．周口经济普查年鉴（2008）[M]．北京：中国统计出版社，2010.

报告五

淮河流域安全隐患地区城镇化模式与对策研究

一、研究背景

本研究专题是中国工程院“淮河流域环境与发展问题研究”项目之“淮河流域城镇化进程与环境问题”课题的部分研究内容。淮河流域是我国中原地区的腹地，拥有着璀璨的民族文化和历史，同时也是我国人口最稠密的地区之一。淮河流域面积 27.67 万 km^2，流域面积占全国国土总面积不到 1/35，养育了全国约 1/9 的人口，粮食产量占全国的 1/3。淮河流域在某种程度上成为中国的缩影，人口问题、环境问题、经济问题、安全问题，都成为该区域远期发展需要解决的关键。

淮河流域是我国历史上有名的洪泛区，经常发生洪涝灾害，沿淮河主干流分布有若干蓄滞洪区。随着近些年流域治理和防洪设施的增加，部分蓄滞洪区出现了与人民生产生活相矛盾的地方，给河道防洪和社会生产生活都带来影响。另外，淮河流域的数座城市是我国重要的产煤区，煤炭开采引起地面塌陷等地质灾害问题。这些安全隐患地区对淮河流域的可持续健康发展带来一系列的负面影响。

在国家宏观层面，以防洪为核心的治淮体系仍然是国家要求的核心内容。防洪体系建设是淮河流域可持续发展的基础。历代政府都将治淮作为淮河流域富裕发达起步的首要任务。虽然已经取得了重大成就，但从国家发展要求上，治淮要智能化、信息化，并与淮河流域区的工业化、城镇化相结合，形成在应对灾害上具有快速预警能力、在经济上具有高承载能力、在城镇化上具有可持续提升能力的社会经济与生态全面的安全格局。因此，从国家宏观战略来讲，淮河流域的工业化、城镇化的科学推进，不能仅仅体现在速度上，更要注重环境质量的提高和安全隐患的消除。

在省域层面，淮河流域主要流经河南、安徽、江苏、山东四个省份，占各省的国土面积比例都较大，四省政府对淮河流域区的发展都表现出重视。在不同发展阶段，各省都提出了治理淮河、发展淮河、建设淮河的战略部署和目标要求。但是落实到各省域城镇体系规划中，在工业化和城镇化双轮的驱动作用下，更多的是强调经济发展，轻视或者忽略了淮河流域所面临的环境问题以及安全隐患地区的可持续发展，各省及所处的地市的工作重心侧重于人口规模、用地建设、产业发展、城镇化水平、GDP 产出等，对生态环境改善、安全隐患地区的治理措施和力度不够。为保证淮河流域在工业化和城镇化进程中得到健康、科学和可持续发展，需要统筹协调人口、经济、产业、环境、社会、安全等诸要素，在发展的同时解决发展中出现的问题。

从我国城镇化的进程来讲，新型城镇化需要资源节约和环境友好，需要改掉以前“先污染后治理”的老路，要坚持以人为本，体现安全、生态、宜居。淮河流域的城镇化要结合淮河治理及流域内公共安全问题的解决，统筹考虑蓄滞洪区、低洼地及采煤塌陷区的人口与发展问题，把城镇环境安全及综合防灾放在突出位置，最终实现区域的可持续发展。

二、主要安全隐患类型与问题

淮河流域存在的主要安全隐患是洪涝灾害，每年不同程度的洪涝灾害时有发生，随着治淮工作的投入和水利设施建设，近些年洪涝灾害明显好转，但是仍旧存在蓄滞洪区与城乡建设的矛盾。其次，淮河流域是我国中东部地区重要的资源能源基地，鲁南、皖北以及河南部分城市为我国重要的产煤地，随着煤炭开采，引起一系列的采煤沉陷等地质灾害，也成为近些年淮河流域主要的安全隐患。

（一）采煤塌陷区

1. 采煤塌陷区的成因

采煤塌陷区即煤矿采煤之后留下的下陷的地域，同意于塌陷区。中国的能源消费构成中，煤炭目前所占的比例超过了 70%，煤炭工业的发展，推动了其他行业的发展，同时也造成一些环境问题，特别是矿区开采引起的土地沉陷和生态环境的变化是目前人们关注的热点。

当地下煤层中的煤被采出之后，采空区的顶板岩层在自身的重力和其上覆岩层的压力作用下，产生向下的弯曲和移动。当顶板岩层内部所形成的拉张应力超过该层岩层抗拉强度极限时，直接顶板发生破碎和断裂并相继冒落，接着上覆岩层相继向下弯曲、移动进而发生断裂和离层。随着采煤工作面向前推进，受到采动影响的岩层也不断扩大。当煤层开采扩大到一定规模时，在地表就会形成一个比采空区大得多的近似椭圆形的塌陷盆地，从而影响了区域生态安全。

2. 采煤塌陷区的环境影响

（1）对土壤的影响。

土地侵蚀。开采塌陷形成了下沉盆地，使地表倾斜、坡度改变。坡度是决定径流冲刷能力的基本因素之一。径流是指雨水流向排泄区的作用过程。坡度越大则径流量越大，冲刷量也越大，引起水土流失和土地侵蚀也越严重，所以根据地面倾斜估算侵蚀程度是恰当的。

土壤盐碱化。地面塌陷形成大面积地表盆地，下沉由几毫米至十几米不等，这很容易引起土壤的盐碱化和沼泽化。

土壤湿度。地面塌陷导致地下水位下降、土壤中裂隙产生，这不仅使由毛细现象而使土壤反湿非常困难，也大大加强了风力带走土壤水分的能力（蒸发作用），因此土壤湿度大幅下降。

土壤质量。开采塌陷造成地表形成了许多裂缝和相对的坡地和洼地，土壤中许多营养元素随着裂隙、地表径流流入采空区或洼地造成许多地方土壤中养分的短缺。研究结果表明，受采空区影响，土壤养分最短缺的部位是塌陷拐点，因为此部位裂缝发育良好，极容易漏水漏肥。塌陷中心情况不尽相同，一般与采深有关，采深越浅，土壤养分越短缺；采深越深，养分短缺越不明显，有时还会出现养分集中的现象。

（2）对水的影响。

水资源。煤层浅层干旱区长期大面积采煤，导致采空区面积不断扩大，采空区导水裂隙带和地面塌陷范围随之扩大，使地表水与地下水、矿坑水发生了直接联系，造成河川径流大量渗漏，径流量明显减少。

水质。塌陷坑的积水多为死水，周围工农业生产、生活废水排入塌陷坑，使水质恶化，又给积水塌陷坑的开发利用带来困难。由于地表水已受到矿坑水的污染，地表水补给浅层孔隙水，导致浅层孔隙水水质间接受到污染。采煤对石炭、二叠系含水层造成破坏，使裂隙水转化为矿坑水，从而使其水质严重污染，呈现与矿坑水相同的水质特征。

地下水。在高潜水位地区，地表沉陷引起地下潜水位相对上升接近或超出地面，产生永久性积水或季节性积水。当潜水位接近地表时，潜水蒸发量增加，加速农田土壤盐渍化过程。地下潜水位所处的深度使得地下水盐分能够补充土壤盐分时，就可能发生土壤盐碱化。

（3）对大气的影响。

井下排出的废气以及煤矸石自燃释放出二氧化硫、一氧化碳，致使塌陷区大气受到污染。

（4）对植被的影响。

地下煤炭的开采引起地表大面积下沉，影响植物的生长发育，甚至造成绿色植物的大幅度减少。但是，土地塌陷对植物的影响情况与矿区的地形地貌、地质、区域气候、地下水位高低等自然要素和采矿条件有关。高潜水位的平原矿区，通常地面沉陷后潜水出露地表，下沉盆地内常年大面积积水，造成大量土地不能耕种，使绿色植物大幅度减少；有盆地的季节性积水部分，减少植茬或造成严重减产。盆地的其他部分因产生附加坡度而形成坡耕地，不利于农作物生长。

3. 淮河流域采煤塌陷区概况

淮河流域煤炭资源丰富（“综合报告”图 1），总储量达 700 亿 t，煤炭开采成为淮河流域最重要的产业之一。目前已建成淮南、淮北、平顶山、徐州、兖州、枣庄等国家大型煤炭生产基地，产煤量占全国产煤量的 1/8。淮河流域因煤炭开采引起的地面塌陷成为该地域典型的地质环境问题，淮河流域主要产煤城市均有不同程度及规模的采煤塌陷区。这些采煤塌陷区部分位于城市内部或周边，且难以在短时间内进行治理并再利用，同时部分采煤塌陷区处于不稳定状态，存在潜在的威胁，成为城市发展的一个重要影响因素。

以淮南市为例，2010 年淮南市各矿区采煤沉陷面积已达 121km^2，积水面积 59km^2，蓄水容积 2.5 亿 m^3。目前全市塌陷区面积以每年 12～17km^2 的速度增加，预计 2020 年沉陷面积将达到 187km^2，积水面积 113km^2，蓄水容积可达 6.16 亿 m^3；2030 年沉陷面积将达到 275km^2，积水面积 195km^2，蓄水容积可达 13.48 亿 m^3；最终，将形成沉陷面积 1041km^2，蓄水容积 101 亿 m^3。大面积形成且迅速增加的采煤塌陷区，导致矿区生态环境在未来一个时期不可能得到良好恢复。具体见图 1。

图 1　淮南市采煤塌陷区实景图

（二）蓄滞洪区

1. 蓄滞洪区的成因

蓄滞洪区主要是指河堤外洪水临时储存的低洼地区及湖泊等，其中多数历史上就是江河洪水淹没和蓄洪的场所。蓄滞洪区包括行洪区、分洪区、蓄洪区和滞洪区。对蓄滞洪区的管理建议按照以下 3 种模式调整，第一种模式称为生态修复型蓄滞洪区，第二种模式为规模经营型蓄滞洪区，第三种模式是基本维持现状，或在条件成熟时，不再作为蓄滞洪区使用，而转化为一般防洪区。

蓄滞洪区是江河防洪体系中的重要组成部分，是保障重点防洪安全，减轻灾害的有效措施。为了保证重点地区的防洪安全，将有条件地区开辟为蓄滞洪区，有计划地蓄滞洪水，是流域或区域防洪规划现实与经济合理的需要，也是为保全大局，而不得不牺牲局部利益的全局考虑。从总体上衡量，保住重点地区的防洪安全，使局部受到损失，有计划的分洪是必要的，也是合理的。目前，我国国家级的蓄滞洪区主要有 97 处（其中淮河流域 26 处），总面积约 3104 万 km^2，耕地约 200 万 hm^2，人口约 1600 万人，人口密度达 520 人/km^2。主要分布在长江、黄河、淮河、海河四大河流两岸的中下游平原地区。

蓄滞洪区启用应按照既定的流域或区域防御洪水调度方案实施。其启用条件是：当某防洪重点保护区的防洪安全受到威胁时，按照调度权限，根据防御洪水调度方案，由相应的人民政府、防汛指挥部下达启用命令，由蓄滞洪区所在地人民政府负责组织实施。蓄滞洪区启用前必须做好如下准备工作：做好蓄滞洪区实施的调度程序；做好分洪口门和进洪闸开启准备，无控制的要落实口门爆破方案和口门控制措施；做好区内群众的转移安置工作等。如何针对现实，探求并采取切实可行的管理模式，实现蓄滞洪区防洪减灾、生态环境改善、人水关系协调、水土资源合理利用等多目标功能，是加强我国防洪减灾能力建设和保障蓄滞洪区可持续发展的一项重大课题。

2. 蓄滞洪区的主要功能

（1）蓄滞洪水。

20 世纪 50 年代以来，长江、黄河、淮河、海河都发生过全流域性大洪水或特大洪水，一些蓄滞洪区在防洪的关键时刻，发挥了削减洪峰、蓄滞超额洪水的重要作用，保护了重要防洪地区的安全。据统计，1950—2003 年的 50 多年间，全国 97 处蓄滞洪区共运用 456 次，平均每年拦蓄洪水 9 次，共拦蓄洪水 123 亿 m^3。蓄滞洪区在我国 50 多年的防洪抗旱斗争中，发挥了重大和不可替代的作用，对夺取防汛抗洪的胜利功不可没。

（2）回补地下水。

蓄滞洪区内蓄滞的洪水可渗入地下含水层，恢复地下水的供给能力。特别是对北方地区，蓄滞洪区中的水对补给地下水更有重要意义。海河“96・8”大水中，宁晋泊、大陆泽蓄滞洪区进洪 18.45 亿 m^3，而艾新庄枢纽退水仅 4.87 亿 m^3，有 13.58 亿 m^3 洪水渗入地下，补充了地下水。宁晋泊、大陆泽及周边临近地区的地下水位抬高了近 6m 左右，增加了地下水资源，一度缓解了该地区水资源危机，并为赢得第二年农业丰收创造了条件。

（3）维持生物多样性。

依赖湿地生存、繁衍的野生动植物极为丰富。湿地是保护生物多样性的重要地区，是濒危鸟类、迁徙候鸟以及其他野生动物的栖息繁殖地。我国蓄滞洪区历史上多为低洼湿地。这些低洼湿地环境可为鸟类、鱼类提供丰富的食物和良好的生存繁衍空间，对物种保存和保护物种多样性发挥着重要作用。如海河流域大黄铺洼蓄滞洪区地势低洼，属天然湿地区。该区的植物以芦苇为主，低洼区还生长着大片的香蒲群落、水葱群落等挺水植物。洼内原有鱼虾蟹类 30 余种。常见的鸟类有 16 目 34 科约 200 种。其中，终年在当地生活的留鸟有 10 余种；在当地繁殖，迁到南方越冬的夏候鸟有约 50 种；在当地越冬的冬鸟约 15 种。

（4）水质净化。

我国水资源短缺问题，既有水量性缺水特征，也有水质性缺水特征。由于水质恶化，导致可利用水资源减少和水资源供需矛盾加剧。蓄滞洪区内的湿地在净化水质方面起着重要的作用。湿地的生物和化学过程可使水体中的有毒物质降解和转化，使当地和下游区域受益。研究表明，湿地系统对 BOD 和 TN 的平均去除率分别为 77.11％和 85.9％，效果与一般的一、二级污水处理厂相当。

3. 淮河流域蓄滞洪区概况

由于淮河流域有着复杂的地理和气候条件，依靠干流加固堤防和修建大坝等工程技术手段难以从根本上解决防洪问题，蓄滞洪区成为淮河防洪工程体系的重要组成部分。2006 年，沿淮河共有 27 处蓄滞洪区，总面积近 4000km^2，其中耕地 2300 多 km^2，区内人口 176 万人。若考虑下游洪泽湖周边的滞洪圩区，耕地 3300 多 km^2，人口约 280 万人。

2010 年国家对淮河行滞洪区修订后调整为 21 个。淮河的蓄滞洪区中，自 1950—2006 年，共启用 196 次，平均每个蓄滞洪区被启用 7 次，个别蓄滞洪区没有启用（汤渔湖和临北段均未启用过）。蓄滞洪区既要承担区内经济社会发展，又要承担淮河行蓄洪水的双重功能，两种功能存在严重矛盾和冲突。下图所示为淮河干流蓄滞洪区与城镇分布关系图。淮河干流蓄滞洪区共涉及2市（地级市）、10县（县级市）、39乡镇。可以看出，现状仍有个别县城（如霍邱、寿县）以及不少乡镇驻地位于淮河干流蓄滞洪区范围内，城镇的空间发展与淮河行蓄洪存在矛盾。

4. 蓄滞洪区面临的主要问题

近年来，在我国大规模堤防建设、病险水库除险加固取得较大进展的同时，作为防洪体系的重要组成部分的蓄滞洪区，却面临着种种问题和困难。首先，随着我国社会经济的发展，蓄滞洪区内人口增加，经济发展，社会财富大量积累，而安全建设和管理存在的问题较多，造成蓄滞洪区按规定及时启用越来越困难，严重影响着防洪功能的发挥。其次，面临着经济发展的巨大压力。相对于蓄滞洪区的巨大作用，蓄滞洪区内群众的收入低，经济社会发展相对落后，成为特殊的贫困群体。另外，由于人类活动、自然因素等造成了蓄滞洪区生态环境的严重破坏，蓄滞洪区内湿地面积不断减少，湿地功能不断下降，并且这种趋势还在继续。致使蓄滞洪区分蓄洪水与保障区内居民生命财产安全和发展经济之间的矛盾越来越突出。

（1）经济社会状况发生了深刻变化。

随着我国经济社会的发展，特别是改革开放30多年来，我国经济社会状况发生了深刻的变化，部分地区经济发展迅速，财富积累很快，现有的防洪标准与经济社会发展的需要已不相适应，需要适度提高流域或重点区域的防洪能力。随着经济社会发展和洪水形势的变化，部分江河洪涝灾害的程度和分布情况也发生了一定的变化，需要根据流域和区域防洪体系总体布局和流域洪涝水蓄泄总体安排方案，对蓄滞洪区的布局、设置、功能、作用和任务等进行必要的调整。我国的蓄滞洪区设置初期，区内人口稀少，经济落后，分洪与发展的矛盾并不十分明显。但近20年，部分蓄滞洪区内城镇和经济发展很快，区内人口不断增加，蓄滞洪区运用决策难度不断加大。

（2）经济条件滞后。

淮河流域蓄滞洪区经济发展总体滞后，生活水平较低。虽然与以往相比，蓄滞洪区的居民生产生活条件有了明显的改善，经济社会发展水平有了一定的提高，但与区外居民相比还有不小的差距，与全面建成小康和构建和谐社会的要求相比差距更大。由于行洪频率较高，使得地方政府和蓄滞洪区居民缺乏进行农田水利设施和其他生产生活设施投入的积极性，加之为了确保行蓄洪需要，国家在政策上对区内项目建设规定了各种限制，导致蓄滞洪区经济基础薄弱，经济发展缓慢，群众生产、生活极不稳定，部分群众温饱问题尚未解决。通过对淮河蓄滞洪区的人均GDP、人口密度、人均纯收入及与蓄滞洪区所在地区平均水平的比较，可以看到，蓄滞洪区的经济发展水平明显低于其所在省份的平均水平。2001年安徽全省农民人均纯收入为2020元，2009年为4504元，而沿淮具有蓄滞洪区的安徽阜南、颍上、霍邱、寿县、长丰等县对应年份的农民人均纯收入仅有1300～1600元和3200元左右。水患与落后的地方经济互为因果，使得蓄滞洪区的经济发展和人民生活难以走出非良性循环的局面。

（3）基础设施薄弱且人口增长快。

尽管历经多年的投入和建设，目前蓄滞洪区已经初步形成了一批基础设施，但整体上来看，这些设施还远远不能满足防洪和经济发展的需要。除此之外，部分安全设施还存在建设维护资金不落实，责任不清等问题。例如目前蓄滞洪区的道路普遍存在重建设、轻维护的问题。另外，由于每次进洪，都会对蓄滞洪区的农田水利设施造成毁坏，而对农田水利设施的建设和维护，又程度不同地存在资金来源不足和责任主体不清等问题。同时，蓄滞洪区内人口增长过快。蓄滞洪区设置初期，区内人口较少，行蓄洪时人员转移避洪的任务较轻，灾损也轻。设立蓄滞洪区的50多年来，蓄滞洪区内部人口快速增长，加上区外的人口不断迁入，导致区内人口急剧膨胀。例如，安徽省濛洼蓄洪区1950年时仅为4万人，现在达20万人。人口的过快增长和人地矛盾的加剧，带来了一系列问题，也就成为了蓄滞洪区的劣势之一。

（4）移民安置困难。

蓄滞洪区建设的宗旨是将居民安置在安全地区，以规避洪水，其长远方向应当逐步使蓄滞洪区内人口外迁。然而，最大的困难正是迁移农民、解决移民安置问题。移民安置包括将蓄滞洪区内村民迁出蓄滞洪区，如“移民建镇”；以及将村民在蓄滞洪区内整村或并村迁移到蓄滞洪区内新的居民点，如“移民迁建”。其目的都是将村民迁入安全地区。安全地区既可以是原来的乡镇，亦可在原镇址基础上扩建，还可以新建村落。移民安置成功，在于使迁进安全地区的农民稳定下来不返迁。其关键，一是耕作半径的远近，距离远了农民生产不方便，因而不愿搬迁；二是能否使农民的生产发展与生活富裕，妥善解决农民的生计问题。然而，目前的蓄滞洪区，解决这些问题有很大难度，因而实施“移民建镇”或“移民迁建”存在很多困难。

三、安全隐患区的城镇化案例

（一）安全隐患区的城镇化现状

1. 采煤塌陷区

以淮南市为例，据不完全统计，2003年以前，淮南市采煤塌陷区涉及居民约46644户、13.4万人。2004—2009年年底，涉及居民40686户、约15.4万人。据统计，淮南市五区一县沉陷面积达100多万亩，占区域面积的27.03%，严重影响区内居民的生产生活，见表1。

表1　淮南市各区县采煤塌陷区面积一览

县（区）	区域面积/万亩	沉陷面积/万亩	占区域面积比例/%	占全市沉陷面积比例/%
凤台县	154.5	49.144	31.81	47.98
大通区	52.5	2.028	3.86	1.98
潘集区	90	39.576	43.97	38.64
八公山区	13.95	3.531	25.31	3.45
谢家集区	41.355	4.035	9.76	3.94
毛集区	30.15	4.107	13.62	4.01
合计	—	102.421	27.03	100.00

淮南市作为煤炭资源型城市，其下辖县数量少，全市城镇化水平较高，目前已经基本达到65%左右。采煤塌陷区部分位于城区，部分位于乡村，受制于采煤塌陷区的安全隐患，塌陷区的城镇化水平已经明显高于其他同类型地区。

受采煤塌陷区影响，从2010—2020年，淮南市全市需搬迁约38032户（约13.7万人）。另据统计，受煤炭开采影响，2020年后还需搬迁346个自然村，涉及21个乡镇，约5.1万户、18.6万人。

2. 蓄滞洪区

多年来，淮河流域蓄滞洪区建设长期滞后，管理措施薄弱，对区内经济活动缺乏有效的管理与调节，一方面加大了蓄滞洪区启用的阻力，影响了蓄滞洪区蓄滞洪水功能的发挥；另一方面也加重了分蓄洪运用后的损失，使区内居民的生命财产、生产生活秩序受到严重影响，与蓄滞洪区群众脱贫与发展的目标形成了复杂的矛盾。

在全国75个重点和一般蓄滞洪区中，有53个蓄滞洪区，即大约70%的蓄滞洪区人均GDP低于全国平均水平，有36%的蓄滞洪区人均GDP尚达不到全国平均水平的一半。与全国平均水平持平，蓄滞洪区目前仍主要以第一产业为主，其第一产业增加值的增长率一般在2%～5%间波动。如果按现在的产业结构发展，蓄滞洪区很难在2020年达到全面小康的发展水平。淮河、长江流域蓄滞洪区的基础教育明显落后于全国平均水平，有70%以上的蓄滞洪区在校学生数低于所在省份的平均水平。这意味着未来无论是人口迁移，还是发展当地经济，蓄滞洪区的人力资源都会面临严峻挑战（表2）。

表2　各流域蓄滞洪区人均GDP比较

人均GDP/元	≤3500	3500～7000	7000～10000	≥10000
淮河流域/个	10（7，3）	8（2，6）		1（1，0）
黄河流域/个	1（1，0）			
海河流域/个	3（1，2）	10（5，5）	10（5，5）	3（1，2）
长江流域/个	8（2，6）	11（4，7）	4（3，1）	3（0，3）
松花江流域/个		1（1，0）		1（1，0）
珠江流域/个	1（1，0）			
合计	22（11，11）	31（13，18）	14（8，6）	8（3，5）

注　10（7，3）指人均GDP不超过3500元的共有重点蓄滞洪区与一般蓄滞洪区10个，其中重点7个、一般3个。

淮河流域蓄滞洪区经济发展一般都比较滞后。蓄滞洪区比较集中的阜南、颍上等县属于国家级的贫困县。淮河中游蓄滞洪区人均年收入一般低于所在县市的平均水平。淮河流域蓄滞洪区人均占有耕地比较多，平均在0.133hm^2左右，一般都高于所在县平均水平，但耕地利用率较低，而且在耕作方式上多以粗放型为主。农业结构上多以小麦等旱作物为主，经济作物及高产的水稻种植较少。乡镇企业多以零散的资源型加工型企业为主，产值较少，利润较低。

（二）淮南市潘集区采煤塌陷区治理案例

1. 案例概况

淮南市潘集区泥河镇水系发达，沟渠纵横，水面较大，原水产养殖中心就在后湖规划区内，鱼塘形成较大面积水景观，西南部为采煤塌陷区形成的大面积水面，最深处5～6m。随着煤炭的大量开采，地表塌陷区形成大面积积水，造成严重内涝，土地破坏程度大，生态环境恶化，甚至对当地居民生存环境构成威胁。近年来，潘集区又被定为淮南“亿吨煤”基地和“煤电一体化”基地建设的主战场，采煤塌陷区将不断扩大。随着经济的发展，工业化、城镇化进程加快，人地矛盾日趋尖锐，人口和土地逆向发展的形势比较严峻。涉及采煤塌陷区的有9个村，塌陷面积约800hm^2，每年以33hm^2左右的进度塌陷。

2. 优劣势分析

采煤塌陷区的发展优势：①塌陷区内无居民点，用地充足且不存在土地拆迁问题，政府操作实施方便；②水域面积大，易于塑造滨水景观和发展水产养殖业；③区域位置较好，距离淮南市较近，强化了生态园的发展优势。

塌陷区内现存在的主要问题是：①环境污染严重，由于周围工矿企业采煤运炭造成区内粉尘污染严重，煤矿开采导致大面积土地塌陷，严重影响生态环境；②绿化覆盖率低，规划区除中心水面之外，中部围绕塌陷区治理开发的荷塘及茭白种植为初始阶段，尚未形成规模，而西南角大部分为养鱼塘，东南侧又多为工矿企业所占，绿化效果很差；③基础设施差，区内交通条件差，资源环境的综合效益没有得到充足的发挥。

3. 治理措施

淮南市潘集区泥河镇采煤塌陷区治理的以后湖作为典型，形成了所谓的“后湖模式”，即从采煤塌陷区实际出发，因地制宜，使采煤塌陷区生态植被得到恢复，土地资源得到持续利用，农业产业结构得到调整，以把采煤塌陷区建成农业开发区、旅游风景区，以及集生态、观光、休闲、旅游为一体的现代农业产业园区，最终实现塌陷不荒废，农民失地不失业，失地不减收的目的。后湖的主要经验是：采取政府引导，规划先行；项目支撑，综合开发；能人领衔，合作经营；土地入股，收益共享；市场运作，风险共担等做法，积极探索“公司 + 合作社 + 农户”的经营模式。实践证明，后湖的经验是具有生命力的创意之举。

4. 借鉴意义

后湖村则利用塌陷区特有的自然优势和当地特色农业优势，建成集生产、观光、休闲、度假、娱乐等综合功能于一体的农业观光园。选择“生态农业与观光休闲相结合的复垦模式”的治理策略，在国内就采煤塌陷区治理模式来看，尚属少见，具有创意。它不仅体现了采煤塌陷区治理的综合性、生态性、科学性、娱乐性、可行性；而且在土地资源得到再利用的基础上将农业产业结构的调整与经营方式提高到一个崭新的水平。给采煤塌陷区生态恢复与新农村重建探索出一条新的途径。

在后湖生态园区总体规划布局上，依据自然环境与地理条件及功能需求，将用地分为：农业试验区、花卉种植区、水产养殖区、设施园艺区、果蔬采摘区、苗木培育区、生态农业、生态公园、水生蔬菜区、综合服务区 10 个分区，各区相互衔接，又各有主题，由此构成一个完整的以生态农业、休闲游览观光为一体的新型农业观光园（图 2）。

在运作方式和收益上，采取政府引导；项目支撑，综合开发；能人领衔，合作经营；土地入股，收益共享；市场运作，风险共担等做法，积极探索“公司 +合作社 + 农户”的经营模式。公司是项目区的经营主体，合作社主要组织农户合理流转土地，引导农户发展规模经营，监督公司合法运营，有效保护

图 2　后湖生态园区规划图鸟瞰

群众合法权益。①收益分红，项目区盈利的 60%作为公司和入股村民的红利，30% 用于项目区的再生产，10% 用于公司和合作社的办公管理费用；②严格“三不”，土地权属不变，土地用途不改，基本收入不减；③规范透明，运行管理规范，财务收支公开，经营决策民主。

（三）凤台县董峰湖蓄滞洪区城镇化案例

1. 案例概况

安徽省凤台县董峰湖为淮河干流 5 年一遇行洪区，属安徽省凤台县毛集镇管辖。毛集镇位于淮河与肥河交汇处，总面积 65km^2，人口 44149 人，耕地 3730hm^2。其中包括董峰湖行洪区的 27km^2，住有 21540 人。

2. 措施方案

与长江滩区和其他洪水高风险区类似，董峰湖由于经常分洪，区内居民相对贫困，为缓解行洪区发展与分洪之间的矛盾，毛集镇计划配合小城镇建设和发展，将董峰湖行洪区内缺少保障的 4 个村的 7500 人（其中劳动力 4495 人）迁入镇区（表 3）。居民搬迁后，原有的 680hm^2 耕地由搬迁户中的 800 户（劳动力 1700 人）承包，户均约 0.9hm^2，年均收入可达 2 万元。

表 3　　董峰湖蓄滞洪区移民安置方案

产　业	安 置 行 业	安置劳动人口/人
农业	耕地 680hm^2	1700
乡镇企业	水泥厂、荣胜公司、编制厂、化工厂、聚氨酯厂、医疗器械厂、铸造厂、轮窑厂、麻纺厂	275

续表

产　业	安置行业	安置劳动人口/人
建筑业	毛集镇建筑公司	500
商业	商店和个体商贩	480
饮食业		540
运输业		300
工矿企业	新集煤矿	200
其他	公益服务、旅游、劳务输出	500
合计	—	4495

3. 效果与意义

董峰湖行洪区是水利部门调整为规模化经营的蓄滞洪区，其运行频率较高，一般在 20 年一遇以下，面积较大，土地生成效率较高，这类蓄滞洪区以规模化的农业或养殖业生产为主，我国目前有 20～30 处。在我国南方的一些蓄滞洪区，这种规模化经营的模式已经自发地产生。例如荆江分洪区和鄱阳湖的一些蓄滞洪区和圩垸已有人开始通过租赁的方式经营百亩以上的土地，这是未来我国农业生产模式发展的基本趋势，蓄滞洪区管理在于如何引导和顺应这一趋势，为实现蓄滞洪区的正常防洪运用和形成人水和谐的发展模式服务。

通过董峰湖行洪区城镇化建设，解决了村民的生产生活安全问题，同时实现土地集约化种植，提高土地产出效率，有效解决农村剩余劳动力就业。该行洪区的城镇化建设推进，得益于移民经费的有效解决，采用国家、地方和个人各解决 1/3 的方式，共用 12 年的时间完成移民安置和村民城镇化工作。董峰湖行洪区城镇化建设取得了多重效益，包括蓄滞洪区利用、土地集约化开发、村民城镇化等，成为我国蓄滞洪区城镇化建设的范例。

四、安全隐患区整治对策

（一）转变治理模式

采煤塌陷对地形地貌、交通道路、水系水利、生态环境和农业生产等都造成严重破坏，给附近的居民生活也带来了严重影响。采煤塌陷区的治理应坚持可持续发展原则，妥善处理资源开发、经济发展和社会发展、生态环境保护的关系；坚持城乡统筹发展的原则，在资源开发的同时，切实保证农民的利益，坚持以工补农，通过企业的建设，积极促进城乡经济发展。

要重新认识采煤塌陷区的功能与价值，把塌陷区建成产业区、旅游区、生态区。采取技术手段，把今后一段时间的沉陷情况预测清楚，区分稳沉与非稳沉，把握治理主动权，因地制宜治沉陷。

采煤塌陷区通过回填、引水、生态修复等一系列治理措施，可发展以水产养殖、农林业种植的区域生态农业模式，或将用地恢复后作为城镇、工业等建设用地，也可通过发展旅游等加以利用。

1. 传统治理模式

对采煤塌陷区进行综合治理普遍认为是一个世界难题。目前，国内传统的治理模式主要为采煤塌陷稳沉后进行治理，即采煤塌陷—补偿损失—塌陷地闲置—治理。塌陷区治理工作始终面临着等“稳沉条件”成熟后再治理的尴尬局面。这种治理模式存在的主要问题是：一是在塌陷过程中土地资源始终处于闲置状态，不能有效利用；二是大规模土地塌陷后再进行复垦，不仅给复垦治理工程带来很大困难，治理费用也较高；三是耕作层难以保护和利用。塌陷地表积水后再作复垦，熟土白白陷入水中，治理时无法取土，浪费了大量的土壤资源；四是传统模式复垦的耕地质量较差，复垦后的耕地需要一段时期熟化和改良才能耕种。

不难看出，传统治理模式多以事后补救为主，边塌陷边治理的少，能超前预防、事前控制的更少。一方面，稳沉后的塌陷区缺乏土地资源治理；另一方面，等待塌陷的土地区域需稳沉后再治理，从当前的治理速度、治理措施上看，还跟不上塌陷的速度。因此，解决问题的唯一途径就是要转变治理观念，探索出新型塌陷地治理模式。

2. 预治理模式

根据采煤塌陷和治理工程安排的时间与空间顺序，可分为前置式治理、同步治理和后置式治理三种模式。传统治理模式一般是后置式，而预治理包括前置式或同步治理模式，即将土地与矿产作为一个有机的整体，重视采前的统一规划，使得采煤与土地治理一体化，在地下煤层尚未开采或其他煤层二次开采之前就对土地进行治理。其实质是变塌陷后治理为塌陷前的“预治理”或“同步治理”（边采矿边治理），变被动治理为主动治理。预治理模式与塌陷后治理模式相比，打了一个时间差，减去了稳沉期，因此，它能最大限度地获取利用土地资源效益，实现了矿区土地资源的可持续利用。

预治理优越性表现在一是可以大规模地机械化作业，施工效率高；二是耕作层可以有效保护；三是土地治理后可以及时有效利用，有效保护了耕地，且耕种期长；四是治理的成本较传统模式低。

预治理模式的主要思路，首先是利用与保护相结合。经科学勘测论证，确定塌陷面积，在进行地下煤矿开采的同时，对即将塌陷区和稳沉区实施无缝对接，对地面即将塌陷的土壤资源进行抢救式开挖利用，实施土地再造工程，做到在利用中保护、在保护中开发，实现土地利用价值最大化。其次是坚持集中高效统一管理。首先对即将塌陷土地资源和已稳沉塌陷区所需土地资源进行科学测算；其次是按照塌陷区治理规划要求，对即将塌陷区域位置进行对接测算；再次要成立一个专门工作班子，制定计划，严格管理，科学实施；最后是坚持以点带面逐步展开。以淮北市为例，据不完全统计，淮北市目前已塌陷面积为 24 万亩，其中已稳沉待治理面积约 16 万亩，每年新增塌陷面积约 0.8 万亩。若采取果断措施对即将塌陷的土地资源进行抢救利用，无论是新增耕地保证占补平衡，或新增建设用地保值增值，都会产生巨大的经济效益和生态效益，将逐步实现耕地数量和建设用地数量基本平衡，真正实现科学合理的土地管理。

（二）发展生态农业

1. 概念与内涵

生态农业即因地制宜地利用中国传统农业的精华和现代科学技术，依据整体、协调、循环、再生的原则，运用系统工程的方法，实现生态和经济的良性循环，谋求经济、生态和社会效益的统一。

发展生态农业不是单一经营方式的发展，而是农、林、牧、副、渔等多种经营方式相互协调、相互促进、全面发展。它是将现有的塌陷地复垦技术，按照生态经济学原理进行设计、组合与装配。生态农业利用生物共生关系，通过合理配置农作物、动物、微生物等进行立体种植与养殖，并依据能量多级利用与物质循环再生的原理，循环利用农业废弃物，使农业有机废弃物资源化，增加产品输出。生态农业的重点建设任务是发展种植业、畜牧业、生态林业、水产养殖业等。

2. 方法与措施

深层塌陷区可发展以水产养殖为主，种、养、加工结合的区域生态农业模式，或以粉煤灰充填以发展林业模式；浅层采空区可发展养殖业与种植业并重的农牧渔业综合开发利用模式；未稳定的采空区可重点发展水产、水禽和水生蔬菜等，在坡地进行季节性农作物种植等。建议现状采空区范围的东部、金牛山南部地区可积极采取生态农业模式（图 3、图 4），恢复地区田园风光。

图 3　淮南市潘集区后湖生态农业模式

图 4　淮南市潘集区后湖生态农业模式

（三）发展生态工业

1. 概念与内涵

生态工业是一种以工业生态学为理论基础的现代化工业，通过减少原料消耗、改善生产程序达到保护生态环境的目的。它可概括为减少原料消耗、改进生产程序、缓和对环境的影响和全部处理废料等。

生态工业的重点建设领域包括农产品加工业、矿井水治理与利用、粉煤灰治理与利用、煤矸石综合利用等。在塌陷区附近，充分利用生态农业所产生的生态资源，大力发展粮食、食品、果品、饲料、羽绒等加工业。利用煤矿的工业广场大力发展精细化工产品、植物生长调节剂、煤矸石转化产品等生产，进一步搞好煤炭洗选业发展。利用粉煤灰制砖和作为水泥建材原料。煤矸石主要用于发电和填充塌陷区进行覆土造田，种植粮食、林木、蔬菜和发展村镇、开发区建设；另外利用煤矸石铺建道路，生产建筑材料、絮凝剂等。

2. 方法与措施

采煤塌陷区（煤炭采空区）开发作为生态工业（图 5），对塌陷区进行治理，比如将煤矸石的堆放与塌陷区的填充治理统筹安排，利用发热量较低的煤矸石作填料，直接填充塌陷区造地，以此用作生态工业用地。

图 5　淮南市采煤塌陷区光伏产业

3. 案例

淮南市鑫森物流公司投资 2500 万元，将沉陷地回填，与淮南市废旧物资回收公司合作，形成了皖西北最大的再生资源集散中心，并计划用 3 年时间建成省内最大的冷藏食品批发和存储中心（图 6）。仓储等新型物流产业在此逐渐兴起，再生资源回收中心、安徽百大、五星电器、美菱、美的、荣事达、蒙牛乳业、伊利乳业、思念汤圆水饺、可口可乐、百事可乐、康师傅、统一系列食品等，以及日用化小商品相继入园，加盟仓储的企业达 50 多家。

图 6　淮南市采煤塌陷区生态物流业

（四）打造生态旅游

1. 概念与内涵

生态旅游业就是旅游者在自然生态环境中享受到最纯真的自然美，同时还可以近距离地与动植物交流。生态旅游是现代人们回归自然的心态写照，是当今世界旅游业的主流和发展趋势，是投资少，又能保护环境，最具生命力的旅游项目。

生态旅游业的重点建设领域主要是利用煤矸石和粉煤灰造地及塌陷湖泊建设近郊生态旅游业，包括利用塌陷区水面阔、水质好的特点，进行岸边园林种植和亭阁建设的水上公园、森林公园型。或者将开发治理与保护利用相结合，利用塌陷区特有的自然景观、人文景观，优化、美化、净化塌陷区环境，发展近郊观光农业或旅游业。

2. 方法与措施

采煤塌陷区（煤炭采空区）要结合城市形象转型，大力发展生态旅游。利用大水面塌陷区兴建水上公园以及体育文化公园，成为市民休闲游憩的理想场所，也成为城区的生态廊道和隔离带；结合城郊开展“农家乐”旅游，建立生态农业示范基地，开展以观光、体验农业为主体的生态旅游，展示无公害蔬菜园、水产养殖园、畜牧养殖园、经济果林园；开展“工业”旅游，若矿井关闭后，井下的设施保存完好，可作为旅游景点开展探险旅游。建设煤矿科技博物馆，建立煤炭生产流程模型和模拟工作区、煤矿矿床形成的演化史、煤矿资源发现研究史、煤炭开采史等，逼真地展示神秘的采矿过程，体现煤文化。

3. 案例

淮南市泉大片区坚持新矿区治理与老矿区修复协同推进，重点项目“泉大资源枯竭矿区环境修复与开发”已开工建设，“十一五”期间计划投资 101.5 亿元，一期工程 15.6km^2，投入 12 亿元，现在已建成大通湿地公园、老龙眼水库等环境修复区，把“城市荒地垃圾区”营造成“山、水、林、居”和谐优美的宜居宜游的宝地，25 万居民直接受益（图 7）。

图 7 淮南市泉大采煤塌陷区生态旅游业

（五）蓄滞洪区调整

1. 调整背景

淮河流域的蓄滞洪区既有效保障了淮河洪涝灾害发生的可能，又与其内的城镇发展形成制约关系。蓄滞洪区既承担了淮河蓄洪滞洪的功能，也是城镇发展的重要基础，部分蓄滞洪区的这种双功能定位存在着严重的矛盾和冲突，这种矛盾和冲突是我国在特定发展阶段的产物，短期内难以完全消除，需要通过多面协调逐步予以缓解。

2. 调整思路与原则

根据蓄滞洪区形势的变化，需要对蓄滞洪区进行调整。调整思路与原则如下：首先对构建流域防洪减灾体系、提高流域整体防洪减灾能力确有必要的蓄滞洪区予以保留，维持其蓄滞洪区性质不变。其次对运用概率很低、在流域防洪减灾体系中作用已不大的蓄滞洪区，具备条件的予以撤销，设为防洪保护区；或按照蓄洪的实际需要，调整缩小蓄滞洪区的蓄洪范围，将部分区域设为防洪保护区，使这些地区的经济社会发展不再受蓄滞洪水的影响和制约，以改善区内居民生存生产条件。最后，对由于流域整体防洪能力提高、启用概率大为减少的蓄滞洪区，调整其运用标准。根据流域防洪的实际需要，必要的调整为蓄滞洪规划保留区，以备应对流域超标准洪水发生时临时分洪使用。此外，提高淮河干流及主要水系的防洪标准，也是减少蓄滞洪区数量和压缩蓄滞洪区面积的方式。表 4 为淮河水利委员会拟对淮河主要河流防洪标准的治理规划。

表 4　　淮河流域主要河流防洪标准

名称		治理前	治理后
淮河干流	上游	<5 年一遇	10 年一遇
	中游	<50 年一遇	100 年一遇
	下游	<100 年一遇	100 年一遇
沂沭泗河	中下游	10 年一遇	50 年一遇
沙颍河、涡河、奎濉河、包浍河		约 10 年一遇	20 年一遇
洪汝河		5 年一遇	10 年一遇

从城镇发展本身来讲，城镇的发展，尤其是城镇建设用地的选择，要尽可能规避蓄滞洪区。通过土地利用规划或者城市总体规划等，进行城镇建设用地、产业类型、城镇结构等的调整，保证河道行蓄洪水对城镇生产、生活的影响降到最小，从而提高城镇安全。居住在淮河蓄滞洪区和淮河干流滩区设计洪水位以下以及蓄滞洪区庄台上超过安置容量人口，要按照“政府主导、群众自愿、统一规划、分步实施”的原则，逐步搬迁至安全地区。

3. 基于洪水风险分区的安全建设方式

蓄滞洪区是受洪水影响较大、洪水风险较高的特殊地区，其安全建设模式需要根据洪水风险程度的不同进行选择。对于淹没水深相对较深的高风险区，特别是重要蓄滞洪区中的高风险区，其建设方向是应尽量创造条件，鼓励人口外迁。而且要对这类蓄滞洪区的经济社会发展施加严格限制，避免人口和资产向高风险区集中，如控制人口、调整产业结构、引导发展淹没损失影响相对较小的农业等。暂时还难以外迁安置的，可酌情在蓄滞洪区内选用其他适宜的安全建设模式。

对于轻度风险区，尤其是运用标准在 50 年一遇以上的蓄滞洪区中的轻度风险区，一般可不进行安全建设，必要时可适当采取临时撤退措施。蓄滞洪保留区主要是为应对超标准洪水而备用的，使用机会很少，一般可不考虑安全建设。这类蓄滞洪区除禁止发展有毒污染企业外，可不对其经济发展加以限制。

对于运用标准在 50 年一遇以下，特别是 20 年一遇以下的蓄滞洪区中重度、中度风险区，以及某些淹没水深相对较深的中度、轻度风险区，情况比较复杂，除考虑淹没水深、淹没历时与风险大小外，还应考虑耕地远近、周边有无城镇和中心村、附近有无岗地、当地有无土源等经济社会与自然条件。只有这样，才能为蓄滞洪区内部因地制宜地选用适当的安全建设模式提供技术支撑。

五、安全隐患区的城镇化模式

（一）集中式搬迁

1. 采煤塌陷区的集中式搬迁模式

对于衰退型矿井区和兴盛型矿井区，采煤引起的地面沉陷处于不稳定状态，塌陷区范围难以准确划定，且采煤可能引起塌陷区的居民难以就近安置，宜采用集中式搬迁。

在城镇规划若干个安置点，对未来一段时间内可能发生沉陷地区的居民进行集中搬迁（图 8～图 10）。由“小、近、散”到“大集中”。按照搬迁点的不同，尊重民意，形式多样化地选择，如毗邻矿区大门、拓展乡村集镇、依托政务中心、再建安置新区等。政府提供部分配套资金，注意户籍转换、社会保障和土地集约利用等问题，重点加强公共服务设施的配套完善。淮南市采煤塌陷区众多，2009 年以来，全市共投入搬迁资金 33.8 亿元，建立塌陷区搬迁居民安置点 46 个，涉及居民 17.8 万人，现已逐步搬迁入住。

图 8　淮南市规划近期安置区位置图

图 9　淮南市田集街道李圩采煤塌陷区搬迁安置简介

图 10　安徽省采煤塌陷区综合治理暨村庄搬迁安置现场会

2. 蓄滞洪区的集中式搬迁模式

对于蓄滞洪区仍在使用，且蓄滞洪对区内的居民生产生活产生影响的地区，建议通过移民的政策进行解决。蓄滞洪区移民既具有一般移民的共性，又有某些自身的特点。一是蓄滞洪区移民具有较典型的地方性、局部性；二是蓄滞洪区正常年份仍可照常生活、生产，客观上造成一定程度的不利于搬迁的因素。因此，蓄滞洪区地方性移民的特点必须以妥善安置好移民为主要出发点，要求优惠政策应突出对移民的鼓励作用。

首先，要为移民创造、提供较充分的就业机会。发展第二、三产业，广开就业门路，优先安置移民。蓄滞洪区地方性移民政策有关第二、三产业安置移民的优惠鼓励措施，一般应包括下述内容：一是安置区的国有、集体、私营、个体企业招工应优先招收移民，对属非农户口者，符合身体、年龄等基本要求的应予招收，农业户口者在参加考核后，同等条件下优先录用；二是参照有关税法，对上述企业的税收优惠，对移民工占职工总数较多的企业，给予适当的减免税政策；三是另行制订地方性的优惠政策，以加大对移民从事第二、三产业的鼓励力度。

其次，要提供优于蓄滞洪区的生活条件。住宅、水、电、路等是保障移民生活和从事生产的基础条件，因而也是蓄滞洪区地方性移民政策措施中应十分重视的主要内容之一。只要移民安置区的生活条件不低于蓄滞洪区的原生活条件，居民通常愿意迁往，如果生活条件优于原有水平则更具有鼓励搬迁的作用。搞好移民安置区的住宅建设是生活安置的首要任务。移民住宅质量与面积应不低于原住宅；移民安置区应具备必要的公用配套设施，如饮用水、通电、道路等，为移民提供优于蓄滞洪区的生活环境。

最后，提供移民子女教育、医疗、养老等社会保障。移民子女教育等社会保障问题也是事关移民安居乐业的大事，必须提供移民子女的就近或就地上学条件，并争取在移民安置初期减免学杂费。推行农村合作医疗并使企业移民工按有关规定享受基本医疗保障，通过充分利用所在地医疗卫生条件或新增医疗卫生机构；为移民提供优于蓄滞洪区的就医、卫生防疫条件。建立合适的失业、养老保险制度，以政府行为和法律行为督促企业和移民工自己适当出资，解决企业移民工失业期间的生活维持费；推行社会保障与家庭养老相结合的养老保险制度，对老年移民的投保金额实行减免，从移民资金或基金中给予解决。

（二）发展式安置

按照城乡一体化、新型城镇化的要求，通过市场运作、投资代建等方式，建设宜业、宜商、宜居、宜学新型社区。解决人民居住问题的同时，配套建设农民创业园、劳动密集型工业园。如淮南市针对采煤塌陷区的居民安置，规划新建了凤凰湖工业园、潘一东矿安置点平圩工业园，并强化技能培训（图11）。从2010年开始，3年内投入6000万元，对塌陷区所有失地农民开展培训。完善就业机制，按照“企业培训，政府补贴，劳务派遣，择地就业”的方法，给农民提供一次就业机会。

采煤塌陷区（煤炭采空区）开发式治理应该走综合开发、发展生态产业、建立立体经济的路子。借鉴国内外先进案例，常用发展模式有生态农业、生态工业园区和生态旅游三种。

在搬迁安置的同时，政府应该配套一系列政策措施，保证安置居民的生计和发展，如采煤塌陷区环境综合治理机制，明确各级政府、采煤企业和搬迁群众在搬迁安置中的责任和义务。出台采煤塌陷区综合治理的保障机制塌陷区农

图 11　淮南市发展式安置模式示意

村集体土地居民补偿搬迁安置办法，遏制塌陷区乱搭、乱建、抢建的现象，保护群众的合法权益，减轻企业负担等。

（三）特色产业模式

淮河流域的蓄滞洪区既有效保障了淮河洪涝灾害发生的可能，又与其内的城镇发展形成制约关系。蓄滞洪区即承担了淮河行洪滞洪的功能，也是城镇发展的重要基础，蓄滞洪区的这种双功能定位存在着严重的矛盾和冲突，这种矛盾和冲突是我国在特定发展阶段的产物，短期内难以完全消除，需要通过多面协调逐步予以缓解。

根据不同类型蓄滞洪区的特点和蓄滞洪区不同区域的洪水风险状况，研究确定适宜的经济发展模式，制定产业结构调整和蓄滞洪区扶贫补偿等方面的相关政策建议，引导区内经济结构、产业结构和生产布局的合理调整，建立社会化保障体系和洪涝灾害损失保险体系，提高蓄滞洪区抗御蓄滞洪损失的承受能力。

因蓄滞洪区而形成的滨河湿地和平原水库，将成为一个具有开发潜力的资源，带动与之相适应的湿地经济，例如水产业、养殖业、旅游业的形成和发展，也可推进当地城镇化的进程，为蓄滞洪区探索一个改造和可持续发展的途径。

1. 水陆两相湿地

在蓄滞洪区，容易形成水陆两相湿地区。一方面，湿地可以净化水质，降低水中污染物的含量。另一方面，湿地区的陆相由大量高出正常水面的陆地和曲折的岸线构成，水相部分养殖鲤、鲫、青、鲢等家鱼及鸭鹅等家禽和经济类水生植物，并为水鸟提供良好的栖息环境。

2. 高价值水产养殖

经过湿地的净化后，蓄滞洪区的水质基本能达到蟹、虾和净水鱼类养殖标准。通过发展高价值的水产养殖，将成为依赖于湿地生存群众的主要经济与发展资源之一。

3. 水上休闲娱乐

结合湿地景观和水产养殖，同步发展水上休闲娱乐，为旅游经济的组成部分之一，主要为吸引游客和为游客提供水上休闲娱乐场所和有关水上活动项目。

4. 景观水面和度假村

蓄滞洪区的深水区部分，可以作为天然景观水面，主要以体现自然景观和生物多样化为主题，是旅游经济的主要组成部分。有条件的可以配套建设度假村和景观区，打造休闲景观产业链。

在保障蓄滞洪区使用安全和防洪安全的前提下，通过以上多种形式的产业开发，构建蓄滞洪区的生态产业示范区。主要依赖湿地养殖业和旅游业的发展，借助于湿地净水资源的优势，开发绿色产业经济，实现可持续发展。

六、小结与思考

采煤塌陷区与蓄滞洪区是淮河流域城镇发展重要的重要安全隐患区。

淮河流域现有的蓄滞洪区承担了行蓄洪水与城镇发展的双重功能，一方面，城镇建设用地的选择，要避开蓄滞洪区；另一方面，合理分析蓄滞洪区的功能并进行科学调整；此外，对居住在淮河蓄滞洪区和淮河干流滩区设计洪水位以下以及蓄滞洪区庄台上超过安置容量的人口，要通过因地制宜地方式，逐步进行搬迁，引导居民进行合理的城镇化。

采煤塌陷区的治理应坚持可持续与生态优先的原则，妥善处理资源开发、经济发展和社会发展、环境保护的关系。一方面，采取技术手段，区分稳沉区与非稳沉区，因地制宜、科学合理的治理沉陷；另一方面，要重新认识采煤塌陷区的功能与价值，把塌陷区建成产业区、旅游区、生态区等。

淮河流域面临的安全与防灾问题，是城镇化的重要推动力之一。安全隐患地区的城镇化不仅仅是人口进城，应涵盖生态环境修复、产业发展、村民就业等一系列内容，在传统的集中式搬迁的基础上，采用发展式安置、特色产业建设等多样化的城镇化模式。各级政府要针对淮河流域安全隐患地区的城镇化问题，出台系列土地、财政等配套政策措施，包括生态补偿、资源补偿、环境整治、产业恢复等，推动户籍、土地、财政、住房等相关政策和措施形成合力，以人为本，提高城镇化质量，并总结提炼可复制、可推广的新型城镇化经验。

参考文献

[1] 刘飞，陆林．采煤塌陷区的生态恢复研究进展［J］．水文自然资源学报，2009（4）：612－620．

[2] 齐艳领．采煤塌陷区生态安全综合评价研究［D］．河北理工大学硕士学位论文，2005：4．

[3] 向立云．蓄滞洪区管理案例研究［J］．中国水利水电科学研究院学报，2003（12）：260－265．

[4] 王薇，李传奇．蓄滞洪区的功能、价值与多目标利用［J］．水利发展研究，2004（9）：26－28．

[5] 王艳艳，向立云．我国蓄滞洪区经济社会发展状况分析与评价［J］．中国防汛抗旱，2007（5）：27－31．

[6] 吴中能，于一苏，刘俊龙，等．淮南市泥河镇采煤塌陷区后湖生态园模式调查研究［J］．安徽农业科学，2012（40）：15318－15320．

[7] 何斌，张若泉．采煤塌陷区复垦与矿业城市生态经济发展战略研究［J］．资源产业，2003（10）：59－62．

[8] 刘树坤，王东胜．蓄滞洪区可持续发展战略探讨［J］．自然灾害学报，1999（11）：73－79．

[9] 侯传河，沈福新．我国蓄滞洪区规划与建设的思路［J］．中国水利，2010（20）：40－44．

报告六

淮河流域城镇供水安全对策研究

一、研究背景

淮河流域面积为27.67万km^2，占国土面积的3.5%，水资源量占全国的3.4%，耕地却占到全国的15.2%，人口占全国的13.8%，水资源的利用率超过60%，超过了国际上内陆河合理开发利用程度30%的平均水平。由于独特的气候条件、水系形态和地形地貌，淮河流域成为我国水旱灾害发生最为严重和频繁的地区之一。淮河是新中国第一条全面治理的大河，为了解决淮河的洪水问题和水资源短缺问题，截至2000年流域修建了约1.1万座蓄水水库和拦河节制闸蓄水工程，从而引起了天然径流过程的大幅度改变，同时未经过处理的大量工业废水和生活污水直接排入，排放总量远远超过了水环境容量，对河流生态环境造成了重大影响。研究表明，自20世纪80年代以来，流域水质呈逐年恶化趋势。淮河流域天然水化学特征不同区域之间差异大且受人类活动和水污染影响，发生了较大变化，城市供水水源水质难以保障，城市供水水源短缺问题严重，城市供水安全受到威胁，研究淮河流域城市供水安全问题，对保障淮河流域的社会稳定、经济的可持续发展具有重要的意义。

二、城镇供水安全的内涵

水资源是生命之源、生产之要、生态之基，保证城市供水安全是确保经济社会可持续发展的最基本的需要。城市供水安全包括两个方面，一是水量安全，二是水质安全。从水量安全的角度讲，城市应有水质达标充足的供水水源。城镇安全供水建设是一个从源水取用、输配水安全、水质处理工艺等组成的庞大的系统工程。

城市是一个区域内的政治、经济、物流、文化和信息中心，在社会经济生产过程中发挥着重要作用。城市化是世界发展的趋势，也是现代化建设的重要标志。我国正处在一个城市化快速发展的阶段，城市水安全主要是指由于城市水资源短缺、水质污染以及洪涝灾害造成的水安全问题，主要体现为城市的供水安全，城市的水质安全和城市防灾安全。

城市供水安全涉及水安全的各个方面，它要求有优质充足的供水水源，健全可靠的净水处理设施，安全稳定的供水管网，而且还要有可靠、先进、快捷的水质监测技术手段和系统、灵活、快捷的事故处理机制，这些共同构成了城市供水安全保障的内涵。城市供水安全体系即由供水水源改善，水厂净水工艺改进，输配水管网完善，水环境保护等共同构成的对供水、输配水管网完善、水环境保护等共同构成的对城市供水水量和水质安全控制与保护。

城市供水安全的基本内涵，可以从水资源保护利用的角度理解水质安全，也可从人身安全、保护环境等方面进行探讨。在综合大量城市水质安全事故的基础上，水质安全问题主要在水污染、水环境破坏等方面，应包括以下几个方面内涵：①足够的水量；②合格的水质；③持续的供给；④通畅的排水；⑤有效的治理。

（一）足够的水量

水是城市发展必需的重要基础资源，足够的水量是保证城市正常生产和生活的前提。足够是指在一定的自然、经济和社会发展水平条件下，保证城市正常生产、生活和生态需求的最低用水量。一般来说，城市供水水源保证率应介于90%～97%之间，具体情况视其城市规模、城市性质、水资源条件的不同而有所区别。过度的用水就是浪费，不仅会加剧水资源的供需矛盾，破坏城市的生态环境，而且影响城市经济的发展，甚至危及社会的稳定。

（二）合格的水质

对于城市用水而言，仅仅有足够的水量是远远不够的，还需要有合格的水质。我国规定，城市水源水质应满足《地表水环境质量标准》（GB 3838—2002）、《地下水质量标准》（GB/T 14848—93）、《生活饮用水水源水质标准》（CJ 3020—93）等的有关要求；供水水质应符合《城市供水水质标准》（CJ/T 206—2005）、《生活饮用水卫生标准》（GB 5749—2006）等有关标准的要求。当然不同的用水需求对水质的要求是不一样的，如饮用和食品加工对水质的要求比较高，而冷却用水和环境用水对水质的要求低。合格的水质是居民用水安全和工业生产正常运行的保证。

（三）持续的供给

城市的用水需求是连贯的、相对稳定的，持续的、不间断的供给是城市水安全的重要内容。水资源的“断炊”会使城市的发展陷入瘫痪，造成的后果将是无法估量的。因此，每个城市都需要有稳定的水源和足够的供水能力，都需要有良好的运行和管理机制，以满足城市持续的用水需求。

（四）通畅的排水

城市需要有完善的排水系统保障城市雨水和污废水的通畅排放，城市每天用水量的约80%最后都要以废水的方式排放，城市的排水系统需要满足城市的日常排水需要，保证污废水的及时有效排出；同时还要有足够的预留空间，保证雨季和汛期雨水量大时的城市雨水排放需求。

（五）有效的治污

城市的污废水需要经过处理达标后才能排放。有效的治污能够保证城市良好的居住和生态环境。污水没有经过有效的处理后排放，必然污染水源水质，破坏城市生态环境，影响居民身体健康。有效的治污能够保证城市水资源的良性循环，保证良好的生产和生活秩序。

保证城市拥有足够的水量、合格的水质、持续的供给、通畅的排水和有效的治污是实现城市水安全的根本保障，但是由于自然或者人为的原因，还需要城市有完善的预警机制和较强的应急能力。

对于淮河流域的供水安全存在不少问题。一是水资源不足的问题。由于淮河流域的人口密度是全国平均值的4倍多，导致流域单位面积水资源需求量已不胜负荷，很多地方对地表水的开发利用率已经高达90%，个别地段甚至超出了它的承载能力——为了维持生活和生产的需要，在淮河流域的大小支流与干流上，目前已经修建了8300多座水库、5000余道闸坝，这些水利工程主要目的就是蓄水。二是供水能力不足，人均拥有供水能力低的问题。淮河流域人均拥有供水能力只是全国平均水平的69%，是四省平均水平的58%；也有排水不畅，洪灾内涝灾害时有发生，影响城市安全和国民经济发展的问题。同时还存在有效治污的问题，在淮河流域偷排和乱排现象时有发生，需要加大治污力度杜绝偷排乱排现象的发生，减少不达标污废水的排放。但对淮河流域来说，城镇供水安全最为严重的是水质安全问题，水质不合格是困扰淮河流域城市供水的重要问题。淮河流域是我国水污染最为严重的地区之一。20世纪80—90年代淮河流域水污染严重，水环境遭到严重破坏，污染事件频繁发生，对沿淮广大地区的工农业生产和城镇供水安全造成严重威胁。经过多年的综合整治，水污染问题得到控制，水质状况有所好转。截至2010年，淮河流域总体为轻度污染，86个地表水国控监测断面中，Ⅰ～Ⅲ类水质断面占41.9%，Ⅳ类占32.5%，Ⅴ类占9.3%，劣Ⅴ类占16.3%。山东省在2007年3月9—15日专门组织了一次整治违法排污环保专项行动，对省内部分河流断面进行暗访，结果发现被暗访的43个河流断面中，竟然有42个断面水质劣于地表水环境质量Ⅴ类标准。劣Ⅴ类水完全为废水，起码的农业灌溉也不能使用。这些数据意味着山东境内97%以上的河流为废水。可见，目前淮河流域大部分的水体还是不能满足饮用水水质标准要求。

三、城市供水现状及历史变化

（一）淮河流域城市用水现状

2010年淮河流域城市总供水能力为1545.14万m^3/d（表1），总用水人口达到2938.20万人，总用水量为31.41亿m^3，其中生产用水量为11.98亿m^3，占总用水量的38%，生活用水量为13.75亿m^3，占总用水量的43%，消防等其他用水以及漏失水量占总用水量的18%。

淮河流域城市用水占四省区总用水情况为：流域内供水能力占四省区合计的21%，总用水人口占35%，总用水量占28%，生产用水占26%，生活用水量占29%。

表1　淮河流域城市用水情况统计表

省/市	总供水能力/(万m^3/d)	总供水量/万m^3	生产用水量/万m^3	生活用水量/万m^3	用水人口/万人
安徽	1992.81	160815.70	62870.50	70080.23	1195.59
蚌埠	77.18	14918.30	7857.15	6139.59	86.62
淮南	59.00	10879.26	2473.89	4545.26	102.47
淮北	41.50	5518.00	1711.18	3181.57	81.99
天长	12.92	889.85	49.65	351.31	14.39
明光	6.50	626.40	80.00	492.10	13.04
阜阳	35.50	6007.00	2244.00	3095.00	67.98
界首	5.44	1675.20	780.00	802.00	13.34
宿州	26.50	6390.00	2979.00	3076.00	46.00

续表

省/市	总供水能力/(万 m³/d)	总供水量/万 m³	生产用水量/万 m³	生活用水量/万 m³	用水人口/万人
亳州	9.00	2426.00	886.00	1390.00	24.98
六安	25.00	4624.50	1344.15	1677.01	58.80
安徽淮河	298.54	53954.51	20405.02	24749.84	509.61
江苏	2714.73	482821.50	204878.23	197408.14	2515.63
徐州	94.19	19957.16	8036.40	8961.62	150.75
新沂	20.10	2871.00	1373.00	1018.00	27.10
邳州	9.60	2918.00	1180.00	1510.00	35.00
连云港	39.10	9838.81	3525.72	2569.73	73.20
淮安	50.43	25590.00	13360.00	10755.00	114.79
盐城	30.00	6623.49	1080.79	3645.20	70.30
东台	10.03	1284.51	216.71	833.60	24.20
大丰	14.50	2250.00	1303.00	461.00	15.22
扬州	71.00	12533.95	3529.06	4250.34	77.34
高邮	10.30	1819.52	677.52	808.00	20.64
江都	11.42	2489.09	779.61	991.14	24.95
宿迁	23.50	5043.74	2158.84	2061.60	47.27
泰州	57.00	5320.80	1601.85	2589.50	63.59
兴化	12.00	1600.30	363.50	886.50	18.06
姜堰	10.00	1910.00	498.00	845.00	18.90
江苏淮河	463.17	102050.40	39684.00	42186.23	781.31
山东	1477.64	290866.10	127028.09	127338.48	2715.33
枣庄	64.97	8063.55	3158.15	3692.15	87.71
滕州	22.00	4521.00	1824.60	1707.40	36.16
济宁	63.00	10830.00	5172.00	4416.00	65.82
曲阜	10.00	1570.00	857.00	585.00	19.70
兖州	7.00	3356.00	1544.00	937.00	20.65
邹城	14.00	4338.80	2557.00	1336.80	24.92
日照	31.70	5920.00	3301.02	2277.56	62.42
临沂	54.19	15483.60	4659.00	8416.00	170.40
菏泽	18.65	4071.00	807.00	3074.00	67.60

续表

省/市	总供水能力/(万 m^3/d)	总供水量/万 m^3	生产用水量/万 m^3	生活用水量/万 m^3	用水人口/万人
山东淮河	285.51	58153.95	23879.77	26441.91	555.38
河南	1010.34	179122.30	70315.69	76207.53	1933.33
郑州	124.42	37723.75	10454.69	18965.76	499.93
新密	4.20	841.00	251.00	505.00	13.81
荥阳	10.50	1102.40	185.40	710.00	13.00
新郑	4.70	1478.00	680.00	718.00	16.80
登封	3.70	847.60	226.00	461.00	13.62
开封	62.50	7682.83	2690.29	2587.72	85.11
平顶山	61.15	10214.63	4730.95	3141.25	81.00
舞钢	15.70	2850.10	2103.80	581.30	11.09
汝州	7.90	878.24	387.00	311.34	12.68
许昌	30.00	4087.90	1553.55	1719.05	42.93
禹州	7.70	1813.00	452.00	1233.00	28.10
长葛	11.00	1491.80	459.00	519.80	15.58
漯河	33.40	9950.00	5623.00	2512.00	49.60
商丘	37.30	4988.63	1334.00	3409.00	62.10
永城	10.00	1565.00	472.00	955.00	19.60
周口	16.00	1894.60	45.53	1185.50	28.11
项城	8.50	2378.00	1202.00	953.00	26.72
驻马店	22.45	4224.51	1883.32	1325.19	27.00
信阳	26.80	3955.82	1050.00	2334.00	45.12
河南淮河	497.92	99967.81	35783.53	44126.91	1091.90
合计	7195.52	1113626.00	465092.51	471034.38	8359.88
淮河流域	1545.14	314126.60	119752.32	137504.89	2938.20

（二）淮河流域供水历史变化

1. 城市供水的水量变化

从 2000—2010 年 10 年间，随着城市化的进程和社会经济的发展，淮河流域的城市供水也发生了显著的变化。从城市供水能力上看，2000 年淮河流域城市供水总能力为 1268.74 万 m^3/d，2010 年城市供水总能力增至 1535.14 万

m^3/d，增长了 21%，总用水量也由 2000 年的 25.52 亿 m^3 增长到 2010 年的 31.41 亿 m^3，增长了 23%。其中，生产用水量几乎持平，基本保持在 11 亿 m^3 左右波动；生活用水量呈增长趋势，从 11.06 亿 m^3 增长至 13.75 亿 m^3，增长了 24%；这期间城市用水人口有了显著的增长，2000 年城市用水人口为 1766.14 万人，2010 年城市用水人口已增至 2938.20 万人，10 年的时间增长了 66%。从城镇人均用水水平上看淮河流域人均用水指标有了明显的下降，人均综合用水量由 2000 年的 144.48m^3/年，下降到 2010 年的 106.91m^3/年，下降了 26%；人均生活用水量由 171.50L/(人·d)，下降到 128.22L/(人·d)，下降了 25%（表 2）。

表 2　　2000—2010 年淮河流域城市用水量变化统计表

年　份	总供水能力 /(万 m^3/d)	总用水量 /亿 m^3	生产用水 /亿 m^3	生活用水 /亿 m^3
2000	1268.74	25.52	11.81	11.06
2001	1318.99	25.93	11.61	12.47
2002	1354.43	26.58	11.29	12.95
2003	1366.80	26.81	11.20	12.97
2004	1418.72	27.22	11.39	12.82
2005	1421.22	27.76	11.14	13.21
2006	1384.70	27.96	10.41	12.29
2007	1376.18	26.46	9.81	12.22
2008	1410.78	27.50	9.99	12.55
2009	1462.09	28.97	10.74	13.02
2010	1535.14	31.41	11.98	13.75

从流域内四省城镇供水能力变化上看（图 1），2000—2010 年 10 年间江苏省片内总供水能力增长最多，从 2000 年的 306.89 万 t/d 增长至 463.17 万 t/d，增长了 50.92%，尤其以 2008—2010 年增长最快。其次是片内的山东省和河南省，分别增长了 27.74%和 10.85%，安徽省的供水能力在此 10 年间则无明显增长。流域内四省总用水量变化与总供水能力变化趋势一致（图 2）。

受流域内各省工业生产活动影响，四省 10 年间城镇生产用水变化悬殊。其中江苏省 10 年生产用水增长了 70.83%，尤以 2008—2010 年增长迅速。山东省工业用水无显著变化，维持在 2.3 亿 t 左右。安徽省和河南省则逐年下降，分别下降了 29.83%和 20.97%。城镇生活用水安徽省和河南省 10 年间在

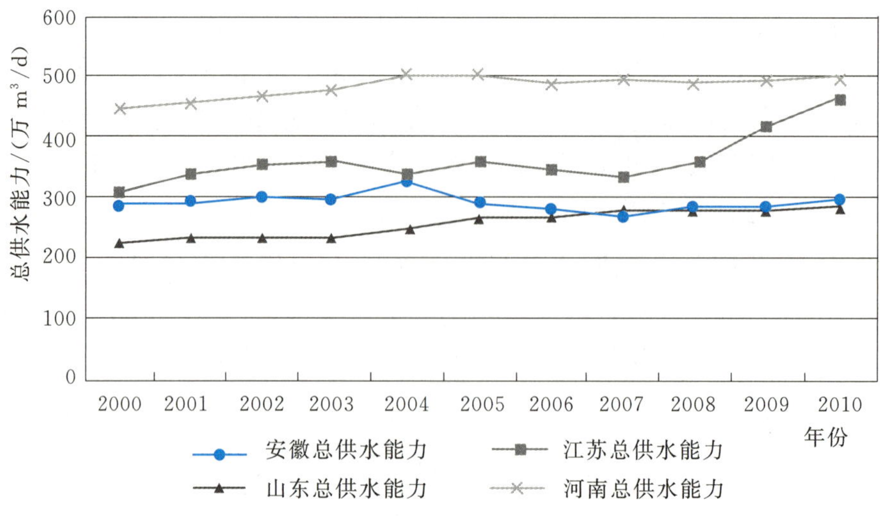

图 1　2000—2010 年淮河流域四省总供水能力变化

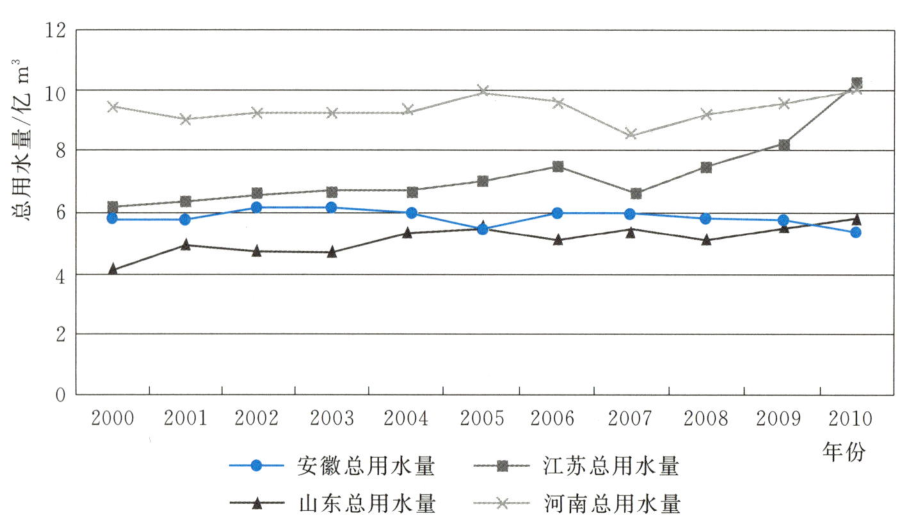

图 2　2000—2010 年淮河流域四省总用水量变化

波动变化中小幅增长，山东省和江苏省则逐年增长，分别增长了 55.71% 和 45.74%（图 3、图 4）。

2. 淮河流域水质变化

淮河流域水污染始于 20 世纪 70 年代后期，进入 80 年代，随着流域经济快速发展和城市化进度加快，流域水体污染日趋严重，水污染事件时有发生。进入 90 年代，污染事件频繁发生，对沿淮广大地区的工农业生产和城镇供水安全造成严重威胁。党中央、国务院高度重视淮河流域水资源保护与水污染防治工作，淮河水污染被列入国家“九五”“十五”重点治理的“三河三湖”之首。

经过十余年淮河水污染的全面治理，取得了一定成效，主要表现在淮河水

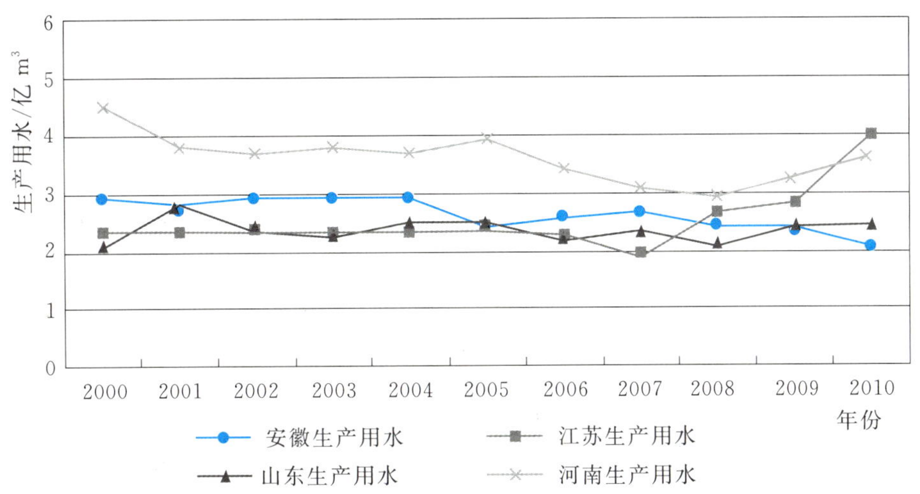

图 3 2000—2010 年淮河流域四省生产用水量变化

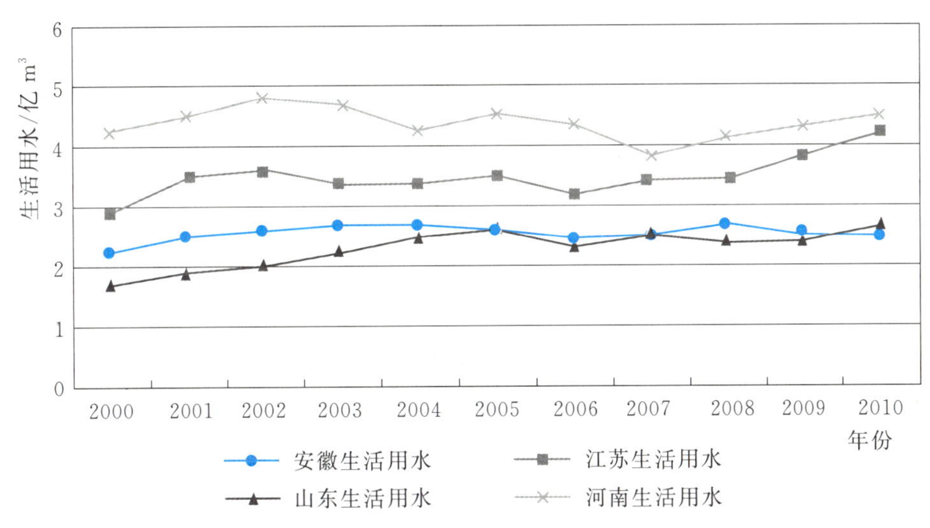

图 4 2000—2010 年淮河流域四省生活用水量变化

质 COD 有了一定程度的改善。但随着淮河流域经济的不断发展，生活污水排放和农业面源污染比重越来越大，有机物和氨氮成为主要的超标项目。淮河沿岸大部分水厂采用的是传统的混凝—沉淀—过滤—消毒工艺，对这两种指标的去除能力有限，出水水质受到一定影响。

淮河干流水质变化情况，以蚌埠段水质变化情况为例，图 5 是 1986—2006 年蚌埠闸闸下监测断面的水体污染物浓度变化过程。

从图中可以看出，NH_3-N 与 COD_{Mn}的年内变化趋势相一致，可以将蚌埠闸水体污染物浓度的变化分为两个阶段：第一个阶段 1986—1995 年是水质恶化的阶段，DO 浓度从年最大值 9.39mg/L（1990 年）下降为年最小值

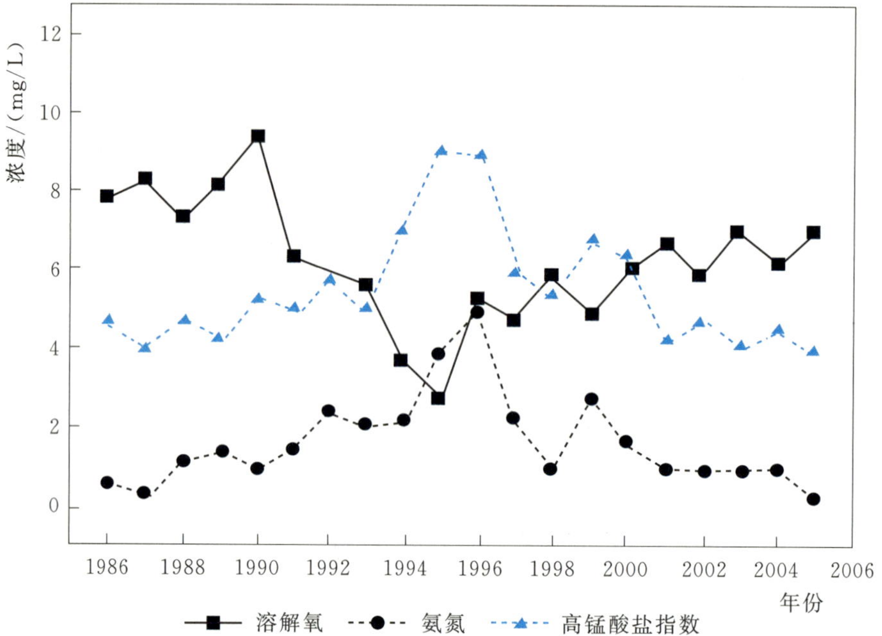

图 5　1986—2005 年蚌埠闸闸下监测断面的水体污染物浓度变化过程

2.73mg/L（1995 年），而 NH_3-N 从最年小值 0.34mg/L（1987 年）增加到年最大值 4.87mg/L（1995 年），同样 COD_{Mn} 浓度从最年小值 3.97mg/L（1987 年）增加到年最大值 9.13mg/L（1995 年）；第二个阶段为 1995—2005 年，蚌埠闸断面水体污染物浓度有了较大程度的改善，DO 浓度从 2.73mg/L 逐渐恢复到 7.00mg/L；而 NH_3-N 从 4.87mg/L 降低到 0.29mg/L，同样 COD_{Mn} 浓度从 9.13mg/L 降低到 3.86mg/L，已达到地表水Ⅱ类水质标准。可以看出，自 1995 年开展大规模水污染防治工作以来，淮河流域水质得到了一定的改善。

然而淮河流域污染形势依然严重。淮河流域水污染防治“十五”计划投资完成率仅占 1/3 左右，个别省份甚至不足 25%，城市污水处理设施建设进展十分缓慢进。直至 2005 年以后，流域污水排放量虽然逐年上升，COD 和氨氮的排放量开始得到控制并呈逐年下降趋势（图 6）。从流域内各类水质河长占比的变化可以看出，2005 年以后Ⅰ～Ⅲ类水质河长占比逐年提高，Ⅴ类、劣Ⅴ类水质河长占比逐年下降（图 7）。随着城市化进程和经济发展速度的逐步加快，长期以来接纳的大量工业废水使得淮河流域水环境中合成有机污染物负荷不断加重。近年来虽然水质有所好转，但水体中的持久性化学物污染、重金属超标等仍然存在。那些看不到的污染仍然致命，这也是流域内的河南、江苏、安徽等地“癌症村”集中爆发的直接原因。淮河污染治理问题，表面上看是政府管理不力或企业的违纪违法的问题，实际上却是流域人口、经济、自然环境之间难以缓解的矛盾冲突的表现。

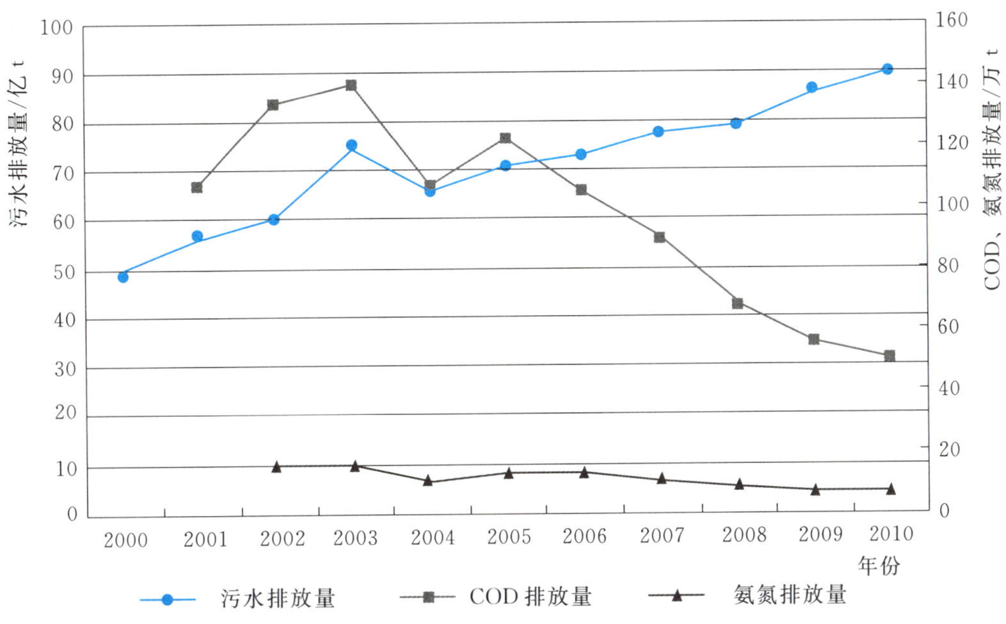

图6 2000—2010年淮河流域污染物排放变化

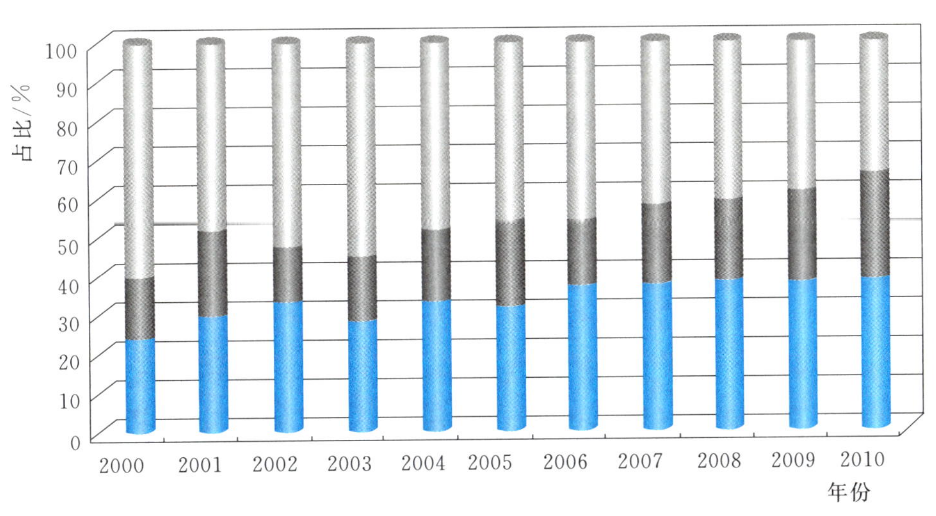

图7 2000—2010年淮河流域各类水质河长占比变化

四、淮河流域城市供水存在的问题

（一）人均水资源量较低，多种缺水类型并存

淮河流域片面积占全国的3.5%，水资源总量为961亿m^3，占全国的3.4%，而淮河流域人口却占全国总人口的13.8%，人均水资源量为623m^3，

为全国人均水资源量的1/4，亩均水资源量为421m³/亩。淮河流域人均水资源量在全国七大流域，10个片区内排在第7名，仅高于海河、辽河、黄河流域（图8）。

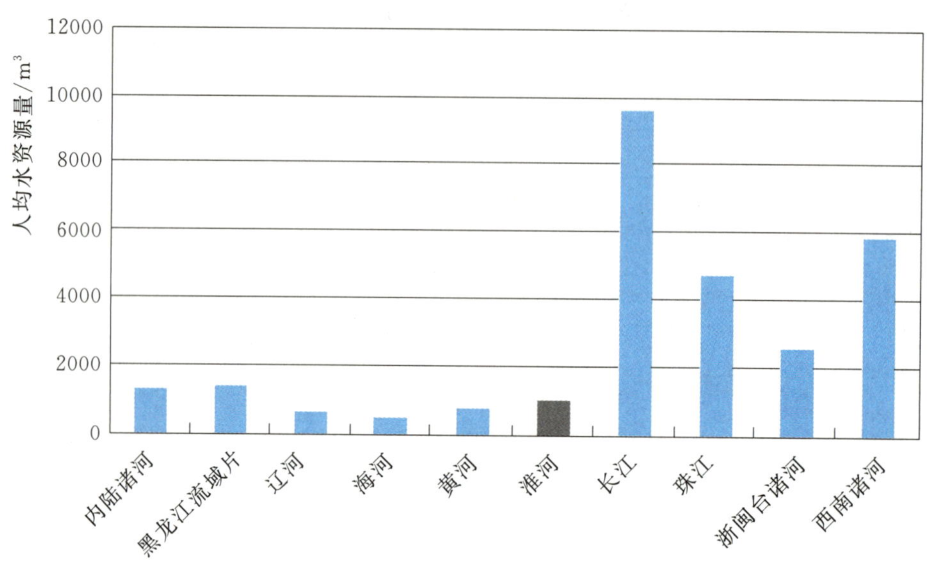

图8　全国各流域人均水资源量

流域内城镇化发展迅速，水环境状况却没有得到根本性扭转，流域内资源型缺水、水质型缺水、工程型缺水并存，城镇缺水问题逐渐加剧。

（二）城镇发展滞后，供水设施能力不足

2010年淮河流域人均拥有供水能力为0.53m³/d，只是全国平均水平0.72m³/d的73%，是四省平均值0.86m³/d的61%。淮河四省区中河南片内人均拥有供水能力最低为0.46m³/d；四省区淮河流域片的人均拥有的供水能力全部低于全省平均水平，其中安徽只是全省平均水平的35%，江苏也只有55%。说明淮河流域城镇经济及居民生活水平较低。

流域内各片区人均综合用水量和人均生活用水量也说明了这一点，流域片区内的人均综合用水量、人均生活用水量均低于全省平均水平。流域内城市人均综合用水量为293L/(人·d)，是全国平均水平的80%，是四省区平均水平的365L/(人·d)的80%。流域内人均综合用水量最高的是江苏为358L/(人·d)，其次为安徽、山东、河南，分别为290L/(人·d)、287L/(人·d)和251L/(人·d)，分别是全省平均值的68%、79%、98%、99%；人均生活用水量为128L/(人·d)，是全国平均水平170L/(人·d)的75%，是四省平均水平的154L/(人·d)的83%。最高的是江苏148L/(人·d)，其次是安

徽 133L/(人·d)、山东 130L/(人·d)、河南 111L/(人·d)，分别是全省平均水平的 69%、83%、102%、103%（表 3、图 9）。

表 3 淮河流域城市用水情况与所在省区平均平均值比较表

省 份	人均拥有供水能力	人均综合用水量/[L/(人·d)]	人均生活用水量/[L/(人·d)]
淮河流域	0.53	293	128
江苏淮河	0.59	358	148
江苏全省	1.08	526	215
安徽淮河	0.59	290	133
安徽全省	1.67	369	161
河南淮河	0.46	251	111
河南全省	0.52	254	108
山东淮河	0.51	287	131
山东全省	0.54	294	129
四省区平均	0.86	365	154
全国平均	0.72	365	170

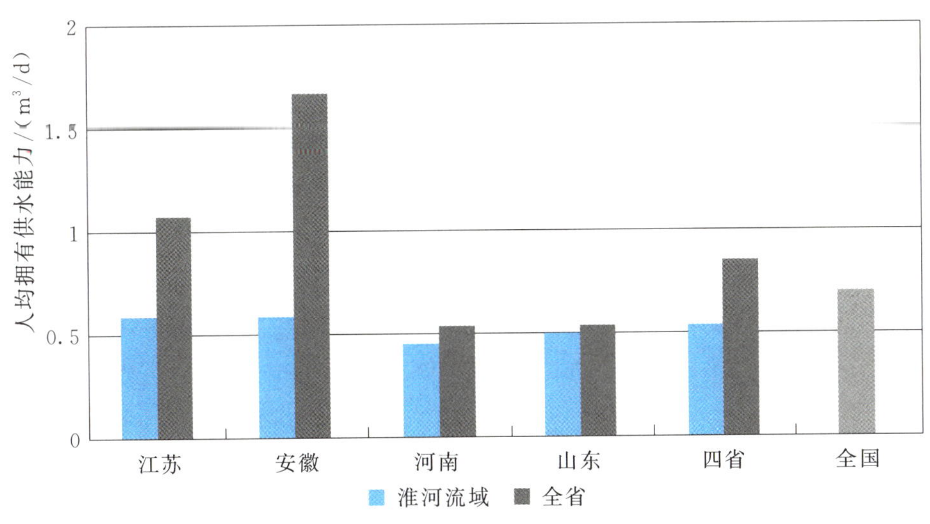

图 9 淮河流域四省人均拥有供水能力比较

（三）水体污染严重，但在逐步改善

淮河流域作为我国人口最为密集的地区之一，随着城市化进程和经济发展速度的逐步加快，长期以来接纳大量的工业废水使得淮河流域水环境中合成有机污染物负荷不断加重。淮河流域污染之严重，水质之恶劣触目惊心。淮河信阳、阜阳、淮南和蚌埠监测断面，2，4-二硝基苯、六氯苯、阿特拉津均严重超标，氯酚类污染物的浓度大约是长江清洁河段沉积物的100～1000倍，硝基苯、硝基甲苯异构体污染程度与第二松花江相当。淮河（江苏段）水体枯水期和丰水期共检测到33种半挥发性有机污染物（SVOC）和15种有机氯农药（OCPs），其中47种属于美国国家环保局规定的129种优先控制污染物（2002—2003年）。此外，淮河流域作为我国粮食的重要主产区，化肥使用量大，农业面源污染导致地表饮用水源水质下降，雨水期氨氮明显升高（原水氨氮高达2.53mg/L，砂滤出水氨氮高达1.62mg/L）。特别是夏季秸秆等农业废弃物腐烂产生大量腐殖质类天然有机质，造成水体季节性污染严重。

对淮河实施全面整治始于20世纪90年代，这一时期淮河污染加重，主要污染物为耗氧有机物、氨氮、挥发酚。“九五”期间，流域水污染治理以整顿工业污染为主。以“关、停、禁、改、转”为指导思想，关闭不宜在淮河流域发展的高耗水、高污染的“十五小”企业，对重点污染企业实行限期治理。《淮河流域水污染防治规划及“九五”计划》规划建设各类水污染防治项目303个，总投资约166亿元。经过“九五”治理，虽未完全实现“九五”目标，但水质恶化趋势得到一定程度的缓解，一些重点治理的支流的超标程度在逐步降低，淮河干流水质有所好转，尤其是往年高污染河段的状况改善明显。

“十五”期间，流域水污染治理以城镇污水集中处理为主。《淮河流域水污染防治“十五”计划》规划建设9类488个项目，总投资255.9亿元，建设污水处理厂39座。经过“十五”治理，虽距离“十五”计划目标仍有一定距离，但流域水质达标率不断提高。

“十一五”期间，流域水污染治理由达标排放向总量控制转变。《淮河流域水污染防治“十一五”规划》拟投入600亿元专项资金，用于削减污染物排放量。尤其是2008年水污染物排放总量有较大幅度的降低。COD比2007年削减了28.26%，氨氮比2007年削减了16.81%。

“十一五”期间，淮河流域水污染防治工作取得成效，流域内Ⅰ～Ⅲ类水质断面数量显著提升，劣Ⅴ类断面数量有所下降，流域水质总体改善（表4）。2005年总体属中度污染，86个地表水国控监测断面中，Ⅰ～Ⅲ类、水质断面占17%，Ⅳ～Ⅴ类占51%，劣Ⅴ类占32%。2010年总体为轻度污染，86个地表水国控监测断面中，Ⅰ～Ⅲ类水质断面占41.9%，Ⅳ类占32.5%，Ⅴ类占9.3%，劣Ⅴ类占16.3%。随着经济社会的发展，淮河流域两岸周边的造纸、食品加工以及化工等工业企业数量大量增加，有数据显示，2009年淮河流域化工、造纸、饮料、食品、农副产品加工等主要污染行业产值约占流域工业总产值的1/3，化学需氧量和氨氮排放量分别占全流域工业源排放量的80%和90%，结构性污染依然突出。

表4　淮河流域水质断面监测情况　%

监测年份	Ⅰ～Ⅲ类	Ⅳ类	Ⅴ类	劣Ⅴ类
2001	22.1	18.2	6.5	53.2
2005	17	38	13	32
2010	41.9	32.5	9.3	16.3

淮委水质监测数据显示，2011年淮河干流主要控制断面水质总体为Ⅲ～Ⅳ类。对比分析2005年以来监测数据，淮河干流水质连续多年持续向好。但淮河流域水污染问题仍较突出，尤其是支流污染。目前，流域污染物入河排放量依然超过水域纳污能力，近一半流域河流的水质尚未达到水功能区水质目标要求，特别是一些淮北主要支流污染比较严重。全流域394个国家重要水功能区Ⅴ类及劣Ⅴ类水占34.2%；51个跨省河流省界断面Ⅴ类及劣Ⅴ类水占43.5%。水污染使部分水体功能下降甚至丧失，影响了城乡供水安全，加剧了淮河流域水资源短缺矛盾。

“十二五”期间，在“东部开放、中部崛起”战略的大背景下，淮河流域城镇化速度将超过全国平均水平，城镇污染问题将更加尖锐。

（四）水源水质状况堪忧

淮河流域地表水饮用水源区水质达标率低，污染事故频发，水厂能力不足给城镇供水安全形成了巨大挑战，不同程度地威胁着流域居民的身体健康和生命安全。

1. 饮用水水源保护区水质难以全部达标

从淮河片每年评价的饮用水保护区/饮用水源区全年水质合格次数比例在80%以上占比看出，淮河片区饮用水保护区水质总体趋于好转，但合格次数在80%以上的比例仍仅有一半。流域内各省中，江苏省淮河流域的饮用水保护区/饮用水源区水质达标情况最好，其次是山东、河南（表5）。

表5　淮河流域评价饮用水源区水质合格次数（80%以上）比例　%

年　份	淮　河	河　南	安　徽	江　苏	山　东
2007	39.00	30.80	41.70	45.80	37.30
2008	44.50	23.10	58.30	55.90	39.20

续表

年　份	淮　河	河　南	安　徽	江　苏	山　东
2009	33.60	30.80	15.80	52.70	31.40
2010	52.40	62.50	15.80	60.40	85.70

2. 突发污染事故频发，水厂原水水质状况堪忧

淮河流域是我国污染较早污染较重的流域。改革开放初期至 1994 年为重度污染阶段，经过“九五”“十五”“十一五”的综合整治，淮河流域的水环境状况得到了一定的改善。但近些年流域内又多次发生突发性重大水污染事故，如 2009 年 3 月盐城饮用水源对氯苯酚污染事件，2009 年 8 月邳州砷污染事件，2010 年 4 月淮河航道盱城段中石化输油管道泄漏事件，污染事故频发严重威胁到流域内城市居民生活用水安全，给工农业生产造成了巨大的损失。

全国城镇供水水质普查结果显示，淮河流域县城以上 317 个城镇公共供水厂中原水水质超标的水厂共 158 个，占调查水厂总数的 50%，供水能力 750.96 万 m^3/d，占总供水能力的 52.46%（图 10）。

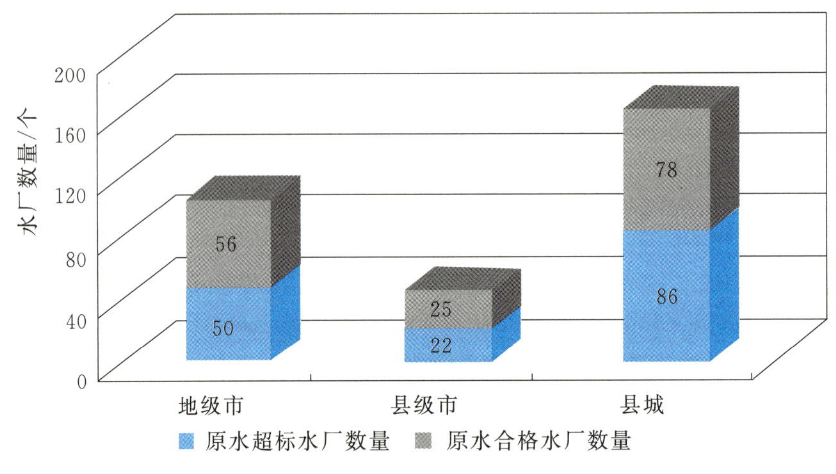

图 10　淮河流域各类城镇水厂原水超标情况

其中，江苏省淮河流域的 83 家水厂中，水源水质超标的水厂 27 个，占水厂总数的 33%，主要超标指标为浑浊度、COD_{Mn} 和氨氮；山东省淮河流域的 85 家水厂中，水源水质超标的水厂 54 个，占水厂总数的 63%，主要超标指标为硫酸盐、硝酸盐和总硬度；河南省淮河流域的 100 个水厂中，水源水质超标的水厂共 38 个，占水厂总数的 1/3，主要超标指标为氟化物、硝酸盐和氯化物；安徽省淮河流域的 49 个水厂中，水源水质超标的水厂 24 个，占水厂总数的 1/2，主要超标指标为浑浊度和氟化物（图 11）。

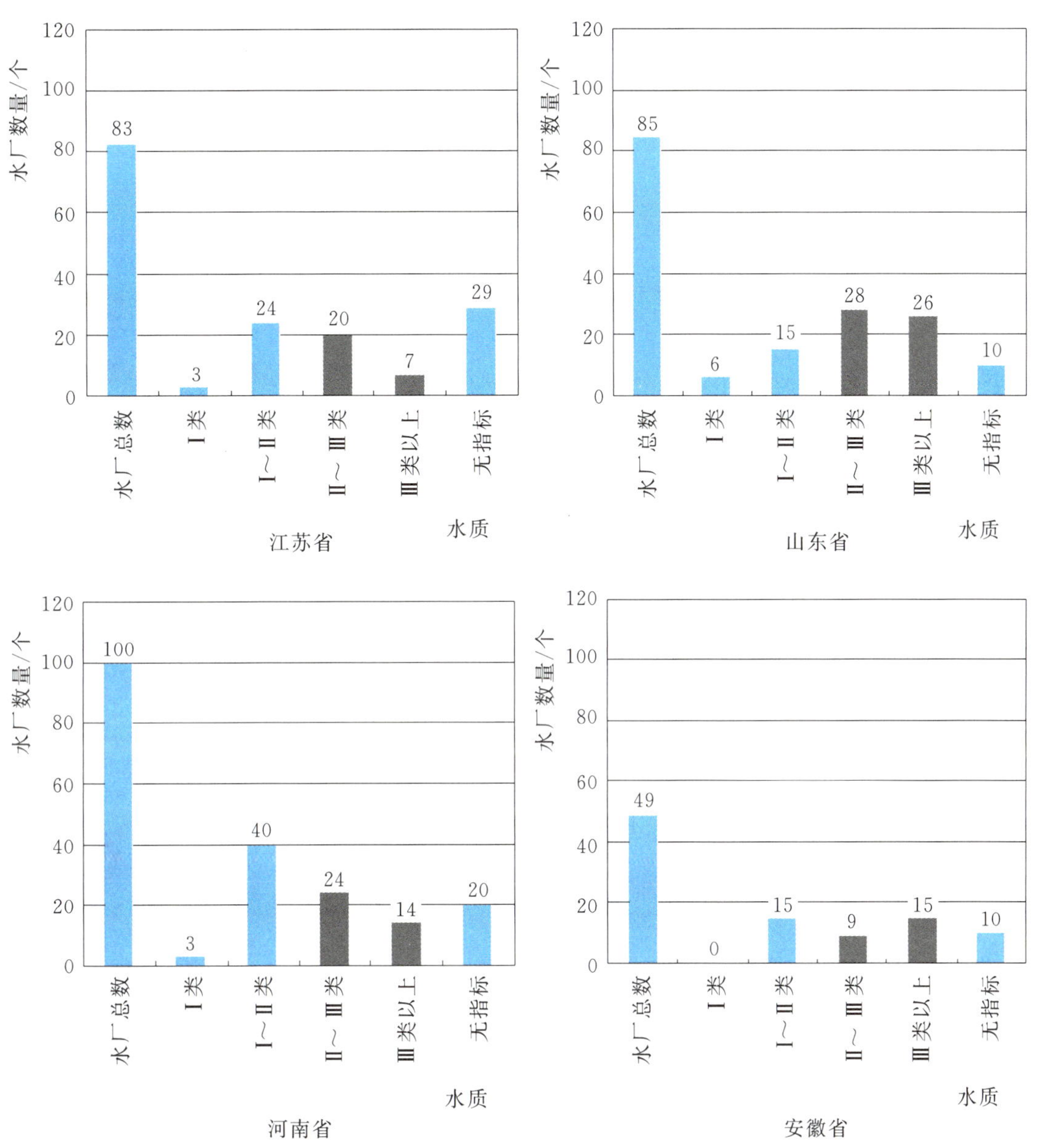

图 11 淮河流域四省水厂原水水质分布

从超标水厂的规模来看，江苏省、河南省、安徽省的地表水源超标水厂规模远大于地下水源超标水厂规模，而山东省的地下水源超标水厂规模远大于地表水源超标水厂规模（图 12）。

3. 出厂水水质不能全部达标，难以适应新水质标准的要求

根据全国城镇供水水质普查结果显示，淮河流域县城以上 317 个城镇公共供水厂中，出厂水水质出现超标的水厂共 175 个，占调查水厂总数的 55.38%，供水能力 694.36 万 m^3/d，占总供水能力的 48.51%（图 13）。

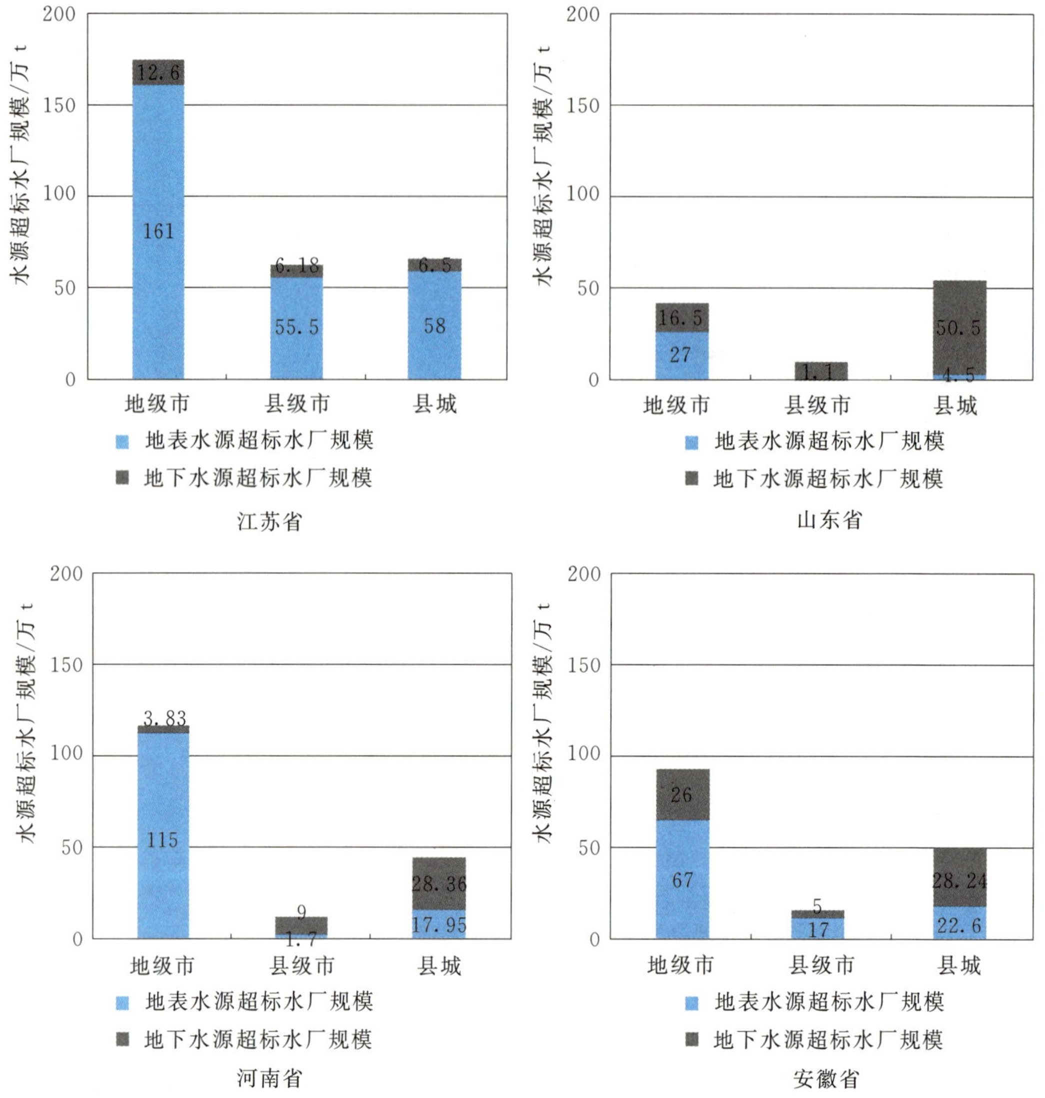

水源超标水厂规模/万 t

江苏省	地级市	县级市	县城
地表水源超标水厂规模	161	55.5	58
地下水源超标水厂规模	12.6	6.18	6.5

山东省	地级市	县级市	县城
地表水源超标水厂规模	27		4.5
地下水源超标水厂规模	16.5	1.1	50.5

河南省	地级市	县级市	县城
地表水源超标水厂规模	115	1.7	17.95
地下水源超标水厂规模	3.83	9	28.36

安徽省	地级市	县级市	县城
地表水源超标水厂规模	67	17	22.6
地下水源超标水厂规模	26	5	28.24

图 12　淮河流域四省水源超标水厂规模

4. 村镇饮用水安全受到威胁

在淮河流域平原地区，埋深小于 50m 的地下水是城镇和农村及工业用水的主要水源。由于过度开发利用，淮河流域地下水已受不同程度的污染，农村饮用水安全受到威胁。根据相关调查，埋深小于 20m 的地下水重度污染区占 26.5%，中度污染区占 33.8%，轻度污染区占 17.6%，总污染区域达到 78%；埋深 20～50m 的地下水，重度污染区占 13.8%，中度污染区占 51.7%，轻度污染区占 34.3%，几乎所有的区域均被污染（图 14）。污染物超标组分主要为硝酸盐氮、亚硝酸盐氮、氨氮。

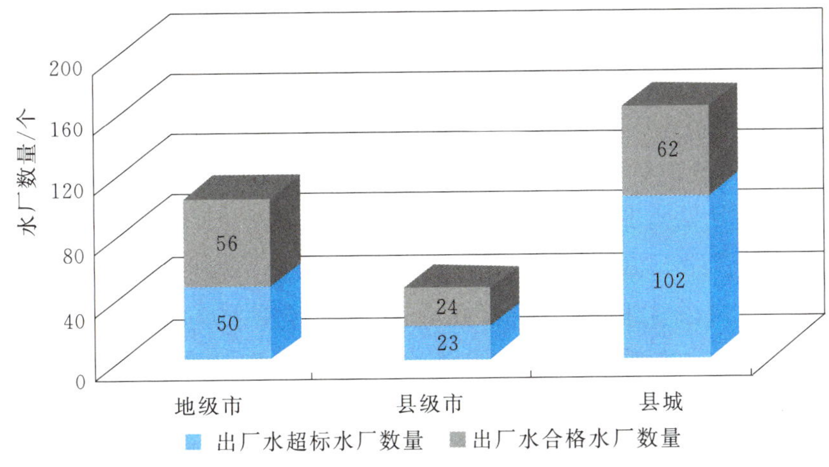

图 13　淮河流域各类城镇水厂出厂水质超标情况

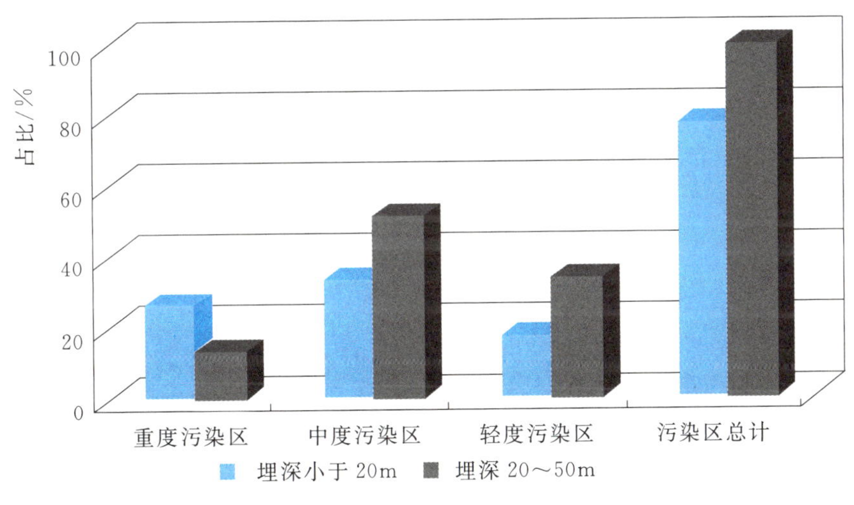

图 14　淮河流域地下水污染分布情况

（五）南水北调工程实施对淮河流域水环境提出更高要求

南水北调是国家为解决北方地区（主要是黄淮海流域）城市缺水和生态环境恶化，实现水资源优化配置，缓解水资源短缺对北方地区城市化发展制约的一项战略性基础设施工程。南水北调工程分为东线、中线和西线 3 条调水线路。其中，东线工程是从江苏省的长江下游引水，逐级抽水北送至济南东平湖，出东平湖后分两路输水：一路向北穿过黄河输水至天津，另一路向东通过胶东地区输水干线经济南输水到烟台、威海；南水北调中线工程从丹江口水库引水，经黄淮海平原西部边缘，在郑州以西穿过黄河，自流到北京、天津；南水北调西线工程从长江上游引水，为黄河上中游的西北地区和华北地区补水。

南水北调工程涉及淮河流域的城市有：安徽省的蚌埠、淮南和淮北；江苏省的徐州、扬州、泰州、宿迁；河南省的郑州、平顶山、许昌、漯河、南阳；山东省的枣庄、济宁、泰安、淄博等。

为保证受水区水质安全，对南水北调东线通水提出更高水质保障要求。为实现2014年全线通水，要求输水干线规划区各控制断面均稳定达到Ⅲ类水质。目前沿线水质部分处于Ⅳ类甚至劣Ⅴ类，距离通水水质要求还有较大差距。

淮河流域的苏北、山东南四湖等地区，经济水平相对较低，但人口密度却很大，区域内存留着大量高污染工业企业。受经济实力限制，污水处理程度低，生活污染排放浓度高，多年来一直是地方上难以解决的问题。水质监测显示，徐州的不牢河水体水质常年徘徊在Ⅴ类水左右。

在保障南水北调水质方面，受挑战最大的是山东。在山东省境内压力最大的应该是鲁西南名城济宁市。这座城市有着一连串耀眼的别称："运河之都""孔子故里""江北小苏州"。但在今天，这一切都已经只是历史。今天的济宁是一座以化工、医药、造纸、煤电、轻纺等重污染行业为支柱产业的城市。整个东线工程，在保障水质方面山东济宁压力最大，代价最大。

济宁的压力来自于天然的地理位置。对于东线工程来说，济宁境内的南四湖和东平湖是必经之地，这两大片已经重度污染的湖区承接了济宁以及徐州等几个城市所有的工业、农业和生活污水。

如今，济宁有33家电厂，提供着山东1/10的供电量。依靠丰富的资源，制药、化工、造纸等行业迅猛发展。济宁市内大大小小的制药厂、化肥厂、造纸厂、化工厂、味精厂有几十家。我们定的标准比任何其他地方都苛刻，比如造纸，国家COD排放标准为420mg/L，而省里要求南水北调沿线企业新标准不能超100mg/L。

事实上，即使济宁的企业全部达标排放了，工业结构的现状注定了整个南四湖地区的水质依然会不断恶化，没有达到国家规定的南水北调水质标准的可能。对于济宁来说，要想完成任务，唯一的办法恐怕就是把全市排污企业全部关闭。这也就意味着这座刚刚发展起来的工业城市将遭到致命打击，偌大的东部工业区将会一片荒芜。

五、城市供水安全面临的挑战

（一）淮河流域城镇发展与环境保护的矛盾将更加突出

淮河流域的城镇化水平、经济发展水平、基础设施建设水平均落后于所在辖区的平均水平，属于欠发达地区。2010年，淮河流域户籍人口1.84亿人，非农人口比重为19.2%，流域常住人口1.61亿人，其中城镇人口0.68亿人，城镇化率41.9%，人均地区生产总值为2.39万元/人，为全国平均水平（2.99万元）的79.93%。尤其是安徽、江苏、山东三省的淮河流域地区，经济发展水平都大大低于全省平均水平，是各省的经济发展洼地。

据《淮河区水资源综合规划》预测，2020年淮河流域城镇人口将达到9161万人，城镇化率达到49.7%，人均地区生产总值达到2.31万元，可见在未来的一段时间里，淮河流域的社会经济将有较大幅度的增长。淮河流域环境现状已不堪重负，城镇化、工业化带来的环境压力将进一步增大，城镇发展与环境保护的矛盾将更加突出。

（二）饮用水标准提高与流域内水源水质下降矛盾进一步加剧

淮河流域是我国污染较早污染较重的流域。改革开放初期至1994年为重度污染阶段。尤其是1994淮河发生3起特大污染事故，以7月15—20日淮河干流鲁台子段至蚌埠闸段发生的污染事故最为严重。此次污染在一段时间内给淮南、蚌埠、淮阴、连云港市区、盐城等地数十万居民生活用水带来严重影响，给工农业生产造成巨大损失。20世纪90年代中后期，淮河水系污染问题依然突出，主要表现枯水期干流水质污染严重，重污染段向上游延伸，监测断面出现Ⅴ类和劣Ⅴ类水质，尤其是劣Ⅴ类水质断面比例高而不下。

经过“九五”“十五”“十一五”的综合整治，淮河流域的水环境状况得到了不断的改善。但是水环境状况仍然不容乐观，监测结果显示，截至2010年淮河流域达到Ⅰ～Ⅲ类水质断面占41.9%，Ⅳ类、Ⅴ类、劣Ⅴ类占58.1%；淮河流域县城以上317个城镇公共供水厂中原水水质超标的水厂共158个，占调查水厂总数的50.00%，供水能力750.96万m^3/d，占总供水能力的52.46%。

随着城镇化速度的加快，城镇供水需求不断增大，城镇污水排放量将不断增加，城市水环境改善压力将不断增加，淮河流域水环境在近期内不会有太大的改善。考虑到水源水质日益恶化的趋势，国家饮用水水源地环境保护的有关规划将水源水质控制目标降低到Ⅲ类水体水质标准。因此，在未来一段较长时期内，城镇公共供水地表水源水质将持续维持在Ⅲ类水体，原水水质标准的降低，使城镇供水水质安全保障面临严峻的形势和新的挑战。

然而城镇居民生活饮用水标准却在提高，新的《生活饮用水卫生标准》（GB 5749—2006）将于2007年7月1日实行，全部106项的指标和欧盟标准接轨。全国设市城市和县城95%以上供水规模的公共供水厂是在新《生活饮用水卫生标准》颁布之前、按照Ⅱ类水质标准设计建造的，工艺标准相对较低，难以适应当前原水水质日趋恶化和出水水质标准提升的要求。在全国设市城市和县城现有的2714个公共地表水厂中，具有深度处理工艺的仅为2%；1743个地下水厂中，简单消毒和直接供水的占91%。建制镇的公共供水厂更为简陋。据2009年住房城乡建设部对4457个公共供水厂出厂水水质的普查结果，按照新的《生活饮用水卫生标准》评价，有53.1%的公共供水厂的出厂水有超标现象，占总供水能力的36.6%，影响人口近1.6亿人。而对于低于全国平均水平的淮河流域其水源水质下降与饮用水标准提高的矛盾进一步加剧。

（三）城镇化发展使设施能力不足问题凸显

2009年淮河流域城市供水设施能力为1477.09万m^3/d，据统计县城和建制镇的总供水能力一般是设市城市的40%～50%。如按50%算，县城和建制镇的总供水能力约为740万m^3，淮河流域城镇现有供水能力约为2200万m^3，人均拥有供水设施能力为$0.52m^3/d$，只是全国平均水平$0.75m^3/d$的69%，是四省平均值$0.89m^3$的58%。

对2020年淮河流域供水设施能力初步估算：国家发展改革委对淮河流域2020年的城镇人口预测结果为7870万人，淮河流域水资源综合利用规划预测2020年淮河流域城镇人口为9161万人。如人口按保守的预测结果7870万人，供水能力按全国平均拥有的人均供水能力$0.75m^3/d$计，2020年淮河流域城镇供水能力总需求量约为5900万m^3/d，需要新增3700万m^3/d的供水能力，要增加1.68倍，每年平均需要新增约340万m^3/d的供水能力。这样的供水设施能力需求对城镇基础设施建设具有极大的挑战。

（四）南水北调工程通水将带来新的城市供水安全问题

山东省辖淮河流域包括南四湖、沂沭河两个流域，涉及枣庄、济宁、临沂、菏泽、淄博、泰安、日照7市的42个县（市、区），流域面积$47100km^2$，是南水北调东线工程的主要通道和汇水区域。河南省淮河流域南水北调主要受水城市有郑州、平顶山、许昌、漯河。根据南水北调工程规划，东线一期工程建设目标为2013年通水，中线一期工程建设目标为2014年汛后通水。

南水北调工程通水后，受水区城市多水源供水的格局将更为复杂，从已有的实践经验和技术积累来看，由于各种水源频繁切换导致水厂、管网遭到冲击的可能性较大。南水北调受水区城市普遍存在爆管、管网漏损，以及二次供水污染的问题，而多水源同时供水后，由于各种水源频繁切换可能导致管网出现“黄水”问题。同时，随着南水北调工程的实施，受水区的供水模式将发生重大改变，多水源切换供水将使受水区的水源面临更多的风险。远距离调水过程中的风险控制、进入水源地后的水质稳定保持、现有供水工艺技术本身的升级改造以及对多水源适应性等等一系列问题都对受水区城市供水系统形成了巨大的挑战。

六、城市用水发展趋势分析

（一）淮河流域各城市各类用水变化分析

1. 城市生活用水

淮河流域正处于经济社会快速发展的阶段，城市化水平在不断的升高，城市规模和城市人口在逐步地增大，随着城市人口的增加以及生活水平的不断提高，在未来的20～30年内，淮河流域城市的生活用水量会不断升高。

我国城市生活用水和淮河流域生活用水的历史变化情况也说明了这一点。从1990—2010年的20年间，无论是全国的还是不同区域的、不同规模的城市生活用水总量均呈上升状态。淮河流域近10年的生活用水也明显增加，由5.97亿m^3增加到13.75亿m^3。虽然人均生活用水和人均家庭用水均有大幅度的下降，但是人均生活用水不会无限的下降，降至一个基本的合理之后就会稳定，因此，在未来的一段时间内，随着淮河流域城市人口的增加，淮河流域城市生活用水仍将会显著增加（图15、图16）。

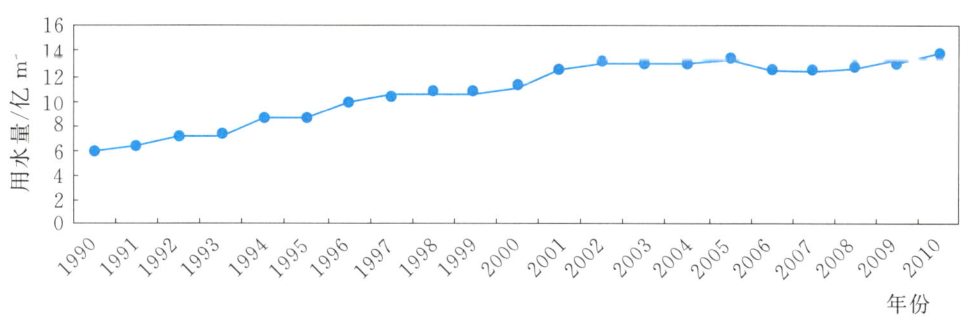

图15　1990—2010年淮河流域城市生活用水量变化图

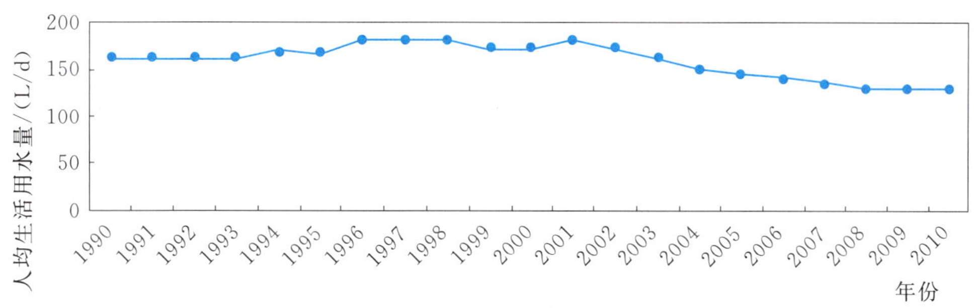

图16　1990—2010年淮河流域城市人均生活用水量变化图

2. 城市生产用水

虽然一段时间来，由于我国进行宏观调控和产业结构调整，使近期淮河流域城市生产用水量基本没有增加，但是随着我国产业结构调整的结束和工业产业的复苏，今后的一段时期内我国的生产用水量将会有所增长。考虑到由于生产技术的改造、革新与发展，节水管理力度的加大，工业节水水平的提高，在未来的一段时期内，城市生产用水的增速不会太快，总体处于缓慢增长状态，但是生产用水总量将会持续增长（图 17、图 18）。

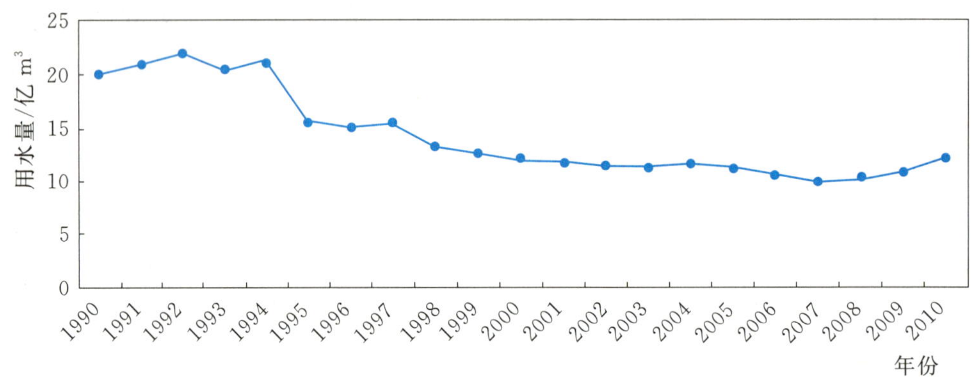

图 17　1990—2010 年淮河流域城市生产用水量变化图

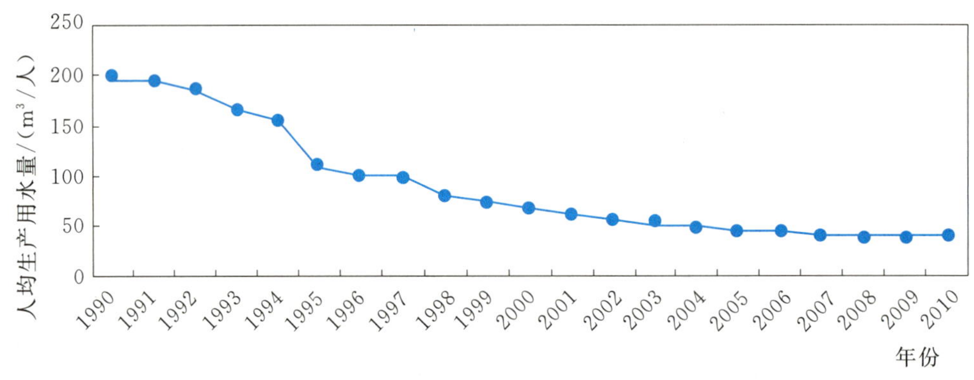

图 18　1990—2010 年淮河流域城市人均生产用水量变化图

3. 城市生态用水

近年来城市生态环境建设越来越受到重视，城市建设中落实全面、协调、可持续的发展观，要求更加注重城市的发展质量，随着生态城市、园林城市、卫生城市建设工作的广泛开展，淮河流域的城市生态环境用水量在未来的一段时期内必将会有所增加。淮河流域近 10 年的用水变化情况也说明了这一点，淮河流域总用水量也由 2001 年的 25.93 亿 m^3 增长到 2010 年的 31.41 亿 m^3，而生产用水基本没变，生活用水略有增加，增加的部分应该是在生态用水方面了。

4. 城市总用水量

由于在未来的一段时间内，淮河流域的生产、生活和生态用水均处于增长状态，所以，淮河流域城市总体用水将会显著增长。虽然城市人均综合用水量在未来的一段时间里将不会有太大的变化，但由于城市人口的大量增加，致使城市总用水需求还会有较大幅度的增长（图 19、图 20）。

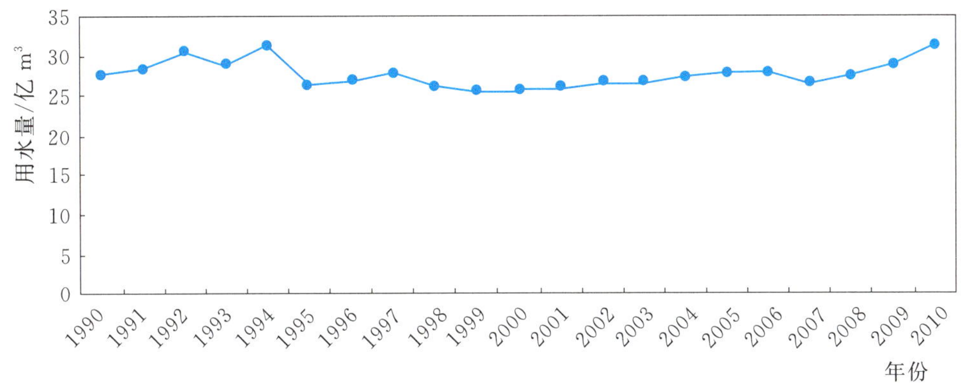

图 19　1990—2010 年淮河流域城市总用水量变化图

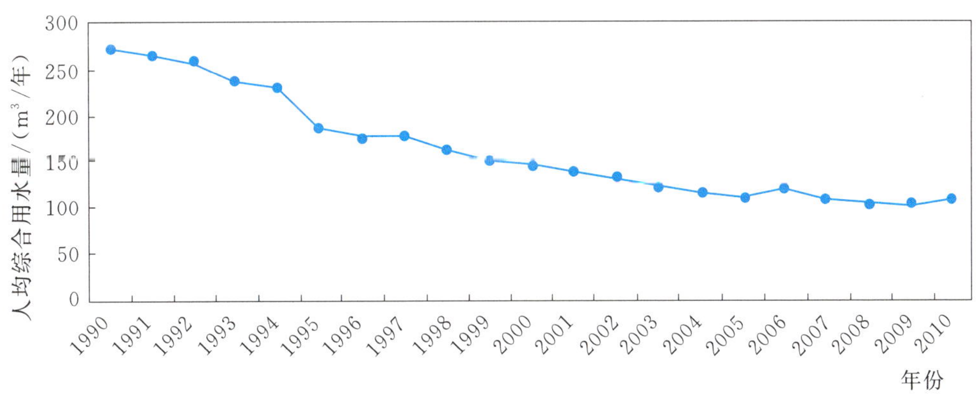

图 20　1990—2010 年淮河流域城市人均综合用水量变化图

（二）淮河流域各省用水发展趋势判断

淮河流域内的安徽、河南、江苏和山东四省由于城镇化水平不同、经济发展速度也有所差异，各省的用水水平也不同（表 6、表 7）。

四省内江苏省经济最为发达，用水人口也相对较多，为 781 万人，仅次于河南的 1092 万人。其人均综合用水、人均生活用水、人均家庭生活用水指标均相对较高比河南高出近一半。江苏省淮河流域内的城市总体用水水平与全国平均水平接近，虽然比其他省区高，但与省内平均水平相比，还相差较大，其人均综合用水只是平均水平的68%，人均生活用水、人均家庭生活用水分别是60%和75%，因此，随着城市化的提高和社会经济的发展江苏省淮河流域的城市人均用水指标还有一定的增长空间，城市用水还有较大幅度的增长，其中生活用水增长空间最大，主要增长点是在公用部分，生产用水也将有一定幅度的增长，但增长比例将低于生活用水。在生活和生产用水增长的基础上，江苏省淮河片区的城市用水总量仍会有一定的增长。

表6　　2010年淮河流域各省用水情况统计表

城市名称	总供水能力/(万 m^3/d)	供水总量合计/万 m^3	生产运营用水/万 m^3	公共服务用水/万 m^3	居民家庭用水/万 m^3	用水人口/万人	人均综合/[m^3/(人·年)]	人均生活/[L/(人·d)]	人均家庭生活/[L/(人·d)]
全国	27601.5	5078745	1678125	663472	1708016	38156.70	133.10	191.13	122.64
安徽	1992.8	160816	62871	19191	50889	1195.59	134.51	172.64	116.61
江苏	2714.7	482821	204878	55927	141481	2515.63	191.93	245.58	154.08
山东	1477.6	290866	127028	39078	88260	2715.33	107.12	138.76	89.05
河南	1010.3	179122	70316	20383	55825	1933.33	92.65	121.38	79.11

表7　　2010年四省淮河片区内城市用水总体情况统计

城市名称	总供水能力/(万 m^3/d)	供水总量合计/万 m^3	生产运营用水/万 m^3	公共服务用水/万 m^3	居民家庭用水/万 m^3	用水人口/万人	人均综合/[m^3/(人·年)]	人均生活/[L/(人·d)]	人均家庭生活/[L/(人·d)]
安徽	298.5	53955	20405	6385	18364	509.61	105.87	133.06	98.73
江苏	453.2	102050	39684	9210	32977	781.31	130.61	147.93	115.64
山东	285.5	58154	23880	9879	16563	555.38	104.71	130.44	81.71
河南	497.9	99968	35784	11828	32299	1091.90	91.55	110.72	81.04

安徽省和山东省在淮河流域片内的城市总体用水水平相近，用水人口分别为509.61万人、555.38万人，人均综合用水约为105m^3/(人·年)。与省内平均用水水平相比，山东省较为接近，安徽省片区内人均综合用水、人均生活用水、人均家庭生活用水分别是省内平均水平的79%、77%和85%。而片区内城市用水人口最多的是河南省，各用水指标与本省平均水平接近，但在片区四省中最低，人均综合用水是全国平均水平的69%，是片内江苏省用水水平的70%。随着这三省流域内城市城镇化速度的加快，工业的进一步发展和居民生活水平的提高，生产和生活用水均将有较大的增长空间。

（三）淮河流域城市用水分析预测

1. 预测方法

城市需水预测有许多种，不同的城市、不同的地区，不同的用水情况，不同的资料掌握情况，其所采用的预测方法也应是不同的，要根据具体情况来分析采纳。

对于一般性的城市来说，根据我国用水的分类现状、用水统计口径情况、用水统计的实际情况，人均综合用水定额法是较为实用，比较适合目前我国城市需水预测的方法，它具有简便、实用、易操作且相对较为准确的优点。不过如有条件最好能够在预测后用其他方法进行分析校核，如用趋势分析法分析其增长率是否合理、用结构分析法分析其用水结构是否符合实际等。

淮河流域的城市用水总体预测，由于是区域的城市用水预测，总体上把淮河流域综合看成一般性的城市，因此，本次研究采用人均综合用水定额法。

人均综合用水定额基准年推算法是根据人均综合用水定额的现状情况及其历史变化特征，参考国外发达国家的用水发展历程，依据我国城市用水、节水的有关政策，考虑当地的水资源状况及产业结构的发展变化情况，预测出规划水平年的人均综合用水量指标，结合规划人口数而得规划期城镇需用水量。

人均综合用水定额基准年推算法是目前应用较多，且行之有效的方法。但其基准年的选择对预测结果有重要影响，一般是尽可能采用最近的年份为基准年，如果近几年用水量变幅较大，则宜选用在近期社会经济发展水平有代表性的年份为基准年，或以 2 年或 3 年的年平均用水量作为基准年；同时，在给出的规划期人均综合用水量指标时，综合考虑当地的水资源条件、城市经济发展的速度、居民生活水平、节水潜力及供水水源变化等因素合理选定。

2. 预测结果

本次人口专题对淮河流域常住人口的预测建议方案为 2020 年常住人口 1.76 亿人，2030 年常住人口 1.85 亿人。2020 年淮河流域城镇化率达到 55%左右，2030 年城镇化率达到 63%～65%。按此推算，2020 年淮河流域城镇常住人口约为 0.97 亿人，2030 年约为 1.20 亿人（表 8）。

表 8　淮河流域城市人口预测表　单位：万人

地　区		2010 年 城镇人口	2020 年 城镇预测人口	2030 年 城镇预测人口
江苏	淮河	1340	2902	3483
	城市	1102	1528	1855

续表

地区		2010年 城镇人口	2020年 城镇预测人口	2030年 城镇预测人口
安徽	淮河	1212	1682	2022
	城市	626	838	1001
山东	淮河	963	2060	2508
	城市	688	968	1180
河南	淮河	1161	3109	3928
	城市	1146	1654	2091
淮河流域合计		4274	9753	1194
淮河流域城市合计		3562	5000	6100

2010年淮河流域统计地级市市区及县级市的城镇用水人口占城镇人口82%，随着淮河流域社会经济的发展，人民生活水平的提高，预测2020年淮河流域统计地级市市区及县级市的城镇用水覆盖率将达到90%，而2030年流域内将实现城镇用水全覆盖。则预测2020年和2030年淮河流域的城镇用水人口分别为5000万人和6100万人左右（表9）。

表9　　淮河流域城市人口及城镇需水预测表

年份	城镇人口/万人	用水人口/万人	城镇需水/亿 m^3	城镇生活用水/亿 m^3
2010	3562	2938	31.41	13.75
2020	5000	4500	54	25
2030	6100	6100	80	40

根据淮河流域人均综合用水现状情况以及用水历史变化趋势，参照区域周边城镇用水情况，考虑国家相关政策和标准，预测淮河流域2020年、2030年城镇人均综合用水量分别为120m^3/年、130m^3/年；人均生活用水量2020年、2030年分别为150L/(人·d)和180L/(人·d)。采用人均综合用水量法和人均生活用水量法对淮河流域城镇用水进行估算，测算出2020年、2030年淮河流域城镇用水总量分别为54亿m^3和80亿m^3；其中生活用水量2020年、2030年将分别达到25亿m^3和40亿m^3。生活用水占总用水量的比例分别为46%和50%，分别比现状提高了8个百分点和12个百分点。

淮河流域分省区城市用水需求预测同样采用人均综合用水和人均生活用水法预测，四省用水人口预测结果见表10。

表 10　　四省淮河流域片城市 2020 年和 2030 年用水人口预测表

区　域	2010 年		2020 年		2030 年	
	用水普及率/%	用水人口/万人	用水普及率/%	用水人口/万人	用水普及率/%	用水人口/万人
江苏淮河片	71	781.31	85	1300	100	1855
安徽淮河片	81	509.61	90	750	100	1000
山东淮河片	81	555.38	90	870	100	1180
河南淮河片	95	1091.9	100	1650	100	2100

以四省用水指标现状及其历史变化情况为基础，按照城市用水发展变化规律，根据国家城市用水节水政策标准，对照周边省区及发达省市用水情况，参照国外发达国家用水经验，预测得出 2020 年和 2030 年四省淮河流域片城市用水指标（表 11）。

表 11　　四省淮河流域片城市 2020 年和 2030 年用水指标预测表

区　域	2010 年		2020 年		2030 年	
	人均综合用水量/[m^3/(人·年)]	人均生活用水量/[L/(人·d)]	人均综合用水量/[m^3/(人·年)]	人均生活用水量/[L/(人·d)]	人均综合用水量/[m^3/(人·年)]	人均生活用水量/[L/(人·d)]
江苏淮河片	110	137	125	160	135	185
安徽淮河片	113	135	125	160	135	185
山东淮河片	103	124	120	150	125	175
河南淮河片	94	117	115	145	125	175

根据上述四省淮河流域片人口和用水指标预测结果，采用人均综合和人均生活用水指标法，估算出四省淮河流域片 2020 年和 2030 年城市总用水和生活用水需求量（见表 12）。

表 12　　四省淮河流域片城市 2020 年和 2030 年城市用水需求　　单位：亿 m^3

区　域	2010 年		2020 年		2030 年	
	总用水量	生活用水量	总用水量	生活用水量	总用水量	生活用水量
江苏淮河片	10.2	4.22	16	7.6	25	12.5
安徽淮河片	5.4	2.47	9	4.4	14	6.8
山东淮河片	5.8	2.64	10	4.8	15	7.5
河南淮河片	10.0	4.41	19	8.7	26	13.4

七、淮河流域城市供水安全保障措施

（一）提高水质监测能力，完善应急预警机制

加强水环境的保护，保障供水安全，需提高淮河流域城镇水质监测、检测能力。通过水质监测预警，从而有效应对突发性事件。在日常检测方面，淮河流域城镇要按照《全国城镇供水设施与改造与建设“十二五”规划及2020年远景目标》要求，提高区域内供水检测能力，完善预警应急措施。淮河流域内所有城镇水厂都应建设水质化验室，水质化验室至少具备新标准要求的10项日常监测指标的能力；规模达到30万 m^3/d 及以上的水厂或供水企业，至少应具备新标准要求的42项月检测标准的检测能力。同时，提升现有城镇检测机构的技术装备，流域内各省要具备标准要求的106项指标的检测能力；每个地级市具备标准中要求的42项以上月检测标准的检测能力。

在应急能力建设方面，市县政府应建立针对淮河水污染高峰及水质突发事件的快速反应机制和水质污染事故应急管理体系，根据不同污染等级划分确定各应急方案。完善应急供水相关设施，配备必要的应急物资；供水企业配备必要的应急监测设备，储备应急物质，建立应急抢险队伍；水厂应配备针对本地区水源特征污染物的药剂，计量装置和设备等。

（二）开展多水源供水优化调度，保障取水安全

为提高淮河流域城镇供水安全保证率，城镇原水取用应尽量选择多水源供水，单一水源供水的大、中城市对安全供水的依存度更大，应尽可能加强水源保护管理，加强水厂应急处理能力。

针对淮河突发的水污染高峰事件，运用以规避水污染高峰为目标的多水源优化调度方法，开展季节性重污染河流水源城市多水源供水优化调度。一方面保障水源供给可靠和水厂间的供水调配，按照不同水源地水质规律性变化，提出动态的水源优化配置方案，实现流域内优水优用及多水源综合调配；另一方面应加强应急联络和调度管道建设，在突发性供水事故时以降低管网水的水质风险，确保突发水污染事故时居民用水能得到优先保障。

（三）提高净水技术水平，改造落后水厂工艺

淮河流域供水设施建设应满足城镇用水需求，根据城镇规模的等级特点，分阶段有计划地建设城镇供水设施，供水设施的建设要根据城市具体情况留有

适当的超前量。

针对淮河阶段性重污染水质的特点，综合运用原水优化取水与原水渗渠/岸滤强化自然强化处理技术、适合季节性重污染河流水源水处理的混凝技术、沉淀-气浮联用技术和传统滤池改造技术，高效节能节地型的氧化-生物过滤组合及高效膜深度处理等技术，对占地面积不足、运行成本受限、出厂水水质不能达标的老水厂进行升级改造，增强供水系统的整体性、适配性、扩展性和应急能力。

对新建供水设施和对已有供水设施的改造应满足如下要求：对于水源为存在有机污染的《地表水环境质量标准》（GB 3838—2002）中Ⅲ类水体，包括部分季节性污染的Ⅱ类水体，一般采用强化常规工艺；对于有机物、嗅味等水质指标不能达标的，应增设预处理或深度处理工艺；水源有机物或氨氮污染严重，超Ⅲ类水体的相关要求的，应综合采用预处理、强化常规处理和深度处理等技术措施。对于地下水源铁锰超过《地下水质量标准》（GB/T 14848—1993）Ⅲ类水体的水厂，应设置或完善除铁除锰设施。水源氯化物、总硬度、硝酸盐、硫酸盐超标时，宜优先考虑替代水源，或经综合比较采取特殊处理措施。新建水厂的技术工艺应当根据水源水质情况，通过技术经济比较，合理确定处理工艺，严格按照相关标准规范的要求进行设计、施工，保证出厂水达到《生活饮用水卫生标准》（GB 5749—2006）全部106项指标的要求。

（四）加大污水处理设施的建设力度，减少污水排放量

淮河水环境恶化的根源是大量未经处理或未达标处理的污水的肆意排放，改善淮河流域水环境的根本出路是加快污水处理设施的建设，加大污水处理力度。淮河流域各城镇经济发展不平衡，各地城镇集中用水及污废水排放情况差异很大，可以根据各地城镇的具体情况，因地制宜建设集中或分散式污水回收处理系统，去除水中污染、废弃物，使污水处理厂出水水质达到排放标准。有条件的城市可尝试建立生态卫生系统，将各种污废水按成分分别回收、处理、循环利用，从根本上解决水体被污染问题，保障饮用水源水质取用安全。

参考文献

[1] 淮河水利委员会．淮河片水资源公报［R］．2000—2010.

[2] 中华人民共和国环境保护部．中国环境状况公报［R］．2001—2010.

[3] 中国城镇供水协会．城市供水统计年鉴［M］．2000—2010.

[4] 蔡敏．淮河水资源短缺问策［J］．瞭望，2012（22）：42-43.

[5] 严辉．淮河流域水质现状及对策研究［J］．北方环境，2013，29（4）：118－119.

[6] 于术．桐淮河流域水污染控制与治理回顾及当前关键问题［J］．治淮，2010（4）：22－24.

[7] 孙璞，韩小勇，周涛．以蚌埠闸为例分析淮河二十年来水质变化状况［J］．治淮，2009（12）：4－6.

[8] 王官勇，戴仕宝．近50年来淮河流域水资源与水环境变化［J］．安徽师范大学学报，2008，31（1）：75－78.

课题组成员名单

KETIZUCHENGYUANMINGDAN

组　长：邵益生　中国城市规划设计研究院副院长，研究员
副组长：张　全　中规院（北京）规划设计公司总经理，教授级高级工程师
顾　问：周干峙　原建设部副部长，中国科学院院士，中国工程院院士
　　　　邹德慈　中国城市规划设计研究院原院长，中国工程院院士
成　员：汪　科　中国城市规划设计研究院副院长
　　　　龚道孝　中国城市规划设计研究院教授级高级工程师
　　　　蒋艳灵　中国城市规划设计研究院高级工程师
　　　　曹传新　中国城市规划设计研究院教授级高级城市规划师
　　　　张桂花　中国城市规划设计研究院研究员
　　　　袁少军　中国城市规划设计研究院副研究员
　　　　刘广奇　中国城市规划设计研究院高级工程师
　　　　荀春兵　中国城市规划设计研究院城市规划师
　　　　蔡立力　中国城市规划设计研究院教授级高级城市规划师
　　　　靳东晓　中国城市规划设计研究院教授级高级城市规划师
　　　　许顺才　中国城市规划设计研究院教授级高级城市规划师
　　　　谭　静　中国城市规划设计研究院教授级高级城市规划师
　　　　王　璐　中国城市规划设计研究院城市规划师
　　　　冯利芳　中国城市规划设计研究院高级建筑师，高级编辑
　　　　罗　赤　中国城市规划设计研究院教授级高级城市规划师
　　　　鹿　勤　中国城市规划设计研究院教授级高级城市规划师
　　　　王　纯　中国城市规划设计研究院高级城市规划师
　　　　黄仪荣　中国城市规划设计研究院城市规划师